市橋克哉
榊原秀訓
本多滝夫
稲葉一将
山田健吾
平田和一
著

アクチュアル
行政法
【第3版補訂版】

法律文化社

第3版はしがき

　本書は，初版（2010年）および第2版（2015年）と版を重ね，幸いにも，ここに第3版として新たな改訂版を出すことができた。第3版から，執筆者として新たに稲葉一将氏（名古屋大学）および山田健吾氏（広島修道大学）にも加わっていただいた。初版の出版から10年という時の経過に鑑み，若い世代の執筆者の参加をえたものである。

　本書は，初版の「はしがき」で述べた「社会科学の『理論的枠組み』のなかにも入れてみる」という視角は，第3版でも，執筆者全員にとって，行政法現象を分析する際の変わることのない基本的な視角となっている。

　また，「変動する現代社会の在り方を反映して，行政法には，次々と『新しいもの』が『古いもの』のなかに埋め込まれたり，その横に並置されたりしており，それらの相互作用によって，行政法の姿は，かつてのそれとは相当異なるものへと変わりつつある。」と，初版「はしがき」で述べていた。第2版出版からの5年間をみると，行政法の変化のプロセスは，一方ではさらに進んでいるようにみえるとともに，他方では，その「退歩」のプロセスもあり，この二つの「流れ」のせめぎあいの状況がある。

　たとえば，2016年4月に施行された改正行政不服審査法に基づいて国および地方公共団体が設けた行政不服審査会の答申をみると，従来の裁判例より積極的に裁量権をコントロールしようとする傾向，たとえば，行政実務では今もしばしばみられる適正手続の軽視に対して，「理由の提示」のあり方を厳しく審査することで行政手続における適正手続のレベルの向上を図ろうとする動きがある（行政法の進化のプロセス）。

　しかし，この間，内閣機能の強化，とりわけ，内閣官房に国家安全保障局，内閣人事局等を設けたり，内閣府に重要政策に関する多数の「会議」（経済財政諮問会議，総合科学技術イノベーション会議等）を設けたりすることで，内閣補助部局の機能強化（いわゆる「首相官邸機能の強化」）が行われている。内閣機能の強化は，政策策定における「主任の大臣」を長とする各府省の分担管理を見直

し内閣の統合的調整を重視する点で，行政組織法のあり方を変えるものとなっている（「内閣の重要政策に関する総合調整等に関する機能の強化のための国家行政組織法等の一部を改正する法律」〔平成27年法律66号〕は，新たに国家行政組織法5条2項で，各省大臣は，行政事務の分担管理〔5条1項〕のほか，閣議決定された重要政策に関する基本的な方針に基づいて，行政各部の施策の統一を図る企画・立案および総合調整に関する事務を掌理することとなった）。さらに，内閣機能の強化は，「主任の大臣」＝行政庁が従来有していた政策的裁量権の縮小も意味しており，これまで主に行政庁が有する裁量権コントロールを使命としてきた行政作用法も，現状ではその規律の枠から外れてしまった内閣の統合的調整に関わる裁量権をいかにコントロールするかへの対応が求められている（行政法の退化のプロセスへの対応）。なお，行政法の規律を無視ないし軽視する内閣官房の姿勢は，近時，行政情報管理・個人情報保護・情報公開の分野においても顕著となっており，この点で，内閣補助部局の活動に対する行政法の規律をいかに及ぼすかをめぐる激しいせめぎ合いが続いている。

　また，行政法の退化を示す裁判例も登場しており，第3版はこの種の裁判例にも注目している。たとえば，行政処分の職権取消しに足りる瑕疵（違法または不当）の有無を判断する場合，裁判所は，職権取消処分それ自体の裁量権行使のあり方を問うのではなく，その前提となった原処分の裁量権行使の瑕疵の有無を審査するという「新たな判断」を示した辺野古訴訟最高裁判決も，従来の法治主義に基づく「職権取消制限法理」を見直す点で，行政法の退化を示している。

　第3版の改訂にあたっては，法律文化社の田靡純子さんと徳田真紀さんにご助力をたまわった。執筆者一同，感謝の意を表したい。　　　　（2020年3月）

■第3版補訂版にあたって

　第3版を刊行してから2年余が経過した。好評をえて増刷を繰り返しているが，個人情報保護法の改正等に係る大きな制度変化があるため，ここに，第3版補訂版を出すこととなった。ただ，補訂した事項は，個人情報保護制度関係を除くと，誤記の訂正，行政判例百選（第8版）への対応等最小限の補訂にとどめている。　　　　（2022年12月）

執筆者を代表して　**市橋　克哉**

は し が き

　国や地方公共団体など行政の活動は，今日，ますます密接に，わたしたちの生活に関わるようになっている。そして，行政の活動を制御する行政法は，その量的な増大においてはもちろん，その質的な重要さにおいても，法典を有する「六法」に匹敵する法へと進化している。そのうえ，変動する現代社会の在り方を反映して，行政法には，次々と「新しいもの」が「古いもの」のなかに埋め込まれたり，その横に並置されたりしており，それらの相互作用によって，行政法の姿は，かつてのそれとは相当異なるものへと変わりつつある。

　そして，行政法を解釈・運用・説明する担い手も，かつては，まずは行政自身であり，行政法は，行政自身にとってさしあたり理解できるものであればよしとされてきた。しかし，制度変化の過程のなかにある今日の行政法を掌る担い手は，もはや行政だけではない。裁判所や国民・住民，そして，彼らの権利擁護・実現を支援する法律家も，行政法の担い手として，大きな役割を果たし始めている。とくに，行政に対するチェック機能の強化を目指した「司法改革」後，裁判所と法律家の役割の増大は顕著である。こうした行政法のあり方とこれにコミットする担い手の変化・進化をみるとき，行政法の教科書も，また，こうした制度変化や担い手の多様化に対応したものへと脱皮することが求められている。

　本書は，このような問題関心を共有する4名の研究者による教科書であり，現代社会をめぐるアクチュアルな論点・争点をとりあげ，問題意識をはぐくむ「アクチュアルシリーズ」の一書として，刊行するものである。

　行政法を掌る多様な担い手，また，将来，担い手となる学生が学ぶ際に，必須となる基本的な原理と仕組みについて，まずは，おさえることができることを目指した。そして，新しい制度とその影響を受けた制度変化にも目を配った。そして，制度変化を促したりその影響を受けたりしつつ，新たな展開を示す判例を中心に，近時の行政法運用についても，初学者にもわかりやすく，しかし，正確さと品質は落とさないことに心がけながら叙述した。

ところで，本書は，同じく法律文化社から刊行され，幸い，多くの読者の支持を得て，長きにわたって読まれ続けた室井力編『新現代行政法入門（1）〔補訂版〕』の後継書でもある。本書の執筆者は，いずれも室井力先生の指導を受けた者であるということから，先生の仕事を継承することを目指したことはもちろんであるが，前書が打ち出した特徴についても，変化の時代にあって，受け継ぐべき価値のあるものと考えているからである。それは，前書の「はしがき」で述べられた①行政法の解釈運用という限られた観点だけではなく，行政法理論が形成された経緯，実際の法令と実務との対比，今後の課題の明示，および，理論の正当性の存否も説明すること，②行政法現象を表面的ではなく，より客観的に理解し，憲法の保障する人権と民主主義の観点から明確に整序すること，③既存の，または，新たに形成された行政法の仕組みや運用を整合的に説明することにとどまるのではなく，そのよって立つ原理や原則，現実体を客観的に分析すること，という特徴である。要約すれば，これは，行政法について，解釈学に基づく実証的視角にとどまらないで，社会科学の「理論枠組み」のなかにも入れてみることを目指すものであった。本書が，行政法の制度変化の過程に着目した叙述にかなりのスペースを割いているのは，この「視角」の今日的有用性への確信からである。

　本書の原稿の調整と整理については，4名の筆者が行った。巻末の事項・判例索引については，三重短期大学講師藤枝律子さんと名古屋大学大学院法学研究科研究生安田理恵さんのご協力を得た。法律文化社の秋山泰さんと加藤彩代さんには，言い尽くせぬほどのご助力をたまわった。これらの方々には，執筆者一同，とくに感謝の意を表したい。

　2010年1月

執筆者を代表して

市橋　克哉

目　次

第Ⅰ部　行政と行政法の基本原理

v

第Ⅱ部　行　政　組　織

第Ⅲ部　行政作用 (1)──行政の行為形式

第Ⅳ部　行政作用（2）──行政上の諸制度

第11章　行政調査 ……………………………………………………… 151

第12章　行政の実効性を確保する制度 …………………………… 160

第 I 部
行政と行政法の基本原理

【第Ⅰ部の構成と概要】

　現代行政には，各種の行政領域において，それぞれの領域に相応しい行政法の制御の仕組みが構築されている。同時に，それぞれの行政領域の法的制御の仕組みのなかに横断するかたちで埋め込まれ，制御の仕組みを共通に規定し，機能させる行政法の基本原理がある。この行政法の基本原理のなかで，もっとも基本的な原理は，法治主義と民主主義である。法治主義と民主主義は，憲法が定める価値に嚮導されて変化・進化する。とくに，法律の留保の考え方は，日本国憲法の価値に相応しい民主主義と結びついた法治主義の理解に基づいて変化・進化している。それは，行政権の行使を抑制することで権利を守る法治主義に加えて，人権保障に仕える行政とその活動を民主的に創造し，規律する法律の授権へと進化したのであった。

　しかし，法治主義と民主主義も，歴史と現在のあり方に制約されたものであるため，当然，そこには限界があり，将来の変化・進化のための課題を内包している。たとえば，「法律の授権」の考え方について，根拠規範によるそれだけでなく，組織規範による授権や規制規範による補完的・代替的規律にも広げたものとして把握することが求められる。また，行政に対する法的拘束について，法律およびそれに基づく法令によるものとしてみるだけでなく，憲法，「グローバル空間」を規律する法，行政規則を含む行政準則によるものにも視野を広げて把握することで，新しい行政法の多様な制御のあり方がみえてくる。

　この憲法による法的拘束に位置づけることができる行政法の基本原理として，比例原則，平等原則および適正手続の原則がある。このうち，適正手続の原則は，行政手続法のなかに具体化されている。また，法の一般原則である信頼保護の原則は，法治主義の考え方と形式的には衝突することにもなりがちであり，両者の調整が課題となっている。

第1章
現代行政と行政法

第1節　現代行政の特徴

　人々は，国，都道府県，市町村等の行政活動と密接な関わりをもちながら生活している。たとえば，学生生活をみても，朝，洗顔すれば市町村が供給する水道水を使うことになる（水道6条2項）。通学に利用する道路は，国，都道府県および市町村が管理している（道路12条～16条）。そして，授業を受ける大学は，国，公，私立を問わずその教育研究について評価機関による評価を受ける（学教109条2項）。こうした行政活動の存在を意識するかどうかにかかわらず，行政活動は，日常的に人々の生活を規制したり，助成・誘導したりしている（現代行政の日常性）。

　また，人々の生活のあり方が多様であるだけ，それに関わる行政活動も，当然，多様なものとなる。代表的な行政活動をとりだしても，たとえば，秩序の維持をするために人々の市民的自由を規制する警察行政，学校を設置・管理したり，教育内容の水準確保のために基準を定めたりする教育行政，電気，ガス，水道など生活必需のサービスを自ら提供したり，規制したりする公企業行政，土地利用を誘導規制する開発行政，生活を支援したり，社会生活上の危険を分散したりする社会保障行政などを挙げることができる（現代行政の多様性）。

　このような日常性と多様性という特徴をもつ行政活動の多くは，自由放任と私的自治の原則に修正が加えられた19世紀末から20世紀初頭の時期に生まれたものである。すなわち，理念型としての近代市民社会においては，国家の役割は，「私的自治」といった言葉に代表される市民社会の自律的運行を外在的に保障することであった（夜警国家）。国家は，ある市民が他の市民に対して侵害行為を行った場合に侵害行為を行った市民の民事上の責任（契約不履行または不

法行為に対する損害賠償）または，刑事上の責任（犯罪に対する刑罰の賦科）を追及する場合にのみ，市民社会に介入することが許された。そして，その介入は，責任の要件と内容をあらかじめ定める立法（法律）の形式と，その責任を具体的に追及する司法（裁判）の形式をとった。このような社会における行政の役割は，民事裁判または刑事裁判に付随する事務，すなわち，法の執行に限定されていたのである。

　もっとも，このような社会においても迅速かつ予防的な秩序維持が必要とされる場合には，行政機関が，警察として，市民の権利を制限したり，市民に義務を課したり，あるいは，市民の共同だけでは担えない社会生活の基盤（道路，水道など）の整備が必要とされる場合には，行政機関が土木事業の主体としてこれを行ったり，さらに，これらの活動に必要な財政を確保するために行政機関が，費用徴収者として，租税を賦課徴収したりすることが許容されていた。

　しかし，資本主義経済の発展に伴って19世紀末から20世紀初頭にかけて経済的な独占，環境破壊，富の偏在・生活の困窮といった社会的な諸問題が顕著になってくると，これらの問題に迅速に対処する専門能力をもった職員からなる行政機関（現代の日本でいえば，公正取引委員会，環境省，地方公共団体の福祉事務所など）が設置され，これらの機関に問題を処理するに必要な権限が与えられた。このような歴史的経過をたどって，現代の行政は，多様な目的をもって日常の生活の諸領域のなかに積極的に介入しているのである（現代行政の歴史性）。

第 2 節　行政と憲法

1　法学上の概念としての行政

（1）**実質的意味における行政**　憲法は，権力分立制を採用するが，その前提となる立法，司法および行政の概念については定義を置いていない。そのため，憲法学および行政法学は，従来，その歴史的沿革や論理構造に照らして，比較的定義しやすい立法および司法を定義して，それと比較することで行政を定義してきた。まず，立法とは，国民の権利義務に関する一般的規範の定立をさす。そして，司法とは，当事者からの争訟の提起に基づき，独立の裁断機関が，当事者の対等を認める争訟手続により法的判断を行い，具体的な法的紛争

◆**コラム1-1◆　行政改革を制約する初期条件**

　21世紀の今日，行政は，前世紀第4四半期に支配的イデオロギーとなった新自由主義とそれに基づき半世紀近く続く行政改革の結果，日常性，多様性，そして，行政の「共同的・社会的機能」の進化と肥大化を顕著な特徴とした20世紀の行政とは，その姿を変えた。行政のアウトソーシング，すなわち，民営化や民間委託が進んだのである。従来行政が担っていた公的サービスのかなりの部分が，今日，民間によって実施されるようになった結果，行政には，官僚機構，そして，国家の枠を超えて拡散する現象がみられる。しかし，なおも20世紀に生成・進化した行政は，行政の制度変化を大きく制約する初期条件となっている。行政は，この初期条件を土台にして，形式的には古いものに戻るようにみえながら，内容的には新しいものへと進化している（経路依存性とらせん状の変化）。たとえば，民間の指定管理者が公の施設の管理を行う場合が増えており，一見すると，行政は，19世紀の自由放任の時代と同じように，自ら任務を遂行したりサービスを提供したりすることはなくなっている（地自244条の2第3項）。この点では，形式においては「先祖返り」にもみえる。しかし，そこでは，民間による自律的運行に任せるのではなく，行政は，引き続き，民間に対して報告を求め，調査を行い，指示をする（同10項），そして，指定を取り消したり，一部業務を停止したりする（同11項）権限をもっている。そこには，20世紀行政の特徴である監督・規制に関して，新しい手法の進化を見い出すことができるのである（保証国家の登場）。この点で，20世紀の行政は，今日の行政においても，強固な制度として存続している。

を解決する作用をさす。

　この2つの作用の定義を前提にして，行政については，行政法学は，消極説（控除説）と積極説の2つの定義を提唱してきた。まず，消極説では，行政とは，国家作用のうち，先に定義した立法および司法を除いた残余の作用をさすものとされた。他方，この消極説では行政の内容が述べられておらず不備であるという理由から，積極説が提唱された。たとえば，「法の下に法の規制を受けながら，現実具体的に国家目的の積極的実現をめざして行われる全体として統一性を持った継続的な形成的国家活動」としたり，「法を現実化する目的をもって，権力的または非権力的な各種の手段により，法を執行する作用である」としたりする定義が代表的なものである。

　しかし，この積極説の定義も，行政の主な特徴を説明するが，すべての内容を包摂した定義にはなっていない。また，「国家目的の積極的実現」といった

特徴づけが示すように，福祉国家の実現が課題であった時代（1960〜70年代）に提唱された定義であったため，福祉国家論の影響を強く受けていたといえよう。この点では，20世紀第4四半期以降の行政改革により変容した行政の姿を捉えるものになっていない。また，行政の積極的定義は，行政の積極性と対照的に，司法を消極的・受動的なものとして位置づけることで，行政権に対する「司法権の限界」を正当化する理論的根拠ともなった。積極説にはこれらの問題があるため，有力な行政法学者が提唱したものであったが，今日，通説の地位を占めていない。

　他方，消極説は，たしかに内容上は空疎ではあるが，その控除的な定義によって包括的に行政が把握できることから，すべての行政が法の拘束の下に置かれるべきであるという法治主義の原理に適合的である点が評価され，行政法学では今日も支配的な定義となっている。なお，このように，国家作用の内容から定義する概念を，それぞれ実質的意味における立法，司法および行政の概念とよんでいる。

　(2)　**形式的意味における行政**　実質的意味における各国家作用をそれぞれに固有の国家機関に帰属させる権力分立論は原則であって（憲41条・65条・76条），憲法は，例外的・部分的に，立法機関である国会が行政作用（同67条1項・69条・90条1項）や司法作用（同55条）を行い，司法機関である最高裁判所が立法作用（同77条1項）や行政作用（同80条1項）を行い，そして，行政機関である内閣が立法作用（同73条3号・6号）と司法作用（同76条2項）を行うことを認めている。

　そこで，国家作用の内容ではなく，それを行う国家機関の区別に従って定義された概念があり，それを，それぞれ形式的意味における立法，司法および行政という。したがって，形式的意味における行政とは，国家行政の場合，内閣その他の国家行政機関に属するすべての作用をさし，地方行政の場合，執行機関に属するすべての作用をさす。そして，従来，行政法は，この形式的意味における行政を対象として，これを規律する法制度として説明されてきた。

2　権力分立論と行政

　前述のように，憲法学・行政法学では，国家作用を立法，司法および行政に分け，それらの権限をそれぞれ別個の国家機関に担わせ行使させるという権力

分立制を近代国家の統治の原則として位置づけてきた。それは，国家機関相互間の抑制と均衡を確保し，もって権力の過度の集中による濫用を防止し，国民の人権保障に仕えることを目的とする自由主義思想に基づいて考案された原則である。

　しかし，権力分立論は，ドイツ，日本といった，市民革命が挫折し，または，それが欠如した国が継受すると，異なる目的を達成するための原則へと分岐し，独自の変化を始める。すなわち，自由主義と絶対主義の妥協の産物へとその姿を変えた。たしかに，君主・行政府は，権力分立制の下で立法府および司法府によって部分的には抑制された。しかし，それは人権保障と民主主義の実現を阻む機能も発揮した。強大な君主・行政府は，立法府や裁判所のコントロールの下にあるという均衡のとれた制度配置のなかに置かれるのではなく，そのコントロールを免れた自由な領域を広範に確保し，権力分立論によって正当化された。このような国家を外見的立憲君主制国家という。

　もっとも，日本では，日本国憲法の制定により国民主権国家への移行が実現し，権力分立論は，自由な行政権を正統化する規範原理から，主権者である国民の人権保障に資するための「機能分立」論という新しい規範原理へと転換した。しかし，強大かつ自由な行政が存在したという歴史（経路依存性），そして，現在もなお，自由な行政とそれを十分コントロールできない立法府および裁判所という不均衡な制度配置の存続という現実は，なおも憲法が埋め込んだ「機能分立」論の規範原理の作動を妨げる制約となっていることにも留意することが必要である（第16章第 3 節，とくに 4 および 5 参照）。

3　行政の公共性と憲法

　ここで機能分立論を前提として行政の規範原理を明らかにしておくことが必要であろう。「国政は，国民の厳粛な信託によるものであって，……その福利は国民が享受する」と憲法前文は謳っている。これは，現実の公共性（様態としての公共性）がどうであれ，憲法は，行政が国民の福利＝人権保障に仕えるところにその存在理由，すなわち，本来の公共性（実体としての公共性）があるということを謳うものである。そして，国民の信託を受けて国政の具体化として行われる行政活動は，それによって実現される福利を国民に対しその権利利益の性質・内容に応じて配分するために，公平かつ公正に行われなければなら

ず，かつ，その組織は常に民主的な原理に基づいてつくられ，民主的なコントロールの下に置かれなければならないのである（手続・制度としての公共性）。

　何人も否定できない憲法が予定している行政の公共性は，規範的な嚮導原理として行政諸制度の設計において埋め込まれるべきものであり，こうして行政のなかに埋め込まれた公共性の原理は，行政諸制度の解釈，実施・運用における指針となり，社会の歴史的変化のなかにあっても，行政諸制度がそれに対応したものへ変化することを可能とする契機となりうるのである。

第3節　行政活動のあり方と行政法の解釈

1　行政の目的

　(1)　**人権保障のための行政の法的制御**　　人権保障に仕えるところに行政の存在理由＝公共性があるとすれば，人権保障との関わりのなかで，行政を規律する行政法のあり方も規定される。人々の生活のあり方が多様であれば，それに関わる行政活動も多様なものとなる。そして，行政がこの多様な生活を排除せず承認し実現するためには，差異ある個人が多様な権利を有する主体として位置づけられなければならない。とくに，個人が享受する人権の基本的カテゴリー（生命，健康，自由，幸福追求）は，行政法の基礎的な法範疇として措定されなければならない。この基礎的法範疇を基底として，行政法は，それぞれの行政領域における人権の保障と実現に相応しい行政の法的制御の方法，すなわち，授権と統制，そして，その実効性のあり方を決めることになる。

　(2)　**消極行政と積極行政**　　そこで，行政法が各行政領域における人権の保障と実現をめざしそれに相応しい行政の法的制御のあり方を決める際には，着目すべき点として，当該行政が保障・実現しようとする人権の性質・内容がある。

　たとえば，一方では，当該人権の性質・内容を考慮して，行政がその保障・実現のために介入しないこと，できる限り自己の積極的判断・行動を抑制することを目的とする場合がある。自由権侵害の危険を常に伴うことになる秩序維持行政がこの典型であり，警察法や警察官職務執行法は，原則として，要件を厳格に定めることによって，警察権行使を抑制し，厳しい規制の下で行使させ

ることを目的とする規律を設けている（警 2 条，警職 7 条）。

　他方では，人権の性質・内容を考慮すると，行政がその保障・実現のために介入すること，自己の判断・行動を積極的に行うことを目的とする場合もある。生命，健康に対する侵害を未然に防止する環境行政がこの典型と考えられており，たとえば，大気汚染防止法は，原則として，要件を緩やかに定めることで，積極的で柔軟な行政権行使を促す目的に適した規律を設けている（大気汚染26条 1 項・2 項）。

　傾向的に行政の目的を区別すると，前者は消極行政，後者は積極行政と位置づけることができる。傾向的とはいえ，人権の性質・内容を考慮して行政の目的を消極的または積極的なものと把握することは，行政法による行政の制御のあり方を決める場合はもちろん，行政の責任を確定する場合にも有効な視座を提供している（筑豊じん肺訴訟・最判平成16・4・27民集58巻 4 号1032頁，泉南アスベスト事件・最判平成26・10・9民集68巻 8 号799頁，第18章第 2 節 8 参照）。

2　行政の手段＝形式

(1)　権力行政と非権力行政　　行政法が，多様な人権の保障と実現をめざして，それぞれの領域に相応しい行政の法的制御のあり方を決めるに際しては，当該行政領域において用いるべき行政の手段＝形式として，何を選択するかも重要である。

　行政の手段は，公権力の行使としての法行為（例，行政行為）や事実行為（例，行政上の即時強制）といった権力的手段と，任意の法行為（例，行政契約）や事実行為（例，行政指導）といった非権力的手段があり，前者を用いる行政は権力行政と，後者を用いる行政は非権力行政とよばれている。権力行政については，法律の根拠が必要とされ，それの適法性ないし有効性を訴訟で争うには抗告訴訟手続が利用されるのに対して，非権力行政については，法律の根拠は必ずしも必要とはされず，その代わりに原則として民商法による規律に服し，当該法律関係の争いは当事者訴訟または民事訴訟の手続が利用される。

(2)　行政の手段＝形式の多様化　　問題なのは，行政行為といった権力的手段を利用することができる場合であっても，行政指導といった非権力的手段が利用されたり，逆に，行政契約といった非権力的手段を利用することができる場合であっても，権力的手段である行政行為が利用されたりすることである。

こうした行政の手段の互換的な利用は，法律で定めている場合もあれば，行政機関がその判断において行っている場合もある。適法性要件や争訟の方法が行政の手段ごとに相違していることに照らすと，このような行政手段の互換的な利用は立法論的にも解釈論的にも妥当であるかが検討されなければならない。

3　行政の内容──不利益行政と利益行政

　行政法が，行政の法的制御のあり方を決めるに際しては，その領域における人権の保障と実現のために相応しい目的と手段を選択して規律することになるが，この行政法によって規律された行政の活動が，その相手方である国民の権利利益にどのような影響を及ぼすか（行政の内容）も，行政法のあり方を決めるに際して，重要な視角となっている。たとえば，国民の権利利益を奪ったり制限したりする行政＝不利益行政（例，税の賦課・更正，営業停止，許認可の取消し）と，国民に何らかの権利利益を与える行政＝利益行政（例，補助金の交付，許認可の付与，租税の免除）という2つの内容を考慮に入れて，個別の行政法令はもちろん，行政手続法，行政不服審査法および行政事件訴訟法といった行政法による法的制御のあり方は決まる。

4　二極（二元）構造と三極（三元）構造

　自由放任と私的自治の原則に修正を加え，日常的で多様な生活の諸領域のなかに積極的に介入する行政が，複雑錯綜した社会関係のなかに入ることによって，たとえば，行政活動の相手方国民には利益行政であると同時に，この相手方国民と利害対立の関係にある第三者である国民にとっては不利益行政となる場合も多い（例，周辺住民にとっての建築物の総合設計許可，周辺住民にとっての原子炉設置許可）。もっぱら，行政とその活動の相手方との関係を制御する行政法，すなわち二極（二元）構造を制御すれば足りた行政法は，今日，行政，その相手方，そして，行政活動によってその相手方とは異なる影響を受ける第三者という三極（三元）構造を制御する行政法へと進化している。複雑錯綜した利害関係のなかに入ることで三極構造の一角を占めることとなった行政に対する法的制御の理論化が，抗告訴訟における第三者への原告適格の拡大（第16章第5節1(6)参照），規制権限の不行使に対する損害賠償責任の構成（第18章第2節8参照）などにおいて試みられている。さらに，公私協働やグローバル化によって，行政体も多元化する多極行政法の登場もみられる。

第2章
行政法および行政法の法源

第1節　行政法の概念

1　行政法の定義

　広い意味で，行政法とは，「形式的意味における行政に固有な法」をいうとされてきた。行政法は，行政の組織，作用および紛争処理に関する法（行政組織法，行政作用法および行政救済法）という３つの分野から構成されている。まず，行政法には，組織を設置し，その構成を民主的に規律する組織法という固有の分野がある。次に，行政活動の要件と法効果を定める作用法（実体法）と国民の権利利益の救済方法・手続を定める救済法（訴訟・手続法）がある。そしてこれらは，それぞれ独立した法部門として扱われるのではなく，行政事務の分配とその効果の帰属先を定める組織法とともに行政法というひとつの法体系として相互に関連づけて扱われている。この点で行政法には，民事法や刑事法にはみられない固有の特徴がある。

　ところで，行政作用法は，伝統的に，行政行為など公権力の行使の権限を行政庁に授権し，その内容を規律する根拠規範から成ると解されていた。もっとも，現代行政の特徴である公共サービス（水道，住宅，学校，病院等）の利用関係は，主に，契約等民事法（私法）によって規律されている。しかし，公共サービスの公共性ゆえに，民事法とは異なる行政に固有な法による規律が広く用いられている。地方公共団体等の事業主体に課せられた水道供給契約の締結義務（水道15条１項），調達型行政契約の締結の際にとられる入札制度（会計29条の３，地自234条１項・２項）などは，そうした例である（第10章第３節・第５節参照）。また，適正手続の原則の実現により，行政行為などについても，根拠規範による権限行使の要件・法効果という内容的な規律だけではなく，行政手

◆コラム2-1◆　行政法の伝統的な定義

　行政法は，伝統的には「行政に固有な国内公法」と解されていた。そこでいう行政法とは，形式的意味における行政に関する法のうち，国際法，私法，憲法，刑事訴訟法・刑事施設法を除外し，かつ，形式的意味における司法を規律する行政事件訴訟法を便宜的に含めたものであった。このように他の法律学の扱っていない分野を扱うことで，行政法学は，他の法律学から独立した法律学として自己の学問的自立を図るとともに，公法と私法との概括的二分論といった独特の法原理——行政体が立ち入る法律関係＝行政上の法律関係のうち権力関係にはそれが公法関係であるがゆえに当然に民事法規定の適用が排除されるとする解釈論，公法上の権利は一身専属的だから譲渡，放棄，差押え，相続，相殺の対象にならないとする解釈論など——を形成してきた。

　しかし，具体的な事件の妥当な解決の要請，量的拡大・質的変容を遂げた現代行政の法的制御の要請は，このような概括的二分論を維持することを困難としている。現在では，学説判例ともに概括的二分論を克服するに至っている。なお，近年，公法上の当事者訴訟が活用されつつあるが，これも概括的二分論を前提とするものではない（第16章第4節2参照）。

続法にみられるように，その行使の態様・手続に対する規律もまた用いられている（第3章第5節4参照）。

　このように，行政庁に授権する根拠規範とは別に，行政庁の権限の行使の態様を規律する規制規範も，行政作用法として位置づけられる（第3章第3節2参照）。

2　行政法と法典

（1）**行政法通則**　　日本の行政法には，憲法における憲法典や民法における民法典のように，通則的な定めを設ける包括的な統一法典はない。ところが，個別法となると，現在約2000ある国の法律のなかで7，8割が行政法であり，量的には最大の法である。これらの雑多な行政法をみても，それは，無数の星を眺めるようなもので，そこから何かが分かるわけではない。しかし，行政法は何の法則性もなく存在しているのではない。多数の多様な行政法には，その全体に通底する原理，一般的に用いられる行為形式，一連の行為形式によって構成され各種の行政領域において共通に用いられる制度が存在する。これらを体系的に叙述したものが行政法通則（行政法総論）である。そして，行政法の通則が，各種の行政領域において，それに相応しい行政法へと調製されたものを叙述するのが，行政法各論ないしは行政領域法である。

(2)　行政法通則の法典化　　現在，日本には包括的な行政法典はなく，それを制定しようとする立法政策論も乏しい。しかし，行政法の諸原理，各種行為形式の実体的・手続的規律，各種行政制度についての通則的な定めを設ける包括的な行政法典を制定したり（オランダ，グルジア，モンゴルなど），それらのなかの重要なものを行政手続法のなかに盛り込んだり（ドイツ，台湾，ウズベキスタンなど）している国々もある。また，EUやヨーロッパ評議会のように，共通の指針としてモデル行政法典を制定する動きもある。こうした世界の動向は経済と法整備・協力のグローバル化を反映したものであり，これに照らすと，日本においても，行政法通則の実定法化＝行政法典化は，将来の行政法改革のなかで検討すべき課題となるであろう。

第2節　行政法の法源

1　成文法源と不文法源

　行政法の存在形式のことを行政法の法源という。行政法の法源も，成文法源と不文法源に分かれるが，個人の人権を実現・保護し，かつ，行政の法的制御を確実に実現するために，原則として，行政法は成文法である。ただ，包括的な統一法典がないため行政法の空白地帯がありこれを規律する必要性や，変動する行政現象に専門的・技術的に対応する必要性がある。

　これまでは成文法源としての扱いを受けてこなかった行政規則が，成文法源である法律以上に，行政の制御のみならず国民の権利利益への影響という点においても，重要な役割を果たす場合が増えている。たとえば，公共工事の入札及び契約の適正化の促進に関する法律17条1項に基づいて，国は，「公共工事の入札及び契約の適正化を図るための措置に関する指針」（令和元年10月18日閣議決定，行政指導指針）を設けている。そこでは，公共工事受注者の選定に当たって，各発注者が保有する具体的な情報を相互に交換すること，不良・不適格業者を排除し，指名停止等の措置を行う際しては，発注者相互が協調してこれらの措置を実施することが求められている。この指針に基づいて，たとえば，ある省庁がある業者を指名停止すると，その「情報」が伝播・共有されて，すべての省庁，国の施設，独立行政法人等から当該業者は指名停止されて

いる（クロス・デバーメント）。こうした情報共有と行政法源ではない行政規則に基づく措置の繰り返しの結果生まれる行政実例＝慣行は，今日では，行政法の法源ではないといって無視できるものではなくなっている。

2　成文法源

成文法源としては，次のものがある。

(1)　**憲　法**　　憲法は第１次的には憲法法源であるが，行政に関する基本原則や規律を定めている限り，行政法の法源でもある。憲法は，国の最高法規であって（憲98条１項），他のすべての法令に優先する効力をもっている。したがって，憲法の基本原理は，行政法の領域にも埋め込まれている。

(2)　**法　律**　　国会は国の唯一の立法機関であり，かつ国権の最高機関である（憲41条）が，この国会が定める法の形式を法律という。憲法に次ぐ効力をもつ法源であって国の命令の上位規範である。

(3)　**命　令**　　命令とは，行政機関の制定する成文法をいう。明治憲法が認めた緊急勅令（明憲８条）や独立命令（同９条）は許されていない。命令はすべて，法律または条例の根拠がなければならない。国の命令としては，政令（憲73条６号），内閣府令（内閣府７条３項）および省令，各委員会および各庁の長官の制定する規則その他の特別の命令（行組12条１項・13条１項），ならびに会計検査院規則（会検38条）および人事院規則（国公16条）がある。国の命令のうちでは，政令が上位に立つが，その他の命令は，いずれも相互に対等である。

(4)　**地方公共団体の自主法**　　憲法は，地方公共団体に「法律の範囲内」で条例を制定することを認めている（自治立法権，憲94条）。これを自治立法権に基づく地方自主法という。これには，地方議会の制定する条例（地自14条１項）と長の制定する規則（同15条１項）がある。法律の根拠を欠いてもそれに違反しないのであれば，その制定は許されており，その限りで法律と同等に効力をもつ。なお，普通地方公共団体の委員会も，法律の定めるところにより，法令または普通地方公共団体の条例・規則に違反しない限りで，規則その他の規程を定めることができる（同138条の４第２項）。

(5)　**条　約**　　条約も，それが行政について規律するものであるときは行政法の法源となる。この点で，条約には，国内法律による立法措置によって国内法としての効力を生ずるものと，国内における立法措置なしに国内法としての

効力をもつもの（自動執行条約）とがある。

　前者は，法律による授権と同義であって，条約は法律を介して潜在的な法的拘束性を有する（例，日本国とアメリカ合衆国との間の相互協力及び安全保障条約第 6 条に基づく施設及び区域並びに日本国における合衆国軍隊の地位に関する協定 5 条 3 項と安保協定及び日本国における国際連合の軍隊の地位に関する協定の実施に伴う水先法の特例に関する法律）。たとえば，2009年 4 月の石垣港無許可強行入港事件にみられるように，米軍艦船が，港湾法および港湾管理条例による港湾管理者の許可を得ることなく寄港する例があるが，上記の水先法の特例に関する法律のように安保協定の実施に伴う港湾法の特例を定める法律がないため港湾法・港湾条例が安保協定に優位する結果，無許可寄港は違法となる。

　他方，自動執行条約の場合は，日本国憲法がその誠実な遵守を求めており，また，条約が国会の承認を得ていることから，条約が既存の国内法律に優位するとされる。たとえば，自動執行力を有する国際人権 B 規約の14条 3 （ f ）に規定する「無料で通訳の援助を受けること」の保障は無条件かつ絶対的なものであって，刑訴法181条 1 項本文により被告人の通訳に要した費用の負担を命じることは許されないと判示する判例がある（東京高判平成 5・2・3 東高刑時報 44 巻 1 〜12号11頁）。

3　不文法源

　次に，不文法源として次のものがある。

　(1)　慣　習　　慣習が，国の法律または地方自主法の明示的承認によって，慣習法としての効力をもつことは明らかである（例，地自238条の 6 第 1 項）。慣習の法源性を，法律または地方自主法の承認のある場合に限って認める説を，承認説という。承認説によれば，慣習法は成文法を改廃できない。それに対し，国民の一般的な法的確信を得た長期にわたる慣習に，成文法による承認がない場合においても法源性を認めるものを法的確信説という。この場合，慣習法の成立の有無は社会通念によって決せられ，成立に争いがあれば，結局，裁判所の決するところとなる。法的確信説にも，慣習法に成文法を改廃する効力を認める説とそれを否定する説とがある。法治主義の原則からして，後者が正当である。行政法における慣習法としては，一般に，一般行政慣習法（例，法令の公布における形式的公布制。政令201号違反事件・最大判昭和32・12・28刑集11巻

14号3461頁）と地方的・民衆的慣習法（例，地自238条の6第1項，河川87条）とが挙げられる。

　なお，判例については，これを独立の不文法源と解する者が多いが，日本においては，英米におけるような判例拘束性の原則が認められておらず，結局，長期にわたって継続的に繰り返された判例は，法的確信説に基づいて，慣習法の一種としての判例法として，法源性をもつこととなる。

　また，最高裁判所の判例については，その変更に慎重な手続を設け，容易に変更ができないようにしており（裁判所法10条3号），さらに，これに反する下級審判決がある場合，法令解釈の違背があるとして取り消すことができる（民訴318条1項・325条1項）。最高裁判所の判例には，この点で，後の裁判所の判断に対し拘束力があると解釈されている（横田基地事件・最判平成19・5・29判時1978号7頁）」

　また，行政先例も，同様に，慣習法の一種としての行政先例法として，法源性をもつことがありうるが，判例に比較して，その成立は困難であると考えられてきた（行政準則による法的拘束について，第3章第4節4参照）。

　(2)　条　理　　行政法関係においても，成文法または慣習法を補充するものとして，具体的な事項の事物の性質，すなわち条理に従って事項を判断するために，条理法の成立が認められる（例，瑕疵ある行政行為の無効と取消しの区別に関する学説）。信義誠実の原則ないし信頼保護の原則も，民法の一般原則であるとともに，行政法上は，条理に基づく一般法原則として行政上の法律関係に適用される（第3章第6節3参照）。

第3節　行政法の効力

　行政法には，その適用について，時間的限界，地域的限界および人的限界がある。

1　時間的限界

　まず，法律は，通常それぞれの付則または施行令で施行期日を定めているが，とくにその定めのない場合には，公布の日から起算して満20日を経て施行される（法の適用に関する通則法2条）。命令については，それぞれの命令の定め

るところによる。条例は，条例に特別の定めのあるもののほか，公布の日から
起算して10日を経過した日から施行され（地自16条3項），さらに，法令または
条例に特別の定めのない限り，上記の規定は，地方公共団体の規則ならびにそ
の機関の定める規則およびその他の規程で公表を要するものに準用される（同
条5項，なお同283条・292条参照）。

　次に，その有効期間がそれぞれの法令によって定められていることがある
が，その場合には，その期間の経過によって，その効力を失う。さらに，行政
法の効力は，これと同位または上位の行政法による明示的改廃，これと抵触す
る同位または上位の行政法の新たな制定，法令施行のための行政機関の廃止な
どによっても消滅する。

　なお，行政法は，明示の根拠を欠くときには遡及効をもたない。ただ，継続
的な事実（例，許可に基づく営業の実施）には，新たな法令が適用できる。それ
に対して，行政法が自らその遡及効を明示的に認めている場合もあるが，この
場合においても，義務違反に罰則を遡及的に適用することはできず，また，遡
及的適用の時期に相手方が適当な措置をとりえないような侵害を生ぜしめる遡
及的適用は，憲法39条に違反する疑いがある。

　もっとも，この行政法令不利益不遡及の原則は，所与の法状態に対する国民
の信頼保護の原理から導かれるものであるが，罰則を除いて，必ずしも絶対的
なものではない（例，公害費3条。この法条について，名古屋地判昭和61・9・29行集
37巻9号1173頁）。

2　地域的・人的限界

　行政法は，原則として，それを制定した機関の権限の及ぶ地域のすべてにお
いて適用されるが，同時に，その地域を超えて適用されることはない（例外と
しては，憲95条，地自244条の3参照）。

　また，行政法は，それを制定した機関の権限の及ぶ地域内に存する限り，国
籍，住所の有無，自然人と法人とを問わず，原則として，すべての者に適用さ
れる。例外としては，天皇および条約や国際法規による制限のある外国人がい
る。外国人については，行政法自体が適用除外を認めることもある（例，地自
11条〜13条，国賠6条，航空4条1項1号）。

　以上のような原則にもかかわらず，法律の目的を達するために，地域的・人

的限界を超えて，行政法が例外的に適用される場合がある。原爆特別措置法等に定める各種の援護措置は，被爆に対する国家補償的な性格に照らして，国籍を問わず，国外に居住する被爆者にも適用される（韓国人元徴用工在外被爆者事件・最判平成19・11・1民集61巻8号2733頁）。また，漁業法および水産資源保護法の目的に照らして，同法の委任に基づいて制定された規則および罰則は行政国外犯にも適用される（最判昭和46・4・22刑集25巻3号451頁）。

3　民事上の法律関係と行政法の効力

　行政法の効力が民事上の法律関係に影響を及ぼすかどうかも問題となってきた。従来，行政法規について，事実行為を命令したり禁止したりする取締法規と，法律行為の効力を規制する強行法規とに分け，取締法規違反は契約の効力に影響を及ぼさないが（最判昭和35・3・18民集14巻4号483頁），強行法規違反は契約も無効になると考えられてきた（最判昭和30・9・30民集9巻10号1498頁）。しかし，最近では，消費者保護，公衆衛生，経済規制などを目的にする行政領域においては，民事上の法律関係でも尊重されるべき「経済的公序」の保護という目的もあるため，たとえ取締法規違反であっても，公序良俗違反（民90条）の問題に当たるとして，契約の効力への影響を判断する考え方が有力となっている（最判昭和39・1・23民集18巻1号37頁）。そこでは，取締法規か強行法規かにとらわれることなく，行政法規の趣旨・目的，違反行為によって害される利益の性質・内容，取引関係の安定等の要素が総合的に考慮されて，契約の有効・無効の問題が判断されている。

第**3**章
行政法の基本原理

第1節　基本原理としての法治主義と民主主義

1　法治主義の理念

　法治主義とは，法によって国家権力の客観的合理的行使を確保し，もって国民の権利利益を保障することを目的とする。ここでいう法は，行政法においては，成文法，とりわけ，法治主義のひとつの形態である「法律による行政の原理」といった概念に示されるように，法律が念頭に置かれてきた。なぜならば，法律は，国民代表から構成される議会によって制定される規範であって，そこには国民の権利利益に影響を与える行政活動の必要性の有無，その要件等についての国民の一般意思が表明されるとともに，行政活動に対する「国民の同意」が擬制されるからである。

　もっとも，法治主義における「法」は，法律だけを意味するものではない。法治主義の別の形態である「法の支配の原理」は，客観的に存在しているはずの合理的な法による権力の制御を目的としている。したがって，この点では，合理的な法の発見（＝制定）は，なにも国民代表議会に限定されるのではなく，権利救済機関である裁判所においてもできることである。

　すなわち，法治主義における法の合理性の保障には，議会における権利保護的・民主主義的契機と裁判所における権利救済的契機が必要とされるのである。

2　明治憲法の下での法治主義

　ドイツにおいて提唱され，日本が継受した法治主義の理論は，外見的立憲君主制国家における権力分立論を前提にしたものであった。それは，「法律による行政の原理」とよばれるもので，①法律の法規創造力，②法律の優位，およ

び，③法律の留保という 3 つの原則からなる。いずれの原則も，弱体の議会と強大で自由な天皇・行政府との非民主的な関係を前提にして，それらの間における権限の分配のあり方——当然，天皇・行政府に偏重した均衡を欠いた分配——を規律するものでしかなかった。

(1) 法律の法規創造力　法律の法規創造力とは，議会が，法律を制定することによって，法規（当時の意味は，臣民の自由と財産を侵害する規範）を創造する権限をもつことを意味した（民主的正統性）。しかし，これは，議会が制定する法律も法規の性格をもちうることを示すにとどまるものであった。天皇・行政府が独自に制定する命令（勅令）もまた，法規の性格をもちえた（君主的正統性に基づく自由な行政：緊急勅令〔明憲 8 条 1 項〕，独立命令〔明憲 9 条〕）。そこには，民主的正統性と君主的正統性との併存を前提にした法律と勅令の二元的立法構造があった。

(2) 法律の優先（法律の優位）　法律の優先とは，議会が制定した法律がすでにあり，かつ，それが天皇・行政府が制定する命令，または，個別の行政活動と抵触する場合には，法律の方が優先し，命令，または，個別の行政活動が法律に違反してはならないことを意味した（民主的正統性の優位）。この点で，独立命令については，明治憲法 9 条ただし書がこの原則に従って法律を変更できない旨を定めていた。しかし，緊急勅令の方は，帝国議会閉会の場合，法律を変更することができた。また，行政組織の編成と公務員の勤務関係の規律は，天皇の大権事項とされ（明憲10条が官制大権および任官大権を定めていた），法律による規律を排除していた（天皇・行政府の排他的管轄事項＝君主的正統性に基づく自由な行政）。したがって，ここでは，法律の優先という原則の前提となる勅令と並立する法律の存在を想定することはできなかった。

(3) 法律の留保　法律の留保とは，臣民の自由と財産を侵害する行政活動には法律の授権が必要であるという意味である。広範な行政活動のうち，自由と財産を侵害するものに限り，議会の排他的管轄に服せしめて，法律の授権のないまま勅令によって天皇・行政府が自由に規律することを許さなかったのである（これは，侵害留保説とよばれた）。臣民に重大な不利益（自由と財産の侵害）を及ぼす行政活動（侵害行政とよばれた）についてのみ，天皇・行政府の自由な規律とそれに基づく活動を禁じ，必ず議会の法律による授権を要求すること

で，天皇・行政府の活動が恣意的に濫用されることを抑制し，もって臣民の権利を保護しようという自由主義の考え方に基づくものであった。しかし，もっぱら法律が規律するのは，自由と財産の侵害という限られた行政活動だけであり，それに当たらない広範な行政活動は，本来，議会による法律の授権を必要としない天皇・行政府にとって自由なものとされた（君主的正統性に基づく自由な行政）。

(4)　**形式的法治主義**　「法律による行政の原理」は，法律を通じて議会が行う君主・行政府の統制方法であるから，形式的に，法律によって授権しさえすれば，民主的正統性の要請は満たされる。したがって，その法律によって授権された命令制定の範囲が非常に広範なものであろうとも，授権された行政活動がどれほど重大で本質的な自由と財産に対する侵害を帰結することになるとしても，そのような法律は，法治主義に何ら違反するものではない。このように，基本的人権の保障に照らして法律自体の内容の妥当性を検討することなく，法律に根拠さえあればよいという法律万能主義ともいえる法律への「物神崇拝」に基づく法治主義を形式的法治主義という。明治憲法の下での法治主義はまさにそのようなものであった。

3　日本国憲法の下での法治主義

　戦後，新たに国民主権に基づく民主主義と人権尊重主義を謳った日本国憲法は，外見的立憲君主制国家を採用した明治憲法の下で継受・展開した法治主義に，根本的な変化を促した。

　まず，法律と勅令の二元的立法構造を前提にした①法律の法規創造力の考え方は，国民主権に基づく国会中心主義（唯一の立法機関としての国会・憲法41条）によって維持できなくなった。二元的立法構造は否定され，名実ともに主権者である国民の代表からなる国会が制定する法律だけが法規を創造する力を有することとなり（一元的立法構造の採用），行政府には，命令によって自由に法規を創造する力はなく，法律の授権が必要となった（民主的正統性原理の確立）。自由と財産を侵害する規範だけでなく，広く国民の権利義務に関する新たな規範が法規とされ，これを定めることは，国会が定める法律のみが行うことができ，行政府はこれを執行するにとどまる存在となった。この結果，①法律の法規創造力も，国民の権利義務に関する新たな規範＝法規を定めることは国会の

定める法律の専権に属することを意味するという考え方へと進化した。

　緊急勅令，官制大権および任官大権といった法律による規律を破ったり許さなかったりする広い例外を伴った②法律の優先の考え方も，憲法が国民主権とそれに基づく国会中心主義をとったことによって成り立たなくなった（国権の最高機関としての国会・憲法41条）。もはや，行政府には，法律に優先する緊急命令を制定する権限も，法律に基づかないで行政が自由に行政組織を編成したり，公務員関係を規律したりする権限も認められなくなった。憲法により設けられた内閣の統轄の下にある行政府（行組1条2項）の各機関は，国民代表からなる国会が制定する法律によって編成され，そして，行政府が制定する命令も法律に基づかなければならなくなった（民主的正統性原理の徹底）。

　憲法が国民主権に基づく民主主義を選択したことによって，法律の法規創造力および法律の優先の原則は，明治憲法下において，そのなかに埋め込まれていた天皇主権による君主的正統性に基づいた自由な行政の観念を払拭することとなった。これらの原則のなかには，行政の存在と活動について，常に，国民主権に基づき国会によって媒介された民主的正統性を必要とするという考え方が貫徹することになった。

　③法律の留保についても，憲法によって国民主権に基づく民主的正統性が確立した結果，君主的正統性に基づく自由な行政を認める侵害留保説は維持できなくなった。憲法が選択した国民主権とそれに基づく国会中心主義によって，自由な行政の存在と活動は否定され，国民代表からなる国会が制定する法律だけが，行政府に対して，国民の権利義務に関する行政活動を授権できることとなった。そして，憲法の下では，自由な行政はもはや存在せず，国民の権利義務に関する行政活動には必ず法律の授権が求められるという観念は，侵害留保説の否定にとどまらず，法律の留保の考え方にも新たな進化をもたらした。

　また，日本国憲法は，英米流の「法の支配の原理」を継受し，基本的人権の不可侵性（憲11条），基本的人権の最大限尊重（憲13条），憲法の最高法規性（憲98条）を定めた。したがって，「法律による行政の原理」がいう法律は，基本的人権を最大限に尊重したものでなければならず，行政活動は，そのような憲法に適合した法律に基づいて行われることが前提とされるとともに，憲法の人権条項および法的正義の理念から生ずる一般的な法原則に適合しなければなら

ない。このように授権法律や行政活動の内容の憲法適合性を規範内容とする法治主義を実質的法治主義という。

第2節　法律の留保論と法律の授権論

1　民主主義に基づく法律の留保論への進化

　侵害留保説は，すでに自由な行政が存在することを前提にして，その活動の一定部分（侵害行政）について，議会の法律による授権に係らしめることでその行使を抑制し，もって個人の権利を保護する議論であった（自由主義に基づく法律の留保）。しかし，日本国憲法の下で進化した法律の留保に関する議論は，いずれも，国民主権に基づき憲法および国会が制定する法律によって，はじめて人権保障に仕える行政とその活動は創造されると考える議論へと変わった（民主主義に基づく法律の留保）。ここでは，日本国憲法下で発展した法律の留保に関する学説について，その代表的な議論をみてみよう。

　まず，全部留保説（法規留保説，権利義務留保説）とよばれる考え方がある。これは，法律の留保とは，法律の法規創造力の原則から生ずる結果を法律の規定のない場合について言い表したものと捉える。すなわち，法律に規定のない場合に行政府が活動することは，行政府が自ら国民の権利義務について新たな規律をすることであり，法律の法規創造力の原則に違反する。法律の留保とは，この言い直しであって，国民の権利義務について規律することはすべて法律に留保され，行政府がそれをなしうるのは法律がその旨を定めた場合に限られることを意味すると考える。これは，国会の法律によって，はじめて国民の権利義務を規律する行政とその活動が創造されることを説くものであった。

　次に，権力行政留保説とよばれる考え方もある。これは，法律の留保について，行政府が権力的手段を用いて活動する場合には，必ず法律の授権を要するとする考え方である。国会の制定する法律によって，私人には認められていない権力的手段という「特権」を用いる行政とその活動が創造されることを説くものであった。

　そして，民主主義に基づく法律の留保の考え方を徹底しており，憲法の精神にもっともよく合致したものとして，完全全部留保説（公行政留保説）があ

る。これは，国民の権利義務を規律したり，権力的手段を用いて活動したりするいっさいの公権的行政はもちろん，非権力的手段を用いて公共目的を追求する非権力的公行政についても，法律の授権を要求する考え方である。国民にとってその権利義務が規律されるものであれ，任意の事実上のものであれ，また，権力的手段を用いるものであれ，非権力的手段を用いるものであれ，公行政とその活動の創造は，国会の制定する法律によることを説くものであった。

2　原則的完全全部留保説（授権原則説）

　いずれの説も，特定の歴史的社会的背景を前提にして形成されてきたものであるから，現代行政の特徴と憲法の原理に照らして，その妥当性が検討されなければならない。たとえば，不利益事実の公表は，侵害行政と同様，国民に重大な事実上の不利益を及ぼすものであっても，公表された者の権利義務の変動を一方的に及ぼすものではない行政の活動であるから，侵害留保説や全部留保説が説くように，法律の授権は要らない，ということにはならないだろう。また，社会保障の領域ではその給付決定について立法政策で，行政行為＝権力的手段の形式が用いられたり，契約＝非権力的手段の形式が用いられたりしているが，たまたま立法政策上，契約の形式が用いられたことから，権力行政留保説が説くように，法律の授権が要らない，ということにもならないだろう。したがって，まずは原則として，すべての公行政に法律の授権を求める完全全部留保説の立場に立ったうえで，行政の目的（消極か積極か），内容（利益か不利益か）および手段（権力的か非権力的か）の組合せを検討することをとおして，個別具体的な授権のあり方（権限を創造するがその行使は抑制する授権か，権限を創造しその行使も促す授権か等）を決するのが適切であると説く考え方が登場する（原則的完全全部留保説，授権原則説）。

3　法律の留保に関する議論の課題

　明治憲法下，侵害留保説を導いた自由主義に基づく法律の留保のなかに盛り込まれた考え方のうち，法律による授権に係らしめることで行政府の権限行使を抑えることをめざす抑制的授権の考え方は，日本国憲法の下で進化した民主主義に基づく法律の留保論にも継承された。抑制的授権とは，行政行為など行政府の権限の行使の要件および効果を個別具体的に規範化して，これを法律に設けることで，当該行政府の権限を根拠づけることを意味した。これは，行政

活動を根拠規範によって実体的に拘束することで，権限行使を抑制しようとするものであった。しかし，法律が根拠規範を定めても，積極目的を掲げる環境行政の領域のように，行政府の専門技術的な判断や政策判断を尊重して，不確定概念（たとえば，「おそれのある場合」）を用いて要件部分を定めたり，権限行使を義務付けない文言（たとえば，「措置をとるべきことを命ずることができる。」）を用いて効果部分を定めたりする場合も多い（広範な行政裁量の存在と法律によるその承認）。そのような法律は，実体的な拘束を行うことで行政府にその権限行使を抑制させるためというよりも，むしろ，あえて規律密度を薄くして実体的拘束を緩めることで，その積極的行使を行政府に促すための根拠規範である。

　したがって，日本国憲法の下で，行政とその活動の創造にとって法律の授権が原則となった今日では，法律の授権の要否一般ではなく，むしろ，行政活動によって実現される国民の権利利益の性質・内容とそれによって生じる国民の不利益の性質・内容を基本的人権の価値序列に照らして，授権のための個別具体的な根拠規範が必要か否か，そして，根拠規範が必要な場合には，どの程度の密度の規律を設けることで，行政活動を抑制的に拘束するか，または，促進的に拘束するかを決することが重要となっている。

　この点と関わる議論として，日本国憲法の下で進化した民主主義に基づく法律の留保論と同様に，民主的正統性のための法律の授権を要求しつつも，同時に，基本権との関連を踏まえて，授権を要する範囲とその規律の程度を確定する試みとして，ドイツの憲法裁判所がとる本質性理論がある。これは，行政活動について，議会自らが「本質的事項」の決定を行い，行政府にそれをゆだねてはならないとする考え方である。何が授権のための根拠規範を要する「本質的事項」かについて，明確さと詳細さに欠けるとはいえ，たとえば，社会保障給付決定に対する法律の授権に関して，受給者の従属性や第三者への不利益の明白性の程度といった基本権と関連する要素を考慮したり，財政への影響，コントロールや透明性の程度といった民主的正統性と関連する要素を考慮したりして，個別具体的に法律の根拠を要求するかどうか，そして，どの程度の根拠を要求するかについて，本質性理論は確定しようと試みている。日本では，この本質性理論から示唆を受けた重要事項留保説も，有力な学説として主張され

ている。

　現在，たとえば，国民の将来の生活を規定する行政計画（国土形成計画，経済計画），国民の生活や様々な活動に影響を及ぼす重要な補助金交付（大型科学研究費，戦略的イノベーション創造プログラム（SIP）），国民の精神的自由を制約したり，経済活動の自由を制約したりする告示，指針，行政指導等（学習指導要領，危機管理指針），国民の権利利益に直接影響しない，または，行政行為など公権力の行使に当たらないことを理由に，法律の授権を不要としたり，十分な密度の規律を盛り込んだ根拠規範を設けなかったりする行政実務の例は多くみられるところである。こうした現状をみるとき，根本的には，日本国憲法下で進化した民主主義に基づく法律の留保論（とくに，原則的完全全部留保説・授権原則説や重要事項留保説）や近時のドイツの留保論（本質性理論）の考え方に立って，現在の法律の授権のあり方を見直すことが求められている。

　ただし，日本の現実の行政と法との関係においては，法律の授権がないままに行われている行政活動が，しばしばみられる。そのなかには，法制度の不備により国民の権利利益が保護されず，侵害状態が放置されている場合がある。このような事例については，法制度の不備，すなわち民主主義の不備を補完するものとして，法律の根拠規範の授権を欠いたまま，その所掌事務の範囲内での行政活動が許されるだろう（例，まちづくり行政や環境行政の領域において，積極目的を掲げる非権力的公行政として行われている行政指導）。

第3節　法律の授権論の射程の拡大

　これまでみてきたように，法律の留保に関する議論のなかで法律の授権という場合，それは，法律が設ける各種の規範のなかでも，もっぱら根拠規範による授権を意味した（作用法的授権）。しかし，行政とその活動の創造と規律に関わる規範には，根拠規範のほかにも，組織規範や規制規範がある。

1　組織規範による規律

　組織規範とは，国家行政組織法，各省設置法，地方自治法などの法律に定められた法条のうち，行政機関の設置，名称，任務，所掌事務の範囲などを定めたものをいう。官制大権を認めた明治憲法下とは異なり，国民主権に基づく民

主的正統性が確立した日本国憲法下においては，国会の制定する法律が，すべての行政機関を設置（創造）することとなった。この結果，法律の留保の議論においては，行政が活動するに際して根拠規範の必要性が問題となるが，その活動を行う組織が設けられているか，そして，その所掌事務のなかに当該活動が入っているかについては，法律が定めた組織規範がすべてこれを規律している（組織法的規律，第4章第2節2参照）。したがって，ある行政活動に根拠規範，すなわち，作用法的授権がなくても，組織規範は必ず設けられている。これは，組織規範が授権も行っているとみてよい。

　そこで，法律の授権について，従来の根拠規範による作用法的授権だけでなく，組織規範による授権も含めて広く把握することで，組織規範であれ根拠規範であれ，行政活動に対する法律の制御として，権限行使を十分に抑制する規律となっているか，あるいは，それを十分に促進する実効性をもつものになっているかをみることも重要である。たとえば，地方公共団体における中高層建築物に対する規制的行政指導の場合，その積極行政という目的と都市計画法制の不備に照らせば，当該行政指導は，法律（条例）レヴェルにおいては，組織規範による組織法的規律で足りる。ただし，要綱など行政準則を意見公募手続を経て行政庁が定め，これを公表し，当該行政指導がそのような行政準則の規律を受けることが確保されることが望まれる。

2　規制規範による規律と根拠規範の補完・代替

　規制規範とは，根拠規範による作用法的授権とは別に，行政活動の適正さを保障するために，行政活動の態様を規律する規範である。行政手続法や補助金等適正化法がその例であり，これらの法律は，個々の行政活動の具体的な根拠となるものではないが，そこで定められる適正化のルールや手続に行政活動は拘束されることになる。

　根拠規範による作用法的授権がない場合，または，規律密度が薄い場合には行政府に広範な裁量権が認められることになるが，規制規範は，この裁量権行使を適正化することに役立つとともに，当該規制規範が法律で定められている場合には，根拠規範による作用法的授権の不備による民主的正統性の欠如を補完・代替する（第8章第6節1(3)参照）。

第4節　行政に対する多元的な法的拘束

1　多元的な法的拘束

　民主主義に基づく法治主義は，自由主義に基づく法治主義がもっぱら根拠規範による法律の授権（作用法的授権）を考えたのとは異なり，根拠規範のみならず組織規範や規制・手続規範によるそれも視野に入れて，多様な規律のあり方を考えるようになった。法律のなかには，このように相異なる多様な規範が設けられており，法律による行政の拘束は，これらの多様な規範をすべて視野に入れて，その多様な規範によって構造化された法秩序のなかで把握することが求められている。

　さらに，行政に対する法的拘束が，現在，これまでみてきたような法治主義の議論の枠それ自体を超えて，多元的な法的拘束としても展開している点は，行政法の今日的なあり方を考えるうえで重要である。

2　憲法による法的拘束

　まず，行政の法的拘束は，法律の上位規範である憲法から生じている。行政は，法律の授権によって法的拘束を受けるだけではなく，憲法によっても法的に拘束されるのである。憲法は，行政制度の変化・進化を促す嚮導的役割を果たしており，とくに，行政に対する憲法の基本原則の拘束は，原理・原則の場面はもちろん，日常的な実務の場面でも行政のあり方を持続的に変え，進化させている。このような日本国憲法の基本原則として，比例原則，平等原則，信頼保護原則，適正手続原則がある。

3　条約等「グローバル空間」を規律する法による法的拘束

　グローバル化の進展に伴い，「グローバル空間」を規律する条約を含む多様な法によっても，行政は，直接または間接に法的拘束を受ける場合が増えている。今日，安全，環境保護，金融，通信，貿易，知的財産，労働基準，人の移動，食の安全といった領域では，一国の政府の枠を超えた規制が増えており，孤立した国内行政法の規制では効果的な対応ができなくなっている。多くの規制が国内レヴェルのものからグローバルレヴェルのものによって置き換わりつつあり，規制または規制協力に関する多様な国の枠を超えたシステムが，条約

や政府間のより非正式な協力ネットワークを通して設けられるようになった。国内だけでなく「グローバル空間」におけるガバナンスを確立するために，行政は，グローバルな行政法の標準や仕組みを参照し，自発的か強制かの違いはあれ，ますますそれに拘束されるようになっている。この点に，これまでもっぱら国内法として構築されてきた行政法が，将来，「グローバル行政法」へと変化・進化する萌芽を見い出すことができる（たとえば，国連安全保障理事会における制裁決議，コーデックス委員会で作られる食品規格，金融活動作業部会〔Financial Action Task Force〕の勧告等）。

4　行政準則による法的拘束

　行政に対する多元的な法的拘束は，法律の下位にある法によっても行われている。まず，政令，省令，規則など行政府自身が定立する準則を用いた行政に対する法的拘束が行われている。これらの準則のなかで，国民の権利義務に関して一般的な規律を設けるものを法規命令とよんでいる。法律が一般的・抽象的な規律にとどめて，行政府に広い裁量権を与えているところを，法規命令が，個別・具体的な規律へと導くに際して，新しい知見や変化する状況への柔軟な対応を新たに盛り込んだり，目標設定とその実現のための計画策定を行ったりすることで，裁量コントロールの役割や裁量権行使の実効性を確保する役割を果たしている。したがって，法規命令による行政の法的拘束も，多元的な法的拘束のひとつとみることができる（第 6 章第 2 節参照）。

　次に，行政府自身が定立する準則には，訓令・通達，要綱，告示，指針，基準などがあるが，これらは，国民の権利義務に直接関係がなく，したがって，外部効果をもたないものと解されており，これを法規命令と区別して行政規則とよんでいる。たとえば，裁量基準について，これが設定され，これに則って処分が行われた場合に，この基準が合理的であったかどうかについて，裁判所は審査をしている（伊方原発訴訟・最判平成 4・10・29民集46巻 7 号1174頁）。また，裁量基準を設定していながらこれによらないで行った処分について，裁量権の公正な行使の確保，平等取扱いの原則，相手方の信頼保護といった要請からすると，準則と異なった判断をするには，そのための合理的理由が必要であると判示する裁判例がある（イラン人家族退去強制令書取消事件・東京地判平成15・9・19判時1836号46頁）。ただし，合理性を有する準則であっても，場合に

よっては個別具体的な判断を行う余地は排除されていない（水俣病認定申請棄却処分取消等請求事件・最判平成25・4・16民集67巻4号1115頁）。こうした裁判所における裁量基準の位置づけは，行政規則に一定の外部効果＝法的拘束力を認めているとみることができる。この点で，行政の自己拘束にすぎないとはいえ，そこに一定の行政に対する法的拘束が働いていることもたしかであって，この種の行政規則も，行政に対する多元的な法的拘束の一環に組み込んでいくべきだろう（第6章第3節参照）。

第5節　適正手続の原則と行政手続法

　行政手続とは，広義には行政機関による行政活動の成立過程（行政過程）に関与する者の行為の手順の総称をいう。この意味での行政手続は，立法手続および司法手続と相並ぶ関係にあり，形式的意味における行政を手続的側面において把握したものである。

　行政過程に関与する者には，行政活動を所管する行政機関内部の者，関係行政機関，議会，当該行政機関の帰属する行政体とは別の行政体および私人があるが，行政法学において行政手続というとき，一般的には私人の関与にかかる手続をさす。

　行政活動に先立ってとられる行政手続を事前手続といい，すでになされた行政活動に対する不服申立ておよび苦情に関してとられる行政手続を事後手続という。前者には，行政活動の形式に即して，命令等制定手続，行政計画策定手続，行政調査手続，処分手続，行政契約手続，行政指導手続，行政強制手続，行政処罰手続があり，後者には行政不服審査手続，行政苦情処理手続がある。狭義の行政手続は，事前手続をさす。

1　行政手続の進化とそのモデル

　日本では，行政手続について，行政手続法という一般法が整備されるのは，1993年のことであった。これは，行政手続のなかでも，「権利利益保護モデル型」（第一世代）と特徴づけられるものである。このタイプの行政手続は，先進諸国では長い歴史をもつ標準装備の制度であることから，伝統的行政手続法と呼ばれている。しかし，日本の行政手続法は，先進諸国に比べるとかなり遅れ

て制定されたものであり，一般的な行政法制度のなかでは比較的新しいもので
ある。

　その特徴は，以下の点にある。第一に，このタイプの行政手続は，行政処分
にその焦点をあてる。すなわち，義務を課したり権利を制限したりする不利益
処分（行手2条4号），許認可を付与する利益処分（行手2条3号）を対象とし，
その事前手続において国民の権利利益を保護すること，権力の濫用や恣意的な
行政を抑制することを目的にするものである。第二に，このタイプの行政手続
は，権利利益の保護という目的を実現するための手続であることから，権利利
益の正式の保護手段である裁判手続に似せた手続をとる。たとえば，行政処分
の名あて人で聴聞の通知を受けた当事者，行政庁の職員，および，行政庁が指
名する職員等が務める聴聞主宰者という三者構成で行われる対審的な手続（行
手3章第2節「聴聞」）が設けられている。

　こうした特徴にみられるように，このタイプの行政手続は，「公」である行
政に対して，「私」である個人の権利利益の保護を目的とする点で，個人と国
家の二項対立を前提としている。そして，参加した当事者や参加人の意見
（「私」）には拘束されることなく，行政は自ら決定を行うことができる。この
点で，「公」としての行政が，排他的に決定を行う権限をもち，かつ，公共性
を自らが担保する行政手続であった。

　しかし，90年代後半になると，この「権利利益保護モデル型」の行政手続
は，厳しい批判にさらされることとなった。このタイプの手続は，閉ざされた
「政・財・官」の規制のネットワークの一員である「既得権者」の「既得権益」
を保護することが多いため，国民といっても，それは特定の利害関係人・団体
を参加させるものであると批判された。この批判は，おりしも，「市場」がも
てはやされた当時の風潮と共鳴し，支持を集めることとなった。自由に参画し
交渉する「普遍的市民」に開かれた制度である「市場」のように，行政手続が
規制が保護する「既得権者」を排除し，「普遍的市民」を自由に参画させるこ
とによって，行政も開かれた空間へと変わることが目指された。

　この「市場中心モデル型」（第二世代）の行政手続の例が，パブリック・コメ
ントである。開かれた自由な「市場」に参加する者が「普遍的市民」であるの
と同様に，政策（計画）作成や規則制定の手続において，「普遍的市民」，すな

わち，特定の利害関係者に限られない人，国籍や住所が問われることなく地球
上のだれもが意見を述べ，参加できる制度として設けられたのである。

　国のパブリック・コメントは，当初，閣議決定という行政規則により実施さ
れ（1993年），2005年の行政手続法改正によって，そのなかに，「命令等」の制
定に際しての「意見公募手続」（行手第6章）として設けられた。しかし，この
パブリック・コメントへの「普遍的市民」の参加は，「命令等」がもつ「公共
性」の存否に関する意見公募でしかない。「公共性」があるとして「命令等」
が制定されれば，後は「公」である行政任せ，あるいは，「公共性」がないと
して「命令等」が撤廃されれば，後は「私」である「市場」任せというもので
ある。この点では，第一世代の行政手続と同様で，「公」と「私」，国家と市場
の二項対立は否定されていない。

　21世紀に入ると，この2つのタイプ（世代）の行政手続に対して，大きなイ
ンパクトを与えることとなる新しい考え方が登場する。それは，公共性の実現
には，市民社会と市民が関与すべきであり，これを支援する実定法のパラダイ
ム転換が必要であると説く「プロセス志向民主主義」の考え方である。この考
え方に基づく「プロセス志向民主主義モデル型」（第三世代）の行政手続は，
「公」である行政が「公共性」を有することを前提にした第一世代の行政手続
ではない。また，「公」である行政が有するとされる「公共性」を否定し，
「私」である「市場」にゆだねる第二世代の行政手続でもない。このタイプの
行政手続は，行政と市民社会の多様なアクターとの協議と調整のプロセスのな
かで，「公共性」をつくりだすものである。そこでは，市民個人と国家との関
係が，二項対立構造から，市民社会がこの対立を止揚する三項図式へと変化し
ている。ここでは，個人と国家の中間領域である市民社会の力能への期待が拡
がっている。第二世代のように，国家が独占していた「公共性」を単に否定す
るのではなく，それに代わる，または，それを補完する「新たな公共性」の生
成を促す，市民が協働する行政手続が構想されている。

　たとえば，地方公共団体の市民参加条例のなかに導入され始めた市民政策提
案手続が，この第三世代の行政手続にあたる（例，国分寺市まちづくり条例）。こ
の種の条例では，政策原案を行政ではなく市民がつくり提案する手続を設けて
いる。そして，提案者にプレゼンテーションの機会を与え，熟議タイプの密度

の濃いコミュニケーションの手続が設けられている。こうした手続を通して，市民と協働して行政は政策や決定を作成している。国の法律においても，たとえば都市計画法は，2002年の改正により「都市計画提案制度」を設けている（都計21条の 2 ）。

　21世紀の行政手続は，規制が主権国家の排他的な特権であった国家中心の行政システムだけではなく，国境を超えた多極的で，かつ，ネットワーク的な行政システムにも対応しなければならなくなっている。そして，階統的な行政システムだけではなく，水平的で，協働的な行政システムにも対応しなければならない。さらには，規則制定および個別処分という二段階を順次経て完結する閉ざされた行政システムだけではなく，変化する現実に相応しい対処を行うために，継続的，循環的で，かつ，開かれた複線的な手続という複雑な過程を有する行政システムにも対応しなければならない。行政手続の第三世代は，かつては分割によって存在した境（国境，公私および単線的・段階的な境によって分節化した行政過程）を超えて相互作用の通路をつくることで，これらの課題に応えることが期待されている。

2　行政手続と法治主義

　法治主義は，前述したように，作用法的授権および組織法的授権に加えて，行政活動の規制規範による拘束をも必要としている。行政機関が行政活動をするにあたって一定の行政手続をとらなければならないとする手続規範による規律は，規制規範の一種である。

　一方で，主に第一世代の行政手続におかれた手続規範による規律は，事前手続を適正化することで，国民の権利利益の侵害を未然に抑制するという権利保護機能をもっている。この点で，行政手続法制の整備は，自由主義に基づく法治主義の進化を示すものである。

　他方で，主に第二世代および第三世代の行政手続におかれた手続規範による規律は，行政機関と国民との間の討議の過程を秩序づけることで，コミュニケーションに基づく行政機関の判断が，国民の意思を反映する過程をとおして民主的に正統化され，かつ，熟慮された行政活動が創造されていく機能ももっている。この点で，これらのタイプ（世代）の行政手続法制の整備は，憲法の下で進化した民主主義に基づく法治主義のひとつとしても位置づけることがで

きる。

3　適正手続の原則の内容

　法治主義の手続法的理解は，適正手続の原則として規範化され，その規範内容は，第一世代である権利利益保護の手続にしろ，第二，第三世代の民主的な参加・協働の手続にしろ，①私人に対する行政活動の決定案とその根拠の告知（ニコニコタクシー事件・大阪地判昭和55・3・19行集31巻3号483頁），②行政機関の保有している当該案件にかかる資料の開示（保険医療機関指定等取消処分差止め請求事件・大阪地判平成20・1・31判タ1268号152頁），③私人からの意見の聴取，④私人に対する行政活動の決定の通知とその理由の提示，を共通の基本的な要素とすると解されている。これに加えて，行政行為，行政指導といった特定の者に対する具体的な行政活動については，⑤基準の設定と公表も適正手続の基本的な要素とされている。

　このうち，①と③は，手続の関与者に対し争点に関する適切かつ有用な意見やそれを根拠づける証拠，資料等を提出する機会を与え，行政機関が誤った事実認定，合理性を欠いた判断をすることを防止するものである。②は，①を実質化するためのものである。④は，合理的な理由を考慮させることを通じて行政庁の恣意を抑制し判断における慎重さや公正妥当性を担保するとともに，行政行為等にあっては不服申立てに便宜を与えるものである（日本赤軍旅券発給拒否事件・最判昭和60・1・22民集39巻1号1頁，理由の提示の程度について，根拠法条と具体的事実関係を示すだけでは足りず，どのような処分基準の適用によって処分が選択されたのかも示すことを求めたものとして，一級建築士免許取消処分事件・最判平成23・6・7民集65巻4号2081頁）。⑤は，当該行政活動の相手方に予測可能性を与え行政庁の恣意的な判断を抑制することに，その意義があるとされる。

　もっとも，各行為形式あるいは個別の行政活動に求められる行政手続の内容は，①ないし⑤の適正手続の諸装置を手厚くフル装備で盛り込むものから，その一部を盛り込んだり，まったく盛り込まなかったりするものまで多様である。最高裁も，行政行為についてではあるが，「一般に，行政手続は，刑事手続とその性質においておのずから差異があり，また，行政目的に応じて多種多様であるから，行政処分の相手方に事前の告知，弁解，防御の機会を与えるかどうかは，行政処分により制限を受ける権利利益の内容，性質，制限の程度，

行政処分により達成しようとする公益の内容，程度，緊急性等を総合較量して決定されるべきものであって，常に必ずそのような機会を与えることを必要とするものではない」と判示している（成田新法事件・最大判平成4・7・1民集46巻5号437頁，司法審査を経てなされる決定を受けて発せられる処分は，弁明の機会を与えなくとも手続保障に欠けるものとはいえないと判示するものとして，逃亡犯罪人引渡命令事件・最決平成26・8・19判時2237号28頁）。

　また，同様に，意見の聴取の方式には，行政審判，聴聞，弁明，公聴会，意見提出などがあるところ，これらの方式の選択は，当該手続が権利保護手続か，参加・協働の手続か，あるいはその混成か，といった行政手続の目的・機能の重点の置き方に対応して異なっている。なお，行政審判は，準司法的手続ともよばれ，裁判手続に近い方式でもって行われるものであるが，事前手続だけでなく，事後手続についても置かれることがある（**コラム15-1**参照）。

4　行政手続法

　行政手続法は，「行政運営における公正の確保と透明性……の向上を図り，もって国民の権利・利益の保護に資する」（行手1条）ことを目的としている。本法の中間目的である「公正の確保」とは，行政決定における恣意・独断を疑われるようなものでないことを意味する。「透明性の向上」については，本法はこれに「行政上の意思決定について，その内容及び過程が国民にとって明らかであること」という注釈を加えている（行手1条1項括弧書）。

　行政手続法は，前述のように，制定当初，第一世代の行政手続である権利保護手続に関する定めを置くにとどまっていたために，透明性といっても，国民すべてに明らかであることを要請するものではなかった。しかし，その後の改正（2005年）により，行政手続法は，第二世代の行政手続である命令等（行政準則）に関する定めを置くに至っており，透明性の範囲は広がっている。もっとも，意見公募手続を参加権までも認めた参加手続の法定化とみることができるかどうかについては議論は定まっていない。

　行政手続法による行政手続の整備にあたっては，それまで統一性がなくばらばらな状態にあった個別の法律に定められた処分，行政指導，届出および命令等に関する行政手続を，それぞれの行為形式の特性に照らして適正手続の原則の各要素を取り入れた標準的な手続に即して整理するといった作業が行われ

た。その結果，行政手続法は，各行為形式の標準的な手続を定めることで一般法としての地位を獲得したが，それになじまない手続については，個別の法律において定める措置がとられた。たとえば，「この法律の規定する事項について，他の法律に特別の定めがある場合は，その定めるところによる。」（行手1条2項）という規定が置かれ，一般法である行政手続法に対する個別の特別法の優先を確認している。

　また，行政手続法は，類型的な特殊性を有する処分，行政指導，届出および命令等を定める行為について，行政手続法の定める手続を包括的に適用除外にしている（行手3条・4条）。そして，個別の法律でも，処分および行政指導について，行政手続法の関係する章の適用を包括的に除外にしているものが多くある（税通74条の14，生活保護29条の2等）。

　なお，2014年には，行政不服審査法改正に合わせて，行政手続法の改正も行われた。この改正では，法令に違反する事実の是正のための処分または行政指導を求めることができること（処分等の求め，行手36条の3），そして，法律の要件に適合しない行政指導の中止等を求めることができること（行政指導の中止等の求め，行手36条の2）が，新たな仕組みとして行政手続法に盛り込まれた。これらの仕組みの新設は，不服申立類型を多様化する改革として，行政不服審査法改正をめぐる議論のなかでも検討されていたものである。しかし，行政不服審査法の仕組みとして設けると，処分前の不作為状態や処分ではない行政指導の適法性について，これらの行為を裁断した裁決を争うことを通して司法審査を求めることができる，すなわち，抗告訴訟に道を開くこととなるため，これを嫌って，行政機関の応答義務のない仕組みとして行政手続法のなかに盛り込まれている。この制度設計は，行政不服審査法・行政手続法の改正後も，行政の適正な運営を求めることを通して権利救済を図ることを求める立場からの批判は強い。

　行政手続法は，このように特別法や適用除外を多く認めており，この結果，手続規範による行政の法的拘束は，行政手続法の制定にもかかわらず，引き続き個別法の手続規範によるものが広範に存在している。とくに，日常生活に関わる行政領域の処分や行政指導については，個別法の手続規範の規律にゆだねられているものが多く，換言すると，国民生活に関わる行政領域に適用されな

い行政手続法は，経済活動を行う事業者のための手続法という特徴を顕著に有するものとなっている。

第6節　行政法のその他の諸原則

行政に対する法的拘束は，今日，法律による授権を説く法治主義の議論の枠を超えて多元的な法的拘束として展開している。そのなかには，憲法に盛り込まれた諸原則による法的拘束がある。行政は，法律の授権によって法的拘束を受けるだけではなく，憲法上の原則によっても法的に拘束されるのである。このような憲法の原則として，第5節で取り上げた適正手続の原則のほかに，比例原則，平等原則がある。

1　比例原則

比例原則は，法違反状態の排除等の目的を達成するための手段の必要性（必要性の原則）と，必要な手段であることを前提にした当該手段と目的との適切な比例関係（過剰規制禁止の原則）からなる。今日，比例原則は，権力的手段か，非権力的手段かを問わず，広く消極目的を掲げて国民の権利利益を規制する行政活動について，これを法的に拘束する憲法上の原則となっている（憲13条）。もともと，比例原則は，国民の自由を脅かす警察活動を抑制する原則であった警察権の限界の法理のひとつとしてドイツで発展したものが継受され，明治憲法の下では条理上の原則とされていたものが，日本国憲法の原則へと進化したものである。今日，比例原則は，裁判所によって，裁量権の行使に踰越・濫用があり違法なものであったかどうかを審理する際の実体的な基準として用いられている（運転免許取消処分事件・最判昭和39・6・4民集18巻5号745頁，保険医療機関指定取消処分取消請求事件・神戸地判平成20・4・22判例集未登載，教職員君が代・日の丸懲戒処分事件・最判平成24・1・16判時2147号127頁）。

2　平等原則

平等原則は，憲法14条から導かれる憲法上の原則として行政を法的に拘束する。国民にとって不利益となる内容をもつ行政活動だけではなく利益となる内容をもつ行政活動についても，平等原則は，これを法的に拘束するものとして用いられている（地自10条2項・244条3項等，水道料金改定条例事件・最判平成18・

◆コラム3－1◆　透明性と説明責任

　透明性という概念は行政手続法において，説明責任（「政府の説明する責務」）の概念も行政機関情報公開法においてはじめて採用された，比較的新しい法律用語である。透明性とは，本文で説明したように，「行政上の意思決定について，その内容及び過程が国民にとって明らかであること」（行手1条）を意味し，説明責任は，法律上その定義規定はないが，「国民主権の理念」（行政情報公開1条）に由来するものであることに照らすと，その趣旨は国政の受託者である政府が信託者である国民に対し自らの活動の妥当性を説明することを意味する。

　しかし，透明性の概念も説明責任の概念も，具体的な行政改革の課題——規制緩和政策，事前規制型の行政から事後チェック型の行政への転換——に関連して，創出された，政策的な性質が濃いものである。そのため，これらの概念の射程は，当該法律の構造上，狭隘なものとされてきた。行政手続法は，権利保護手続に関する一般法にとどまり，行政機関情報公開法は，積極的な情報公開を努力義務にとどめていた。

　しかし，透明性の概念および説明責任の概念には，国民主権主義・民主主義的契機もまた存在しており，いずれも，民主主義的な法治主義の原理に照らせば，行政を拘束する法原則としての成立が十分に期待しうるものである。これは，これらの概念を参加や積極的情報提供に結び付けて採用しようとする立法政策の広がり（文化芸術基本法34条，行政機関政策評価法19条など），および，行政法学における法治主義の原理の進化に依存している。

7・14民集60巻6号2369頁）。東京高判平成19・3・29（判時1979号70頁）は，国立大学入試の合否判定の裁量が平等原則による法的拘束のもとにあるとする。また，行政規則である通達が定める要件を満たす者のうち特定の者について不利益な取扱いをすると，平等原則に違反し違法と判示される例もある（大阪高判昭和44・9・30高民集22巻5号682頁）。平等原則という憲法原則による行政の法的拘束と併用することで，外部効果＝法的拘束力がないとされてきた行政規則による行政の法的拘束の可能性を切り開くものである。

3　信頼保護の原則

（1）　**信頼保護の原則による法的拘束**　　法律による授権を説く法治主義の議論の枠を超えて多元的な法的拘束として展開している行政に対する法的拘束には，憲法に盛り込まれた諸原則による法的拘束と並んで，民法が規律する法の一般原理による行政の法的拘束もある。その代表的なものが，信頼保護の原則である。

　行政活動を法的に拘束する信頼保護の原則とは，様々な行政の活動を信頼して国民が行動した場合に，この信頼に基づいて形成された国民の権利利益を保護する法理である（在留期間更新不許可事件・最判平成 8・7・2 判時1578号51頁，在ブラジル被爆者健康管理手当請求事件・最判平成19・2・6 民集61巻 1 号122頁）。

　(2)　**違法な行政活動と信頼保護の原則**　　ただし，まず，行政の違法な活動を信頼して国民が行動した場合には，違法な活動を許さない法治主義の原則とこの信頼保護の原則のうち，どちらを優先して適用するかが問題となる。この点で，最高裁は，信頼保護の原則を例外的に適用すべき「特別の事情」がない限り，基本的には，法治主義の原則を重視する立場に立っている。たとえば，青色申告承認を受けていない者からの申告を数年間受けつけてきた税務署長が，その誤りに気がつき，白色申告として扱う更正処分を行った事件について，法治主義が貫かれるべき租税法律関係において，信頼保護の原則の適用は慎重でなければならず，租税法規の適用における納税者間の平等，公平という要請を犠牲にしてもなお当該課税処分に係る課税を免れせしめて納税者の信頼を保護しなければ正義に反するといえるような特別の事情が存する場合，はじめて信頼保護の原則の適用を考えるべきであると判示している（最判昭和62・10・30判時1262号91頁）。また，地方公共団体に対する債権に関する消滅時効の主張が信義則に反し許されないとされる場合は，きわめて限定されているとしつつ，国の通達の発出とこれに基づく失権取扱いを理由として消滅時効を主張することは，信義則に反すると判示するものとして，前掲・最判平成19・2・6 がある。

　(3)　**適法な政策・計画変更と信頼保護の原則**　　次に，政治的，経済的情勢の変化から，違法ではないものの行政府の政策や計画が変更された場合に，当初の政策や計画を信頼して行動していた国民の権利利益は害される結果となるが，こうした権利利益の保護についても，信頼保護の原則の適用の可否が問題となる。最高裁は，このような適法な政策・計画変更の分野における信頼保護の原則の適用について，一定の場合に，政策・計画変更が，当事者間に形成された信頼関係を不当に破壊する結果，違法性を帯びるとして，一定の条件を満たせば信頼保護の原則の適用を認めている。たとえば，村の工場誘致政策を信頼して，村の指導・協力の下に製紙工場の建設を計画していた企業が，村長選

挙で当選した新村長が工場誘致に反対で，誘致政策を撤回したため，村の協力が得られなくなり，計画を断念した事件について，特定の者に対して施策に適合する特定内容の活動を促す個別的，具体的な勧告ないし勧誘を伴うものであり，かつ，その活動が相当の長期にわたる当該施策の継続を前提としてはじめてこれに投入する資金または労力に相応する効果を生じうる性質のものである場合には，右施策の維持を内容とする契約が締結されたものと認められないときでも，その施策の変更にあたっては，信頼に対する法的保護が与えられなければならないと判示する（宜野座村工場誘致変更事件・最判昭和56・1・27民集35巻1号35頁，第7章第4節2(4)参照）。なお，同様に契約関係にはない未決勾留による拘禁関係については，被勾留者に対する診療行為について，国と被勾留者との間には特別な社会的接触の関係はないとして，国は被勾留者に対してその不履行が損害賠償責任を生じさせることとなる信義則上の安全配慮義務を負わないと，最高裁は判示している（被勾留者に対する安全配慮義務違反による損害賠償請求事件・最判平成28・4・21民集20巻4号1029頁）。

(4)　法治主義と信頼保護の原則　　信頼保護の原則による行政の法的拘束は，このように，まず，法治主義の立場からみると許されない違法な行政活動について，例外的な場合とはいえ，これを許容する法理を提供している。そして，法治主義の立場からみると許される行政活動については，一定の場合には逆に，これを許容しない法理を提供している。したがって，いずれの場合も，信頼保護の原則は，その適用が認められると，結果としては，法治主義を否定する法理となる。この点で，法治主義を基本原則とするならば，形式的，画一的に法治主義を貫くことが正義に反する場合で，事件の個別具体的な利益状況にふさわしい柔軟な解決を導く必要性が生じているときに限って，例外的に，この信頼保護の原則は適用されるべきである（青色申告の効力を認めず更正処分等が行われた事件・前掲最判昭和62・10・30，障害年金裁定取扱取消事件・東京高判平成16・9・7判時1905号68頁）。

第Ⅱ部

行政組織

【第Ⅱ部の構成と概要】

　第Ⅱ部では，行政作用法・行政救済法と区別される行政組織法を扱う。行政組織法には，広義のものと狭義のものが存在する。狭義の行政組織法とは，広く行政を担当するために存在している国および地方公共団体その他の公共団体に関する法である。これに対し，広義の行政組織法には，一般に，狭義の行政組織法に加えて，行政組織を構成する人的要素である職員（主として公務員）に関する法（主要には公務員法）および行政組織を構成する物的要素である公物に関する法（公物法。現在では，公共施設法）が含められてきた。ここでは，狭義の行政組織法のみ扱う。

　一般に，行政組織は，その存在自体が目的ではなく，あれこれの行政活動を行うための手段である。換言すれば，行政目的達成のために行われる種々の行政活動を担当するために，行政組織はその存在理由を認められるのである。したがって，現代国家における行政の肥大複雑化の要請および現実は，当然のことながら，行政組織の肥大化を招き，また，近年における行政のスリム化・減量化も，異なる方向で行政組織の変容を招いている。

　行政組織を構成する行政機関は，行政作用法や行政救済法上の概念＝制度としても重要な意味をもち，行政裁量論や行政行為の効力論においても行政機関の構成・意思決定手続などは重要である。以下では，まず，行政体と行政機関について説明し，その後に，行政機関相互の関係をみていく。

第4章
行政体と行政機関

第1節　行政体

1　行政体の概念

(1)　行政体と行政主体　　従来，学説では，行政法上の法律関係の当事者のうち，行政活動または国家活動を行う国や地方公共団体などを行政主体とよび，その相手方となる私人を行政客体とよんできた。しかし，行政主体と行政客体という呼称は，今日においても，前者の後者に対する優越性をアプリオリに前提としているように理解される可能性がある。したがって，国や地方公共団体等は行政を担当する団体という意味において，行政体という用語を使用することが妥当である。

(2)　行政体とその判断基準　　行政体を論じる理由は，従来，行政組織法の範囲の確定を別にして，行政組織に通じる一般原理が仮にあるとすると，その適用範囲という角度から行政体該当性の決定が必要であること，ある組織が行政体であるがゆえに，情報公開制度のような特別な法的措置が採用されているとみられることから，その適用範囲確定のために行政体該当性の決定が必要であることなどが挙げられた。他方，たとえば，情報公開といったアカウンタビリティ（説明責任）確保策の必要性は，ある組織が行政体か否かとは一致しないとして，組織の行政体該当性を重視せず，組織を段階的・多元的に考えることの重要性が指摘されている。もっとも，一致しなくても，行政体性は，法を適用すべきか決定する際の最も重要な考慮事項であるとも考えられる。

　次に，行政体該当性あるいは行政体類似性が重要と考えると，行政体該当性を判断するための基準が問題となる。行政体が行政活動または国家活動を行うことを存立目的とする独立の法人格をもった団体とした場合，基準として重要

であるのは，その組織が行っている活動が「行政」または「国家」活動といえるかである。しかし，事務の内容で区別することは容易ではなく，また，事務が民間組織に委任されうるとすると，それも考慮しなければならない。そこで，制定法，とくに，設立行為の特殊性のみならず，当該法人に対する国の出資のあり方，組織編成に対する関与のあり方に関する規定に注目することが有力に主張されてきた。

2　行政体の種類

(1)　国・地方公共団体とその他の行政体（特別の行政体）　　国と地方公共団体を行政体とすることには異論はない。地方公共団体には，普通地方公共団体と特別地方公共団体が存在するが，いずれも行政体といいうると考えられる。しかし，学説で特別の行政体（特別行政主体）と呼称するようになってきている，それ以外の行政体に，どのような法人が該当するかは明確ではない。講学上の概念と実定法上の概念が入り交じることがあるために重複が存在し，特定の種類に該当する法人が必ずしも行政体とはいえず，また，特定の点に関して行政体としての性格を認めうることがあるからであり，そのような場合，特定の法人を行政体とよびうるかは考え方によって相違する。

(2)　その他の行政体（特別の行政体）の種類　　**(a)　公共組合**　　公共組合とは，特別の法律によって設立され，組合員により構成される社団的性格をもつ組合である。土地改良区，土地区画整理組合，商工組合，商工会議所，健康保険組合などがある。公共組合の行う事務が行政事務であると解する根拠として説得力があるものは，設立強制，組合員資格を有する者の加入強制，公権力の付与といった根拠である。

第二次世界大戦前に公共組合とされていた農業団体，森林組合などは，戦後，協同組合に改組された。弁護士会などは，強制加入制がとられ，公権力が付与されているものの，それは，業務の公共性が強く，その公正な遂行のために自主的規律が必要であるからであり，公共組合とは理解されていない。さらに，土地区画整理組合のように，担当事業の地域や人的対象が限定されている場合には，行政体と理解できるか疑問も出されている。

(b)　独立行政法人等　　独立行政法人とは，国民生活および社会経済の安定等の公共上の見地から確実に実施されることが必要な事務・事業であって，国

が自ら主体となって直接に実施する必要のないもののうち，民間の主体にゆだ
ねた場合には必ずしも実施されないおそれがあるものまたは一つの主体に独占
して行わせることが必要であるものを効率的かつ効果的に行わせることを目的
として（旧独行 2 条 1 項，現行法も同様），独立行政法人通則法および個別設立法
の定めるところにより設立される法人であり，2014年の法改正による制度見直
しまでは，役員・職員が国家公務員の身分を有する法人を特定独立行政法人と
称していた（旧同 2 条 2 項）以外には，独立行政法人の分類はなかった。独立
行政法人は，組織，人事，財務，業務について国の関与を受けるが，業務の効
率的かつ効果的な遂行のために，自律性・自発性・透明性を備えた法人として
設立され，通則法の適用を受ける独立行政法人については，業務の範囲は設立
法で定められ，業務方法書について主務大臣の認可が義務付けられ，主務大臣
の指示する中期目標に基づき計画的な業務遂行が義務付けられている。

　2014年に独立行政法人制度が見直され，従来の非公務員型の独立行政法人を
中心にした「中期目標管理法人」，同じく従来の非公務員型の独立行政法人の
うち，研究開発を主たる業務とした「国立研究開発法人」，国の行政事務と密
接に関連した国の相当な関与の下に執行することが求められる事務・事業を正
確・確実に執行することを目的として，公務員身分が付与されていた特定独立
行政法人であった独立行政法人から国立大学病院機構を除いた「行政執行法
人」という 3 分類が設けられた（同 2 条 2 項～4 項）。また，従来，独立行政法
人は，主務大臣から指示された目標に基づいて業務運営を行い，その業務実績
の評価について第三者機関が行う仕組みとなっていたが，主務大臣の下での政
策の PDCA サイクルを強化するという観点から，主務大臣が目標設定のみな
らず業績評価を行うこととするなどの見直しが行われた。2019年 4 月 1 日現在
で，独立行政法人は87法人あり，そのうち，中間目標管理法人が53法人と多
く，行政執行法人は 7 法人（国立公文書館，造幣局等）と少ない。

　さらに，独立行政法人類似の仕組みを有するものに，国立大学法人法により
設立された国立大学法人・大学共同利用機関法人がある。文部科学大臣からの
コントロールを受けるが，憲法上，大学の自治が保障されていることから，国
立大学法人の学長を任命する際には，当該法人からの申出に基づくことが求め
られ（国大法人12条），また，国は，国立大学等の教育研究の特性に常に配慮し

なければならない（同3条）との規定が置かれている。

　これらの独立行政法人や国立大学法人等は，独立行政法人等情報公開法の適用対象となっている（独行情報公開2条1項，別表第一）。

　地方公共団体レヴェルにおいては，地方独立行政法人法に基づく地方独立行政法人が存在する。役職員が公務員の身分である特定地方独立行政法人（地方独行2条2項）と，それ以外の一般地方独立行政法人の区分があるほか，公立大学を運営するための法人は，公立大学法人の名称を用いる（同68条）。地方独立行政法人の設立にあたって，地方公共団体の議会の議決を経て定款を定めて，総務大臣等の認可を得なければならない（同7条）ほかは，基本的には国の独立行政法人と同様の管理運営の仕組みがとられている。また，公立大学法人も，基本的に国立大学法人と同様の仕組みがとられている。地方独立行政法人法は，ひとつの公立大学法人が複数大学を設置・管理することができることを認めた規定となっており，理事長と学長の分離も定款で定めるところに可能であることを明らかにしている（地方独行71条1項）。他方，国立大学法人法は，それぞれの国立大学ごとに設置主体となる法人を設立し，学長が法人の長であったが，2019年の法改正により1法人で複数大学設置を可能とし，法人の長と学長が分離していく可能性が高い。2020年4月に「東海国立大学機構」が創設され，名古屋大学と岐阜大学が設置されることとなった。2019年4月1日現在で，地方独立行政法人は149法人あり，そのうち，特定地方独立行政法人は5法人と少なく，対象業務別では，大学が76法人，公営企業型（病院，医療センター）が60法人で，両者で多数を占めている。

　(c)　特殊法人　　特殊法人は，講学上の概念として様々な用法があるが，現在，実務での用法を受け，通常は，「法律により直接に設立される法人又は特別の法律により特別の設立行為をもって設立すべきものとされる法人」（総務省4条9号）のことをいう。このうち，前述の独立行政法人・国立大学法人等および形式的には上記定義に当てはまるものの，個別法で総務省の審査対象法人としない「民間法人化された特殊法人」を除くものが一般に特殊法人と称され，その新設，改正，廃止について総務省の審査や業務の監査を受けることになっており，情報公開制度の対象とされているものもある（独行情報公開2条1項，別表第一）。特殊法人は，実務上，①公社，②公団，③事業団，④公庫，⑤

特殊銀行・金庫，⑥営団，⑦特殊会社，⑧その他に分類されてきた。従来から特殊会社を行政体といえるか議論があるなど，特殊法人のすべてが行政体と理解されているわけではない。

　特殊法人等改革基本法と同法に基づく特殊法人等整理合理化計画等の行政改革によって，統廃合・民営化され（⑦特殊会社となるものもある），独立行政法人へと姿を変えたものが少なくない。地方公共団体においては，特別法の規定に基づき設立された地方住宅供給公社，地方道路公社，土地開発公社の地方三公社が存在するが，国レヴェルにおいては，日本国有鉄道，日本電信電話公社，日本専売公社の三公社は民営化され，また，2003年に登場した日本郵政公社も2007年に民営化されている。2019年4月1日現在，33法人あり，そのうち，多数が特殊会社（日本電信電話株式会社，日本郵政株式会社，日本たばこ産業株式会社，新関西国際空港株式会社，成田国際空港株式会社，北海道旅客鉄道株式会社，東日本高速道路株式会社等）となっている。

　⒟　認可法人　　認可法人とは，特別の法律により，その設立に行政庁の認可を要する法人，あるいはそれに加えて，一定数を限定して設立される法人である。日本銀行法に基づく日本銀行，預金保険法に基づく預金保険機構などがその例である。認可法人は，独立行政法人・特殊法人とは異なり，形式的に国の設立行為により設立されるものではなく，新設等についての審査対象法人ではないが，法人によっては，特殊法人同様の国の行政機関による監督や出資などがなされるなど，実質的に特殊法人と同様の法人もあり，総務省の調査の対象となり（総務省4条13号ハ），同じく情報公開制度の対象とされているものもある（独行情報公開2条1項，別表第一）。特殊法人と同様，特殊法人等改革基本法と同法に基づく特殊法人等整理合理化計画によって認可法人の多くは，独立行政法人や民間法人等に改組されている。行政体としての面を有する認可法人も存在するという状況にとどまるため，認可法人を行政体とよびうるかは微妙である。

3　指定法人・公の施設の指定管理者と委任行政

　近年の指定法人制度や公の施設の指定管理者制度により，特別の行政体とはいえない民間組織に行政行為のような明確な行政権限がゆだねられ，これが委任行政とよばれてきている。

◆**コラム4−1**◆　　**社会保険庁の日本年金機構への改革と職員の分限免職**

　行政組織改革として，組織の性格が大きく変わったり，職員の身分が公務員から非公務員へと変わったりすることがある。さらに，職員の雇用自体が脅かされることもある。2009年の政権交代前後にこのことが問題となり，法的紛争が継続しているのが，社会保険庁の日本年金機構への改革である。国の行政機関が独立行政法人化される場合には，職員は法人に引き継がれる旨が法律上規定されるのが通常であるが，日本年金機構の場合には，社会保険庁に在籍する職員が，機構に自動的に引き継がれる仕組みにはなっていない。過去懲戒を受けた者の一律不採用・分限免職とする閣議決定に対しては法的にも疑義が提出され，対応の再検討がなされたが，結局，懲戒処分歴があることを理由にする者を含め525名が分限免職になっている。これに対して，全国で71名が人事院に不服を申し立てた。2013年12月までに人事院から計71名の判定が出され，厚生労働省に転任できた人と同等の評価を受けていたことなどから，「人事の公平性・公正性の観点から妥当性を欠く」などの理由で，25名の分限免職が取り消されている。さらにその後も，全厚生労組に所属する29名が全国各地の7地裁で提訴したが，裁判所は，分限免職処分の違法性を認めるのに消極的である。

　指定法人とは，行政庁からの指定を受けて一定の公共的業務を営む法人をいう。法令上「指定検査機関」，「指定試験機関」などとよばれる指定法人（指定機関）は，それらの機関として指定を受けることにより，指定前において主務大臣などが行使することとされていた行政権限を委任され，それを行使するものであり，民間組織が指定法人として指定された場合にも，その限りで行政機関（行政庁）として機能する。また，公の施設の指定管理者の場合も，公の施設の利用許可権限の行政権限を委任されることが認められている（地自244条の2・244条の4）。

第2節　行政組織と法治主義

1　明治憲法と法治主義

　明治憲法10条が，憲法および法律に違反しない限りでの天皇大権としての官制大権と任官大権を定めていたように，明治憲法下においては，行政組織の編成権または行政組織権は，天皇＝行政府の固有の権限領域とされてきた。原則としてその大部分は，天皇の官制大権の行使として，勅令の形式で行われた

（第3章第1節2も参照）。

2　日本国憲法と法治主義

（1）　**日本国憲法と学説**　　国民主権を採用する日本国憲法は，官制大権という天皇大権を認めていないが，内閣（憲66条以下），会計検査院（同90条）および地方公共団体（同93条・94条）について若干の規定を設けるほかは，行政組織に関する一般的・直接的規定をもっていない。

学説には，まず，行政組織と法治主義との関係について，行政庁や執行機関のように行政機関のうち直接国民に対して行動する権限を有する行政組織の設置には法律の根拠を求める説がある。このように，行政作用法における法律の留保の原則または法規概念を媒介とした学説は，法から自由な組織権力を概括的に認める考えを改める点で評価できるものの，充分とは考えられない。そこで，法規概念を広く考え，組織規範も法規として，憲法41条の「立法」を組織規範を含めて広く解釈して，原則として組織規範は法律事項とする説もあるが，法規概念とは無関係に，国会が「国権の最高機関」であるとする憲法41条に注目して，行政組織の民主的統制のために，基本的な行政組織編成権を国会に認める民主的統制説が有力となっている（日本国憲法の下での法治主義について，第3章第1節3も参照）。

（2）　**国家行政組織法と1983年の改正**　　1983年改正前の国家行政組織法は，一般に「内閣の統轄の下における」国の「行政組織のため置かれる国の行政機関は，府，省，委員会及び庁とし」，その設置，廃止ならびに所轄事務の範囲および権限は，これを別に法律で定めるものとしたほか，それらの行政機関に置かれる内部部局としての官房，局，部，事務局などを法律事項とし，審議会等の付属機関も法律の定めるところによるものとし，行政組織に関する事項を広く法律事項としていた。

国家行政組織法の制定過程において，「新憲法の精神にもとづく国会至上主義の実現」であり，「重大原則の確立」であるとされたのが，同法の示す行政組織法律主義であった。同時に，現代行政の複雑多岐性は，行政組織における機動性・弾力性・効率性を要請していることもたしかであり，両者のバランスをどのようにとるかが問題となるが，1983年の改正前は，わが国の歴史的経緯を踏まえて，民主的統制に重点を置いた法制度であったということができる。

　しかし，1983年改正によって，官房・局，部，課・室といった内部部局は，政令事項になり（国組7条），また，審議会等も法律のみならず，政令によっても設置可能となった（同8条）。このような現行法制は，先の民主的統制説に照らして違法とまではいい難いが，民主的統制よりも機動性・弾力性・効率性を優先するだけの説得的理由があるか疑問もある。

　(3)　**地方公共団体の組織**　　地方公共団体においては，憲法上の存在である長のほか，法律で定めるところにより，行政委員会・委員を置くことが規定され（地自138条の4第1項），都道府県の内部部局については，1991年改正の前までは，局部の名称や分掌事務が例示され，また，2003年改正までは，都道府県の局部総数が法律によって定められ，都道府県の部局および市町村の部課の設置を条例事項としていた（旧同158条1項・2項・7項）。現在は，長の直近下位の内部部局設置やその分掌事務に限って，条例事項となっている（同158条1項）。審議会など附属機関については，従来から，法律または条例の定めるところによりこれらを置くことができるとしている（同138条の4第3項）。

第3節　行政機関の概念

1　作用法的行政機関（講学上の行政機関概念）

　(1)　**作用法的行政機関概念**　　行政活動を行うことを存立目的とする行政体は，その活動を行うために，行政機関が必要であり，行政事務を担当する点において，立法機関および司法機関の概念と区別される。

　行政機関概念には，作用法的行政機関概念と事務配分的行政機関概念とよばれる2つのものがある。作用法的行政機関とは，行政体のために活動する者をその占める地位においてよんだ名称である。行政体に対して，独立した権利主体として，一定の身分上の権利義務関係を有している自然人である公務員の概念と区別される。すなわち，行政機関は職務上ないし機能上の観念であるのに対して，公務員は身分上の概念であり，たとえば，行政機関が権限を有しているのに対し，公務員は，給与請求権のような権利を有しているということができる。

　(2)　**作用法的行政機関概念における行政機関の種別**　　(a)　行政庁　　作用

法的行政機関概念において，もっとも重要で中心的な行政機関は，行政庁であり，行政体の意思または判断を決定し，国民・住民に対して，これを表示する権限をもつものをいう。従来，行政行為を行う権限を有する行政機関をさしてきたが，権限を行政行為に限定する必要はない。ピラミッド型階層組織からなる行政組織においては，その組織の長に行政庁としての地位を与え，他の行政機関は補助機関等として行政庁を補佐するという法的構造をとる。したがって，他の行政機関は行政庁との関連において位置づけられる。もっとも，下級行政機関に対外的処分権限が付与されている場合（建基6条）または権限が下級行政機関に委任され，下級行政機関が行政庁となる場合もある。

　行政庁は，大臣，地方公共団体の知事や市町村長など1名の独任制行政庁の場合もあれば，国や地方公共団体の行政委員会である中央労働委員会，公正取引委員会や教育委員会，収用委員会など複数の者からなる合議制行政庁の場合もある。

　国の行政庁のことをとくに行政官庁とよぶことがある。また，地域的権限の範囲から，行政体の行政区域の全部に及ぶ権限を有している中央行政庁と，その権限の及ぶ範囲が行政体の行政区域の一部にとどまる各地の税務署長がその例である地方行政庁とに区別されることがある。

　(b)　補助機関　　補助機関は，行政庁の権限行使を補助する行政機関をいい，各省大臣を補助する副大臣・大臣政務官・事務次官，知事や市町村長を補助する副知事・副市長から，一般の職員まで含む。

　(c)　諮問機関・参与機関　　諮問機関は，行政庁の諮問に応じて答申したり，自らすすんで意見を述べたりする権限を有する行政機関であるが，その答申や意見は行政庁を法的に拘束しない。多くの審議会がその例である。諮問機関には，法令・条例に基づき設置されるいわゆる法定諮問機関のほかに，それらの根拠をもたない法定外（私的）諮問機関が，内部部局の長レヴェルに設置されるものを含めて存在する。

　参与機関は，行政庁の行政意思または判断の決定に拘束的な意思を表示する権限をもつ行政機関である。電波の配分について，大臣がその意思に拘束を受ける電波監理審議会がその例である（電波99条の2以下）。

　(d)　執行機関　　執行機関というのは，実力行使を行う行政機関のことであ

る。実力行使であるので，法行為ではなく，権力的事実行為を行う行政機関であり，警察官，消防吏員，徴税吏員などをさす（なお，地方自治法の改正により「吏員」と「その他の職員」という区別や，「事務吏員」と「技術吏員」という区別はなくなり，一律に「職員」とされたが，個別法では消防吏員，徴税吏員のように依然として「吏員」が用いられている）。地方自治法上の執行機関（地自138条の4）は，これとは意味が異なり，地方議会に対する意味での執行機関であって，知事，市町村長，行政委員会等をさす。

　(e)　その他　　以上の他に，監査機関や議決機関が挙げられることがある。監査機関とは，他の行政機関の事務処理などを関する権限を有する，会計検査院や監査委員をいう。監査委員は，ひとつの地方公共団体のなかに複数の委員が存在し（同195条），また，住民監査請求の監査・勧告についての決定等においては，監査委員の合議が求められているが（同242条8項），合議制機関ではなく，独任制の行政機関である。

　また，議決機関は，行政体の行政意思または判断を決定するが，それを外部に対して表示する権限をもっていない行政機関をいい，例として，地方議会が挙げられてきた。議会が行政機関の種別のひとつとして扱われる理由は，かつて，地方公共団体は，国の地方における行政を行う行政団体であるとして，その機関は行政機関と考えられてきたことによる。現在では，地方議会は，統治団体である地方公共団体の立法機関として理解すべきである。

2　事務配分的行政機関概念 （国家行政組織法上の行政機関概念）

　事務配分的行政機関概念は，先の行政機関とは全く異なり，行政機関の総合体をさし，事務の配分に焦点をあてたものである。

　国家行政組織法によれば，「内閣の統轄の下における行政機関で内閣府以外のもの」（国組1条）は，「任務及びこれを達成するため必要となる明確な範囲の所掌事務を有する」ものであり（同2条1項），「行政組織のため置かれる国の行政機関は，省，委員会及び庁」の3種類であると限定列挙されている（同3条2項）。そして，それらは，別表第一に掲げられている（同4項）。各省の長は，行政事務を分担管理する一方で（同5条1項），内閣機能の強化に関連した総合調整に関する事務を掌理する（同2項）。また，省，委員会および庁には，「その所掌事務を遂行するため」，内部部局として委員会の事務局のほか，官

◆コラム 4 - 2 ◆　第三者合議制機関

　第三者合議制機関をめぐる幾つもの議論がある。まず，第三者合議制機関が新設される際に，行政委員会とするか，諮問機関とするかが問題となることがある。国の情報公開審査会（情報公開・個人情報保護審査会）のように，諮問機関とされることが一般的である。官僚不信を前提に諮問機関が設置された最近の典型例は，消費者庁を監視する消費者委員会である。年金問題や地方公共団体の不正経理，産廃不法投棄などの様々な問題発生時に調査や対応策検討のために，法律や条例に基づかない第三者合議制機関が設置されることもある。もっとも，労働組合が違法な活動をしたとして，橋下大阪市長によって第三者機関が設けられ，市長による懲戒処分によって担保された労働組合に関する「思想調査」とも考えられる内容を有するアンケート調査が行われた。大阪府労働委員会は「不当労働行為」と認定し，中央労働委員会も2014年6月27日に「不当労働行為」を認定し，さらに，大阪高裁は，違法なものとして国家賠償請求を認めており（大阪高判平成27・12・16判時2299号54頁，同平成28・3・25裁判所HP），第三者機関の活用が問題を生むこともある。地方公共団体において，裁決権限を有する情報公開審査会を条例で設置できるかも議論になってきた。地方自治法138条の4第1項が「委員会」を「法律」の定めるところにより設置すると規定していることから，条例では諮問機関しか設置できないと一般的には考えられている。審議会等の第三者合議制機関自身に対しても，その閉鎖的な運用手続や人選等について批判がなされることがある。そのため，現在，会議や会議録・資料が公開され，地方公共団体においては，一部委員の公募制が導入されるなどの改革がなされてきている。

房・局，部，課・室などが適宜置かれている（同7条）。さらに，これらの内部部局には，委員会の事務局長・次長のほか，局長，部長，課長および室長，あるいは総括管理職，準課長職その他これらの担当職が，内部部局の「職」として置かれることになっている（同21条）。とくに必要がある場合においては，官房や局の所掌に属しない事務を能率的に遂行するため，局長，部長などに準ずる職を置くことができる（同20条）。

　行政事務の配分という観点からみれば，同法は，行政事務をまず最大の単位である省，委員会および庁に配分し，さらにそれを局，部，課，室などの内部部局で細分し，最終的には最少の単位である職に配分するというかたちで，国家行政組織を「系統的に構成」し，「行政事務の能率的な遂行」を図ろうとしたものといえる（同2条1項・1条）。

　内閣府は，「内閣の統轄の下における行政機関」ではなく，内閣に置かれる

ため国家行政組織法の適用外とされているが，内閣府の組織も「任務及びこれを達成するため必要となる明確な範囲の所掌事務を有する行政機関により系統的に構成され」るものとされ（内閣府5条1項），内閣府設置法は，内閣府本府，宮内庁，委員会・庁について定めている（同16条〜64条）。また，内閣の「所轄の下」に行政委員会である人事院が置かれている（国公3条1項）。

3　2つの行政機関概念の関係

このように行政機関の概念には，二通りの用法がある。作用法的行政機関概念は，法治主義の確保の観点からいえば，法律形式上は権限と責任の所在を明確にするという点で，今日なおも有用である。しかし，現実の事務処理過程を必ずしも反映したものではなく，行政庁以外の行政機関が行政過程で果たしている役割等を充分捉えることができない。これに対して，事務配分的行政機関概念は，行政組織体ごとの所掌事務の総合的一体的遂行という行政組織の機能面に着目したものであり，行政組織における行政事務配分の体系を合理的に定め，行政の内部管理，さらには行政組織内部の各機関相互間の関係の把握等にとって有効である。

両者の概念は，ひとつの法律のなかで混在している場合もあり，相互補完的に用いられている。たとえば，行政手続法は，「処分」に関する規定については，「行政庁」のような講学上の行政機関の概念を核として用い，他方で，行政庁以外もなしうる非権力的事実行為である行政指導については，国家行政組織法上の行政機関概念を核として用いている（同2条の定義規定等参照）。

第4節　行政体間の訴訟

1　国と地方公共団体または地方公共団体間の訴訟

（1）　**地方自治法上の客観訴訟**　　地方自治法は，5名の委員からなる国地方係争処理委員会による審査の申出をした首長・執行機関が，訴訟を提起し，国の関与の取消しなどを求めることができ（地自251条の5），また，事件ごとに3名が任命される自治紛争処理委員による調停の申出をした市町村長・執行機関が，訴訟を提起し，都道府県の関与の取消しなどを求めることができること（同252条），さらに，法定受託事務について，大臣が職務執行命令訴訟を提起す

ること（同245条の8。機関委任事務について，旧地自151条の2。例として，砂川〔職務執行命令請求〕事件・最判昭和35・6・17民集14巻8号1420頁，沖縄県米軍基地代理署名事件・最大判平成8・8・28民集50巻7号1952頁）を規定し，国と地方公共団体または地方公共団体間における争いのうち，関与に関する一定のものを客観訴訟で争うことを認めている（第16章第4節4参照）。地方公共団体の不作為については，国から違法確認訴訟を提起できることが規定された（同251条の7）。

　(2)　**主観訴訟**　　客観訴訟ではなく，主観訴訟を提起できるかに関しては，「財産権の主体として」自己の財産上の権利利益の保護救済を求める場合の訴訟と，「専ら行政権の主体として」提起する訴訟を区別し，前者の場合のみ法律上の争訟に該当するとする宝塚市パチンコ店建築中止命令事件・最高裁判決（最判平成14・7・9民集56巻6号1134頁）をどのように評価するかが論点となる（第16章第3節1参照）。

　この判決前に，市による防衛施設の設計図等の公開の取消しを求める訴訟を国が提起し，最高裁が，「建物の所有者として有する固有の利益が侵害される」ため，法律上の争訟性を認めており，先の二分論を前提にしても，こういった場合には同様の判断がなされると考えられる。しかし，判決の二分論には批判も強く，その射程を限定しようとする見解が少なくない。また，地方公共団体は，憲法上，自治権を保障されていることから，「行政権の主体」として自治権侵害を争う場合にも，主観訴訟を提起できるはずである。関与に対する客観訴訟が規定されているが，それは排他性をもつものではなく，主観訴訟を阻むものではないであろう。

　いわゆる裁定的関与について，最高裁は，府国民健康保険審査会による裁決につき，市の「取消訴訟を提起する適格性」を否定しているが，それは，市が事業主体として，事業経営の観点から「経済的利益」を主張する権限・役割を与えられていないと考えるだけではなく，行政庁の出訴により不服申立人である私人の権利利益の簡易迅速な保護という不服申立制度の目的に適合しないと考えたからであった（最判昭和49・5・30民集28巻4号594頁）。

2　国と特別の行政体の間の訴訟

　国と特別の行政体の間の訴訟を考えた場合も，宝塚市パチンコ店建築中止命令事件・最高裁判決が重要な意味をもつと考えられるが，その前に，特別の行

政体を法形式どおり，国とは異なる法人として理解できるか問題となる。新幹
線建設のために日本鉄道建設公団（鉄建公団）になされた工事実施計画認可に
対して住民等が取消訴訟を提起した事件において，東京高裁は，鉄建公団が，
日本鉄道建設公団法に基づき，鉄道の建設等を推進することを目的として設立
された法人であり，その資本金は政府および日本国有鉄道の出資にかかり，そ
の総裁および監事は，運輸大臣が任命する規定等に注目し，同公団が，形式的
には，国から独立した法人で，「国の行政機関とは区別されなければならない
が，実質的には，国と同一体をなすものと認めるべきで」，「機能的には運輸大
臣の下部組織を構成し，広い意味での国家行政組織の一部をなすものと考える
のが相当である。」とし（東京高判昭和48・10・24民集32巻9号1651頁），最高裁
も，「いわば上級行政機関としての運輸大臣が下級行政機関としての日本鉄道
建設公団に対しその作成した本件工事実施計画の整備計画との整合性等を審査
してなす監督手段としての承認の性格を有するもので，行政機関相互の行為と
同視すべき」として，認可の処分性を否定した（成田新幹線事件・最判昭和53・
12・8民集32巻9号1617頁）。もっとも，国と特別の行政体両者の関係を常に内部
関係と理解する必要はなく，両者の法的関係は問題となる法令による。また，
鉄建公団は，独立行政法人となり，独立性が高まっているが，それを理由に結
論が変わるとは必ずしもいえない。

　最近では，市立病院を委ねるための県知事による地方独立行政法人の設立認
可を住民が争った府中病院地方独立行政法人化事件において，広島高裁（広島
高判平成28・1・20判例集未登載）は，設立認可は県知事が市に対してするもの
で，同認可によって市が「地方独立行政法人を設立できることになるが」，処
分ではないとした（最決平成28・9・13判例集未登載は上告棄却，上告不受理）。

　さらに，日本年金機構徳島事務センター事件において，最高裁（最決平成
26・9・25民集68巻7号781頁）は，厚生労働大臣の監督の下で年金に関する広範
な事務を行う特殊法人である日本年金機構の下部組織である事務センターが，
行政事件訴訟法12条3項の「事案の処理に当たった下級行政機関」に該当する
と判断した。

第5章

行政機関相互の関係

第1節　行政機関の権限と行政組織の階層性

1　行政機関の権限

　行政機関の権限とは，行政機関が行政体のために法律上行政権を行使することのできる事務の範囲をいう。行政機関の権限の事項的限界（実質的限界）として，行政機関の横の関係において，他の行政機関の権限に属する事項を処理することはできない，また，縦の関係にある上級行政機関と下級行政機関の間において，特則の定めのない限り，前者が後者の権限を代わって行使することはできないという限界がある。

2　行政組織の階層性

　一般の行政組織は，適正に配分された権限によって階統構造（階序制〔ヒエラルヒー〕）を形成するピラミッド型の体系からなっている。この階統構造における行政機関の権限行使に関する重要な原則が，官僚制の特徴とされる権限分配原則と指揮監督の原則である。行政組織法上，前者に対応するのが権限の代行の理論であり，後者に対応するのが権限の監督の理論である。

第2節　行政機関の権限の代行

1　権限の代行

　行政機関は，原則として法律により割り当てられた権限を自ら行使する。しかし，例外的に他の行政機関が代わってその権限を行使する場合がある。これを権限の代行という。権限の代行には，権限の代理と権限の委任がある。

2　権限の代理と委任

　権限の代理とは，ある行政機関の権限の全部または一部を他の行政機関が代わって行い，それが被代理機関の行為として効力を生ずることをいう。被代理機関の名義で代理機関が事務処理をするため，代理関係の発生によって，法律で定められている権限分配には変化は生じない。代理は，必要やむをえない場合に限り，必要最小限度の範囲で定められるものであり，代理機関の権限行使もできる限り抑制的であるべきである。また，代理になじまない権限（合議制の権限）もある。権限の代理は，さらに法定代理と授権代理に分かれる。法定代理が，一定の事由の発生とともになんらかの行為を要せず当然その代理関係が生じ，しかも長の職務のすべてを代理するものであるのに対して，授権代理は，長の意思に基づいた代理関係が発生し，しかも長の職務権限の一部について代理するものであるという相違がある。

　(1)　**権限の代理**　　(a)　法定代理　　法定代理は，一定の事由があるとき，法律上，代理関係の発生が明定されているものをいう。代理機関が直接法定されている狭義の法定代理（国公11条3項，地自152条1項）と，法の規定に基づき被代理機関または他の行政機関によって指定されている指定代理（内9条・10条，地自152条2項）に分かれる。これは，原則として全部代理である。

　(b)　授権代理　　授権代理は，被代理機関の意思によって代理関係が発生するものをいう。民法では本人がいなければ代理関係は存在しないが，行政庁を構成する自然人が死亡した場合や，外国に行って不在の場合などにも，代理関係が発生する。授権代理は，原則として明文規定のある場合（地自153条1項）に，外部にこれを表示することなく，通常訓令の形式をとって行われる。従来の学説はおおむね，法律の明文がなくても権限の一部について授権代理は可能としてきたが，内部的には関係行政機関相互間の権限分配を変動させるため，行政組織の民主的統制の見地からは，法律の明示の根拠と公示が必要と考えられる。もっとも，実際には，後にみる「専決・代決」方式が広く用いられており，法律に基づかずに授権代理が行われる例はほとんどないといわれている。

　(2)　**権限の委任**　　権限の委任は，ある行政機関の権限の一部を他の行政機関に委任して自己の権限として行使されることをいう。権限の委任は，関係行政機関間で対外的に権限分配を変動させるため，法律の根拠が必要であり（国

公55条 2 項，地自153条 1 項，生活保護19条 4 項），授権委任はない。法律の規定と
しては，道路運送法88条 2 項のように，「政令」（道路運送法施行令）で定めると
ころにより，委任することができるとするものもある。公示を必要としないと
する下級審判決（大阪地判昭和50・12・25判時808号99頁）もあるが，学説は公示
を必要とするものが有力である。代理とは異なり，権限の全部または主要部分
の一部委任は，委任機関が消滅することになり，権限分配原則に反するため認
められない。権限の委任によって，委任機関は権限を失い，受任機関はその権
限を自己の名と責任において行使する。

3　事実上の権限の代行（専決・代決）

また，事実上の権限の代行として専決と代決があり，内部委任ともいわれ
る。専決とは，行政事務取扱上，行政庁の補助機関が，行政庁の名においてその
行政庁の権限をあらかじめ示された条件で行使することをいう（例：愛知県事
務決裁規程 4 条 2 項～ 7 項・5 条）。代決とは，行政庁である決裁権者・専決権者が
不在のときに，補助機関が急いで施行を要する案件を処理することをいう（例：
愛知県事務決裁規程 8 条）。これは，事務処理の便宜のために慣行上認められるも
のである。専決と代決とは，わが国の官僚制における意思決定方式とその過程の
法制と実態との間のズレを埋めるために重要な意味をもつ。しかし，通常の内部
的事務処理方式と異なり，行政庁の決裁を経ないものであるから，権限分配との
関係においては，行政組織の民主的統制の観点から問題となりうる。なお，最高
裁は，地方公営企業管理者が補助職員に専決させた場合，両者を旧地方自治法
242条の 2 第 1 項 4 号の「当該職員」に該当するとし，管理者の責任を指揮監督
責任とした（大阪府水道部会議接待事件・最判平成 3・12・20民集45巻 9 号1455頁）。

第 3 節　行政機関の権限の監督

通常，上級行政機関は，行政の統一を図るために，下級行政機関の権限行使
を監督する権限をもっている。

1　監　視

上級行政機関が，下級行政機関の権限行使の事情を把握するために，具体的
な監督権の行使の前提や基礎として，報告を要求し，書類帳簿などを査閲し，

実際に現場に行って，事務を検閲・視察することをいう。

2　認可・許可・承認・同意

　上級行政機関が，下級行政機関の一定の権限行使について，自己の認可・許可・承認・同意などを事前に要求することをいう。事前の予防的監督手段として，明文がなくとも認められる。行政行為の一種である認可・許可とは異なり，行政組織の内部的行為であり，行政行為と区別するために，あえて認可・許可という用語を避け，承認・同意と表現されることもある。

3　訓令（指揮）

　上級行政機関が，下級行政機関の権限行使を指揮するための命令をいう。書面形式をとるものを通例，通達という（国組14条2項）。訓令は，上級行政機関に指揮監督権が認められる以上，法律の明文がなくても，当然に認められる。

　訓令は，狭義の行政組織法上の観念であり，公務員法上の観念である職務命令（国公98条，地公32条）と区別される。訓令は，上級行政機関が下級行政機関の権限行使の統制を目的として発する命令であり，行政機関を拘束する。これに対し職務命令は，上司の労務指揮権の一形態として，部下の公務員個人に向けて，その職務に関して発せられる命令である。訓令は，下級行政機関を構成する公務員に対しては職務命令になり，受命公務員はそれに拘束されるが，逆に，職務命令は，当然には訓令とはならない（たとえば，公務員への研修命令は機関とは関係がなく，訓令ではなく，非訓令的職務命令とよばれる）。

　瑕疵ある訓令の効力とそれへの下級行政機関の服従義務の有無については，実定法上の規定はない。形式的要件（所定の要式を具備したものであること，上級行政機関の所掌事務の範囲に属するものであること，下級行政機関の所掌事務の範囲に属し，かつ，その権限行使の独立性の保障のない事務であることなど）と実質的要件（内容の適法性）とを区別して，(a)下級機関は，前者の瑕疵について審査しうるが，後者の瑕疵について審査権はなく，違法でも服従義務があるとする説，(b)形式的要件のみならず実質的要件も審査することができ，後者に瑕疵あるときは服従義務はないとする説がある。この服従義務がない無効のときについて，さらに，(ア)行政行為の無効と同様に，瑕疵が重大かつ明白なとき，(イ)行政行為とは異なるものの，上級行政機関の判断を尊重し，瑕疵が重大であるか否かを問わず，明白であるとき，(ウ)客観的に違法であるときに説は分かれる。

現実の訴訟においては，下級行政機関が訓令を違法として争うのではなく，公務員が職務命令である訓令違反に対する懲戒処分の取消訴訟などにおいて，その瑕疵を争うことが少なくない（なお，公務員は訓令的職務命令の適法性審査権を有さないが，非訓令的職務命令の適法性審査権を有するとする考えがある。第6章第3節2も参照。また，争い方について，同第3節6も参照）。日の丸・君が代事件予防訴訟・最高裁判決は，卒業式や入学式等において，君が代斉唱の際に日の丸に向かって起立して斉唱することなどを命じる「職務命令も，……職務の遂行の在り方に関する校長の上司としての職務上の指示を内容とするものであって，教職員個人の身分や勤務条件に係る権利義務に直接影響を及ぼすものではないから」，行政処分には当たらないとする（最判平成24・2・9民集66巻2号183頁）。

4　取消し・停止・代行（代執行）

上級行政機関が，下級行政機関の権限行使を取り消し，停止し，または，自ら代わって行うことをいう。行政不服審査法や他の法律（地自154条の2）のような法律の根拠がない場合に可能かが問題となる。代行は，一般に，行政機関の権限の変動をもたらすため法律の根拠が必要とされているが，法律に根拠がない場合に，職権で上級行政機関が取り消し，または停止できるかについては議論がある。行政機関の遵法義務や，取消し・停止は消極的な態様の監督権行使であることなどの理由から，法律の根拠を不要とする学説も従来多かったが，取消し・停止も，下級行政機関の権限に直接変動をもたらすものであり，明文規定のないときは認められないとする説が近年は有力になっている。

5　権限争議の決定（裁定）

上級行政機関が下級行政機関相互間の権限争議についての疑義を決定することをいう。原則として，双方の共通の上級行政機関が決定し，それがない場合は双方の上級機関が協議して決定する。最終的には，国においては内閣総理大臣が閣議にかけて裁定し（内7条），地方公共団体においては長が調整するよう努めなければならないとされている（地自138条の3第3項）。

第4節　行政機関の協議・調整

中央省庁等改革基本法において，「政策についての協議及び調整」（中央省庁

等改革基本4条5号・28条）が重視され，行政法学においても行政機関の協議・調整に関心が向けられてきた。

1　協　議

協議とは，対等の関係にある行政機関の相互間において意思統一を図る方法であり，共管に基づく協議といわゆる主務官庁（主務大臣）と関係行政機関の協議がある。前者は，一定の行政事務が複数の行政機関の権限に関係する場合に行われ，その場合単独で処理することはできない（石油パイプライン事業法41条1項1号は，「基本計画に関する事項については，経済産業大臣及び国土交通大臣」を主務大臣とする）。後者の場合，一定の行政事務を所管する主務官庁が，その事務の処理にあたって，関係のある行政事務を所管する関係行政機関との間で協議することをいう（河川35条）。

2　調　整

調整は，協議と同様に行政機関相互間で政策の統一を図るという意味で用いられている場合もあるが（国組2条2項），内閣官房および内閣府の「（総合）調整」のように，上位の立場からの政策のまとめ上げを示すような用法もある（内12条2項，内閣府7条7項）。また，内閣機能の強化のために，内閣府設置法18条に基づき，「重要政策に関する会議」として，経済財政諮問会議（同条1項）等が置かれた（第4章第3節2も参照）。もっとも，法律に設置根拠がない未来投資会議のような組織もある。2014年には，国家公務員法改正により各省庁の幹部職員人事が内閣総理大臣の一元管理の下に置かれ，内閣官房に内閣人事局（内閣官房組織令12条，内閣人事局組織規則）が設けられた。

国家行政組織法は，調整の具体的実行手段として，各省大臣が，調整の必要性を明らかにしたうえで，関係行政機関の長に対し，必要な資料の提出・説明を求め，関係行政機関の政策に関して意見を述べることを規定している（国組15条）。さらに，各省大臣が，5条2項に規定する事務（第4章第3節2参照）の遂行にかかわって，関係行政機関の長に対し，必要な資料の提出・説明を求め，勧告し，措置について報告を求めることができ，内閣総理大臣に対し，意見を具申できるとしている（同15条の2）。

第Ⅲ部

行政作用（1）——行政の行為形式

【第Ⅲ部の構成と概要】

　行政機関は行政目的を達成するために様々な手段を用いる。その手段を法形式に着目して分類した法概念を行政の行為形式という。行政の行為形式は，権利義務の内容・法的地位の変動の有無，すなわち法効果の有無による区別（法行為と事実行為）と，権利義務の内容・法的地位の変動および事実状態の変動における一方性の有無，すなわち権力性の有無による区別（権力的行為と非権力的行為）に基づいて，4つに分類される。

①法行為であって権力的である行為。これには，法規命令と行政行為がある。前者は，権利・義務に対する規律内容が抽象的であるのに対して，後者は具体的である点で性質を異にする。

②法行為であって非権力的である行為。これには，行政契約がある。

③事実行為であって権力的である行為。これには，行政強制がある。

④事実行為であって非権力的である行為。これには，行政指導がある。

　ところで，法規命令と同様に規律内容が抽象的であるが，その効力が行政組織内部にとどまる手段として行政規則がある。また，機能的には行政規則と類似するが，法律の規律によって法的性質が区々に分かれる行政計画という手段がある。第Ⅲ部では，法規命令と行政規則を行政準則といった包括的な行為形式の下で説明をし，行政計画を行政準則に準じた独自の行為形式として説明する。

　行政活動を行為形式に即して分析することは，個別の行政法令の解釈論および立法論において有益な視点を提供する。なぜなら，行為形式に応じて，法律による授権の要否および規律の程度，適用される事前手続および争訟手続の類型，司法審査の密度などが異なるからである。

　もっとも，行政の行為形式は行政機関における決定の局面とその決定の法的性質に照らして把握されたものであるから，行政活動の行為形式への単純な還元は，行政活動が変動を与える国民の権利利益が，法解釈を通じて，その性質・内容に応じて，逆に，行政活動自体を規律していることや，行政が行為形式を選択し，あるいは組み合わせてその目的を実現していることへの軽視にもつながりかねない。

　そこで，第Ⅲ部では，国民の権利利益の性質・内容に照らして行為形式の法的性質を分析する視点を加えるとともに，第Ⅳ部では，動態的な把握が必要とされる行政上の一般的な制度を分析することとする。このような整理を前提として，行政強制は，行政の行為形式ではあるが，行政調査制度および行政の実効性を確保する制度において説明することとする。

第**6**章
行 政 準 則

第1節　行政準則の意義

1　行政準則の概念

　行政準則とは，行政機関が活動を行うにあたって準拠すべき準則であって，行政機関が制定するものをいう。行政準則は，一般的抽象的に国民の権利義務・法律上の地位に影響を及ぼすという意味での対外的な法的効果ないし拘束力を有する法規命令と，そのような対外的な法的効果ないし拘束力を有しない行政規則とに類型化される（本章第2節1，第3節1参照）。

　行政準則は，旧来の行政法の教科書では「行政立法」として説明されたり，あるいは，近年の教科書では「行政基準」，「行政の基準設定行為」として説明されたりしている。いずれも，法規命令と行政規則を構成要素として概念化されたものである。しかし，国会が立法権を独占していることを前提とすると（憲41条〔国会中心立法の原則〕），対外的な法的効果ないし拘束力を有しない行政規則をも含めて，一括して「立法」という用語を充てることは適切ではない。また，仮言的命題（「かくあるときは，かくすべし」とする命題）である法規命令について，適用の可否に一定の余地を前提としている「基準」という用語を充てることは適切ではない。そこで本書では規範も基準も含みうるものとして「準則」という用語を充てている。

　ところで，行政立法を法規命令に限定し，行政規則を別の行為形式として説明することも可能である。しかし，法規命令も行政規則も行政組織内部において拘束力を有し，具体的な行政活動を通じて私人の活動をも規律することになるという点で機能的に類似している。行政手続法が，後述するように，意見公募手続の対象を命令，すなわち，法規命令に限定せずに，審査基準，処分基準

および指導指針をもその対象としているのはそのような理由にもよる。したがって，本書では，両者をまったく別の行為形式としてではなく，行政準則の概念の下で説明することとする。

2　行政準則の法的性質

行政準則は，法条の形式をもって定められる一般抽象的・仮言的な命題である。このような命題は，法律および条例においても定められる。しかし，行政準則は，それを制定する機関が議会でない点で，法律および条例と区別される。

前述のように，行政準則のうち，法規命令は対外的に法的効果・拘束力を有する準則であるのに対して，行政規則はそのような性質を有しない準則である。したがって，行政機関が有効な法規命令に違反して活動することは違法な行政活動であるが，行政機関が行政規則に違反する活動をしても，そのことをもって当該行政活動は違法であるとの評価を受けない。また，法規命令は法律と同様に裁判規範性を有するので，裁判所は，法規命令が有効である場合には，これに拘束され，当該法規命令を法源として争訟の裁断を行うことになるが，行政規則は裁判規範性を有しないので，行政規則に拘束されることなく裁判所は争訟の裁断を行うことができる（参照，墓地埋葬法通達事件・最判昭和43・12・24民集22巻13号3147頁）。

行政準則は，対外的な法効果・拘束力の有無にかかわらず，行政組織内部においては法的な拘束力を有する。公務員たる職員は行政準則に従う義務を負い（国公98条1項，地公32条），行政準則に違反した場合には，その職を解かれ，または，懲戒に処されうる（国公82条1項1号・2号，地公29条1項1号・2号）。

3　行政準則制定手続──意見公募手続

行政準則は，法律・条例の定める規範内容を補充し，一般的に適用される準則であるにもかかわらず，法律・条例に比べれば，多元的な利益の代表の審議を経て制定されるものではないという点で，利益調整に合理性が乏しく，民主主義的な正統性が希薄である。そこで，行政準則の制定に参加手続を組み入れることで，行政準則の合理性と民主主義的な正統性を高めることが必要である。行政手続法は，公正の確保と透明性の向上を直接的な目的とし，行政準則に相当する概念である命令等に関する手続を定めている（行手6章）。

行政手続法が定める命令等とは，①法律に基づく命令（処分の要件を定める告

示も含む）または地方公共団体の長が定める規則，②審査基準＝申請により求められた許認可等をするかどうかをその法令の定めに従って判断するために必要とされる基準，③処分基準＝不利益処分をするかどうかまたはどのような不利益処分とするかについてその法令の定めに従って判断するために必要とされる基準，および，④行政指導指針＝同一の行政目的を実現するため一定の条件に該当する複数の者に対し行政指導をしようとするときにこれらの行政指導に共通してその内容となるべき事項，をいう（行手2条8号）。これらの定義から明らかのように，意見公募手続は，法規命令と一部の行政規則を対象としている。

　命令等制定機関は，命令等を定めようとするとき，意見公募手続をとらなければならない。意見公募手続は，①意見の提出先と提出期間（原則として30日以上）を定めて，命令等の案およびこれに関連する資料を公示し（行手39条1項・3項），②広く一般からの意見の提出を求め（同39条1項），③命令等制定機関において提出期間に提出された意見を考慮し（同42条），④命令等の公布（公にする行為も含む）と同時に命令等の題名，命令等の案の公示の日，提出意見，提出意見を考慮した結果およびその理由を公示する（同43条1項），といった手順で行われる。

　意見公募手続は，命令等の内容・性質に照らして国民から広く意見を公募することになじまないものについては適用されない（行手3条2項）。また，命令等の制定にあたって意見提出を求める暇がない場合，その必要性が乏しいような場合には意見公募手続はとられないが（同39条4項），当該命令等の公布と同時期に，命令等の題名および趣旨，ならびに，意見公募手続を実施しなかった旨およびその理由を公示しなければならない（同43条5項）。

　行政手続法の意見公募手続は，地方公共団体の機関が定める命令等には適用されないが（行手3条3項），地方公共団体は行政手続法の趣旨に則って意見公募手続を設ける努力義務を負っている（同46条）。一部の地方公共団体は，条例において，命令等に限定することなく，条例や基本的な方針を定める計画にも適用される，意見公募手続と類似した手続であるパブリック・コメントを設けている（横須賀市市民パブリック・コメント手続条例〔平13条例31号〕など）。

4　行政準則の法令適合性の原則

　法律の優先の原則によれば，行政準則はこれを定める根拠となる法令の趣旨目的，要件などに適合した内容でもって定められなければならない。行政手続法は，命令等についてその旨を確認的に定めている（行手38条1項）。

　さらに，行政準則は，制定後の事情の変化等に対応してその内容の適正の確保が必要とされる。適正の確保の懈怠は違法と評価される場合がある（筑豊じん肺訴訟・最判平成16・4・27民集58巻4号1032頁，泉南アスベスト事件・最判平成26・10・9民集68巻8号799頁）。行政手続法は，命令等の内容の適正の確保について，個々の命令等の実施状況や社会経済情勢の変化等による影響の程度が異なることなどに照らして，努力義務にとどめている（行手38条2項）。

第2節　法規命令

1　法規命令の概念

　法規命令とは，行政準則のうち法規たる性質，すなわち，法条の形式で定められ，かつ，対外的に法的効果ないし拘束力を有する準則をいう。国会が立法権を独占している（憲41条）にもかかわらず，行政機関が法規命令を制定することが許容される理由は，①議会の専門的技術的能力の限界，②議会の時間的・状況的即応能力の限界，③地方的・地域的事情の考慮の限界（地方支分部局が制定する規則，地方公共団体の長が制定する委任規則〔漁業65条1項など〕）にあるとされている。行政機関の政治的中立性も理由とする見解もあるが，実例に照らせば（国公102条1項・人規14-7と地公36条とを対照せよ），説得力に欠ける（本節5(2)(a)(iii)も参照）。

2　法規命令の類型

(1)　制定機関による類型化　　法規命令は，その制定する権限を有する機関によって次のような形式で存在する。

(a)　国　　合議制機関としての内閣が制定する政令（憲73条6号，内11条，行組11条），内閣府の長としての内閣総理大臣が制定する内閣府令（内閣府7条3項），各省大臣が制定する省令（行組12条1項）および外局の長および委員会が制定する規則（内閣府58条4項，行組13条1項，独禁76条，警12条など），ならび

◆コラム6−1◆　告　示

　告示とは，行政機関が決定した事項その他の事項について，国民に公式に表示すること，または，その表示の形式をいう（参照，行組14条１項）。法規命令もまた，告示の形式でもって表示されることがある。たとえば，保護の基準の告示（生活保護８条１項，昭和38年厚生省告示158号），「不公正な取引方法」の告示（独禁２条９項，昭和57年公正取引委員会告示15号）などがこれに当たる。

　もっとも，告示は，表示の形式を意味するので，上記の法規命令のほかに，訓令（組織規程など）を定める告示のように行政規則の性質を有するもの，環境基準の告示（環境基16条１項）のように非拘束的な行政計画の性質を有するもの，帰化の許可の告示（国籍10条）のように特定の者に対する行政行為の性質を有するもの，住居表示等の設定の告示（住居表示３条３項）のように不特定多数の者に対する行政行為（一般処分）の性質の有するもの，標準価格の決定の告示（国民生活安定４条４項）のように行政指導基準の性質を有するものなどがある。

　したがって，告示の法的性質は，告示によって表示された準則の内容，当該準則の制定を授権する法律の根拠法条の有無，その法条の趣旨目的に照らして個別の告示ごとに判断されなければならない。

　なお，文部科学大臣が学校教育法および同法施行規則に基づき告示の形式で定める学習指導要領については，伝習館高校事件・最判平成２・１・18（民集44巻１号１頁）において法規命令の性質を有することが承認されたが，先例である旭川学テ事件・最大判昭和51・５・21（刑集30巻５号615頁）では，学習指導要領が大綱的基準にとどまる限りでその法規命令の性質を有することを認められていたことに留意すべきであろう。学校制度法定主義の域を超えて学校教育内容の基準を定める学習指導要領には法規命令としての性質を認めない学校制度的基準説という有力な学説も存在する。

に，内閣から独立した機関が制定する規則（会計検査院規則〔会検38条〕，人事院規則〔国公16条１項〕）がある。

　省令および規則は，政令に反してはならない。政令に抵触する省令および規則の規定は無効である。

　(b)　地方公共団体　　長が制定する規則（地自15条１項），執行機関である委員会が制定する規則（教育委員会規則〔教育行政15条１項〕，公安委員会規則〔警38条５項〕，人事委員会規則・公平委員会規則〔地公８条５項〕など）がある。

　(2)　内容による類型化　　法規命令は，その内容によって，委任命令と執行命令とに区別される。

　(a)　委任命令　　国民に新たに権利義務を設定する命令である。委任命令

は，さらに，法律との関係によって，①法律の補充的規定（法律が立法事項を自ら規定することなく，委任命令でこれを定める〔都計29条1項1号・2号など〕），②法律の解釈的規定（法律の用語が漠然としているのを確定する有権解釈を下したり，法律の用語の意味を拡張したり，縮小したりすることでこれに特殊の意味を与える〔都計4条14項など〕），③法律の具体的特例的規定（特定の場合につき一般法律の適用を除外し特例を定める〔自衛106条2項など〕）に類型化される。

（b）　執行命令　　法令によってすでに定められている権利義務を実現するために，必要な手続（申請・届出の提出先の行政機関など），形式（申請・届出の様式など）などを詳細に定める命令である。執行命令は，その性質上，新たに実体的な権利義務を定めることはできない（参照，大判昭和10・5・2刑集14巻478頁）。

3　法規命令の成立と効力

法規命令は，正当な権限ある行政庁が署名することが成立の要件とされ（参照，憲74条），その効力の発生には，法規命令の公布（憲7条1号，地自16条5項）と法規命令において定められた施行期日の到来が必要とされる。公布の形式は，国の法規命令については，特別の定め（国公16条2項）を置くものを除いて，慣習上，官報掲載により，地方公共団体のそれについては，各地方公共団体が定める公告式条例に定めるところによる。

法規命令の効力は，法規命令において定められた施行期日の到来によって効力を発する。終期の到来または解除条件の成就およびこれと抵触する根拠法令の改廃によって失効する。正当な権限を有する機関が当該命令を廃止することによっても失効する。

なお，法規命令の制定手続は，行政機関制定準則の手続として他の準則とともに一括して説明する（本章第1節参照）。

4　立法による統制——法律の授権

（1）　**法規命令の憲法上の根拠**　　国会による立法権の独占が前提とされているにもかかわらず，憲法は法規命令の存在を予定している。憲法73条6号は，内閣が政令を制定することを明示的に承認するとともに，憲法98条1項は政令以外の法規命令の存在を黙示的に承認している。最高裁は，憲法73条6号により当然に法規命令の存在が許容されていると解している（酒税法違反事件・最大判昭和33・7・9刑集12巻11号2407頁）

(2)　**授権の方式**　　委任命令は，国民の実体的な権利義務の内容を定める命令であるから，個別的で具体的な委任が必要であると解されている。しかし，執行命令は，職権命令ともよばれ，法律を執行するうえで当然に必要とされるものであるから，法律の施行を所管する行政機関がこれを制定するについては特別な法律の委任を要せず，行政組織法による一般的な授権でもよいと解されている（参照，憲73条6号本文，行組12条1項）。

なお，個別の法律において執行命令に相当する命令の委任規定が置かれていることがある（個別委任の例として風俗5条1～3項，概括的委任の例として都計88条）。これらの規定に基づいて委任命令を制定することは許されない。

5　法規命令の適法性要件

(1)　**形式的適法性要件**　　法規命令は，正当な権限ある行政庁によって制定されなければならない。法規命令は，法律で定められた手続を経て制定されなければならない。法規命令は，公布がなければ効力を発しない（政令201号違反事件・最大判昭和32・12・28刑集11巻14号3461頁）。

(2)　**実質的適法性要件**

(a)　**委任法律の合憲性**　　(i)　委任の必要性　　国会による立法権の独占を前提とすれば，委任命令の授権には合理的な理由が必要である。前述の法規命令の許容理由を欠く法規命令は，憲法41条に違反する。

(ii)　罰則の個別的な委任　　法規命令において罰則を設けるためには個別の法律の委任が必要である（参照，憲73条6号但書，内閣府7条4項，行組12条3項）。国会中心立法の原則（憲41条）および罪刑法定主義（憲31条）の要請から，委任法律は，構成要件の内容，罰則の種類，程度を厳格に定めなければならない（火薬類取締法施行規則違反事件・最大判昭和27・12・24刑集6巻11号1346頁，最判昭和49・12・20判時767号107頁）。

(iii)　包括的委任の禁止　　法律による行政機関への立法の委任は，憲法41条において保障された国会の立法権を否定，空洞化するものであってはならない。したがって対象事項を限定して内容についての基準を法律自体が示すなど，個別的で具体的な委任でなければならず，一般的で包括的な委任は許されない（＝白紙委任の禁止）と解されている。

実際の委任命令の授権条項には，委任の「基準」が明記されていることは少

なく，文面上，白紙委任の疑いがもたれる。しかし，基準にかかる明文の欠如をもって，このような委任の方式をただちに違憲と断じることはできない。①当該授権条項，②授権条項に関係のある他の諸条項，さらに③授権法律全体の趣旨・目的の解釈を通じて委任命令を制約する基準（当該委任命令の目的，規定することのできる手段の限界，制定の際に考慮すべき要素等）が相当程度に明確になる限りは，なおも違憲のものであるとはいえない（不動産登記手数料事件・最判平成10・4・30訟月45巻5号1017頁，退職一時金利子加算額返還事件・最判平成27・12・14民集69巻8号2348頁）。

なお，国家公務員の「政治的目的」をもった「政治的行為」を一律に禁止し，刑罰でもってそれを担保している国家公務員法102条1項が構成要件たる「政治的行為」の内容を人事院規則14−7に委任していることは，一般的包括的委任に当たるのではないかとの疑義がある（地公36条も対照せよ）。最高裁は，猿払事件・最大判昭和49・11・6（刑集28巻9号393頁）において同条による政治的行為の禁止が合憲であることを前提として，一般的包括的委任に当たるか否かをとくに審査することなく，同規則を適法と認定している。しかし，同判決の反対意見は，同条項は刑罰の構成要件にかかる無差別一体的な委任であるから，憲法41条などに違反するとしている。もっとも，近年，最高裁は同条項による委任の内容を限定する解釈を示している（堀越事件・最判平成24・12・7刑集66巻12号1337頁）。

　(iv)　再委任の制限　　再委任とは，行政機関が法律により委任された法規命令制定権を，当該法規命令にさらに委任規定を定めることで，下級の行政機関に委任することをいう。犯罪構成要件の再委任については疑わしいとする学説，当該授権法律が再委任を許す趣旨である場合にのみ認められるとする学説があるが，委任の実質的根拠にかんがみれば，法律が受任機関を特定している場合には，法律が明示的に再委任を許容しているときでなければ，再委任は許されないと考えるべきであろう。

最高裁は，受任機関を特定していない委任規定の下での再委任を授権法律の範囲内にあるとする判決を下している（食糧管理法違反事件・最大判昭和26・12・5刑集5巻13号2463頁，前掲・最大判昭和33・7・9）。

　(v)　法律の改廃効の禁止　　委任命令はその授権法律の内容を改正した

り，その授権法律自体を廃止したりすることはできない。憲法41条の趣旨からすれば当然の法理であるが，明治憲法で認められていた緊急勅令（明憲8条）は法規命令に法律の改廃効があることを前提としていた。

（b）　定立された規範内容の適法性　　法規命令において定められた規範の内容は，法規命令への委任を定める規定（委任規定）に適合しなければならない（参照，行手38条1項）。委任の範囲は，①委任規定の文理解釈，②法律の趣旨目的または立法経緯に照らした委任規定の解釈，③法規命令制定機関が有する専門技術的見地または政策的見地に照らした委任規定の解釈によって決せられる。

最高裁は，通常は，前記①ないしは②の解釈方法を用いて，法規命令の委任規定への適合性を審査している（農地法施行令事件・最大判昭和46・1・20民集25巻1号1頁，幼児接見不許可事件・最判平成3・7・9民集45巻6号1049頁，児童扶養手当施行令事件・最判平成14・1・31民集56巻1号246頁，貸金業施行規則事件・最判平成18・1・13民集60巻1号1頁，東洋町議解職請求署名事件・最大判平成21・11・18民集63巻9号2033頁，市販薬ネット販売権事件・最判平成25・1・11民集67巻1号1頁）。

しかし，最高裁は，③の解釈方法を用いる場合には，法規命令制定機関に広範な裁量権を認め，裁量権の濫用の有無（社会通念違反の有無，判断の過程・手続における過誤の有無）を審査している（朝日訴訟・最大判昭和42・5・24民集21巻5号1043頁，銃砲刀剣類登録規則事件・最判平成2・2・1民集44巻2号369頁，戸籍法施行規則事件・最決平成15・12・25民集57巻11号2562頁，生活保護老齢加算廃止事件・最判平成24・2・28民集66巻3号1240頁）。

6　裁判による統制──司法審査

法規命令が前述の適法性要件を欠いて制定された場合には，当該法規命令は違法であって，無効である。したがって，違法・無効な法規命令は，当該法規命令に従ってされた行政行為によって不利益な法状態にある者には取消訴訟や無効確認訴訟において当該行政行為の取消事由や無効事由とされたり（前掲・最大判昭和42・5・24，前掲・最判平成2・2・1など），あるいは，それによって被害を被った者には国家賠償法1条1項に定める損害賠償請求権を基礎づけたり（前掲・最判平成3・7・9），あるいは，当該法規命令によって課せられた義務違反を理由として起訴されている者には刑事裁判において違法の抗弁の事由とさ

れたり（前掲・最判平成24・12・7）する。場合によっては，当該法規命令の無効確認訴訟または当該法規命令の無効を前提とした権利確認ないし義務不存在確認訴訟の提起も許されよう（前掲・最大判昭和46・1・20，前掲・最判平成25・1・11）。

　なお，裁判例には，行政行為を経ることなく直接特定の者の権利義務に変動を与える法規命令を処分とみて，抗告訴訟を認めたものもある（第16章第5節1(5)参照）。

　また，違法な法規命令についてもこれを違法な公権力の行使であるとして，その違法性を直接に争う国家賠償請求訴訟も認められよう（法規命令の改正権の不行使につき，前掲・最判平成16・4・27，前掲・最判平成26・10・9）。

第3節　行政規則

1　行政規則の概念

　行政規則とは，行政準則のうち，法条の形式で定められているが，対外的な法的効果ないし拘束力を有しない準則をいう。法規命令とは別に，このような準則が必要とされる理由は，①法令では規律し尽くしえない行政組織内部における詳細な事務分担（職制）を明確にする，②解釈の余地があったり，行政庁に裁量権を認めたりする法令について，行政組織内部における統一的な解釈・運用を確保する，といったように法令による規律の限界を補充することにある。しかし，しばしば，③行政機関の規範形成・執行が対外的に規律されることを回避する，④地方公共団体においては，その規範内容を自主立法によって定めた場合には法令に抵触するおそれがあることに照らして，これを回避する，といったように行政規則を法令の代替として利用しようとすることにもその理由が求められる。

2　行政規則の類型

　(1)　**形式による類型化**　　行政規則は，その名称によって次のような形式で存在する。

　(a)　**訓令および通達**　　いずれも上級機関が下級機関に対して発する命令である。両者の区別の基準には，規定事項の内容を基準とする分類法（訓令は職

◆**コラム6-2**◆　**営造物管理規則**

　営造物管理規則は，行政規則と捉えられていた。従来，行政規則が特別権力関係に服する者のみを拘束する定めを含むとされていたためである。また，特別権力関係の規範は法規ではないと理解されていたため，営造物管理規則もまた法規ではないと説かれていた。しかし，特別権力関係論が否定され，当該関係における者にも当然に権利主体性が承認される以上，営造物利用規則は権利義務に関わる規範という意味で個々の法関係の性質に応じて法規命令または契約約款と把握されることとなる。なお，公共施設の利用規則を契約約款として捉えるとしても，それを法定化するかどうかは，その法的性質とは別問題である。地方自治法は，「公の施設」の設置および管理に関する事項を条例で定めなければならないとしている（地自244条の2第1項）。

務運営の基本に関する命令的事項を内容とし，通達は職務運営の基本に関する細目的事項，法令の解釈，運用指針を内容とする），記載の形式を基準とする分類法（拘束力ある指示・通達のうち法条の形式をとる一般的指示文書を訓令とする），発布の方式を基準とする分類（訓令のうち，書面で示されたものを通達とする）がある。両者の区別は法的にはほとんど意味をもたないが，ここでは便宜的に基準として明解である発布の方式を基準とする分類に従っておく。

　(b)　**要　綱**　　要綱は，一般的には，政策の立案または法令の施行にあたって基本的な事項をまとめたものをいう。行政規則としての要綱は，これを法条の形式で定めたものをいう（公共用地の取得に伴う損失補償基準要綱〔昭和37年6月29日閣議決定〕，地方公共団体における宅地開発指導要綱など）。

　(2)　**目的・内容による類型化**　　行政規則は，目的と内容によって次のように区分される。

　(a)　**事務組織・事務配分規程**　　行政組織内部における事務の各機関・各職への配分を定める規定で，事務決裁規程などがこれにあたる。

　(b)　**行政執行基準**　　所掌事務の実施ないし法令の執行に関する基準を定めるものである。行政行動基準ともよばれる。これには，行政庁自らまたは下位の行政機関を名あて人とするもの（解釈基準・裁量基準）と，行政機関内部の基準であるとともに私人の活動基準ともなるもの（行政指導基準，給付規則）がある。

　解釈基準とは法令解釈の指針を示すものであり，裁量基準とは裁量権行使にあたって準拠する指針をいう。両者を区別する意義は，後述するように，裁判

所の審査密度の程度に関わるとされている。なお，解釈基準の設定は上級行政機関における指揮監督権の行使としてされるので，解釈基準は訓令・通達の形式で示される。

　行政指導基準とは，行政指導を行うための基準を定めたものである。いわゆる指導要綱がこれにあたる（遺伝子治療臨床研究に関する指針〔平成16年文部科学省告示2号〕，地方公共団体における廃棄物処理施設指導要綱など）。

　給付規則とは，助成金，補助金などを給付するための基準である（労災就学等援護費支給要綱〔昭和45年10月27日付け基発774号別添〕など）。

　行政手続法が定める審査基準（行手2条8号ロ）および処分基準（行手2条8号ハ）は，解釈基準および裁量基準を含み，行政指導指針（行手2条8号ニ）は行政指導基準に相当する。

3　行政規則の成立と効力

　行政規則の成立には特定の形式は求められていないが，書面で制定される場合には，権限ある行政機関によるものであることが証明されていることが必要である。その効力の発生には，公布も告示も必要ではない。ただし，行政上特別の支障がない限り，審査基準は公にされなければならず，行政指導指針は公表されなければならない（行手5条3項・36条）。

　行政規則の効力は行政規則において定められた施行期日の到来によって効力を発する。終期の到来または解除条件の成就およびこれと抵触する根拠法令の改廃によって失効する。正当な権限を有する機関が当該行政規則を廃止することによっても失効する。

　行政規則の制定手続は，別の箇所で説明するが（本章第1節3参照），行政決定の基準として公表されたり，参加手続を経て制定されたりする行政規則は，それに従って行われる行政活動の民主的正統性を補完し，適正手続の原則に基づいて，一定の法拘束性を発揮する（ワンコイン・タクシー事件・大阪地判平成19・2・13判タ1253号122頁，パーラーオアシス事件・最判平成27・3・3民集69巻2号143頁）。

4　立法による統制——法律の授権

　行政規則は，階統構造をとる行政組織においてはその一体性と内部の統一性を確保するために当然に制定することが認められるものであって，かつ，行政

組織内部にしか拘束力を有しないことから，その制定については法律（または条例）による授権は必要ではない。行政組織法上の規定（行組14条2項）も確認的な趣旨に出たものである。

5 行政規則の適法性要件

行政規則は，①法律の根拠を要せず，必要に応じて随時に定立することが許され，②公布・告示も要せず，さらに，③国民も裁判所も拘束されることはなく，行政規則違反はただちには違法ではないので，行政規則の適法性要件は，権限の適法性を除いては，従来，ほとんど問題とされることはなかった。しかし，「通達による行政」と揶揄されるように，行政規則は行政実務を支配し，その帰結として私人との法関係をも拘束しているかのように現象している（行政規則の外部化現象）。そこで，内部的な拘束力の反射として，外部的にも事実上の拘束性を発揮する行政規則自体の適法性およびそれに基づいて行われる行政活動の適法性要件に関する解釈論が必要とされる。

(1) **形式的適法性要件** (a) 主体の適法性 行政規則の制定には個別の作用法上の根拠を要しないが，行政規則はこれを制定する行政機関の所掌事務の範囲内で定められなければならない（行組14条2項）。下級行政機関は，上級行政機関の発した訓令が当該上級行政機関の所掌事務の範囲に属するものであり，かつ，下級行政機関の所掌事務に関するものである場合にのみ，それに拘束される（東京都教育委員会勤務評定規則事件・東京高判昭和49・5・8行集25巻5号373頁，第5章第3節3参照）。

(b) 行政執行基準の公表 行政庁は審査基準を定めた場合にはこれを原則として公にしなければならない（行手5条3項）。行政執行基準を公にしないことは，当該基準の無効原因となるものではないが，それに従って行われた処分等の違法事由となる（医師国家試験受験資格申請却下事件・東京高判平成13・6・14判時1757号51頁，東大阪市保育所入所保留事件・大阪地判平成14・6・28裁判所HP）。また，処分基準については，いったん公にされた場合にはそれに対して国民の信頼が生ずるから，従前の処分基準を著しく厳格化した場合には公にすることが義務付けられる場合がある（風俗特殊営業廃止処分事件・名古屋地判平成15・6・25裁判所HP）。

(2) **実質的適法性要件** (a) 解釈基準の適法性 解釈基準は法令の解釈

に適合したものでなければならない。解釈基準の内容が法令の正しい解釈に合致する場合には，当該解釈基準に従ってされた行政活動は適法であり，逆に，解釈基準の内容が法令の正しい解釈に合致しない場合には，当該解釈基準に従って行われた行政活動は違法である（パチンコ球遊器事件・最判昭和33・3・28民集12巻4号624頁）。もっとも，裁判所は解釈基準に拘束されないから，解釈基準が違法であることを宣言することなく，裁判所は自らの法令の解釈に基づいて争点とされている行政活動の適法性を判断することができる（墓地埋葬法通達事件・最判昭和43・12・24民集22巻13号3147頁）。

　(b)　**裁量基準の適法性**　　裁量基準の設定はそれ自体，行政庁の裁量権の行使として行われるために，裁量基準に基づいてなされた行政行為の違法性が争われる場合には裁量基準の合理性を裁判所は審査することになる（伊方原発訴訟・最判平成4・10・29民集46巻7号1174頁）。裁量権の行使に求められる個別事情適合性を損なうような裁量基準の機械的適用は許されないから，裁量基準を定める法条の構造は弾力的な運用を認めるものでなければならない（酒類販売業免許等取扱要領事件・最判平成10・7・16判時1652号52頁）。

　(3)　**行政活動の適法性要件としての行政規則の「法的拘束性」**　　この要件は行政規則自体の適法性要件ではなく，それに従ってされる行政活動の適法性要件に関するものである。前述のように，行政規則には対外的な法的拘束力はないから，たとえば，行政機関は，行政執行基準をその活動の基準とするとしても，対私人との関係においてはそれに拘束されないので，行政執行基準に違反する行政活動はそのことのみによっては当然に違法とはならない（開拓適地選定基準事件・最判昭和28・10・27民集7巻10号1141頁，マクリーン事件・最大判昭和53・10・4民集32巻7号1223頁）。

　しかし，裁量権の行使における公正かつ平等な取扱いの要請および相手方の信頼保護の観点から，裁量基準の定めと異なる取扱いをすることは裁量権の濫用に当たる（前掲・最判平成27・3・3）。異なる取扱いをするには，合理的な理由が必要である（イラン人家族退去強制令書取消事件・東京地判平成15・9・19判時1836号46頁）。

　なお，解釈基準は裁判所を拘束するものではないことは前述の通りであるが，大量に行われる行政活動について，一部の裁判例は，同一条件にある者に

対し異なる内容の行政活動が行われることは平等原則に反するので，一般に適用される解釈基準に違反する行政活動は違法であり（売掛債権償却特例通達事件・大阪地判昭和44・5・24行集20巻5＝6号675頁），解釈基準と異なる取扱いをするには特段の事情が要請される（贈与税決定処分取消事件・東京高判平成13・3・15判時1752号19頁）とする。

　解釈基準に従って同一内容の行政行為が長期にわたって反復して行われる場合には，当該法令にかかる国民の権利義務の内容は解釈基準によって実質的に定められているとみてよい。このような場合には，当該解釈基準の変更は新たに国民の権利義務の内容を定めることと同一の機能を果たすものといってよい。したがって，法的安定性の要請からここに慣習法の成立を認め，法令解釈の変更は法令の改正によって行われるべきであって，解釈基準の変更によって行われるべきではない。最高裁は，誤りのあった解釈を是正する場合には，変更に制限はないとの立場をとっている（前掲・最判昭33・3・28）。もっとも，分かれていた解釈を統一するための変更は法律によることが望ましいとしつつ，通達による周知を許容している（ストックオプション課税事件・最判平成18・10・24民集60巻8号3128号）。

　さらに，裁判を受ける権利の実質化，すなわち，権利利益の実効的救済の要請から，給付規則に従ってされる交付決定を抗告訴訟で争わせるために，給付規則に基づく申請を「法令に基づく申請」に当たると解したり（大阪市同和地区助成金支給要綱訴訟・大阪高判昭和54・7・30行集30巻7号1352頁），支給決定を申請に対する処分と解したり（労災就学援護費不支給決定事件・最判平成15・9・4判時1841号89頁）することも認められるべきである。

　事務組織・事務配分規則についても，それによって定められた所掌事務・権限の範囲内で当該職員が対外的に責任を負わされたりする場合があり（大阪府水道部会議接待事件・最判平成3・12・20民集45巻9号1503頁），その限りで，法的拘束性が認められる。

6　裁判による統制──司法審査

　解釈基準の適法性は，それに従ってされた行政行為の取消訴訟・無効確認訴訟や法令違反によって起訴された場合の刑事裁判においては直接的には審査の対象とされることはない。しかし，前述のように，裁判所が解釈基準に一定の

規範性を認める場合には，それに従ってされた行政行為の取消訴訟・無効確認訴訟の先決問題としてその適法性が審査される。これに対して，裁量基準の適法性は，裁量権にかかる行政行為の取消訴訟・無効確認訴訟の先決問題として審査される（前掲・最判平成4・10・29）。

　なお，行政執行基準の制定・変更が公務員に職務遂行上の義務を新たに課すような場合には，当該執行基準の適法性は無名抗告訴訟または当事者訴訟として提起される義務不存在確認訴訟において先決問題としてその適法性が審査されうる（日の丸・君が代予防訴訟・最判平成24・2・9民集66巻2号183頁）。

　また，法令解釈を誤った解釈基準に基づいて行われている行政実務によって損害を被った場合には，当該解釈基準の発出等それ自体が国家賠償法1条1項に定める「公権力の行使」として構成され，当該解釈基準の適法性が国家賠償請求訴訟において直接に審査されうる（韓国人元徴用工在外被爆者事件・最判平成19・11・1民集61巻8号2733頁）。

　さらに，解釈基準そのものを争わせなければ国民の権利利益の実効的救済にならない特殊例外的な場合には処分性が例外的に承認され，当該解釈基準の適法性が抗告訴訟において直接に審査されうる（函数尺通達事件・東京地判昭和46・11・8行集22巻11＝12号1785頁）。

第**7**章
行政計画

第1節　行政計画の意義

1　行政計画の概念

　行政計画とは，行政機関が行政活動を行うにあたって策定する計画，または
その策定行為をいう。計画とは，一般に，達成すべき目標を定め，かつ，目標
を実現するために必要とされる諸手段および目標の達成までの諸手順を総合的
に定めたものである。

　行政計画は，そこに定められた内容に従って行政機関が活動する一方で，私
人が行政計画とそれに従う行政活動に誘導されて行動するという点で，行政準
則に類似する機能を有している。しかし，先験的に定められた政策＝行政目的
を実現するために定立される行政準則と異なり，行政計画は，それ自体におい
て目標を設定するという点で企画立案機能を有している。また，行政計画は，
設定した目標を達成するための諸手段を手順に従って体系的に提示するもので
あるから，複雑多岐にわたる行政活動相互の関係を秩序化し，行政過程を全体
として合理化する機能を有する。さらに，行政計画は，目標実現に向けて諸手
段を手順に従って総合的かつ時系列的に提示するものであるから，人，物ない
しは財といった行政上の諸資源を効率的に動員するとともに，社会的諸資源の
効果的な配分を促す機能をも有する。

2　行政計画の法的性質

　行政計画は，そこに示された目標を達成するために行政上の諸資源と諸手段
を動員することを目的とする点で，行政組織内部の指針であって，一般的には
行政規則としての性格を帯びる。もっとも，行政計画は，自ら目標を設定し，
時間軸に沿った手順に従って諸手段を順次活用して目標を実現するといった目

的プログラムである。すなわち，実現までの時間の経過とそれに伴う社会環境の変化等に応じて，実現の途上での目標自体の修正，手段の変更などがそもそも行政計画には予定されているといってよい。その意味で，行政計画は，仮言的な判断たる命題（条件プログラム）である行政規則に比べると，規範としての性格が希薄である。

　もっとも，個別の法律が，計画の実施を円滑に進めるために計画に関する決定に計画の内容に即して私人の法的地位を変動させる効力を付与したり，計画に関する決定に一定の法効果を付与したりする場合がある。その効力・効果が抽象的一般的な場合には，当該行政計画に関する決定は法規命令としての性質を帯び（盛岡用途地域指定事件・最判昭和57・4・22民集36巻4号705頁），具体的な場合には，当該行政計画に関する決定は処分としての性質を帯びる（阿倍野地区再開発事件・最判平成4・11・26民集46巻8号2658頁，浜松土地区画整理事業事件・最大判平成20・9・10民集62巻8号2029頁）。

3　行政計画の類型

　行政計画は，計画内容，計画対象事項，計画対象区域，計画期間など様々な観点から類型化されうる。法学的に有意な類型は次のとおりである。

　(1)　**法的拘束力の有無・内容による類型化**　　行政計画には，対外的に法的効果ないし拘束力を有する行政計画と，そうでない行政計画がある。前者を拘束的計画といい，後者を非拘束的計画という。

　前者のうち，新たに権利を制限したり義務を課したりする法効果をもつ計画を規制効計画といい，租税優遇措置，特例的融資など特別な法的利益を受ける地位を設定する効果をもつ計画を給付効計画という。拘束的計画という場合，主要には規制効計画をさす。規制効計画には，その決定・告示により計画区域内に都市計画制限の効果が発生する都市計画施設・市街地開発事業に関する都市計画（都計20条3項・53条1項），計画区域内の一定の行為につき届出義務が発生する景観計画（景観9条6項・16条1項）などがある。給付効計画には，地方公共団体に土地等を譲渡した場合に譲渡所得の特別控除が認められる土地区画整理事業計画（租税特別34条）などがある。

　非拘束的計画は，定義上，私人に対して法的効果ないし法的拘束力を有しない。しかし，非拘束的計画であっても，行政組織内部を拘束する。もっとも，

組織上の拘束力といっても，医療計画，一般廃棄物処理計画のように許認可等の判断基準としての拘束力を有するもの（医療7条の2第1項～第3項，廃棄物7条5項2号），公害防止計画のように努力目標にとどまるもの（環境基18条）など，その程度は多様である。また，後述のように他の行政組織が定める計画に対し体系的な整合性を要求するという意味での拘束力を有する計画もある。

　なお，行政体相互の間で実体的な法効果を発生させる行政計画として，国の計画に適合する地方公共団体の事業に対し，地方債の利子補給を定めたり，国庫負担率・国庫補助率を引き上げたりする効果を発生させたりするものがある（首都圏等近郊整備地帯等整備財政特別措置3条2項・4条）。

(2)　**目標達成過程の分節化による類型化**　　行政機関において目標達成過程が分節化され，節目ごとに計画が策定される場合，策定される諸計画のうち，より基本的ないし広域的な計画を上位計画といい，より実施的ないし狭域的な計画を下位計画という。上位計画は下位計画に対し計画相互の間の体系的整合性を要求するが，その要求の程度は多様である。

　たとえば，都市計画法上の都市計画については，都道府県が定めた都市計画が市町村が定めた都市計画に優先するものとされており（都計15条4項），上位計画の下位計画に対する拘束性と計画相互の間の整合性が予定されている。

　これに対して，国土利用計画法に定める土地利用に関する計画については，都道府県計画は全国計画を基本とし（国土利用7条2項），市町村計画は都道府県計画を基本とし（同8条2項），都道府県が定める土地利用基本計画は全国計画を（都道府県計画が定められている場合には都道府県計画も）基本として作成される（同9条9項）こととされており，上位計画の下位計画に対する拘束性は弱く，計画相互の間の整合性の要請は厳格ではない。

第2節　行政計画策定手続

　行政手続法は，行政計画策定に関する手続を定めていない。行政計画策定手続における参加人の利害関係の多様性に照らして，行政計画が処分の性格を有する場合であっても，個別の法律はこれを行政手続法の適用除外とし（区画整理103条6項等），行政計画が法規命令としての性格を有する場合であっても，

行政手続法は命令の定義を限定することで（行手2条8号イ），行政計画に意見公募手続の適用が及ばないようにしている。

　計画策定手続の方式には，個別の法律に基づいて，①審議会を通じての諮問手続（都計19条1項など），②関係行政機関との協議等（都計23条1項など），③地方公共団体の長の意見聴取（国土利用5条3項など），④公聴会（都計16条1項など），⑤縦覧・意見書提出（都計17条2項など），⑥議会の議決（過疎地域8条1項），⑦住民による提案（都計21条の2，景観11条など）などがある。

　行政計画が将来にわたり広く社会秩序の形成・変動に関わるものであり，そこにおける行政庁の裁量が広範であることにかんがみて，行政計画に特有の参加手続の整備の必要性が説かれている。計画策定における行政庁の慎重・合理性を担保しその恣意を抑制するとともに，国民・住民ないし参加人に対して説明する責務を全うさせるためには，意見公募手続（行手39条～43条）と同様に，計画案の公告，告示等の段階で，計画案に関連する資料の公示，意見が提出された場合にはそれを考慮した結果とその理由を公示することが計画手続の一般的な要件とされるべきであろう。もっとも，行政行為の性格を有する行政計画については，権利保護の性格が濃い手続によって策定されるべきである。

　また，行政計画が行政上の諸手段および諸資源の動員ならびに社会諸資源の配分機能を有することから，その計画の継続，再策定にあたっては，当初の計画の有効性が検証されなければならない。近年，PDCA（Plan〔計画〕- Do〔実施〕- Check〔評価〕-Act〔改善〕）サイクルとよばれる政策評価制度ないし行政評価制度が導入されつつある。これらは，行政上の政策・施策ないし事務事業の継続性のいかんを判定するための行政技術でもあるが（参照，政策評価3条），国会への報告，国民への公表を通じて政府の説明責任を確保するための民主主義的な制度としての側面をも有する（参照，同1条・19条）。政策評価制度ないし行政評価制度を広く計画策定手続の一環として位置づけ，その参加手続としての性質を高めることが望ましい。

第3節　立法による統制──法律の授権

　現行の実定法では，都市計画（都計15条1項）の策定のように，個別の行政

作用法上の権限の規定に基づいて計画策定が行われているものもあるが，その
ような行政作用法上の根拠がないままに，行政組織法上の計画の策定事務に関
する定めに基づいて計画策定が行われたり（防衛計画の大綱〔安保会議2条1項2
号〕等），行政機関の所掌事務に関する定めに基づいて計画策定が行われたり
している（留学生30万人計画〔文部科学省設置4条21号〕等）。

　拘束的計画については，性質上，個別の行政作用法上の根拠が必要であるこ
とは当然である。これに対して，非拘束的計画については，対外的な法的拘束
性が乏しいといったその法的性質に照らせば，行政規則と同様に，一般的に
は，個別の行政作用法上の根拠も，行政組織法上の根拠すらも必要ではないと
いえるかもしれない。

　しかし，行政計画は，その内容上，行政上の諸手段および諸資源を動員し，
かつ，私人の活動を制御し誘導する機能を有する公行政作用である以上，本書
の立場からすると，各行政機関の設置に関する法律に行政計画の策定事務に関
する規定が必要であるとともに，原則として，行政作用法上の根拠が必要であ
る。とりわけ，計画に定められた目標等が許認可等の要件となるような場合お
よび下位計画が拘束的計画である場合には，その上位計画については，その拘
束性には濃淡があるとしても，許認可等および下位計画を通じて計画の内容が
外部化するから，拘束的計画に準じて，個別の行政作用法上の根拠が必要であ
る。もっとも，それ以外の行政計画については，前述のように，個別の行政作
用法上の根拠がなく策定実施されるものが多い。国民の基本的人権の保障の観
点から必要性を有している計画については，前述した参加手続の性格をもった
手続を経て策定・評価されることでもって，その民主的正統性の不備は補完・
代替される。

第4節　行政計画の適法性要件

1　形式的適法性

（1）**手続の適法性**　個別の法律において計画策定手続が定められている場
合には，策定権限を有する行政機関はその手続を履践しなければならない。
もっとも，その手続が履践されなかった場合であっても，計画策定手続は具体

的な権利利益の保護を目的とするものではないので，ただちに計画が違法となるものではないと行政実務では解されてきた。しかし，計画策定手続には，濃淡はあるが，利害関係者の権利利益を保護する機能や，他の行政機関や他の行政体との調整機能もあり，手続が履践されないで策定された行政計画は合理性を欠くものであるから，当該行政計画は違法と評価すべきである（大竹市都市計画変更決定事件〔第1審〕・広島地判平成6・3・29行集47巻7＝8号715頁）。

(2)　形式の適法性　　行政計画の形式および様式を一般的に定めている法令は存在しない。目標設定からその実現までに時間がかかるといった行政計画の性質に照らせば，内容を明確にするために行政計画は書面で定められることが当然に予定されている（都計14条1項など）。

　法定の行政計画については公表が義務付けられていることがあり（国土形成6条6項，食品衛生24条4項など），とくに拘束的計画については告示等が効力の発生要件とされている（都計20条3項，区画整理76条1項など）。

2　実質的適法性

(1)　法令上の指示への適合性　　行政計画策定権限を付与する個別の法律において計画の目標が指示されている場合（都計13条1項2号・7号・14条，都市再開発4条2項2号〜4号など）および考慮事項が指示されている場合（都計13条1項柱書き・1号・2号・7号・11号・14号，都市再開発4条2項3号など）には，策定された計画は目標と適合しなければならないし，策定にあたって要考慮事項が考慮されなければならない（伊東市大仁線事件・東京高判平成17・10・20判時1914号43頁）。

(2)　計画相互の間の整合性　　上位計画は下位計画に対し計画相互の間の体系的整合性を要求する。もっとも，前述のように，その要求の程度は法律によって異なる。また，上位と下位といった関係にない計画相互の間の関係にあっても，整合性が要求される場合がある（都計13条1項柱書き，航空騒音9条の3第5項など）。計画相互の間の整合性の要請について，最高裁はかなり緩やかに解している（環状6号線事業認可事件・最判平成11・11・25判時1698号66頁）。とりわけ，上位計画と下位計画との関係が国の計画と地方公共団体の計画との関係であるような場合には，地方自治の本旨に照らせば，上位計画との不整合を理由として下位計画を違法と判断される場合は稀であろう。

⑶ **計画裁量権の適法性**　行政計画の内容は将来の予測を前提としてなされるものであるから，行政計画に対する法律による規律は緩く，また，行政機関の専門的技術的能力にゆだねざるをえないので，計画策定権限を付与された行政機関には広範な裁量が認められる。したがって，計画策定機関は，このような事情から付与された計画裁量権を適切に行使しなければならない。行政計画策定にあたって裁量権の濫用がなされた場合には，当該行政計画は違法となる。

　計画裁量権の踰越・濫用の判断基準は，一般論としては，行政行為におけるそれに準じて考えることができる（第8章第6節3⑵参照）。もっとも，作成された行政計画が社会通念に著しく反する場合とはどのよう事情があるときであるかについての基準を立てることは難しい。そこで，近時の最高裁は，計画裁量権の踰越・濫用の判断基準として，判断過程における過誤の有無を判断基準とする傾向にある。

　たとえば，最高裁は，従来の裁量権の踰越・濫用の基準に倣って，都市計画施設計画決定につき，①重要な事実の基礎を欠くこととなる場合および②その内容が社会通念に照らし著しく妥当性を欠くものと認められる場合には，裁量権を逸脱・濫用をしたものとして違法となるとの一般的基準を定立するとともに，社会通念に照らし著しく妥当を欠く場合の判断基準として，事実に対する評価が明らかに合理性を欠くこと，判断の過程において考慮すべき事情を考慮しないことを挙げる（小田急線立体交差事業認可事件・最判平成18・11・2民集60巻9号3249頁）。さらに，最高裁は，同じく都市計画施設計画決定につき，私人の土地の収用が必要とされる場合には，隣接の国有地の利用といった代替案の考慮も要請されるとする（林試の森事業認可事件・最判平成18・9・4判時1948号26頁）。

⑷ **信義則・信頼保護の原則**　行政計画は，その実施途上で変更または廃止される可能性を常に内在している。行政計画の変更・廃止を想定している法律もある（都計21条など）。しかし，行政計画で設定された目標の実現を期待し，それに誘導されて行動した私人は，当該計画の変更または廃止によって，期待した利益を逸したり，投下した資本を回収できなかったりする。このような計画の変更・廃止に伴う損害に対して計画策定主体は，信義則ないし信頼保護の原則に基づいて補償責任を負うべきであり，補償を行わない場合には当該

変更・廃止は違法である。

　判例に照らせば，計画に適合する特定内容の活動をすることを特定の者に対して促す個別的，具体的な働きかけがあり，その行動が相当長期にわたる当該計画の継続を前提としてはじめてこれに投入する資金または労力に相応する効果を生じうる性質のものであるといった事情がある場合には，信義則ないし信頼保護の原則に基づいて，行政計画の策定主体は，計画の変更によって被った，社会観念上看過されえない積極的損害については補償しなければならない（宜野座村工場誘致変更事件・最判昭和56・1・27民集35巻1号35頁，荒尾市市営住宅団地建設計画事件・熊本地玉名支判昭和44・4・30判時574号60頁，中村市有料猟区運営事業計画事件・高知地判昭和57・6・10判時1067号114頁）。このような事情がない場合には，計画変更によって損害を被っても信義則ないし信頼保護の原則に基づいた補償は認められない（最判平成10・10・8判自203号79頁，第3章第5節4(3)参照）。

第5節　裁判による統制——司法審査

1　抗告訴訟

　行政計画の適法性・有効性は，抗告訴訟においては処分ないし公権力の行使の違法性判断にかかる先決問題として審理されるのが通常である（前掲・最判平成18・9・4，前掲・最判平成18・11・2）。しかし，行政計画の実施は長期にわたるため，計画決定後に行われる行政行為の抗告訴訟を通じてその適法性・有効性を争うのでは実効的な救済が図れないことがある（たとえば，事情判決による請求棄却）。そこで，多くの学説は，権利利益の実効的な救済を図るために，拘束的計画に関する決定に処分性を認めるべきだと説いてきた。近年，最高裁も，区画整理事業計画決定に関して，一般的に抗告訴訟の対象性を承認した（前掲・最大判平成20・9・10）。これにより，都市計画事業のような非完結型の都市計画決定については原則として抗告訴訟の対象性が認められることになるであろう（第16章第5節1(5)参照）。

　しかし，地域地区のような完結型の都市計画決定には前述の判例の射程はただちには及ばないと解されている。完結型都市計画決定については当事者訴訟

の活用が説かれている（用途地域の制限を受けない地位の確認の訴え，計画決定の違法の確認の訴え等）。

2　国家補償請求訴訟

違法な拘束的計画決定によって損害を被った場合には，国家賠償請求訴訟が直截的な救済である。しかし，拘束的計画にしろ，非拘束的計画にしろ，適法な計画により被った損害ないし損失は，個別の法律において補償が予定されている場合（都計52条の5第1項など）および前述のような信頼保護の利益がある場合は別として，国家賠償法または民事不法行為法によっては救済されえない。

また，都市計画制限による損失は収用段階での損失補償によって塡補されることが前提とされている（倉吉都市計画街路事業用地収用事件・最判昭和48・10・18民集27巻9号1210頁）。なお，都市計画制限が相当長期にわたる場合には，都市計画制限はその目的に照らして合理性の前提を欠くものとなり，受忍限度を超えるものといえること，また，一方で区域内の所有者には時間の経過によって損失が累積し，他方で制限を受けていない周辺土地所有者には開発利益が生じる点で，両者の不均衡が著しくなることから，区域内の所有者に対する制限は特別の犠牲に当たるとして損失補償の請求が認められる余地があると解される。しかし，最高裁は60年を超える都市計画制限であっても特別の犠牲に当たらないとして補償を要しないと判示している（最判平成17・11・1判時1928号25頁）。

第**8**章

行 政 行 為

第1節　行政行為の意義

1　行政行為の概念

　行政行為とは，行政庁が行う対外的な法行為であって，法律に基づいて，権力的に，国民・住民など私人の権利・義務ないしは法的地位を直接具体的に形成しまたはその範囲を確定する効果を有するものである。

　法律によって設定された行政目的を実現する一連の過程には行政体と私人との法関係を具体的に形成する段階がある。たとえば，建築法令に違反する建築物を除却する過程においては違反建築物を特定し，その建築主に対し当該建築物の違反部分の除却の義務を負わせる段階が，あるいは，固定資産税を徴収する過程においては特定の者の納税額を定める段階がある。この段階での法関係は，相手方の承諾を要することなく，違法建築物に対する除却命令，固定資産税の賦課決定といったように行政体の一方的な判断に基づく行為によって形成される。そして，このように形成された法関係において，私人の側が義務を履行しない場合には，行政上の強制執行といった直接的な強制の制度，または，行政罰など行政上の制裁といった間接的な強制の制度が作動するものとされている。これらの特有の強制の制度と結合した行為は私人相互の間の法関係にはみられないものである。行政法学は，これらの行為につき「行政行為」という概念を立て，これを民法学の法律行為に比類する行政活動の典型的な行為形式と位置づけてきた。

　行政行為の概念は，本来は，このように義務を賦課したり解除したりする行為（命令的行為）を念頭に置いたものであったところ，私人の権利能力・行為能力・法的地位を付与する行為や私人間の法律関係に対する介入行為（形成的

行為）をも含むものとして構築された。このような種類の行政行為は，本来的に契約になじまないものであることに照らして，実質的行政行為とよばれる。

　もっとも，法律の定めに従って一定の財貨の給付を受ける権利ないし法的地位を付与するといったような（およびその行為によって形成された法関係を消滅させる行為）もまた行政行為とされることがある。契約関係上の行為としても評価しうる行為を行政行為として取り扱うのは，次のような立法政策によるものである。ひとつは，当該法関係において行政庁を一定の監督的地位に立たせ，それに基づいて行われる監督行為を前述の行政行為に特有の強制の制度と結合させるためである。もうひとつは，実質的行政行為に随伴して創設されてきた特有の権利保護ないし権利救済制度（行政手続制度および排他性を有する取消争訟制度）の適用対象とすることで，審査請求の裁決の拘束力を通じて行政内部の統一性を確保したり，事前手続を通じて誤った権利利益の侵害からの相手方の保護を図ったり，審査請求の裁決または抗告訴訟の判決を通じて権利利益の直截的な救済を図ったり，逆に，審査請求期間・出訴期間の制限を通じて当該法関係の早期の安定を確保したりするためである。この種の行政行為は，形式的行政行為とよばれる（補助金の交付決定，行政財産の目的外使用の許可，労働者災害補償保険給付の支給決定など）。

2　行政行為の法的性質

　ある行政活動を行政行為と性格付けると，前述したように，当該行政活動には，その目的・内容に応じて，強制の制度が適用されたり，事前手続にかかる制度（行政手続法）が適用されたり，争訟手続にかかる制度（行政不服審査法，行政事件訴訟法）が適用されたりする。したがって，いかなる行政活動が行政行為に当たるのかといった問題は，行政法上重要な解釈論的意義を有する。

　行政行為のメルクマール（標識）としては，以下の5つの項目が挙げられる。

　①行政機関行為性　　行政行為は，行政組織法上の行政機関（行政庁）によって行われる行為である。立法機関も司法機関も実質的な意味における行政活動を行うことができ，当該行政活動が直接具体的に国民の権利義務ないしは法的地位を形成しまたはその範囲を確定する効果を有する場合もある。しかし，当該行政活動は，後述する争訟法上の概念である「行政庁の処分」に該当するとしても（本節3参照），「行政行為」ではない。

②外部性　　行政行為は，行政庁が帰属する行政体の外部に対して行われる行為である。上級行政機関による下級行政機関に対する監督上の命令，承認・認可，行政機関間で行われる同意などは行政行為ではない。

③権力性　　行政行為は，相手方との合意（意思の合致）または相手方の任意の許諾に基づくことなく，法律に基づいて一方的に行われる行為である。行政行為の権力性とは，法律に定められた要件の充足の有無の判断ないし効果の内容にかかる決定を権限ある行政機関が一方的に行うことを意味する。

申請に基づいてなされる許認可等は，申請といった私人の側からの意思表示に対して行われる利益付与行為であるから行政契約の締結行為であるようにもみえるが，許認可等によって発生する法効果の内容は，申請の一部拒否，許認可の附款に典型的に現れるように，行政庁の判断によって一方的に決定されるものであるから，行政行為である。

前述の一定の立法政策により行政行為と結合した特有の法制度の効果・効力は権力性の徴表ではあるが，行政行為に内在するものではない。したがって，取消争訟制度の排他性が及ばない行政行為も存在する（不動産登記簿への登記，婚姻の戸籍への記載など）。

④法行為性　　行政行為は，私人の権利義務もしくは法的地位を形成しまたはその範囲を確定したり，私人の法的地位を設定もしくは剥奪したりする法行為である。人の施設への強制収容，行政職員による汚染物質の強制廃棄といった実力行使や相手方の任意の協力を求める勧告といった事実行為は，相手方の物理状態・心理状態に変動を及ぼすが，相手方の法的地位を変動するものではないので，行政行為ではない。

⑤具体的規律性　　行政行為は，具体的に私人の権利義務ないしは法的地位を形成しまたは範囲を確定する行為である。行政行為は，法律に基づき具体的な法的地位を設定したり，法律関係を規律したりする行為であるから，政令，省令の制定といった抽象的に権利義務の内容を定める行為は，行政行為ではない。ただし，道路の通行禁止のように，不特定多数の者を対象とする行為であって，具体的な権利義務の内容または法的地位を定める行為については，行政行為としての性質が認められている。この種の行政行為は一般処分とよばれている。

3　「行政庁の処分」との異同

　行政行為は学問上の概念であって，実定法には存在しない。行政行為に当た
る行政活動は，個別の法律では，命令，禁止，許可，免許，承認，登録といっ
た文言でもって定められている。

　ところで，行政行為に最も近い実定法上の用語は「行政庁の処分」（行手2条
2号，行審1条2項，行訴3条2項）である。もっとも，「行政庁の処分」には，
実質的意味における行政概念の消極的定義（第1章3参照）を前提として，行
政組織法上の行政庁以外の機関が行う処分（行手3条1項1号〜4号，行審7条1
項1号〜4号）が含まれる。判例では，抗告訴訟の「行政庁の処分」には実体
的な権利義務に変動を及ぼさない行政行為は含まれないとされる一方で（住民
票続柄記載違憲事件・最判平成11・1・21判時1675号48頁），他の行為形式に該当す
る行政活動であっても，実効的な権利の救済を図るために取消訴訟の対象であ
る「行政庁の処分」とされることがある（第16章第5節参照）。

　近年，行政行為の概念に代えて，学問上も「処分」または「行政処分」の概
念を用いる教科書も散見されるが，行政法学が形式的意味における行政に対す
る法的な統制に関する法理の体系であり，行政行為論は，私人が行う一方的な
法的判断・決定行為をも行政行為とみてよいのか，あるいは，私人に対しその
ような行為の権限を付与する場合の民主的な統制のあり方はどうあるべきかと
いった点などにつき，有用な法解釈技術および立法指針を提供しうるものであ
ることに照らして，本書では行政行為の概念を用いる。

第2節　行政行為の類型

　行政行為は，様々な観点から類型化することができる。

1　申請に基づく行政行為と職権による行政行為

　この類型化は，行政行為の権限発動の契機の所在の相違に基づくものであ
る。申請に基づく行政行為とは，私人が自己の期待する法効果を発生させる行
政行為（いわゆる許認可，金銭等の給付決定，事業廃止の許可等）を求めて行う一定
の通知行為（＝申請〔参照，行手2条3号〕）に対して，行政庁が諾否の応答とし
て行う当該行政行為をいう（申請に対する認容および申請に対する拒否）。職権に

よる行政行為とは，行政庁自身の発意に基づいて行う行政行為をいう（改善命令，許認可等の取消し等）。なお，何人も法令違反事実がある場合にその是正のためにされる処分（≒行政行為）がされていないと思料するときは，当該処分の権限を有する行政機関に対しその旨を申し出て，当該処分を求めることができるとされている（行手36条の3第1項）。もっとも，行政庁の側に応答義務がない行政庁に対する通知についての応答は事実上の行為にすぎないから，当該応答には処分性は認められない（最判平成21・4・17民集63巻4号638頁）。

　申請に基づく行政行為と職権による行政行為との区別は，処分手続の選択（本章第4節参照），審査請求の類型の選択（第16章第2節参照），法定抗告訴訟の類型の選択（第17章第4節参照）などに際して有用である。

2　利益的行政行為と不利益的行政行為

　この類型化は，行政行為の法効果の性質の相違に基づくものである。利益的行政行為とは，行政行為の法効果が，名あて人に権利利益を付与したり，名あて人に課せられた権利利益の制限または義務を解除したりするものをいう（飲食店営業の許可，生活保護の開始決定など）。これに対し，名あて人の権利利益をはく奪したり，名あて人の権利利益に制限を課しまたは義務を課したりする行政行為を不利益的行政行為という（違法建築物の除却命令，自動車運転免許の取消しなど）。

　ところで，名あて人にとっては利益であるが，第三者にとっては不利益であったり，逆に，名あて人にとっては不利益であるが，第三者にとっては利益であったりする行政行為は，二重効果的行政行為（複効的処分）という。たとえば，土地収用法20条に基づく事業認定は，申請をした起業者にとっては，起業地内の土地の収用裁決を求める法的地位が付与される点で利益であるが，第三者である起業地内の土地の所有者には，買収事業認定時より1年以内に収用される法的地位に置かれるという点で不利益である。二重効果的行政行為の第三者には一定の法的地位（行政手続の参加適格，抗告訴訟の原告適格・訴訟参加資格の有無など）が認められる。

3　命令的行為と形成的行為

　この類型化は，行政行為の法効果の内容の相違に基づくものである。命令的行為とは，名あて人の自由権の行使の制限ないし義務の賦課の法効果を有する

行政行為をいい，これに対して，形成的行為とは，名あて人の法律関係の変動に関与する行政行為をいう。

（1）　**命令的行為**　　命令的行為は，自由権の行使を制限し義務（作為義務，不作為義務，給付義務，受忍義務）を課する義務賦課行為（下命的行為）と，法令等によりあらかじめ課されている義務を特定の場合に解除し自由権の行使を可能とする義務解除行為に分類され，さらに，義務の内容に応じて命令・禁止および免除・許可に細分類される。それぞれの効果の内容と具体例を挙げると，次のとおりである。

（a）　命　令　　命令とは，一定の作為，給付または受忍を命ずる行為をいう（違法建築物の除却命令〔建基 9 条 1 項〕，原因者負担金の負担命令〔下水道18条〕，食品等の受検命令〔食品26条 1 項〕など）。なお，「下命」という用語をここにいう命令に限定して使用する学説もある。

（b）　禁　止　　禁止とは，不作為を命ずる行為をいう（建物への立入禁止〔感染症32条 1 項〕など）。

（c）　免　除　　免除とは，法令等によって定められた作為・給付・受忍の義務を特定の場合に特定人に解除する行為をいう（就学の猶予〔学教18条〕など）。

（d）　許　可　　許可とは，法令等による一般的・相対的禁止（不作為義務）を特定の場合に特定人に解除する行為をいう（自動車運転免許〔道交84条 1 項〕など）。

（2）　**形成的行為**　　形成的行為は，その規律する対象の相違に基づいて，行政体と私人との間の法律関係の形成に関する設権と，私人相互間の法律関係に関する認可に分類される。それぞれの効果の内容と具体例は次のとおりである。なお，第三者のなすべき行為を行政体が代わってなす行為（総務大臣等による地方公共団体の長の臨時代理者の選任〔地自252条の17の 8 第 1 項〕）を「代理」と概念化し，形成的行為の一類型とする学説があったが，その効果からみれば代理は，設権行為に該当し，独自の類型とする解釈論上の実益もなく，類型としての整合性に欠けるので，ここでは取り上げない。

（a）　設　権　　設権とは，一定の権利能力を設定し（特定非営利活動法人の設立の認証〔非営利活動10条 1 項〕など），権利を設定し（鉱業権の設定の許可〔鉱業21条 1 項〕など），または，包括的な法律関係を設定する行為（一般ガス導管事業の

許可〔ガス35条〕など）をいう。

　設権は，鉱業権（鉱業2条）のようにもっぱら国に属する権利を私人に付与するといった行為をその典型としてきたために，従来，「特許」ともよばれてきた。しかし，年金給付の裁定（国年16条）のような社会保障上の受給権の決定もまた含めてこれを概念化するとすれば，制度上の権利・法的地位を付与ないし確定する行為という意味で設権とよぶのが妥当である。

　(b)　認　可　　認可とは，私人が行う法律行為の効力を補充し，その効力を完成させる行為をいう（土地区画整理組合の設立の認可〔区画整理14条1項〕など）。認可は，法律行為の効力を補充する行為であるから，無認可の法律行為は原則として無効である。これを法律上明文で定めている場合もあるが（公水28条），そのような規定がない場合には，具体的な事実関係によっては有効とされる場合もある（海上保険約款無認可変更事件・最判昭和45・12・24民集24巻13号2187頁）。

　(3)　**この類型化の有用性と相対性**　　効果の内容に基づく類型化は，市民社会ないし私法秩序に対する国家介入の形態の差異に着目したものである。この類型化の有用性は，許可と設権の対象である権利利益の性質およびそこから導かれる裁量権の有無ならびに許可と認可の対象となる法律行為の効力に関する解釈論に典型的に現れる。たとえば，飲食店営業の許可は単なる営業の自由に対する制限の解除にとどまるのに対し，一般ガス導管事業の許可のような，いわゆる「公企業の特許」とよばれる行為は，一定の地域的独占（営業権）を付与する効果を有するので，前者の名あて人は競業者への許可に対する抗告訴訟の原告適格を有しないのに対し，後者の名あて人は原告適格を有することになる。さらに，前者は自由の制限であるから，行政庁に裁量権が認められないが，後者は権利の付与であるから行政庁に裁量権が認められることになる。また，許可が事実行為のみならず，法律行為を行う自由をも制限する場合には，無許可の営業行為は違法行為として行政罰の対象となるが，それが法律行為として第三者との関係で当然に無効になるわけではないのに対し，無認可の営業行為は法律行為として原則無効となるが，行政罰の対象には当然にはならない。

　このように，行政法学は，命令的行為は公共の安全と秩序の維持のために私人の自由権を制限するものであって，かつ，民事関係に直接に影響を与えないものであるのに対して，形成的行為は，国家による経済生活社会の形成のため

に，私人に特別な権利を与えたり，国家に民事関係への介入を認めたりするものであると定式化することで，国家介入を合理的な範囲にとどめようとしたのである。

　もっとも，行政行為の効果の内容は国家介入の必要性の程度とその態様に関する立法政策に依存する。たとえば，農地の権利移転の許可の場合には，無許可で権利移転を行った者には刑罰が科されるとともに，当該権利移転行為は無効となる（農地 3 条 1 項・6 項・64条）。また，前出の一般ガス導管事業の許可は，営業の自由に対する制限を解除するとともに，事業者に地域的な独占を保障し，公共施設の利用上，土地収用上の特別な法的地位を認めるものでもある（ガス35条・37条 3 号・166条・194条，収用 3 条17号の 2 ）。さらに，裁量権の有無は，後述するように，行政行為の内容に着目してのみ判断されるわけではない（本章第 6 節 3 参照）。このように命令的行為と形成的行為とは相互に排他的な関係にあるわけではないから，両者の区別は解釈論上および立法論上の指針にとどまる。

4　法律行為的行政行為と準法律行為的行政行為

　(1)　**類型化の意義**　　行政庁の効果意思の有無に基づいて，行政行為は法律行為的行政行為と準法律行為的行政行為に類型化されると説かれてきた。しかし，行政行為の法効果は行政庁の効果意思ではなく法律によって発生するのであるから，このような説明は妥当ではない。もっとも，この類型化は，行政庁が法効果の内容を左右できない行政行為の存在を明らかにするものとして意味がある。つまり，準法律行為的行政行為に当たる行政行為については，法律は，その法効果を一律に定めたうえで，単純な事実認定にかからしめられる要件認定についてのみ行政庁に判断権を与えているのである。後述する行政行為の効果裁量に対する厳格な法治主義的統制の形態ともいえよう（本章第 6 節 3 参照）。したがって，準法律行為的行政行為についてはその要件の充足を認定した場合には行政庁がその成立を否定することは許されない（アーレフ信者住民登録不受理事件・最判平成15・6・26判時1831号94頁）。

　また，準法律行為的行政行為には効果裁量がないので，法律の授権がない場合には法効果を制限する附款を付けられない（本章第 3 節 2 参照）。

　なお，伝統的な学説では，命令的行為と形成的行為との類型的区分が法律行

為的行政行為の下位区分として位置づけられ，法律行為的行政行為と準法律行為的行政行為とは排他的な関係にあると解されたために，特許権の設定の登録（特許66条）は，設権（特許）ではなく，準法律行為的行政行為の一類型である確認と解されてきた。法律行為的行政行為と準法律行為的行政行為との区別と命令的行為と形成的行為との区別は観点を異にするものであるから，このような整理は妥当ではない。特許権の設定の登録は確認であるが，設権でもあると解せば足りる。

(2) **準法律行為的行政行為の諸類型**　準法律行為的行政行為は，さらに，確認，公証および通知に類型化される。なお，従来の学説においては準法律行為的行政行為の一類型として国民の申請，申立て，届出などを有効なものとして受領する行為を「受理」と説明してきた。本書ではこれを行政行為として扱わない（コラム8-1参照）。

(a) **確　認**　確認とは，特定の事実または法律関係の存否または内容について疑いがある場合に，法律に基づいて行政庁がこれを判断する行為である（判断表示行為）。税額の更正・決定（税通24条・25条）は，法効果において命令の性質を有し，土地収用における事業認定（収用17条1項）は法効果において設権の性質を有する。なお，確認は，判断の表示行為であるから，その後の新たな事情を理由として行政庁により撤回・変更されることはないが（確定力），瑕疵がある場合には取り消されうる。

(b) **公　証**　公証または証明行為とは，特定の事実または法律関係の存在を公に証明する行為である（認識表示行為）。公証の例としては，住民票の記載（住民台帳8条），不動産登記簿への登記（不登11条）などがある。なお，公証には一般的に証明力があるが，行政機関または司法機関による取消しをまつことなく，何人も反証を挙げてその効力を争うことができる。

(c) **通　知**　通知とは，特定の人または不特定の者に特定の事項を了知させる行為をいう（観念の通知，意思の通知）。通知行為の例としては，特定事実についての観念を了知させる行為（事業認定の通知・告示〔収用26条1項〕など），意思を了知させる行為（納税の督促〔税通37条1項〕など）がある。後続の行政活動の前提要件（適法要件）としてされるものが多い。なお，通知行為は，独立の行政行為であるから，すでに成立した行政行為の効力発生要件とし

ての交付・送達と異なる。

第 3 節　行政行為の成立と効力の発生・消滅

1　行政行為の成立および発効

　行政行為は，その要件が充足され，行政庁の意思決定が外部に表示されることをその成立の要件とするところ（最判昭和29・9・28民集 8 巻 9 号1779頁），行政行為が書面によってなされるときは，書面の作成だけでは直ちには行政行為の成立が認められるのではなく，行政庁において外部に表示するとする明示の意思の存在が必要であり，形式としてはその存在を推認させる当該書面の原本の発出が要件とされる（最判昭和57・7・15民集36巻 6 号1146頁）。行政行為の効果・効力が発生するのは，法律上特別の定めがない限り（国籍10条 2 項，文化財28条 2 項など），意思表示の一般理論に従って相手方に行政処分が到達したときである（最判平成11・10・22民集53巻 7 号1270頁）。行政行為の概念にあたる行為が事実として存在しない場合を「行政行為の不存在」という。

2　行政行為の附款

（1）　**行政行為の附款の意義**　　行政行為の附款は，行政行為の効果を制限するために，行政行為に付加される行政庁の意思表示である。附款は，そのまま効果・効力を発生させたのでは状況に適合しない行政行為について，その効果の内容，効力の発生・消滅に制限を加えることで，当該行政行為を状況に適合させることを目的として付される。

（2）　**行政行為の附款の種類**　　(a)　期　限　　期限とは，行政行為の効力の発生（始期）・消滅（終期）を発生確実な事実にかからしめる附款をいう（飲食店営業許可に附されるその有効期限）。

　(b)　条　件　　条件とは，行政行為の効力の発生または消滅を不確実な事実にかからしめる附款をいう（道路管理者の道路占用許可に附される警察署長による道路の使用許可の発給）。前者の附款を停止条件といい，後者の附款を解除条件という。

　(c)　負　担　　法令に規定されている義務以外の義務を付加する附款をいう（自動車運転免許に附される眼鏡等の装着義務）。負担は，条件および期限と異な

り，行政行為の効力に発生・消滅に関係をしないので，負担義務違反があっても，ただちには行政行為の効力には影響がない。

(d)　撤回権の留保　　将来撤回する場合があることをあらかじめ宣言する附款をいう。

附款は，行政行為の根拠法自体が行政庁に対し附款を付しうる権限を付与している場合には当然に付することができる（道交91条など）。また，効果裁量が認められる場合にはその範囲内で行政庁の判断により付することができる（本章第2節4参照）。もっとも，その許容性は行政法関係の性質に照らして判断されなければならない（村立小学校教員期限付任用更新拒否事件・最判昭和38・4・2民集17巻3号435頁）。

また，附款は，法律による授権および行政行為の効果裁量の範囲内で付されうるにすぎないので，行政行為の趣旨目的に適合したものでなければならず，また，比例原則，平等原則に違反してはならない（無償撤去附款無効確認事件・最大判昭和33・4・9民集12巻5号717頁）。なお，撤回権の留保は撤回権の制限の法理を形骸化するものであってはならない（本章第9節1参照）。

違法な附款が行政行為の効力に影響を与えるかについては，附款を付した目的が行政行為本体の効果と客観的に密接な関係にあるかどうかで判断されることになる。違法な附款が行政行為本体の効力に影響を及ぼさない場合には，附款の取消しの訴えまたは無効確認の訴えといった方法などで争うことができる（進路変更附款付デモ行進許可事件・東京地決昭和42・11・23行集18巻11号1465頁）。

3　行政行為の効力の消滅・覆滅

行政行為の効力の消滅・覆滅には，自動失効，職権による効力の覆滅・消滅および争訟取消しによる覆滅がある。

まず，行政行為に終期または解除条件といった附款が附せられている場合には，期日の到来または条件の成就によって当該行政行為は自動的に失効する。行政行為の名あて人の死亡，対象の滅失によっても自動的に失効することがある。

次に，権限ある行政庁は，職権により行政行為の効力を消滅させることができる。これには，職権取消しと撤回といった区別がある。それぞれの定義，職権発動の要件については，後述する（本章第9節参照）。

　最後に，行政行為の成立時に存在する瑕疵を理由として，権限ある機関は，特別な争訟手続によってその効力を遡及的に覆滅させることができる。争訟取消しは，不服申立てについては行政行為（決定・裁決）により，取消しの訴えについては裁判所の判決によって行われる（第15章第8節および第16章第5節3参照）。

第4節　行政行為の手続

　行政手続法が前提とする「行政庁の処分」の概念は，争訟法上の「行政庁の処分」と同一であるが，行政手続法は，定義規定（行手2条4号イ）および適用除外規定（同3条1項1号～4号）を置くことで，学問上の概念である行政行為にほぼ相当する「行政庁の処分」を処分手続の適用対象としている。

　行政手続法は，処分手続の規律になじまない類型的な特殊性をもつ行政行為には処分手続を適用しないこととしている（行手3条1項5号～16号・4条1項～3項）。

　また，地方自治の本旨に照らして，条例または規則に基づいて地方公共団体が行う処分には，行政手続法が定める処分手続は適用されず（行手3条3項），地方公共団体が別に定める行政手続条例などが適用される（参照，同46条）。

1　申請に対する処分手続

　行政手続法に定める申請に対する処分とは，申請に基づいてなされる許認可等の利益を付与する処分をいい，申請とは，利益を付与する処分を求める行為であって行政庁に諾否の応答義務が課されているものをいう（行手2条3号）。申請に対する処分は，学問上の概念である利益的行政行為にほぼ相当するが，文理上職権による利益的行政行為（生活保護25条1項など）は含まれない。

　行政手続法第2章は，申請処理の迅速化・透明化を主要な目的として，行政庁に対し，申請を審査するための基準（審査基準）の設定と公にすることの義務（行手5条1項・3項）および到達から処分をするまでに要する標準処理期間の設定の努力義務と公にすることの義務（同6条），申請前・申請処理期間中において申請者の求めに応じて情報を提供する努力義務（同9条1項・2項），申請が到達したときの，これに対する迅速な審査・応答義務（同7条・11条1項），ならびに，申請を拒否する場合における理由の提示の義務（同8条）を課

している。

　行政手続法は申請に対する拒否処分を不利益処分に当たらない（行手2条4号ロ）と定義しているので，申請に対する拒否処分については申請者には行政手続法の意見陳述手続が適用されない。申請者は必要な準備をしたうえで申請を行う以上，申請に対する拒否処分は申請者にとって不意打ちとならないからであると説明されている。もっとも，行政手続法は，申請に対する処分手続において行政庁が申請者からの説明の聴取を禁ずるものではないし（参照，同11条2項），行政庁に許認可の要件に照らして必要に応じて，利害関係者からの意見等を聴取すること（公聴会等）を促している（同10条）。

2　不利益処分手続

　行政手続法に定める不利益処分とは，行政庁が，法令に基づき，特定の者を名あて人として，直接に，これに義務を課し，またはその権利を制限する処分をいう（行手2条4号）。学問上の概念である不利益的行政行為にほぼ相当するが，前述の通り，申請に対する拒否処分は含まれない（同2条4号ロ）。

　行政手続法第3章は，処分の名あて人等の権利利益の公正な保護を目的として，行政庁に対し不利益処分を行うにあたっての基準（処分基準）の設定と公にすることの努力義務（行手12条1項），処分案の通知と処分案に対する意見陳述手続をとる義務（同13条1項・15条1項・30条），不利益処分が行われる場合の理由の提示の義務（同14条1項）を課している。

　意見陳述手続は，不利益処分の名あて人が被る不利益の程度に応じて2種類に分類されている。許認可等の取消し，資格・地位の剥奪については，原則として口頭による聴聞が行われ，それに至らない程度の不利益処分については書面による弁明の機会の付与が行われることとされている（行手13条1項）。聴聞では，行政庁が指名する聴聞主宰者の職権指揮の下で，行政庁側の職員による不利益処分案の内容等の説明，当事者（＝不利益処分の名あて人）・参加人からの行政庁側の職員への質問，聴聞主宰者による当事者・参加人に対する質問と行政庁側職員への求説明を通じて審理が行われる（同19条〜23条）。また，当事者以外の利害関係人も聴聞主宰者の許可により参加することができる（同17条1項）。聴聞の場合には，当事者および同じように不利益を受ける利害関係者は行政庁の保有する文書を閲覧することができる（同18条1項〔文書閲覧権〕）。

◆**コラム 8 - 1** ◆　申請と届出

　申請も届出も，私人からの行政庁に対する通知行為であり，従来，「受理」（準法律行為的行政行為）によってその法効果が発生する，すなわち，受理があってはじめて行政庁に申請の審査義務が発生し，届出者の届出義務や不作為義務が解除されると解されてきた。このため，実務において，申請についても，届出についても，行政庁の窓口において書類の受付拒否（返戻），放置（保留），取下げ指導などが行われていた。受理は，申請や届出に関連して行われる行政指導とあいまって，法律とは別に行政実務での独自の規制の仕組みとなっていたといってよい。

　行政手続法は，受理という行政行為を介さずに，書類を窓口に提出した時点で申請および届出それぞれの法的効果が発生するとしている（行手7条・37条）。その限りで，行政手続法は「受理」概念を放逐している。したがって，申請書や届出が到達したときには，これを受け付けない等の行政庁の意思ないし判断が働くかのように取り扱ったり，申請や届出がなかったものとして取り扱ったりすることはできない。

　なお，インターネットなど電子処理組織による申請・届出については，行政機関等のサーバーなど電子計算機に備えられたファイルへの記録がされた時点を当該行政機関に到達したものとみなされる（情報通信技術を活用した行政の推進に関する法律6条3項）。

　また，行政手続法は，届出は申請よりも弱い規制であることを明確にするために，届出を申請から明確に区別し，届出を，自己の期待する一定の法律上の効果を発生させるための通知を含む行政庁に対して義務付けられている通知のうち，行政庁の応答を必要としないものと定めている（行手2条7号）。したがって，形式要件に適った届出が所管行政庁の事務所に到達した時点で，届出人は，届出義務が解除されている，または，自己の期待する法的利益を享受していると考えて行動してよい，ということになる。届出が有効になされたものか否かは届出義務違反等にかかる刑事手続において争わせるのが適当とする裁判例（MK タクシー不受理処分訴訟・名古屋地判平成13・8・29判タ1074号294頁）もあるが，そのように地位が不安定な場合には，届出義務・利益の存否ないしは届出に伴う法律上の地位の存否に関し当事者訴訟（行訴4条後段）を提起すればよいであろう。

行政庁は，聴聞主宰者の聴聞調書と報告書を十分に参酌するものとされている（同26条）。なお，行政不服審査法に定める審査請求における審理員の除斥事由（行審9条2項）とは異なり，聴聞主宰者と行政庁側の職員との職能分離は法的な規律を受けていない。

　弁明の機会の付与は，不利益処分の名あて人が弁明書と証拠書類を提出できるとするにとどまる（行手29条1項・2項）。行政庁がそれをどのように考慮す

べきかについての規定は存在しない。

　このように行政手続法は，不利益処分につき聴聞と弁明の機会の付与といっ
た二元主義を採用している。もっとも，行政手続法の制定以前に個別の法律で
定められていた手続の方式は多様であったので，従前，聴聞または弁明の機会
よりも重厚な手続をとるとしていた法律については，行政手続法の適用を前提
としたうえで，その特例となる手続が定められたり（風俗41条，旅館9条1項・
2項，宗法79条3項など），独特の手続の方式または手続の体系をもっている法律
については行政手続法の適用を除外する規定が定められたりしている（道交113
条の2，補助金24条の2，区画整理103条6項など）。

第5節　立法による統制──法律の授権

　行政行為は，一方的に相手方の権利義務ないし法的地位を変動させる行為で
あるから，個々の行為につき個別の行政作用法上の根拠が必要である。もっと
も，形式的行政行為については規制規範的性質を有する個別の法律規定（労災
38条1項・40条など）だけでなく，規制規範的性質を有する一般的な法律（補助
金10条4項・24条の2・25条1項，地自238条の7第1項など）でも足りると解され
ている。そのような法律上の措置は，それが相手方の権利保護・救済に資する
限りで，許容されよう。

　行政行為をなしうる権限を付与する法律は，通常，行政行為を行う主体（ど
の行政機関が当該行政行為をなすのか），行政行為の対象（誰または何に対して当該
行政行為を行うのか），行政行為を発動する要件（いかなる事実関係または法律関係
につき当該行政行為をなすのか），行政行為の内容・効果（私人の権利義務ないし法
的地位をどのように変動させるのか）を定めている。また，行政行為を行うにあ
たっては何らかの手続がとられるところ，それは一般法である行政手続法が定
めている。もっとも，個別の法律において手続を定めていることもある（違法
建築物に対する措置〔建基9条2項〜6項・8項〕など）。また，行政行為は書面ま
たは口頭のいずれかの形式をもって行われるが，行政行為の形式を規律する一
般法および法原則はなく，個別の法令が定めている場合にはそれによることと
なる（自動車運転免許証の交付〔道交92条1項〕など）。

　なお，行政行為の効力を消滅させる職権取消しおよび撤回も行政行為であるから，これらの行為についても法律の根拠の要否が問題となる（本章第9節参照）。

第6節　行政行為の適法性要件

　行政行為の適法性要件は，形式的適法性（主体，手続，形式）と実質的適法性（目的，要件判断，行為内容）に分類することができる。適法性要件を欠く行政行為は，違法である。

1　形式的適法性

　(1)　**主体の適法性**　　行政行為は，正当な権限ある行政機関（＝行政庁）によってなされなければならない。無権限者が行った運転免許取消処分は無効である（広島高判昭和57・12・21訟月29巻6号1124頁）。また，行政行為については，原則として，個別の法律・条例（作用法）によって当該行政庁につき当該行政行為をなしうる旨が定められていることが必要である（ヨット係留鉄杭事件・最判平成3・3・8民集45巻3号164頁）。さらに，権限の代行の場合には，代行機関に適法な授権がなされ，適法な形式で行われることが必要である（福島地判昭和38・9・30行集14巻9号1657頁）。

　合議制行政庁については，適法に組織された会議体において行われなければならないから，合議を経ずになされた議決（最判昭和46・1・22民集25巻1号45頁），招集手続を欠いた会議，定足数を欠いた会議，無資格者・利害関係人が参与した会議における議決（最判昭和38・12・12民集17巻12号1682頁，東芝ケミカル審決事件・東京高判平成6・2・25判時1493号54頁）に基づく行政行為は違法である。

　行政機関はその職に就いている自然人から構成されている以上，行政行為は行政庁の意思表示でもある。したがって，行政庁の意思表示に瑕疵があれば，行政行為は違法である。しかし，行政行為は，法律によってその効果が発生する以上，表示主義に基づき，その表示された内容について効力が生ずることを原則とするので，錯誤があってもそのことのみでは無効とならず，取消原因にとどまる場合がある（前掲・最判昭和29・9・28）。

　(2)　**形式の適法性**　　行政行為が書面でもって行われることは，当該行政行為の主体と内容を明確にし，これに関する証拠を保全し将来の争いの発生を防

止するといった点で有用である。もっとも，現行の法制では形式に関する一般
法は存在しない。ただし，個別の法律において，許可証の交付，公募の登録そ
の他特別の形式をもってすることが定められているにもかかわらず，そのよう
な形式をもって行われなかった場合には（書面によるべきところを口頭で行われた
場合，行政庁の署名捺印を欠く場合など）は，当該行政行為は不存在または無効で
ある（福岡高判昭和56・6・17訟月27巻12号2200頁）。また，公示の懈怠・不備は，
法令の不公布と同様に扱われるべきで，無効原因となる（最判昭和37・4・20刑
集16巻4号427頁）。

　(3)　手続の適法性　　行政手続法の施行前には，最高裁は，実体的な適法性
要件の具備の有無を重視する観点から，行政行為の法律要件とされている手続
の履践の懈怠ないし手続の不備はただちには行政行為の取消原因にはならない
と解してきた（参照，個人タクシー事件・最判昭和46・10・28民集25巻7号1037頁，
最判昭和49・12・10民集28巻10号1868頁，群馬中央バス事件・最判昭和50・5・29民集
29巻5号662頁）。

　しかし，行政行為は，適正な手続に従って行われなければならない。適正な
行政手続は，行政行為の実体的適法性の保障だけでなく，行政行為の公正性の
確保に資するものであり，適正な手続の履践の懈怠ないし不備は手続的権利の
侵害となるから，行政手続法が定める必要的手続（基準の設定・公表，告知と意
見陳述，理由の提示，文書閲覧）および個別の法律がとくに定める手続（利害関係
人の参加，審理の公開など）ならびに適正手続の原則が要請する基本的な手続の
履践の懈怠ないし不備は，原則として，行政行為の取消原因になると解される
（医師国家試験受験資格申請却下事件・東京高判平成13・6・14判時1757号51頁，医療用
具回収命令事件・長野地判平成17・2・4判タ1229号221頁）。

　もっとも，最高裁にあっても，法定の理由付記の懈怠ないし不備は行政行為
の取消原因であり（青色申告更正処分事件・最判昭和38・5・31民集17巻4号617頁，
日本赤軍旅券発給拒否事件・最判昭和60・1・22民集39巻1号1頁），事後の行政過程
における理由の付記の補正はその瑕疵の治癒を根拠づけないと解してきた（最
判昭和47・12・5民集26巻10号1795頁，警視庁個人情報非開示決定事件・最判平成4・
12・10判時1453号116頁）。行政手続法の施行後，最高裁は，前記判例を踏襲し
て，行政手続法14条1項違反（不利益処分の理由の提示の懈怠・不備）は取消原因

となることを明らかにするとともに，裁量行為については処分基準の適用関係の不摘示も取消原因になる場合があるとしている（一級建築士免許取消処分事件・最判平成23・6・7民集65巻4号2081頁）。

2　実質的適法性

(1)　**根拠法令の適法性**　　行政行為は，法律に基づいて行われる以上，当該法律およびその委任に基づく命令自体が適法または有効なものでなければならない。法律が憲法に違反する場合，命令が法律の委任の限界を超えている場合には，当該法令は違法であり，それらに基づいてなされた行政行為もまた違法である（第6章第3節5(2)参照）。また，行政行為が成立する時点においてそれを根拠づける法令の効力は時間的，地域的または人的限界を超えてはならない（第2章第3節参照）。

(2)　**要件認定の適法性**　　行政行為を為すにあたって行政庁の要件認定が適法でなければならない。要件認定にかかる行政庁の判断（要件にかかる法令の解釈，事実認定および事実認定の要件の該当性判断）につき過誤があれば，当該行政行為は違法である（ストロングライフ事件・最判昭和56・2・26民集35巻1号117頁，上尾市福祉会館事件・最判平成8・3・15民集50巻3号549頁）。

(3)　**行為内容の適法性**　　行政庁は，法令の定める要件を充足したと判断し行政行為をする場合，法令の定めた内容の行政行為を行わなければならない。法令に定めのない内容の行政行為は違法である。また，行政行為の名あて人・対象が特定されていないなどその内容が不明な場合は違法であり（買収農地不特定買収令書事件・最判昭和26・3・8民集5巻4号151頁），さらに根拠法令とは別の法令に抵触する場合であって，正当な行為に当たらない行政行為もまた違法である（道路位置廃止処分事件・最判昭和47・7・25民集26巻6号1236頁）。

(4)　**目的適合性の原則**　　行政行為は根拠法の定める目的を実現するために行われるものであるから，動機の不正，根拠法の定める目的に違背する行政行為は違法である。とくに，ある行政目的を実現する際に，本来そのために設定されている行政行為を用いることなく（あるいは用いることができない事情から），他の法律の定める行政行為を利用することを権限の連結または融合という。最高裁はこれを行政権の濫用とよんでいる（個室付浴場国家賠償請求事件・最判昭和53・5・26民集32巻3号689頁，個室付浴場刑事事件・最判昭和53・6・16刑集

32巻4号605頁）。

3　裁量権行使の適法性

⑴　行政裁量と裁量権の意義　　法治主義の原理の趣旨を徹底すれば，立法府は法律において行政行為の要件と効果を一義的に明確な文言で定めておくことが望ましい。たとえば，住民の国籍，年齢および居住期間といった客観的事実を要件とし，当該要件を充足する住民については，市町村選挙管理委員会は必ず選挙人名簿に登録しなければならない（公選21条1項）。このような行政行為を覊束行為といい，そこでは行政庁には別の判断をする余地がない。

　しかし，立法府はすべての具体的事案を想定して行政行為を授権する法律を制定することができないといった立法技術上の制約に加えて，①個別事情への適合性の確保，②行政機関の即時対応能力の重視，③行政機関の有する専門的技術的能力の尊重，④行政組織の自律性への配慮，といった立法政策により，立法府は法律による行政行為に対する規律密度を下げることがしばしばである。このように規律密度の低い法律の規定から認められる行政庁の判断・選択の余地を一般的に行政裁量といい，行政裁量が認められる行政行為を裁量行為という。行政裁量は行政行為だけでなく，広く他の行為形式にも認められる現象であるが，法律の規律密度の濃淡が明確に現れる行政行為は行政裁量に関する法理を豊富に提供している。

　行政行為に関する行政裁量には要件裁量と効果裁量がある。要件裁量とは，法律が行政行為の要件を多義的で抽象的な概念（＝不確定概念）で規定している場合またはそのような文言すら置いていない場合に要件認定について認められる行政庁の判断の余地をいう。これに対して，効果裁量とは，法律が行政行為の内容・効果に関する定めに，「～できる」という文言を用いている場合，あるいは，選択肢を置いたり，あるいは，「必要な措置をとる」といったような包括的な文言を用いる場合に，行政行為の効果の発生・内容の選択・内容の形成について認められる行政庁の判断・選択の余地をいう。とくに効果の内容を定める裁量を形成裁量ともいう。

　また，要件を充足している場合であっても，行政庁は，公益上の必要があると認めるときには，行政行為の成立を留保することがあり，これが法的にも許容されることがある（中野区車両制限令事件・最判昭57・4・23民集36巻4号727

頁）。これは，効果裁量とは区別され，「時の裁量」という。

　ところで，行政裁量は規律密度が低い法律の規定によって発生するが，この
ことが当然に行政行為に対する司法審査の密度を下げることを裁判所に要求す
るものではない。裁判所は，最終的な法判断機関として，法律の文理にとらわ
れることなく，経験則上有意な規範が存在すると認定する場合には，行政庁の
判断に対し自らの判断を代置することで当該行政庁の判断を覆すことができる
（**コラム 8 - 2** 参照）。

　しかし，裁判所は，立法府が規律密度を下げた趣旨目的を，行政庁の判断事
項の性質，対象となる権利利益の性質，当該権利利益の保護の必要性に照らし
て解釈し，行政裁量のうち一定の事項に関する行政庁の判断を尊重し，審査の
範囲を制限し，行政行為に当不当の疑義があるとしても，適法と扱うことがあ
る。このような裁判所の審査が制限される行政庁の判断権を裁量権という。

　類型的には，最高裁は，前述のような法律による規律密度を下げる趣旨の文
言を基準としつつ，行政組織の内部または部分社会の内部における自律的な秩
序維持に関する行為（京都府立医科大事件・最判昭和29・7・30民集 8 巻 7 号1501
頁，神戸税関事件・最判昭和52・12・20民集31巻 7 号1101頁），政治的判断を要する
行為（マクリーン事件・最大判昭和53・10・4 民集32巻 7 号1223頁），専門的技術的
判断を要する行為（伊方原発訴訟・最判平成 4・10・29民集46巻 7 号1174頁），憲法
上の保障が及ばないまたは保護法益性が低い権利利益に対する行為（前掲・マ
クリーン事件・最大判昭和53・10・4，平塚市汚物取扱業許可事件・最判昭和47・10・
12民集26巻 8 号1410頁）につき裁量権を認める傾向にある。これに対して，憲法
上の保障が強く求められる場合には，根拠法条に不確定概念が用いられている
ときでも，裁量権は認められない（泉佐野市民会館事件・最判平成 7・3・7 民集49
巻 3 号687頁）。

　(2)　裁量権の踰越・濫用　　裁量権の行使に踰越または濫用がある場合に
は，当該行政行為は違法と評価される（行訴30条）。踰越とは，事実誤認の場合
のように法の定める範囲を越えて権限を行使することをいい，濫用とは不法な
目的をもって権限を行使することをいうが，その法的効果に照らせば両者を区
別する実益はないので，ここでは両者をとくに区別することなく，裁量権の行
使が踰越または濫用に当たると判断される基準を説明することとする。

　（a）　重要な事実の誤認　　「全く事実の基礎を欠く」場合，「判断の基礎とされた重要な事実に誤認」がある場合には，裁量権の濫用が認められる（前掲・最判昭和29・7・30，前掲・最大判昭和53・10・4）。

　（b）　社会観念違反　　社会観念ないし社会通念からの著しい逸脱は裁量権の濫用にあたる。社会観念からの顕著な逸脱は，行政庁の行った事実の評価なり，行為の選択なりが，明白に合理性を欠く，すなわち，裁判官を含め何人においてもそのような結論に至らないような場合に認められる。内部秩序の維持，国家主権の行使といった性質の裁量権に対する裁判所の敬譲を端的に表現したものである（前掲・最判昭和29・7・30，前掲・最判昭和52・12・20，前掲・最大判昭53・10・4）。

　社会観念違反を具体的に判断するための規範には，目的適合性の原則および平等原則，比例原則，信義則といった行政上の法の一般原則があり，これらに違反した裁量権の行使は違法である（目的違反につきココム訴訟・東京地判昭和44・7・8行集20巻7号842頁，平等原則違反につき札幌高判昭和60・6・25判時1159号28頁，比例原則違反につき教職員君が代・日の丸懲戒処分事件・最判平成24・1・16判時2147号127頁，信義則違反につき在留期間更新不許可事件・最判平成8・7・2判時1578号51頁）。もっとも，行政上の法の一般原則の厳格な適用は，当該事項に関する行政庁の判断に裁量権を認めた趣旨に背馳するので（前掲・最判昭和52・12・20），やはり当該違反が著しいことを要する。

　（c）　判断過程の過誤　　社会観念の内容が事案の性質に応じて裁量権行使にあたっての考慮事項として析出されうる場合に，行政庁が判断過程において考慮事項（要考慮事項）の考慮をしなかったとき，考慮事項以外の事項を考慮したとき（他事考慮）に裁量権の濫用になる（神戸高専事件・最判平成8・3・8民集50巻3号469頁，呉市立中学校事件・最判平成18・2・7民集60巻2号401頁，最判平成19・12・7民集61巻9号3290頁）。考慮事項の評価に関する過誤もまた裁量権の濫用になる（日光太郎杉事件・東京高判昭和48・7・13行集24巻6＝7号533頁）。個別の事情を考慮せずに画一的に裁量権を行使する場合も判断過程の過誤といってよいであろう（起訴休職事件・東京高判昭和45・4・27行集21巻4号741頁）。

　なお，科学技術に関する事項，学術に関する事項などにかかる裁量については社会観念がそもそも成立しないので，当該分野に求められる科学技術・学

◆**コラム8-2**◆　**司法審査の方式**

　行政行為の適法性の審査にあたっては，通常，裁判所は，行政庁の判断にとらわれることなく，自らの判断の結果と行政庁の判断と比較し，後者が前者と異なる場合にはこれを非として，当該行政行為が違法である旨の認定を行う。このような司法審査の方式を判断代置審査という。これに対して，行政庁の判断に裁量権が認められる場合には，裁判所は，行政庁の判断を尊重し，裁量権の行使に踰越または濫用がある場合に限って，当該行政行為が違法である旨の認定を行う。このような司法審査の方式を裁量濫用審査という。かつての行政法学の用語に照らしていえば，前者は覊束行為および裁量行為のうち法規裁量（覊束裁量）について，後者は裁量行為のうち自由裁量（便宜裁量）について行われる審査の方式ともいえよう。

　裁量濫用審査は一様に行われるのではなく，裁量権の踰越・濫用の判断基準に対応してその密度を異にしている。社会観念違反の有無は，密度の低い審査方法でもって判断される。これに対して，判断過程の過誤の有無は密度の高い審査方法であり，そのなかでも科学技術に関する事項，学術に関する事項などにかかる裁量権に対する審査は，裁判所が行政庁の裁量基準（その合理性も司法審査の対象である）に照らして行政庁の判断過程を厳密に追跡するという方法で行われるという点で，より密度の高い審査方法である。

術の水準に照らして，行政庁の採用した審査基準が不合理であるような場合，または，行政庁の判断過程における看過しがたい客観的な過誤がある場合には違法となる（前掲・最判平成4・10・29，家永教科書検定第1次訴訟・最判平成5・3・16民集47巻5号3483頁，家永教科書検定第3次訴訟・最判平成9・8・29民集51巻7号2921頁）。

　(d)　適正手続違反　　公正な手続でもって行使された裁量権はその内容には合理性があるとの推定に基づいて，行政行為を行うにあたってとられた手続が明示または黙示の手続規範に違反している場合には，裁量権の濫用と判断される（本節1(3)参照）。

　(3)　裁量権の消極的濫用　　裁量権の消極的濫用とは，裁量権が認められる権限につき，当該権限が行使されるべきにもかかわらず，権限が行使されない場合の違法事由である。規制権限の不行使によって第三者が被った損害にかかる国家賠償請求訴訟ならびに申請型および非申請型義務付け訴訟において，その事由の有無が争われる（行訴37条の2第5項・37条の3第5項）。裁量権の消極的濫用を認定するためには，当該裁量権の趣旨に照らして行政庁が一定の行為

をしなければならない事情を要件として定立することが必要である（国賠請求訴訟につき，第18章第2節8，義務付け訴訟につき第16章第8節参照）。

第7節　行政行為の効力

　行政行為は行政庁による一方的な法判断行為であるが，その法効果は行政体およびその相手方双方に及び，両者を拘束する。行政行為にはこうした拘束力とは別に，公定力，不可争力，執行力および不可変更力といった効力がある。これらは，民事法上の法律行為にはみられない，行政行為に特有な効力である。ただし，「行政行為に特有な効力」といっても，行政行為と結び付けられている法制度との関係で言い表された効力であるから，そうした制度と結びついていない行政行為については「特有な効力」は認められない。

1　公定力

　公定力とは，いったん行政行為が成立した場合には，無効の場合を除いて，所定の手続を経て権限ある行政機関または裁判所が取り消さない限り，当該行政行為には何人に対しても有効であることの承認を強要する力をいう。公定力は具体的に次のように表れる。ひとつには，行政行為によって課された義務の履行を拒むことは違法となる。またひとつには，行政行為によって課された義務が有効であることを前提として行政上の強制執行が行われる。いまひとつには，行政行為によって形成された法律関係にかかる争いをめぐる民事訴訟を受訴した裁判所は，当該行政行為が有効であることを前提として当該紛争の審理・判断を行わなければならない（最判昭和30・12・26民集9巻14号2070頁）。

　公定力の実定法上の根拠は，行政不服審査法および行政事件訴訟法である。すなわち，瑕疵のある行政行為の効力を否認する手続が原則としてこれらの法律に定められた取消争訟制度に限定されているからである（これを訴訟手続の観点から，「取消訴訟制度の排他的管轄」または「取消訴訟制度の利用強制」という）。行政行為が適法性要件を欠いている場合には，本来，その有効な成立は認められるべきでないにもかかわらず，このような法制度が採用されているのは，公益保護および行政法関係の安定性の維持・国民の信頼保護の要請から特別の措置（争訟提起期間の制限〔行審18条1項・2項，行訴14条1項〜3項〕，事情による請求棄

却〔行審45条 3 項，行訴31条 1 項〕など）が施されている争訟手続を通じてのみ，行政行為によって形成または確定された法律関係に関する争いの解決を図るとともに，行政行為によって課された義務の存在を所与として行われる行政上の強制執行の必要条件を制度的に整えることを通じて，行政目的の早期実現を図るといった立法政策に求められる。

　ところで，取消争訟においては，効力の覆滅の要否をめぐり，行政行為の違法性・不当性が直接に審理判断される。そこで，取消争訟以外の争訟において行政行為の効力の有無または行政行為の違法性・不当性の有無が争点とされる場合に当該争点を先決問題として取消争訟においてあらかじめ解決させておくことが必要であるのか否かが問題となる。

　第 1 に，公定力とは，行政行為において示された法的判断内容につき拘束力を認めるものであるが，それはその行政行為に与えられた制度目的の範囲にとどまるから，その範囲に入らない法関係に関する争訟には公定力は及ばない（公定力の客観的範囲）。たとえば，恩給局長の裁定は単に国と受給者との関係の迅速な処理を目的とするものであるから，国に対する関係を離れて受給権の順位を当事者が争うときは当事者も当該訴訟を審理する裁判所も同裁定には拘束されない（東京地判昭和39・6・23判時380号22頁）。

　第 2 に，無効の行政行為には取消訴訟制度の排他的管轄は及ばないので，裁判所は現在の法律関係に関する訴訟において当該行政行為の効力の有無を審理判断できる。この点は行政事件訴訟法において明確にされている（行訴36条・45条）。

　第 3 に，国家賠償法 1 条 1 項に基づく損害賠償請求訴訟において行政行為の違法性が請求権の成立要件とされているところ，損害賠償請求訴訟の判決は行政行為の効力の消長には影響を与えないので，裁判所はその訴訟で直接に行政行為の違法性を審理判断することができる（最判昭和36・4・21民集15巻 4 号850頁）。この理は，課税処分にかかる損害賠償請求訴訟においても同様に当てはまる（名古屋市固定資産税賦課決定国賠請求事件・最判平成22・6・3民集64巻 4 号1010頁）。

　第 4 に，行政行為によって課された義務の違反を構成要件とする行政刑罰の刑事裁判において，被告人は当該行政行為が違法・無効であり，したがって，

義務違反による罪の成立はないと主張すること（違法の抗弁）が許されるのか
といった問題がある。学説上，公定力は刑事裁判に及ばない，したがって違法
の抗弁は許容すべきであるとする見解が有力である。その理由は，犯罪構成要
件の該当性の解釈と行政行為の有効性の判断とは論理的には別であること，違
法であるにもかかわらず，行政行為によって課された義務を強制するために刑
罰をもって臨むのは適正手続の保障（憲31条）の精神にそぐわないことに求め
られる。

　もっとも，最高裁が一貫してそのような主張を認めているのかは明確ではな
い。個室付浴場刑事事件・最判昭和53・6・16（刑集32巻4号605頁）は児童遊園
設置認可が違法であることを理由として風俗営業取締法違反の成立を認めな
かった点で違法の抗弁を認めた判例として理解されている。これに対して，最
決昭和63・10・28（刑集42巻8号1239頁）は，交通事故にかかる無罪の判決が確
定しても，当該事故にかかる免許停止処分は無効とならないことを理由とし
て，それがなければ反則行為にとどまるにもかかわらず，当該免許停止処分が
あることを前提としてなされた速度違反罪の公訴を適法であるとした点で，公
定力により違法の抗弁を認めなかった決定として理解されている。しかし，問
題は，交通反則金通告手続の対象としなかったことが誤っていたとして，本件
でかりに公訴違法，無罪となった場合に，警察は交通反則金通告手続をやり直
すことはできないので，結局，この違反者は反則金も科されないことになると
ころにある。刑事訴訟制度と交通反則金通告制度との間の不整合に原因がある
のであって，公定力をあえて理由とする必要はなかったと思われる（交通反則
金通告制度については第12章第3節(2)参照）。

2　不可争力

　不可争力とは，行政行為の成立または発効後，一定の期間が経過した後に
は，当該行政行為の効力が及ぶ私人にはその効力を取り消す争訟の提起を認め
ない力をいう。

　不可争力の実定法上の根拠は，行政不服審査法が不服申立ての期間を制限
し，行政事件訴訟法が取消訴訟の出訴期間を制限していることにある（行審18
条1項・2項，行訴14条1項～3項）。不可争力が基づく立法政策は，第三者の保
護を含む行政法関係の早期の安定性の確保を目的としたものである。もっと

も，不可争力は，私人による取消争訟手続の利用の期間を制限するものであって，行政行為の適法性・妥当性をも確定するものではないから，国家賠償請求訴訟においてその違法性を争うことを妨げるものではない（最判昭和34・1・22判時175号12頁）。同様に，行政庁の職権取消しを制限するものではない。

3　執行力

執行力とは，行政庁が，自ら行った行政行為を債務名義として，当該行政行為によって課された義務を履行しない私人に対し強制執行を行うことができる力をいう。

執行力の実定法上の根拠は，行政代執行法，国税徴収法などの法律が行政上の強制執行の方法を定めていることにある。執行力が基づく立法政策は，行政目的の早期実現にある。しかし，執行力は，その性質上，行政上の義務を課す行政行為にしか認められず，また，義務を課す行政行為であっても，当該行政行為の根拠規定とは別に強制執行を授権する法規定がない場合には，当該行政行為には執行力は認められない（第12章第1節参照）。

4　不可変更力

不可変更力とは，行政庁が自ら行った行政行為を職権に基づき取り消し，変更または撤回することを妨げる力をいう。不可変更力を明示的に認める法律は存在しない。しかし，当該行政行為につき行政庁がとる手続が紛争の平和的解決を図るために設計されている場合には，行政行為の成立後においても行政庁がそれを随時変更することを容認することは紛争を蒸し返すことになる。これを防ぐために条理上承認されている効力である（確定力との相違については，本章第2節4参照，職権取消しの制限との相違については，本章第8節3参照）。したがって，不可変更力は，性質上，争訟裁断的行政行為にしか認められない（最判昭和29・1・21民集8巻1号102頁）。もっとも，不可変更力は，裁判判決の覊束力に対応するものとして認められるものであるから，争訟裁断的行政行為一般ではなく，その組織・権限・手続において準司法的行政機関・手続と評価される行政庁によって行われる行政行為に限って認められるべきである。

第8節　行政行為の欠効

1　行政行為の瑕疵

　行政行為の瑕疵とは，行政行為の効力を否認する原因となるものをいう。行政行為の瑕疵には，行政の法適合性の原則からする違法事由（行政行為がその根拠法規その他の法規の定めに適合しない場合）および公益適合性原則からする不当事由（行政行為が，法律に適合するが，公益目的に適合しない場合）の2つの類型がある。これらの原則に照らせば，瑕疵ある行政行為の効力は，原則として，完全なものでありえない。これを瑕疵ある行政行為の欠効という。行政法学では，条理上，欠効には取消しと無効の区別があることを前提として，取消原因たる瑕疵がある行政行為を取り消しうべき行政行為とし，事後において取消権限のある機関によってその効力を遡及的に覆滅させることとする一方で，無効原因たる瑕疵がある行政行為を無効の行為とし，成立時より効力を有しないものとし，そのような行為には公定力，不可争力および執行力を認めないものとしてきた。

　現行の行政争訟制度は，実定法として，取り消しうべき行政行為と無効の行政行為の区別を認め，前者については不服申立ておよび取消訴訟でその効力を覆滅させることとし，無効の行政行為については，不服申立前置がとられている場合であっても不服申立てを経ることなく，裁判所への出訴をただちに認めるとともに，出訴期間の制限に服することなく（行訴38条1項），無効確認訴訟において直接に，または，当事者訴訟もしくは民事訴訟において先決問題として，当該行政行為の効力を否認することを認めている（行訴36条・45条1項）。

2　無効原因と取消原因の区別の基準

　無効原因たる瑕疵と取消原因たる瑕疵との区別の基準を定めた法律上の規定は存在しない。伝統的な学説および判例では，条理解釈により，無効原因たる瑕疵は，瑕疵の程度が重大であるとともに，そうした瑕疵が明白である場合に認められ（重大かつ明白な瑕疵），それに至らない瑕疵は取消原因にとどまるとされていると解されてきた（ガントレット事件・最大判昭和31・7・18民集10巻7号890頁）。

　無効原因に瑕疵の重大性（行政庁の権限外の行為，行政庁に意思のない行為，内容の不能な行為，内容の不明確な行為，相手方の申請を欠く要申請行為，公告・通知を欠く行為，書面によらない要式行為など）を要することについては，無効にかかる争訟を取消争訟の例外として位置づけている現行の行政争訟制度の趣旨に照らせば，これを不要とする学説・裁判例は存在しない。これに対して，明白性要件については，これが明治憲法時代の行政裁判制度の下で司法裁判所が行政行為を例外的に審査する機会を認めるための基準であったから，行政裁判制度の廃止により裁判権が一元化された現行憲法の行政事件訴訟制度の下ではそもそもこれを要するかどうかについて疑問があり，無効原因としては瑕疵の重大性で足りるとする学説も有力に説かれてきた。

　ところで，行政行為が無効である場合には，訴えの利益を有する者にはいつまでも当該行政行為の効力を攻撃する機会があることになる。このことは，公益に顕著な支障が生じても当該行政行為によって不利益を被る者には救済を与えるということを意味する。そこで，瑕疵に重大性があればすべての瑕疵ある行政行為を無効とする必要性があるのかといった疑問も生じてくる。そうすると，公益保護の要請と権利利益救済の要請との緊張関係の評価が無効の判断基準の問題の核心であるといってよい。すなわち，無効原因の有無の認定は，取消争訟制度が保護しようとしている立法政策上の利益（行政法関係の安定性・国民の信頼保護，行政目的の早期実現）と訴えの利益を有する者の利益との利益衡量を要するといえよう。したがって，無効原因は瑕疵の重大性を原則としつつも，利益衡量の結果によってはそのことだけでは行政行為を無効と認定しがたい事情がある場合には，瑕疵の重大性に加えて何らかの補充的な要件が必要とされることは否定できない。明白性要件は，このような利益衡量の一定の態様を定性的に表現したものであり，無効原因を認定するうえでの補充的な要件として解すべきであろう。

　最高裁も常に瑕疵の明白性を要件としているわけではない。最判昭和48・4・26（民集27巻 3 号629頁）では，課税処分の無効の認定を不可争力の成立の可否の問題と捉え，第三者保護の要請を含む行政法関係の安定性の維持および行政目的の早期実現の要請と瑕疵の重大性と処分の相手方の利益保護の要請とを利益衡量して審理している。ただし，最高裁は，明白性要件を無効原因の認定

にあたっての補充的な要件ではなく，標準的な要件と解しているため，瑕疵の明白性を要しない事情は限定的に解される。たとえば，最高裁は，同判決では，課税処分にかかる当事者がそのまま訴訟当事者となり，第三者保護の要請が低く，かつ，処分の相手方に責任がないような事情がある場合には，課税要件の根幹に関わる過誤を有する当該処分は当然無効となると判示したが，最判平成16・7・13（判時1874号58頁）では，処分の相手方にも責任があるような場合は例外的事情に当たらないと判示した。

　明白性要件を無効原因の認定にあたっての標準的な要件と解するとしても，明白性の有無の判定基準については，一部下級審においては行政庁が具体的場合にその職務の誠実な遂行として当然に要求せられる程度の調査によって判明すべき事実関係に照らせば明らかに誤認と思われるような場合に瑕疵の明白性を認める客観的明白説（職務誠実義務説）が採用されている（東京地判昭和36・2・21行集12巻2号204頁）。しかし，最高裁は，無効原因は処分要件の認定の誤りが認められる場合であることを前提として（最判昭和34・9・22民集13巻11号1426頁），明白性の程度については，原則として，外観上一見明白説をとってきた（最判昭和36・3・7民集15巻3号381頁，最判昭和37・7・5民集16巻7号1437頁）。判例に照らせば，瑕疵の明白性の有無は，①何人の判断によってもほぼ同一の結論に達することができるものであること，②誤認が一見して看取できるものであって，行政庁における調査すべき資料の見落としは関係ないこと，③処分関係人の知・不知とも無関係であること，を標識として判断されることになる。

　結局のところ，最高裁は，原則として無効原因となる利益状況を定性的に表現した重大かつ明白性要件に基づいて無効原因の有無を決し，利益衡量に基づいて例外的事情がある場合に，明白性要件を適用することなく，これを決しているといえよう。したがって，行政行為の性質・内容およびそれによって影響を受ける権利利益の性質・内容によって例外的事情も変わりうることに留意する必要がある。たとえば，もんじゅ訴訟差戻控訴審・名古屋高金沢支判平成15・1・27（判時1818号3頁）では，同支部は，人間の生存そのものにかかる原子炉の潜在的危険性の重大さのゆえに特段の事情があるものとして，原子炉設置許可の無効要件は違法の重大性をもって足りると判示した。

3 瑕疵ある行政行為の効力の維持

　瑕疵があれば取消しまたは無効という効果が行政行為に生じるわけでは必ずしもない。法的安定性の確保および行政行為の不必要な反復の回避をするために，瑕疵が存在するにもかかわらず行政行為の効力を維持させる法理がある。

　(1)　**瑕疵の治癒**　　瑕疵の治癒とは，行政行為の瑕疵が，その後の事情により実質的に是正された場合に，これを最初から瑕疵のない行為とみなし，その効力を維持することをいう。争訟取消しにおいてこの法理を認めることは原則取消しに対する例外となるから，許容範囲は限定されなければならない。その許容基準は，瑕疵が軽微であること，取り消さなくても利害関係者に特段の不利益を与えることにならないといった事情が必要である。最高裁は，最判昭和36・7・14（民集15巻7号1814頁）では，農地買収計画に対する訴願裁決を経ないで行われたという農地買収処分の瑕疵は，その後訴願棄却の裁決がなされたことで治癒されたと判示したが，最判昭和46・1・22（民集25巻1号45頁）では，審議会の意見聴取が持廻り決議の方法によってなされたという温泉動力装置設置許可処分の瑕疵は，処分後に開催された審議会から意見聴取がされても治癒されないと判示し，最判昭和47・12・5（民集26巻10号1795頁）では，理由付記の不備という更正処分の瑕疵は，後日それに対する審査裁決において当該処分の具体的根拠が明らかにされても治癒されないと判示した。

　(2)　**無効行為の転換**　　無効（違法）行為の転換とは，無効（違法）な行為であっても，他種の行為としてみれば法律上の要件を満たし適法となる場合に，前者の行為を後者の行為とみなしてその効力を維持することをいう。瑕疵の治癒と異なり，行政行為の同一性を失わせるものであるから，許容範囲は限定されなければならない。その許容基準は，目的，手続，要件，効果が同一である，および相手方に特段の不利益とならないといった事情が必要である。最高裁は，最大判昭和29・7・19（民集8巻7号1387頁）では，申請に基づく農地買収計画を職権による農地買収計画に転換することを，最判昭和29・1・22（民集8巻1号172頁）では，死者に対する農地買収処分を相続人に対する農地買収処分に転換することを認めたのに対して，最判昭和29・1・14（民集8巻1号1頁）では，不在地主所有の小作地として定めた買収計画を不耕作地の農地としての買収計画に転換することを，最判昭和42・4・21（訟月13巻8号985頁）で

◆コラム8-3◆　違法性の承継

　違法性の承継とは，広義には，取消争訟において行政行為の取消事由として，当該行政行為に先行する行政活動に存する違法事由の主張を認めることをいう。この主張は，先行する行政活動において決定された事項が後行の行政行為の適法性要件を構成している場合，すなわち先行の行政活動に先決性がある場合に認められる（都市計画決定と都市計画事業認可〔小田急線立体交差事業認可事件・最判平成18・11・2民集60巻9号3249頁〕）。もっとも，先行の行政活動に先決性があれば，常に違法性の承継が認められるわけではない。先行行為が行政行為である場合には，先行行為の違法事由は先行行為の取消争訟で審理されるべきであるから，後行の行政行為の取消争訟でその違法事由の主張は認められず（違法主張の遮断），逆に，いかなる事情があればそれが認められるのかが問題とされてきた（狭義の違法性の承継）。そこで，従来から，各行政行為がそれぞれ一応別個の法律的効果の発生を目的とする独立の行政行為である場合には先行行為の違法性の承継は認められないとされてきた（課税処分と滞納処分）。これに対して相連続する2以上の行為が結合して一の法律的効果の発生をめざしている場合には，定性的に違法性の承継は認められるとされてきた（滞納処分としての財産の差押と公売処分，買収計画の決定と買取処分〔最判昭和25・9・15民集4巻9号404頁〕，事業認定と収用裁決〔名古屋地判平成2・10・31判時1381号37頁〕）。先行行為の適否を争うための手続保護が十分に与えられているのか否かが重要な判断基準とされるべきであろう（参照，最判平成21・12・17民集63巻10号2631頁）。

　なお，後行行為を所管する行政庁が先行行為の適法性に関する審査権限を有しない場合には違法性の承継を認めないとする見解もあるが，当該行政庁に審査権があればそれの懈怠は後行行為の固有の瑕疵となるのであるから，違法性の承継を主張する必要はない。当該行政庁に審査権がないがゆえに違法性は承継すると解すべきである。

は，旧法人税法25条8項による青色申告書提出承認の取消処分につき，不実記載を理由とした取消しを帳簿書類の種類・記載項目・記載方法等の瑕疵を理由とする取消しに転換することを認めなかった。

第9節　行政行為の職権取消しと撤回

1　職権取消しと撤回の区別

　権限ある行政庁は，職権により行政行為の効力を消滅させることができるところ，行政行為（原処分）の成立時に存在する瑕疵（違法性または不当性）を理由として，職権でもって行政行為の効力を遡及的に消滅させる（覆滅する）こ

とを職権取消しといい，これに対して，行政行為の成立後の事情の変化を原因
として，行政行為の効力を存続させることが公益に適合しないと判断した場合
に，職権でもって，将来に向けて行政行為（原処分）の効力を消滅させること
を撤回という。

　もっとも，この区別は学問上のものである。法律上，両者について「取り消
す」という用語を充てていることが多い（行手13条 1 項 1 号イ，道交90条 5 項・
103条 1 項。ただし，電波法102条の 8 第 3 項）。

2　職権取消し・撤回の法的根拠

(1)　職権取消しの法的根拠　　職権取消しについては，原始的瑕疵（違法性
または不当性）を理由として適法性の回復または合目的性の回復のために行わ
れるところから，法治国原理ないしは法治主義の要請に基づくものであり，法
律の特別の根拠を要しないとする見解が支配的であり，強いて具体的な根拠を
求めるとすれば，当該行政行為の根拠法条である。

　これに対して，法治国原理に照らすならば，取消原因たる瑕疵を違法に限定
すべきとの見解もある。しかし，根拠法条が裁量権を付与していることは法治
国原理に由来する法律による行政の原理に基づくものであるから，不当を理由
とする職権取消しの根拠もまた行政行為の根拠法条にあるとすれば足りよう。

　最高裁判所もまた，法律の根拠の要否を問題とすることなく，職権取消しを
するに足りる瑕疵として行政行為の違法性および不当性を挙げている（最判昭和
43・11・7 民集22巻12号2421頁，辺野古訴訟・最判平成28・12・20民集70巻 9 号2281頁）。

　職権取消しをすることができる権限ある行政庁には，当該行政行為をした行
政庁（処分庁）のほかに，行政組織法上の監督権を根拠に処分庁の上級行政庁
も含まれるとする見解がかつては支配的であった。しかし，近年では，法律上
の権限配分を破り，法律による行政の原理に違反する以上，上級行政庁の職権
取消権には法律の特別の根拠が必要であるとの見解が有力である（地自154条の
2 参照）。

(2)　撤回の法的根拠　　撤回については，職権取消しとは異なり，行政行為
の根拠法条以外に特別の法的な根拠（法律の条文，相手方の同意，撤回権の留保）
の要否に関する議論が学説において積み重ねられてきた。基本的な対立は，行
政行為の公益適合性を重視するのか，それとも，法治主義の要請ないし法律に

よる行政の原理を重視するのかという点にある。前者によれば，処分庁に撤回の自由があることを原則とし，利益的行政行為の撤回について既成の法律秩序の維持および相手方の権利利益の保護の要請から撤回権に一定の制限が課せられるにすぎないことになる。これに対して，後者によれば，撤回不自由を原則とし，撤回は新たな事情の発生を理由とした独自の判断に基づく行政行為であるから，不利益的行政行為については要件事実が事後的に消滅した場合および利益的行政行為については相手方の同意または撤回権の留保がある場合は別として，撤回には原則として行政行為の根拠法条とは別の法条の根拠が必要であるということになる。法治主義に関する本書の立場に照らせば，後者の見解が妥当であろう。なお，実質的に任意性を欠いた相手方の同意および具体的に撤回要件を示さずに付される撤回権の留保は，法治主義を形骸化させるので，処分庁は，撤回の根拠とすることはできない。

　もっとも，法律に不備がある場合も否定できない。そこで，行政行為の基幹的な要件事実の事後的な消滅は後発的な瑕疵とも評しうることに照らせば，職権取消しに準じて，そのような事情が存在する場合には，確定力・不可変更力のある行政行為および過去の一定の行為に対する制裁としてなされる行政行為は別として，当該行政行為の根拠法条を根拠として，処分庁は不利益的行政行為の撤回をすることができると解される。同様に，基幹的な要件事実を欠くに至った場合および効力の維持が当該行政行為の目的に抵触するような事情が発生した場合（相手方の法令上の義務違反など）には，やはり職権取消しに準じて，当該行政行為の根拠法条を根拠として，処分庁は利益的行政行為の撤回をすることができると解される。

　最高裁は，特別な法的な根拠を求めることなく，基幹的な要件事実を欠くに至った場合における利益的行政行為の撤回を可能であるとする（クロロキン薬害事件・最判平成7・6・23民集49巻6号1600頁）。さらに，相手方に法令上の義務違反があった場合や，特別の公益上の必要がある場合にも，法律上の具体的な根拠を欠いた，利益的行政行為の撤回を許容している（菊田医師事件・最判昭和63・6・17判時1289号39頁）。

　なお，利益的行政行為の撤回は既得の権利利益の剥奪の効果を有するから，その効果が「特別の犠牲」に及ぶ場合には，損失補償が必要とされる（第17章

第3節5参照）。損失補償は撤回によって生じる「特別の犠牲」に対する財産的な補填にすぎないから，損失を補償することは，特別の法的根拠なしで撤回を行うことをただちに許容するものではない。

3　職権取消しと撤回の適法性要件

(1)　職権取消しの適法性要件　　職権取消しに足りる瑕疵は，違法性または不当性である。最高裁は，取り消された行政行為の成立時の瑕疵の有無につき，不当性の有無も含めて原処分についての裁判所の審査権を認めている（前掲・最判平成28・12・20）。しかし，処分庁自らが処分を取り消すといった自庁取消しの場合には，原処分における不当性の有無は処分庁の裁量権内部の問題であり，かつ，行政行為に対する裁判所の審査権はそもそも違法性の有無に限定される点に照らせば，不当性の有無の審理は，原処分における不当性の有無ではなく，職権取消しについて行使された裁量権の濫用の有無に関して行うべきであろう。

　職権取消しは，適法性の回復または合目的性の回復のために行われるとはいえ，行政庁はこれを行うことを義務付けられているわけではない。職権取消しに際しては，職権取消しによって回復が図られる権利利益および公益と，取消しによって被る第三者の不利益および失われる公益との衡量に基づいた行政庁の新たな判断が必要とされる。

　類型的には，利益的行政行為については，行政行為に対する相手方の信頼の保護を図るために，相手方に責任ある場合（不正行為），取り消さないで効力を維持させている状態が法目的を阻害するなど公益保護の要請が強く働く場合を除いて，職権取消しは原則として許されないと解されてきた（農地賃貸借解約許可職権取消事件・最判昭和28・9・4民集7巻9号868頁）。この制限を，「職権取消しの制限の法理」という。

　かりに利益的行政行為を取り消す場合には，取消しによって相手方に重大な不利益が発生する場合には，帰責事由が相手方にない限り，取消しの効果を不遡及としたり，損失補償を行ったりすること等によって何らかの打撃緩和の措置が必要とされる。取消しの効果の不遡及を肯定する裁判例（遺族扶助料返還請求事件・松山地宇和島支判昭和43・12・10行集19巻12号1896頁）もあるが，逆に，これを否定する裁判例も散見される（老齢年金裁定取消事件・東京地判昭和57・9・22

行集33巻9号1846頁）。

　このように職権取消しの制限の法理は一般的には利益的行政行為に適用されるが，前述の利益衡量は，不利益的行政行為や二重効果的行政行為の職権取消しについても要請される（農地買収計画等職権取消事件・最判昭和43・11・7民集22巻12号2421頁）。

　なお，争訟取消しにおいては，不服を申し立てた者および取消しの訴えを提起した者の権利利益の救済の観点から，瑕疵ある行政行為は原則として取り消されなければならないが，これを取り消した場合に公益上重大な支障が生ずるおそれがある場合に，例外的に請求を棄却することが認められている（事情裁決〔行審45条3項〕，事情判決〔行訴31条〕）。

　(2)　撤回の適法性要件　　撤回の事由が法定されている場合には，まずはその要件の充足が必要とされる。

　法定されていない場合には，上記2⑵で説明したように，相手方の同意がある場合は格別として，①行政行為の基幹的な要件事実が事後的に消滅した場合，②相手方の法令上の義務違反などにより効力の維持が当該行政行為の目的に抵触するような事情が発生した場合，③撤回権を留保した付款に該当するような事情が発生した場合には，処分庁は撤回することが可能である。

　しかし，法定されている場合であっても，法定されていない場合であっても，上記の要件を充足したことのみをもって撤回が適法となるものではない。撤回によって被る行政行為の相手方の不利益の性質・内容と，撤回によって実現される公益の性質・内容および撤回によって得られる第三者の利益の性質・内容とを比較衡量して，後者が前者に比して積極的に評価できる場合に，撤回は適法である。

　なお，撤回の要件が法定されている場合には，相手方の権利保護のために立法者が撤回事由を限定したものであるから，法定の撤回事由以外の事由を理由にして撤回することは原則として許されないと解される。

第10節　裁判による統制——司法審査

1　抗告訴訟

行政行為は原則として「行政庁の処分」（行訴3条2項）に当たるから，原告適格を有する者は行政行為を行う行政庁が属する行政体を被告として，抗告訴訟の各訴訟類型においてその適法性および有効性を直接に争うことができる（第16章第5節〜9節参照）。

2　当事者訴訟・民事訴訟

行政行為の効力の有無は，当事者訴訟または民事訴訟において争いの対象とされている法律関係の先決問題として争うことができる（**コラム 16‑8** 参照）。

3　国家賠償請求訴訟

行政行為は「公権力の行使」（国賠1条1項）に当たり，「違法性」が損害賠償請求権の成立要件となっているから，行政行為によって被害を被った者は，国または公共団体を被告として，損害賠償請求訴訟において当該行政行為の適法性を争うことができる（第18章第2節7参照）。

4　刑事訴訟

当該行政行為によって課せられた義務違反を理由として起訴されている者は，当該刑事裁判において構成要件非該当性事由として違法の抗弁を主張することができる（本章第7節1参照）。

5　住民訴訟

地方公共団体の財務会計行為が行政処分によって行われる場合（補助金の交付決定など）には，当該地方公共団体の住民は，監査請求を経た後に，当該監査結果に不服等があるとき，住民訴訟により当該行為の取消請求または無効確認請求をすることができる（地自242条の2第1項2号）。

第9章
行政指導

第1節 行政指導の意義

1 行政指導の概念

　行政指導とは，行政機関が，一定の行政目的を達成するために具体的に決定した意思を私人に対し表示する，法的効果ないし拘束力を有しない行為であって，その表示された内容の実現が私人の側の任意の協力によってなされるものをいう。行政指導に当たる行政活動は，実定法上，「勧告」，「助言」，「斡旋」といった文言で定められていることが多い。その表示内容は具体的であれば足り，不特定多数の者に対してなされる表示行為もここでいう行政指導に該当する。

　行政行為によって実現されるべき行政目的が，行政実務においては行政指導によって実現されていることが多い。その理由は，法律上は行政行為で目的を達成することができる場合であっても，行政指導は状況に合わせて内容を適宜変更できるとの理解の下で，相手方の抵抗・不服従とそれによる争訟化を回避し，円滑に行政目的を達成することが可能であること（行政指導の柔軟性），および，新たに行政需要が発生した場合に，それに対応した法律が不存在または不備であっても，行政指導には法律の根拠が必ずしも必要とされないとの理解の下で，行政指導を通じてこれに迅速に対応することが可能であること（行政指導の迅速性）に求められる。しかし，行政指導は，任意に協力した相手方に責任があるとの理解の下でそれが行われる場合には，行政体に法律上の責任を回避させるものとなったり（法治主義の形骸化），不透明な状況の下でそれが行われる場合には，特定の利益集団に不当に利益を与えるものとなったり（公共性の簒奪）することに留意する必要がある。

2 行政指導の法的性質

行政指導は，非権力的で，精神的な事実行為である。行政指導は，行政機関が私人に対して具体的に決定された意思を表示する点で行政行為と共通性を有するが，両者には次のような相違がある。

行政行為の権限主体は行政庁であるのに対して，行政指導の権限主体は，行政指導にかかる事務を所掌する行政機関であればよい（参照，行手2条6号）。したがって，許認可等の申請に関連する行政指導は，許認可等の権限を有する行政庁だけでなく，当該行政庁の補助機関である行政指導に携わる者もまた行うことができる（参照，行手33条）。

行政行為は，相手方の同意を要することなく，行政庁の一方的な判断に基づいて行われるのに対し，行政指導は，相手方の任意の協力を期待して行われる。したがって，相手方が行政指導に協力をしない場合があっても，当該行政指導を行った行政機関は，そのことを理由としてその者に対して不利益な取扱いをしてはならない（参照，行手32条2項）。

行政行為は，私人の権利義務を具体的に形成しまたはその範囲を確定する効果を有するものであるのに対し，行政指導は，そのような法的効果を有しない行為であり，拘束力も認められない。したがって，相手方が行政指導に任意に協力することとしても，相手方には行政指導の内容のとおりに行為する義務はなく，また，協力を自由に取りやめることができる。もっとも，行政指導に対する任意の協力が，開発負担金の贈与のように契約締結行為である場合には，当事者は当該契約に拘束される（東京地判平成元・6・12判タ723号206頁）。

3 行政手続法上の「行政指導」の概念

行政手続法は，行政指導を「行政機関がその任務又は所掌事務の範囲内において一定の行政目的を実現するため特定の者に一定の作為又は不作為を求める指導，勧告，助言その他の行為であって処分に該当しないもの」と定義する（行手2条6号）。行政手続法上の定義は，前述の定義と異なり，「特定の者」に対して行われるものであって，「不特定多数の者」に対して一般的に協力を求める行政指導は，同法にいう行政指導ではない。また，「求める」という文言の文理に照らせば，後述する規制型行政指導および調整型行政指導を含むが，相手方に一定の作為または不作為を求めるものではない助成型行政指導を当然

に含むものではない。

4　行政指導の類型

（1）　内容別による類型化　　行政指導は，それを通じて行政機関が実現しようとする目的および内容の相違に基づいて類型化されうる。

（a）　規制型行政指導　　特定の相手方に一定の作為または不作為を求める行政指導をいう。法定の規制型行政指導には，厚生労働大臣が介護老人保健施設の開設者に対して行う業務運営の勧告（介保103条1項），農林水産大臣が対象野菜の出荷の安定を図るために行う勧告（野菜安定15条1項）などがある。地方公共団体が宅地開発指導要綱に基づいて行う開発協力金の負担を求める指導もこれにあたる。行政手続法にいう行政指導の典型的な類型である。

（b）　助成型行政指導　　特定の相手方の個別的な事情に適合した情報の提供を通じてその者を保護したり，その活動を助成したりする行政指導をいう。法定の助成型行政指導には，市町村が子育てについて保護者に対して相談に応じて行う助言（児童21条の11第1項）などがある。特定の行政目的の実現を図るために行われる点で，相手方の求めに応じて行政機関が保有する情報を提供する行為（行手9条2項）とは区別される。助成型行政指導は，前述のように，行政手続法にいう行政指導にはただちには該当しない。しかし，助成型行政指導であっても，個別具体的な状況の下では，実質的にみて相手方に積極的に働きかけるものとなる場合には，その限りで行政手続法にいう行政指導として行政手続法第4章の規律を受けるものと解される。

（c）　調整型行政指導　　私人間で利害が対立している場合，相互の協力・互譲を促す行政指導をいう。法定の調整型行政指導には，中小企業者の経営の安定に悪影響を及ぼすおそれのある大企業者の事業の開始または拡大に関して行われる調整勧告（事業活動調整7条1項）などがある。法令に基づいてされる調整型行政指導については行政手続法の適用除外とされている（行手3条1項12号）。

（2）　処分手続との関連性による類型化　　行政指導は，処分手続との関連性の相違に基づいて類型化されうる。

（a）　不利益処分関連型行政指導　　法令違反などをした者に対して法令上予定されている下命的行為および利益的行政行為の撤回を行う前に，違反行為の

◆**コラム 9 - 1**◆　**法令適用事前確認手続**

　法令適用事前確認手続とは，アメリカの行政機関が民間事業者に対して交付する
ノーアクションレター（no action letter）──取引の適法性や法令解釈等に関し非公
式に見解を表明する文書の総称──にならったものである。わが国では，閣議決定
「行政機関による法令適用事前確認手続」（平成13年 3 月27日）に基づいて運用されて
いる。同閣議決定によれば，同手続は，「民間企業等が，実現しようとする自己の事
業活動に係る具体的行為に関して，当該行為が特定の法令の規定の適用対象となるか
どうかを，あらかじめ当該規定を所管する行政機関に確認し，その機関が回答を行う
とともに，当該回答を公表する手続」をいう。実現しようとする自己の事業活動にか
かる具体的行為に関して表明されるという特色に照らすと，この手続に従ってなされ
た回答は法令解釈に関する助成型行政指導の性格を有しているともいえよう。また，
その回答が公表される点で，行政手続ないし情報公開手続の一類型とみることもでき
る。もっとも，閣議決定に基づくものであるから行政機関が回答することは法的な義
務とはいえない。
　回答に示された法令の解釈は，その後の行政機関の活動を法的に拘束するものでも
ないが，具体的な事情の下においては信頼保護の原則を媒介にして法的拘束性が承認
されてよい。

是正等を求める行政指導をいう。なお，この種の行政指導に協力しない場合に
行われる下命的行為または利益的行政行為の撤回は，行政指導への不服従をそ
の要件とするものではないから，行政手続法32条 2 項が禁ずる不利益な取扱い
ではない。
　(b)　申請・届出関連型行政指導　　申請をしようとする者および申請者なら
びに届出をしようとする者に対して行われる行政指導をいう。申請に関連する
行政指導には行政手続法33条が適用される。
　(c)　単独型行政指導　　不利益処分，申請に対する処分および届出において
実現される行政目的とは直接に関係がなく，それ自体に課せられた独自の行政
目的を実現するために行われる行政指導をいう。行政手続法32条 2 項が適用さ
れる。

第2節　行政指導手続

　要件および内容に関しては一般的に法令上の定めがなく，相手方とのやりとりのなかで理由が説明されるとともに，内容も変化するといった行政指導の特質に照らすと，事前に告知を行い，相当の期間をおいて意見陳述の機会を付与したり，その理由をあらためて提示したりするといった手続は行政指導にはなじまない。

　そこで，行政手続法は，適正手続の原則が要請する手続要件のうち，一部の行政指導についてのみ行政機関に対し行政指導指針の設定・公表（行手36条）を課すにとどめている。理由の提示の代わりに，行政指導に携わる者には，その相手方に対して当該行政指導の趣旨および内容を明確に示す義務が課されるとともに，それを担保するために，行政指導の相手方の求めに応じて，その趣旨および内容を記載した書面を交付する義務が課されている（行手35条3項）。趣旨には，当該行政指導の必要性，内容について理解を得るために，当該行政指導を行う理由の説明も含むものと解される。

　また，許認可権限を背景にして行われる行政指導を行う場合には，行政指導に携わる者は当該許認可に関する権限を行使しうる法令の条項，条項に規定する要件および要件に適合する理由を提示しなければならないとされている（行手35条2項）。

　このような方式は，行政機関に行政指導の必要性などを慎重に考慮させる契機になるとともに，交付される書面は，行政指導にかかる訴訟において行政指導の相手方の攻撃防御に資するものとなる。

　法定の行政指導には，稀にではあるが，事前に弁明する機会の付与（社福56条9項），勧告理由の付記（大店立地9条1項），審議会への諮問（事業活動調整7条1項・8条）が義務付けられているものもある。

　行政手続法は，弁明その他意見陳述のための手続を経てされたものを除き，法令に違反する行為の是正を求める法定の行政指導については，当該行政指導の中止等を求める申出ができるとしている（行手36条の2第1項）。この申出があったときは，当該行政機関は，必要な調査を行い，当該行政指導が当該法律

に規定する要件に適合しないと認めるときは，当該行政指導の中止その他必要な措置をとらなければならない（行手36条の２第３項）。

　地方公共団体の機関が行う行政指導については，行政手続法の行政指導手続は適用されないので（行手３条３項），行政手続条例などにおいて行政指導手続の整備が必要である（行手46条）。

　なお，何人も法令違反事実がある場合にその是正のためにされる法定の行政指導がされていないと思料するときは当該行政指導の権限を有する行政機関に対しその旨を申し出て，当該行政指導を求めることができる（行手36条の３第１項）。

第３節　立法による統制──法律の授権

　行政指導を行うためには，行政機関はまずその行政指導の内容に関係する事務を所掌していなければならない（参照，行手32条１項）。すなわち，行政機関が行政指導を行うには行政組織法上の授権が必要である。これについては，異論はない。しかし，行政作用法（法律または条例）による授権の要否については見解が分かれている。なお，行政手続法32条１項は，行政指導の行政作用法上の根拠の要否に関しては中立的である。

　まず，全面的不要説がある。これは，権力行政留保説に基づいて，行政指導には行政作用法上の根拠を一切不要であるとする見解である。次に，全面的必要説がある。これは，完全全部留保説に基づいて，すべての行政指導に行政作用法上の根拠を必要とする見解である。

　全面的不要説も全面的必要説も一般的概括的に行政指導に対する行政作用法上の根拠の要否を決する見解であるのに対して，行政指導の機能を考慮して，一定の機能ないし内容をもった行政指導には行政作用法上の根拠が必要であるとする見解が説かれている（一部必要説）。これに属する学説には，規制型・調整型行政指導必要説，反法治主義的行政指導必要説および消極的不利益的行政指導必要説がある。

　規制型・調整型行政指導必要説は，侵害留保理論の及ぶ範囲を拡大して，規制型・調整型行政指導は相手方の任意性が客観的にみて期待できないもので，

公権力行使の脱法的手段であるから，これについては行政作用法上の根拠を要するとする見解である。

反法治主義的行政指導必要説は，実質的法治主義の観点から，その存在目的，機能などの具体的な評価に基づいて個々の行政指導を法治主義の原理を崩壊・空洞化するもの（行政と企業との癒着の接着剤として機能するもの，許認可権限を梃子とし監督手段として機能するもの）とそれを補完するもの（法律の不備を補って谷間を埋める行政指導，法律上の義務とか行政処分権限を背景として同一内容の措置として事前に行われるもの）とに分類し，前者にのみ行政作用法上の根拠を要するとする見解である。

消極的不利益的行政指導必要説は，行政領域論の観点から，警察作用など行政目的に照らして行政作用が消極的であるべきで，内容において不利益的な行政指導には行政作用法上の根拠を要するとする見解である。

行政作用には原則として行政作用法上の根拠を有すべきであるとする原則的完全全部留保説に立つ本書の立場からすれば，それ自体が独自の行政目的をもつ行政指導には原則として行政作用法上の根拠を必要とすべきである。しかし，不利益処分関連型および申請・届出関連型行政指導は，不利益処分制度および申請・届出制度の下で，当該権限を有する行政庁は，その制度の趣旨目的をより適切に達するために，および，その限りで，自らまたはその職員を通じて行政指導を行うことを予定されているから，別段の行政作用法上の根拠を要せず，それがないことをもってただちには違法とは評価されない（参照，品川区マンション事件・最判昭和60・7・16民集39巻5号989頁）。また，単独型行政指導であっても，法律の不備によって行われる場合であって，積極目的のために行われる場合には，相手方の任意性が厳格に保障され，透明性が確保される限りで，個別の作用法上の根拠がないままにこれを行うことが許容される。

なお，最高裁は，行政作用法上の根拠がないままに行われた単独型行政指導を，そのことを理由として違法とはしていない（石油カルテル事件・最判昭和59・2・24刑集38巻4号1287頁）。

第4節　行政指導の適法性要件

1　形式的適法性要件

　行政指導は，行政組織法上，行政指導が行われる事務を所掌する行政機関によって行われなければならない（行手32条1項）。他の行政機関の所掌事務に関して行われる行政指導は違法である。

　行政指導は，行政手続法（または行政手続条例）および個別の法律（または条例）で定められている方式および手続に従って行われなければならない（参照，行手35条・36条）。方式違背および手続違反は行政指導に携わる者の職務上の義務違反となるとともに，方式および手続の権利保護的性格に照らせば，行政指導自体の違法事由となりうる。もっとも，行政機関が職権で行政指導をやり直す場合を除いて，方式違背および手続違反を是正するための争訟手続は存在しないので，これが問題になることは稀である。

2　実質的適法性要件

　(1)　**法令への適合性**　　法定の行政指導については，法律の要件を充足しなければ，これを行使してはならない。行政指導が法定されている場合に，それにかかる権限を行使することなく，同じ目的で別に行政指導を行うことは，行政指導を法定した趣旨を形骸化するから違法である。

　法定外の行政指導については，関連法律の目的と実質的に抵触してはならない。たとえば，建築確認の申請に関連して行われる行政指導は，建築基準法の目的に適合して行われなければならないし（前掲・最判昭和60・7・16），カルテルを助長する行政指導は独占禁止法の目的に実質的に反してはならない（前掲・最判昭和59・2・24）。

　行政指導において示した内容が法令に違反している場合には，当該行政指導は違法である（コンドルデリンジャー事件・東京地判昭和51・8・23判時826号20頁，風俗営業許可申請誤指導事件・京都地判平成12・2・24判時1717号112頁，特別控除額特例適用誤指導事件・最判平成22・4・20裁時1506号5頁）。

　(2)　**任意性の確保**　　行政指導の内容は，相手方の任意の協力によってのみ実現されるものでなければならない（武蔵野市教育施設負担金事件・最判平成5・

2・18民集47巻2号574頁）。その意に反して行政指導に服さざるをえない事情の
ある場合には，当該行政指導は違法である（家永教科書検定第3次訴訟・平成9・
8・29民集51巻7号2921頁）。行政手続法32条1項後段は，行政指導の法的性質か
ら当然に導かれる行政法上の原則を確認的に定めたものである。

　行政手続法32条2項，行政手続法33条および行政手続法34条は行政指導の任
意性を失わせるがごとき外観をもつ行為・状況の類型を確認的に具体化してい
る。なお，これらの規定は地方公共団体の機関が行う行政指導には適用がない
が（行手3条3項），同様の規範内容は条理法として地方公共団体の機関が行う
行政指導に妥当する。

　行政機関は，相手方が行政指導に従わないことを要件として不利益な取扱い
をしてはならない（参照，行手32条2項）。不利益な取扱いとは，法令上義務付
けられている利益的地位を付与しないこと，もしくは付与した利益的な地位を
奪うこと，または義務を課することなどをいう。行政指導に従わないことを理
由とした水道給水契約の締結の拒否は，典型的な不利益取扱いである（武蔵野
市長給水拒否事件・最決平成元・11・8判時1328号16頁）。行政指導に従わない相手
方の氏名などの公表については，それが当該事実の公表であって，当該相手方
の名誉・信用をただちに害するものではない場合には不利益な取扱いに当たら
ない。

　相手方が行政指導に従わない旨を表明した場合には，申請権の侵害となる行
政指導の継続は許されない（参照，行手33条）。しかし，そのような旨の意思が
明確に表明されるまでは，申請にかかる許認可等を留保することはただちには
違法ではない（豊中市給水留保事件・最判昭和56・7・16民集35巻5号930頁）。客観
的な状況において行政指導に従わないことが正義の観念に反する場合には，引
き続き留保が許容される（前掲・最判昭和60・7・16，宮崎地判平成7・10・6判自
154号55頁）。

　許認可等の権限およびそれにかかる監督権限を背景にして行われる行政指導
については，法令違反がないなど当該権限を行使することができない場合およ
び当該権限を行使する意思がない場合には，これをしてはならない（参照，行
手34条）。

(3)　行政上の法の一般原則　　行政機関は，行政指導を平等原則に適合して

行わなければならない。行政指導は，法律に根拠がなく行われる場合であっても，比例原則に基づかなければならない（下関商業高校退職勧奨事件・最判昭和55・7・10判タ434号172頁）。

　行政機関は行政指導をするにあたって，信義誠実の原則に従ってこれを行わなければならない。行政指導の内容を信頼して行動し，結果として不測の損害を被ったり，行政指導を行った行政機関によって不利益な措置を受けたりした場合には，信義則・信頼保護の原則により，損害賠償が認められる。

第5節　裁判による統制──司法審査

1　抗告訴訟

　行政指導は非権力的行為であるから，行政指導の違法事由の有無を抗告訴訟において直接的に争うことはできない。しかし，行政指導に対する協力の拒否または不服従が後続の行政行為・行政強制の要件とされており，当該後続行為が行政指導の相手方に与える不利益の程度が重大である場合には，裁判例は，当該行政指導に処分性を認め，その違法性を抗告訴訟において直接に争うことを認める傾向にある（病院開設中止勧告事件・最判平成17・7・15民集59巻6号1661頁，生活保護指導指示事件・秋田地判平成5・4・23行集44巻4＝5号325頁，放置船舶移動勧告事件・横浜地判平成12・9・27判自217号69頁）。

2　当事者訴訟

　行政指導によって法的地位が不安定になるなど確認の利益が認められる場合には，確認訴訟において行政指導の適法性を争うことができる。この場合には，行政指導を受ける地位にないことの確認を求める訴え，行政指導の違法確認の訴えが想定される。

3　国家賠償請求訴訟

　行政指導が国家賠償法1条1項に定める「公権力の行使」に当たる場合には，行政指導の違法事由の有無を国家賠償請求訴訟において直接に争うことができる。「公権力の行使」を非権力的行為をも含む公行政作用一般と捉える広義説に立つ場合には，行政指導に起因する損害は国家賠償法に基づいて請求することができる。国家賠償請求訴訟の法治国担保機能に照らせば，広義説が妥

当である。最高裁は，広義説に立つ（前掲・最判平成5・2・18，第18章第2節3参照）。もっとも，行政指導と損害との間に相当因果関係がなければならないので，違法事由の有無とは別に，被害者の行政指導に対する協力の任意性の程度が問題となる。

　なお，狭義説に立つ場合であっても，行政指導を行う行政機関とその相手方との間に事実上の支配従属関係があれば，当該行政指導は「公権力の行使」に当たると解する余地がある（前掲・東京地判昭和51・8・23）。

第**10**章
行 政 契 約

第1節　行政契約の意義

I　行政契約の概念

　行政契約とは，行政体をその一方または双方の当事者とする契約をいう。

　かつての行政法学においては「行政契約」という概念はなく，「公法契約」という概念が使われていた。その主な対象は，報償契約（公企業と市町村との間で締結されていた契約で，市町村が事業者に道路などの占用や事業独占を保障する見返りとして，事業者が市町村に対し報奨金を納付したり，市町村の特別監督に服したりすることを約したもの）に限定されていた。

　しかし，行政目的を実現するための行為形式として，契約は，行政実務で広く用いられている。その理由は，行政体が財産権の主体として契約を締結する場合には，行政体は，法律の拘束から逃れて，私人と同様に契約の自由を享受できるとの理解が前提とされていたことにある。たとえば，行政体は，行政活動の物的手段（物品，役務など）を調達するために，契約（物品購入契約，請負契約）を利用してきた。また，公共用地の取得にみられるように，収用裁決といった行政行為を利用しうる場合であっても，その代わりに，任意買収契約を用いることが通常である。近年では，行政体は，行政活動自体を私人に代行させるために，委託契約を多用するに至っている（**コラム10‐1**参照）。

　さらに，学説上も判例上も公法と私法との演繹的概括的区別を前提とした実体法解釈論はすでに廃棄されており，実体法上，公法契約という概念を維持する必要性は失われている。

　以上の事情に照らして，行政体が締結する契約を広く「行政契約」と捉えるのが行政法学の一般的な傾向である。

2　行政契約の法的性質

　行政契約は具体的な法行為である点で行政行為と共通性を有するが，非権力的行為である点で異なる。行政内規で許可の形式をとっていても，行政体が，売渡後もその管理処分につき監督的地位に立つわけではないので，普通財産の売渡しは売買契約である（最判昭和35・7・12民集14巻9号1744頁）。もっとも，後述するとおり，行政契約の締結行為が，一定の立法政策により，行政行為として扱われる場合がある。

　行政契約は非権力的行為である点で行政指導と共通性を有するが，法行為である点で異なる。

　なお，建築協定（建基69条），緑地協定（都市緑地45条），景観協定（景観81条）などは，行政庁の認可を受けることによって，第三者に対しても拘束力が認められるといった公共的な性格を理由として，しばしば，行政契約の一類型として説明されることもある。これらの協定は行政体を直接に当事者としない契約であるから，本書の行政契約の定義に照らせば，行政契約ではない。適用される地域がきわめて限定されているが，自治的に制定される準則であって，その公共性に照らして当該事務を所掌する行政庁が関与することで，地域限定的な自治法源としての性質を帯びるものと解される。もっとも，これに対する違反は行政庁による規制の対象とならず，違反による紛争は協定当事者間の民事訴訟を通じて処理される。

3　行政契約の類型

　行政契約は，様々な観点（当事者別，債権の種類別など）から類型化しうるが，ここでは行政目的別の類型を示しておく。

⑴　**調達型行政契約**　　行政活動を行うに必要な資源を調達することを目的として，国民・住民から財またはサービスを取得するために締結される契約をいう。物品の購入契約，公共工事の請負契約など物的手段を調達する契約，普通財産を売却する契約など財政的資源を調達する契約などがある。国が締結する調達型行政契約をとくに政府契約ともいう（政府契約2条）。

　公務員の勤務関係を法令により大幅に規律された雇用ないし労働契約関係と把握する場合には，公務員の任命は公務運営にかかる人的資源を調達する雇用ないし労働契約の締結行為とみることができるが，公務員法では勤務関係の消

滅（免職）を処分としていることに照らして（国公90条1項，地公49条の2第1項），任命行為は同意に基づく行政行為とする趣旨であると解されている。

行政事務の全部または一部を行政体以外に委託する契約もまた，当該事務の管理・執行または補助執行のための人的手段・物的手段の調達の性質が濃い場合には，調達型行政契約に分類されうる。しかし，行政体相互の間で行政事務の一部を委託する契約（地自252条の14第1項，学教40条1項）は，当該事務処理の法効果が受託した行政体に帰属するため，調達型行政契約とはいいがたい。

(2)　給付型行政契約　　国民・住民の福祉を増進するために行政体が保有する財またはサービスを提供するために締結される契約をいう。各種の資金の貸付契約（母福13条1項など），行政体が経営する企業体の各種の役務供給契約（水道15条1項など）などがある。

もっとも，補助金の交付，社会保障上の給付などは負担付贈与契約の履行，公共施設の利用は使用契約に基づく利用とみることができるが，一定の立法政策により，規制規範たる性質を有する個別の法律または一般法において当該法律関係の形成・確定・変更・消滅などに行政行為（＝形式的行政行為）を用いる場合がある（国による補助金の交付決定とその撤回〔補助金24条の2・25条1項〕，労働者災害補償保険給付の支給決定〔労災38条1項〕，行政財産の目的外使用許可〔地自238条の7第1項〕）。

なお，行政財産の貸付は原則として禁止されているが，行政財産の有効利用を目的として貸付けがされる場合には，その貸付契約は給付型行政契約といってよい（国財18条2項，地自238条の4第2項）。

(3)　規制型行政契約　　生命・健康の保護，環境の保全など公益を実現する目的で私人の権利利益を制限したり，義務を課したりするために締結する行政契約をいう。公害防止協定，原子力安全協定，宅地開発協定などがある。公害防止協定はいわゆる紳士協定にとどまり，法的拘束力を有しないと説かれていたが，近年，契約と捉える考え方が支配的となりつつある（旧福間町公害防止協定事件・最判平成21・7・10判時2058号53頁）。

```
◆コラム 10-1◆　いわゆる民間委託について

　国または地方公共団体の事務の全部または一部を，国または地方公共団体以外の者
に委託することをいう。委託には，権限の委譲を伴う委任，受託者に権限の代理行使
をさせる代理委託，受託者が手足となって事務を行うが対外的には委託者が完全に責
任を負う内部委託に分類される。前二者は法律または条例の根拠が必要とされるの
で，民間委託の多くは最後者である。民間委託は，当初は国・地方公共団体の経費の
節減を主眼としていたが，近年は，「官製市場の民間開放」の要請が強まり，民間委
託を推進するために「公共サービス改革法」（平成18年法律51号）が制定されてい
る。また，従来は，公権力の行使は委託になじまないとされてきたが，公権力の行使
にかかる一連の過程を断片化し，「脱権力化」して民間に委託する方式が拡大しつつ
ある（放置車両等の確認事務の委託〔道交51条の8〕）。
　民間委託と似た手法として，PFI (Private Finance Initiative) がある。公共施設な
どの整備事業を包括的に民間事業者に行わせるもので，管理者と民間事業者の役割と
責任の分担，リスク分担，公的支援などを協定で定めることとしている。「民間資金
等の活用による公共施設等の整備等の促進に関する法律」（平成11年法律117号）がそ
の一般法である。
　なお，2016年の同法の改正により，PFIの手法としてコンセッション方式が導入さ
れた。これにより，利用料金を徴収する公共施設等を管理する行政体は，選定した民
間事業者に当該施設の運営を長期間にわたって委ねることができるようになった。公
共施設等の運営権（公共施設等運営権）は行政行為（設権）によって設定されるとこ
ろ（民間公共施設16条），公共施設等運営権者は，運営方法等について当該公共施設
等の管理者である行政体と公共施設等運営権実施契約を締結しなければならない（同
22条）。
```

第2節　行政契約の成立と終了

1　行政契約の成立

　行政契約の成立については，原則として民法の契約法理が妥当し，行政契約
の当事者間で申込と承諾がある場合に成立する。もっとも，後述するとおり，
成立にあたって，調達型行政契約では法律によって入札制度（一般競争入札・指
名競争入札など）の利用が義務付けられている場合，給付型行政契約では行政
体に承諾が義務付けられている場合などがある。

2　行政契約の終了

　行政契約の終了についても，原則として民法の契約法理が妥当し，履行の完了，期間の満了，解約の申入または解除によって終了する。もっとも，国有財産・公有財産の貸付契約については，公共の必要があるときには解除が許されるとともに，法律によって補償が義務付けられている場合がある（普通財産の貸付契約の解除につき国財24条1項・2項，地自238条の5第4項・5項，行政財産の貸付契約の解除につき国財19条，地自238条の4第5項）。

第3節　行政契約手続

　契約の自由を前提とする行政契約の特質に照らすと，行政行為に典型的にみられるような権利保護手続は行政契約にはなじまない。しかし，行政契約は行政活動の一形式であるから，行政契約の締結および解除にも，他の行為形式と同様に，公正性と透明性が確保されなければならない。

　調達型行政契約のうち売買，賃借，請負その他の契約については，そこでの公正性と透明性を確保するための法技術として，経済性の原則＝最少経費最大効果の原則（地自2条14項，地財4条1項）に基づいた競争主義が採用されている。すなわち，契約の相手方の選定の方式には，一般競争入札，指名競争入札および随意契約があるところ，一般競争入札が原則とされ，指名競争入札および随意契約は法定事由がある場合に限定されている（会計29条の3第3項・4項，地自234条2項）。また，「価格その他の条件」が行政体にとって最も有利なもので申込した者を契約の相手方とすることができる総合評価競争入札の方式もある（自治令167条の10の2第1項・2項）。

　なお，世界貿易機構（WTO）の「政府調達に関する協定」に基づいて制定された「国の物品等又は特定役務の調達手続を定める政令」および「地方公共団体の物品等又は特定役務の調達手続を定める政令」は，国および都道府県・指定都市が行う一定規模の物品等または役務の調達について競争性を確保するために特例を定めている。

　さらに，談合によって入札が不適正なものにならないように，「公共工事の入札及び契約の適正化の促進に関する法律」は，公共工事について，毎年度の

発注の見通し，入札者の名称，入札金額等の入札および契約の過程に関する情報の公表などを行政体に義務付けている。

給付型行政契約については，公正性を確保し，契約の相手方の権利利益を保護するために，個別の法律において行政契約の締結および解除を行政行為とする場合には，行政手続法の適用を前提としたうえで，当該法律関係の特質に照らして，行政手続法の適用を除外して，代わりに特別な手続を施している例がある（補助金21条の2・24条の2など）。

なお，民主主義的統制の要請から地方議会の議決が必要とされる行政契約がある（地自96条1項5号〜9号）。

第4節　立法による統制——法律の授権と規制

行政体は法人であるから，行政体は法律行為を行う能力を当然に有する。したがって，調達型行政契約のように行政体が財産権の主体として契約を締結する場合には，行政作用法上（法律または条例）の根拠は原則として不要である。

もっとも，その経済的または社会的な影響に照らして，調達型行政契約については規制規範による制約が求められる。たとえば，「官公需についての中小企業者の受注の確保に関する法律」は，中小企業者の受注の機会の増大を図るために，国・公庫が物件の買入れ等の契約を締結する場合の努力義務を定めている。また，一部の地方公共団体は，公共事業などの請負契約にかかる業務に従事する労働者の賃金の最低額を首長において指定することを認める，いわゆる公契約条例を定めている（野田市公契約条例〔平21条例25〕など）。

給付型行政契約および規制型行政契約は公行政作用として行われる以上，これらの行政契約の締結権等についても，本書の立場からすると，原則として個別の行政作用法（法律または条例）上の根拠を必要とすることを論理的な前提とすることが必要である。

ただ，財・サービスの提供を目的とした給付型行政契約については，法律の不備から試行的，臨時的施策を実施するためのものであって生存権などの保障の観点から必要性がある場合には，予算は特別の国法形式であることに照らせば，予算上の根拠が法治主義の民主主義的要請を満たすものとみなして，それ

が行政作用法上の根拠を補完・代替していると解してよいであろう。

　また，公共施設の利用契約および事業者としての行政体によるサービス提供契約については，実質的には附合契約の性質を有し，その相手方には契約内容に関する自由がない。したがって，法治主義の民主主義的な要請に照らして，規制規範として当該公共施設の設置およびサービスの供給事業にかかる法律または条例において契約約款（供給規程）に関する基本的な事項を定めることが必要である（水道14条2項，民間公共施設18条1項等）。

　規制型行政契約については，これらの契約が規制法令に代替するものであり，当事者ないし相手方に負担を負わせ，それには法的拘束力があることに照らせば，原則として，行政作用法上の根拠が必要である。しかし，規制型行政契約のうち地方公共団体が締結主体となる公害防止協定など，法律の不備を補い地域の事情に照らして住民の生命・健康の安全を確保する目的でもって締結されるものについては，事業者の自由意思が確保され，負担も過大なものに至らない限りで，条例の根拠は必ずしも必要とされない（参照，前掲・最判平成21・7・10）。

　なお，法律または条例によって特定の事務にかかる権限が行政体に課されている場合には，その事務の全部を他の者に委託するときは（行政上の事務の委託），行政作用法上の根拠が必要である（地自252条の14第1項，学教40条1項など）。

　もっとも，個別の行政作用法上の根拠が必要であるにもかかわらず，それがないまま締結された契約であっても，相手方ないしは第三者の権利保護に照らして，ただちには無効にはならないことに留意すべきである。

第5節　行政契約の適法性要件

1　形式的適法性

（1）**主体の適法性**　　行政契約は，正当な権限のある行政機関によって締結および解除されなければならない（国財5条・6条，会計29条，地自147条・149条2号・6号・8号）。権限のない行政機関が締結した行政契約は違法であるが，表見代理と認められるような事情がある場合には民法110条が類推適用され，無効とはならない（村長借入金受領事件・最判昭和34・7・14民集13巻7号960頁）。

また，締結権者である地方公共団体の長が双方代理となるような場合には2017年改正前民法108条（現108条1項）が類推適用され，原則として無効であるが，当該双方代理行為を地方議会が追認した場合には，民法116条（無権代理行為の追認）が類推適用され，有効となる（世界デザイン博覧会事件・最判平成16・7・13民集58巻5号1368頁）。

(2) 手続の適法性　　行政契約は行政手続法（または，これにならった行政手続条例）による規律を受けない。しかし，調達型行政契約については，前述のように，一般競争入札を原則とする契約締結手続が法定されている。法定事由に該当しないにもかかわらず，指名競争入札または随意契約がとられた場合には，当該契約は違法である。もっとも，随意契約の選択については，締結権者に広範な裁量権が認められるために，違法性が認定されにくい（旧福江市ごみ処理施設建設契約事件・最判昭和62・3・20民集41巻2号189頁）。また，仮に，随意契約の選択につき違法性が認定された場合でも，当然に無効となるものではなく，契約の効力が無効となるのは随意契約の締結に制限を加える法令の規定の趣旨を没却する結果となる特段の事情が認められる場合に限られると解されている（旧東鳥取町地上権売却事件・最判昭和62・5・19民集41巻4号687頁）。

なお，指名競争入札における指名についても裁量権が認められるところ，その判断過程に過誤があれば裁量権の濫用となり，それに基づく指名（不指名）もまた違法と評価される（木屋平村公共工事指名競争入札事件・最判平成18・10・26判時1953号122頁）。

2　実質的適法性

(1) 公権力委譲等禁止の原則　　行政契約は対等当事者間で締結されるものであるから，行政体は，相手方に公権力を付与したり，または，自らの公権力の行使を創設したり，もしくは，制限したりすることを行政契約の内容として定めることができない。たとえば，古都保存協力税事件・京都地判昭和59・3・30（行集35巻3号353頁）では，京都地裁は，契約によって将来における地方税制の創設の放棄することはできないと判示し，名古屋地決平成2・5・10（判時1374号39頁）では，名古屋地裁は，下水道終末処理場の維持管理業務の委託契約は，委託業務の内容が公権力の行使とは直接に関わらない限りで違法ではないと決定した。

　公の施設の管理業務について，従前は委託契約であったため受託者は公の施設の使用許可を行うことができなかったが，公の施設の指定管理者制度の導入に伴って，公の施設の設置条例に基づいてされる指定＝行政行為によって事業者に使用許可権が付与されている（地自244条の２第３項～11項）。

　(2)　**民法の強行規定および法の一般原則**　　行政契約は契約であるから，個別の法律に特別の定めがない限り，原則として，民法が適用ないし類推適用される（都営住宅明渡事件・最判昭和59・12・13民集38巻12号1411頁，松戸市民病院事件・最判平成17・11・21民集59巻９号2611頁）。民法上の強行規定に反する行政契約は，違法であり，無効である（前掲・最判平成21・7・10）。また，民法にも具体化されている法の一般原則，すなわち，信義誠実の原則，権利濫用の禁止の原則もまた適用される（権利濫用の禁止の原則の適用につき，八郎潟干拓事件・仙台高秋田支判平成７・７・11判時1545号26頁）。

　(3)　**憲法および個別の法律への適合性**　　行政契約は，契約であるとともに，行政機関の行為形式のひとつであるから，公行政作用として憲法の拘束を受ける。比例原則（憲13条），平等原則（憲14条）に反する行政契約は違法である。なお，最高裁は，憲法の条項に違反した場合に「無効」となる「国務に関するその他の行為」を公権力の行使による規範定立行為に限定している（百里基地土地売買事件・最判平成元・6・20民集43巻６号385頁）。この判例を前提とした場合には，憲法の条項に違反する国および地方公共団体の私法上の行為は，直ちに無効ではないことになる。そうだとしても，違憲・違法と評価することは可能である（愛媛県玉串料公費支出事件・最大判平成９・４・２民集51巻４号1673頁）。

　行政契約の比例原則および平等原則への適合を徹底させるため，個別の法律において，事業者である行政体に対して契約締結義務を課したり（水道15条１項など），差別的取扱いを禁止したり（水道14条２項４号など）する規定を置く場合がある。法律の優先の原則に照らせば，個別の法律にこのような特別の定めがある場合には，行政契約はそれに適合しなければならない。このような規定に違反する行政契約にかかる法律行為は原則として効力を有しない（水道料金改定条例事件・最判平成18・7・14民集60巻６号2369頁）。なお，「正当な理由」がある場合には契約の締結を拒むことができる。水道法15条１項にいう「正当な理由」の有無については，最高裁は，武蔵野市長給水拒否事件・最判平成元・

11・8（判時1328号16頁）では，公序良俗違反を助長する事情がある場合には水道事業者が給水契約締結を拒みうることを認め，志免町給水拒否事件・最判平成11・1・21（民集53巻1号13頁）では，適正かつ合理的な水道供給計画によって対応できない給水契約締結を水道事業者が拒むことは許されると判示した。

　(4)　経済性の原則　　前述のように調達型行政契約のうち売買，賃借，請負その他の契約については経済性の原則＝最少経費最大効果の原則（参照，地自2条14項，地財4条1項）が妥当する。地方公共団体の長には契約締結にあたって広範な裁量権が認められるが，この原則に反する内容をもった契約締結は違法であり，この原則の趣旨を没却する結果となる特段の事情が認められる場合には，私法上も無効である（宮津市土地公社事件・最判平成20・1・18民集62巻1号1頁）。この法理は国の調達型契約にも妥当するが，国民が経済性原則に違反した国の契約の違法性を争う訴訟類型は現行法上存在しない。

第6節　裁判による統制──司法審査

1　抗告訴訟・当事者訴訟・民事訴訟

　行政契約による法律関係は非権力関係であるから，行政契約に関する争訟の訴訟手続は原則として当事者訴訟または民事訴訟である。両訴訟の選択については，行政事件訴訟4条後段の文理に従えば，当該法律関係を規律する法律が公法である場合には当事者訴訟が，私法である場合には民事訴訟が選択されることになる。もっとも，実体法解釈論としての演繹的概括的な公法・私法二分論が学説・判例において廃棄されていることに照らすと，民事訴訟が選択されることを原則とすることになろう。たとえば，水道法15条1項に基づく給水拒否に対して給水上の地位確認を求める訴えとして民事訴訟が，公害防止協定にかかる事業者の義務の不履行に対して事業者による土地の使用の差止めを求める訴えとして民事訴訟がそれぞれ利用されている（前者につき前掲・最判平成11・1・21，後者につき前掲・最判平成21・7・10）。なお，平等取扱いの要請が強く働く助成金の不支給については，憲法14条に基づく平等取扱いの利益を保護する趣旨であるとして，当事者訴訟による助成金を受ける地位の確認請求を適法とする裁判例もある（東京地判平成18・9・12裁判所HP）。

　また，調達型行政契約における入札資格に関する不服については，裁判例
は，入札資格にかかる決定は契約準備的行為にすぎないとして，これを争訟の
対象としていない（指名競争入札の指名停止について札幌地判平成17・2・28判自268
号26頁，格付けについて東京地判平成12・3・22判自214号25頁）。抗告訴訟の対象と
すべきであるとの見解が学説上有力である。もっとも，国家賠償請求訴訟では
入札資格に関する決定については国家賠償法1条1項にいう「公権力の行使」
と解される（前掲・最判平成18・10・26）。

2　住民監査請求・住民訴訟

　地方公共団体が当事者となる行政契約については，それが財務会計行為であ
る場合には，住民監査請求および住民訴訟の対象となりうる（地自242条1項・
242条の2第1項）。なお，監査請求期間は違法・不当な行政契約の締結または
履行時から1年以内であるところ（地自242条2項），財産の管理を「怠る事実」
には監査請求期間の制限は及ばない。調達型行政契約の締結段階において談合
が行われたために地方公共団体が被った損害は談合によって発生したものであ
るから，当該談合にかかる損害賠償請求権を行使しないことは真正の「怠る事
実」に当たる（富山県談合工事事件・最判平成14・7・2民集56巻6号1049頁）。

第Ⅳ部

行政作用（2）——行政上の諸制度

【第Ⅳ部の構成と概要】

　　各種多様な行政領域において，行政は，その領域に相応しい目的を実現・保障するプロセスのなかで，行政の様々な行為形式を組み合わせた一連の活動を行うことも多い。その際，各種の行政領域において，それぞれの行政が，共通に利用することを目的に設計された一般的な行政上の諸制度がある。その典型的なものとしては，行政調査，ならびに，行政の実効性を確保する制度，すなわち，行政上の強制執行制度，即時強制，行政罰およびその他の行政の実効性を確保する措置があり，また，個人情報保護・情報公開の制度もある。

　　行政調査は，行政機関が，様々な行政活動の準備行為として行う能動的な情報収集に関する一般的な制度である。

　　法令が直接に，またはそれに基づく処分が，一定の作為，不作為，受忍または給付の義務を国民に課している場合に，これらの義務の履行を確保する諸手段を整備した制度について，これまでの行政法は，これを行政上の義務履行確保制度とよび，義務の履行を直接的または間接的に確保するための行政上の強制執行制度，および，制裁を科すことで間接的に義務履行の確保を図る行政罰制度について語ってきた。しかし，今日の行政は，国民に義務を課してその履行を確保するだけでなく，任意の自発性に期待して，義務を課すことなく，国民による一定の作為，不作為を誘導する仕組みを整備している。そこで，ここでは，行政上の義務履行確保制度より広く，新たな創意工夫によって設けられたこれらの仕組みについても含めて，これを行政の実効性を確保する制度と呼んで説明する。

　　これまでの行政法がみてきた行政罰制度についても，ここではその見直しを行う。すなわち，行政刑罰および行政上の秩序罰によって構成されたこれまでの行政罰制度の枠内にはおさまらない，多様な制裁（サンクション）の仕組み（たとえば，利益的行政行為の撤回，公表，課徴金，行政サービスの拒否）が，今日，登場しているため，これらの制裁も含めたより広い制度として，行政上の制裁制度という新たな制度枠組みを設けて説明する。

　　今日，行政機関は，各種の行政活動を行うなかで，大量の行政情報を収集，作成，保有している。そこには，たくさんの個人情報も含まれている。そこで，各種の行政活動は，プライバシー権や自己情報コントロール権を保障することを求められており，これを実現する一般的制度として個人情報保護制度がある。

　　今日，政府に説明責任を果たさせることにより民主的行政を推進することが，国民主権を実現することにつながるという理念は，広く社会に受け入れられ定着している。そこで，この理念を実現するために，行政が保有する行政情報について，国民・住民がその開示を請求し開示させる情報公開制度が設けられている。

第11章
行 政 調 査

第1節　行政調査の意義

1　行政調査の概念

　行政調査とは，行政機関が職権により情報を収集する活動をいう。

　行政調査自体は事実行為であるが，調査目的の達成手段としてとられる行為形式は多様である。後述の実力強制調査は手段として行政強制を用い，間接強制調査はそれ自体としては物理的な事実行為であるから，行政調査は，従前においては，行政強制の一類型である即時強制の例として説明されてきた。しかし，行政調査の多くは実力行使を伴うものではないので，行政調査と即時強制——なお，本書では即時強制は独自の行為形式としては位置づけていない（第12章第2節参照）——とは概念上区別されなければならない。

　また，行政調査には各行為形式に収斂されえない行政制度上の特質がある。すなわち，行政調査は法律等において設定された終局的な行政目的を達成するために行われる行政活動の準備行為ではあるが，行政調査に基づいて行われる行政活動に対して先決性を有しない。したがって，行政調査の瑕疵の効果は独自に検討する必要がある。

　ところで，行政機関が情報を収集する方法は行政調査だけではない。届出または申請を通じて，行政機関は法律によって規制対象とされている人または物に関する情報を収集することができる。しかし，いずれも私人からの行政機関に対する情報の提供であって，受動的な情報収集の方法であるから，能動的な情報収集の方法である行政調査とは性格を異にする。また，行政手続として行われる意見公募，意見提出，公聴会，意見陳述（聴聞，弁明など）などもまた情報収集としての機能も果たす。しかし，これらの種類の行政手続は，そこへの

関与者の権利保護のため，ないしは，参加の保障のために行政機関が義務として行うものである点で，もっぱら情報の収集のために行政機関の職権で行う行政調査とは異なる。

2　行政調査の類型

　行政調査は，行政調査の主体，行政調査の対象など様々な観点から類型化されうるが，法的に有意な類型は次のとおりである。

(1)　調査手法の法的性質（行為形式）による類型　　　(a)　実力強制調査　実力強制調査とは，即時強制によってその実効性が確保されている行政調査をいう。すなわち，この類型の調査においては，正当な理由なく，相手方が調査への協力を拒否し，調査の実施に対し物理的に抵抗した場合であっても，行政機関がその抵抗を実力で排除して行うことが認められる。この類型の調査の目的達成の手段の行為形式は強制行為である。例としては，犯則調査として行われる臨検・捜索・差押え（税通132条1項・2項，関税121条1項・2項），退去強制にかかる違反調査として行われる臨検・捜索・押収（入管31条1項・2項）がある。正当な理由なく調査の実施に抵抗した者に対しては公務執行妨害罪（刑95条1項）が適用されることになる。

　(b)　間接強制調査　　　間接強制調査とは，制裁によってその実効性が確保されている行政調査をいう。すなわち，この類型の調査においては，正当な理由なく相手方が調査への協力を拒否した場合には，行政罰，給付の拒否・廃止などが科される。この類型の調査の目的達成の手段の行為形式は，調査を受忍する義務を課す内容が含まれているので，行政行為である。行政罰によって実効性が担保されている行政調査の例としては，税務調査として行われる質問・検査（税通74条の2第1項・128条2号・3号），防火調査として行われる報告の徴収（消防4条1項・44条2号），所轄庁職員による宗教法人施設への立入調査（宗法78条の2第1項・88条10号）などがあり，給付の拒否等によって実効性が担保されている行政調査の例としては，受給資格要件の調査として行われる立入調査・検診（生活保護28条1項・5項）などがある。また，建設工事紛争審査会が仲裁を行う場合にする立入検査を相手方が正当な理由なく拒否したとき，当該事実関係に関する申立人の主張を事実として認めることが許される行政調査（建設25条の21第1項・3項）もこの類型に含まれる。

　なお，法律において調査の相手方に応諾義務が課されているが，実効性を確保する手段が備えられていない行政調査も存在する。この種の行政調査の例としては，警察官の多数の客が来集する場所への立入り（警職6条2項）がある。

　(c)　任意調査　　任意調査とは，その実効性を確保する手段が備えられていない行政調査をいう。すなわち，この類型の調査においては，正当な理由の有無を問うことなく，相手方は調査への協力を拒否することができ，行政機関は拒否を理由として制裁を科すことは許されない。この類型の調査の目的達成の手段の行為形式は，相手方の任意の協力によるものであるから，行政指導である。任意調査の例としては，警察官による職務質問（警職2条1項〜3項），水道事業者の職員による立入調査（水道17条1項）などがある。

　(2)　**調査目的による類型**　　(a)　個別調査　　個別調査とは，特定の行政活動のために行われる行政調査をいう。その例には，質問（生活安定30条1項），報告の徴収（火薬42条），立入調査（風俗37条2項），無償収去（食品28条1項），資料提出の要求（独禁40条）などがある。

　(b)　一般調査　　一般調査とは，将来的な行政上の施策，特定の行政活動の立案等に有意な情報を収集するために行われる行政調査をいう。例には，国勢調査（統計5条1項），常時監視調査として行われる調査（大気汚染22条1項・3項）などがある。

第2節　行政調査に対する法的統制

1　法律の授権

　およそ行政活動が合理的かつ公正に行われるためには何らかの行政調査が必要とされるのであるから，一般的には，行政調査には行政作用法上の根拠は必要ではない。行政作用法上の根拠をあえて求めるとすれば，それは行政調査を必要とする特定の行政活動に関する根拠規定に見い出される。しかし，実力強制調査および間接強制調査は実効性確保の手段を伴うものであるから，これらの類型の行政調査には必ず行政作用法上の根拠が必要である。非権力的な行為形式をその実現手段とする任意調査についても，職務質問など強制的な措置に移行しやすいものについては法律の根拠が必要である。

もっとも，最高裁は，自動車一斉無差別検問について，その法律の根拠を行政組織法である警察法上の警察の責務（警2条1項）に求め，相手方の任意の協力を求めるかたちで行われ，自動車の利用者の自由を不当に制約することにならない方法，態様で行われる限り，適法としている（一斉交通検問事件・最決昭和55・9・22刑集34巻5号272頁）。しかし，犯罪捜査の端緒となり，精神的自由・身体の自由の制約を伴いやすい警察活動については，一般的に行政組織法上の根拠で足りると解すべきではない。この決定は，自動車運転者に法遵守の義務を課した道路交通法制においてのみ妥当性をもつものと解すべきである。

2 行政調査の手続的要件

(1) **行政調査における適正手続の原則**　行政調査の目的および対象ならびにその手段の性質は多様であるため，行政調査を行政手続法に定める不利益処分手続および行政指導手続でもって画一的に規律することはなじまないので，行政手続法は行政調査に適用されない（行手2条4号イ・3条1項14号参照）。このため，行政調査の手続は個別の法律に定めるところによる。そのような定めがない場合には，調査の相手方の権利を保護するための手続がとられないことになる。最高裁もまた，所得税の質問・検査について，「実施の日時場所の事前の通知，調査の理由および必要性の個別的，具体的な告知のごときも，質問検査を行ううえの法律上一律の要件とされているものではない」としている（荒川民商事件・最決昭和48・7・10刑集27巻7号1205頁）。

しかし，行政調査は個人のプライバシーおよび法人の営業にかかる情報をも収集する行政活動であるから，行政調査には適正手続の原則が強く働く。個別の法律において権利保護に資する手続に関する具体的な定めがない場合であっても，行政調査の目的を妨げない限り，適正手続の原則に従った手続がとられるべきである。調査の目的が達成できなくなる場合を除いて事前の通知を行うこと，および，調査時点での調査の理由を提示することはいかなる行政調査にも必要とされる。

このような適正手続の観点からする行政調査の手続の整備を求める見解を背景にして，2011年に法改正が行われ，現行の国税通則法7章の2には税務調査に関する手続規定が置かれている。当該規定によれば，税務調査に際しては，あらかじめ，納税義務者に，質問検査等を行う実地の調査を開始する日時，調

査を行う場所，調査の目的，調査の対象となる税目，調査の対象となる期間，調査の対象となる帳簿書類その他の物件等を通知すること（税通74条の9第1項），調査終了後，調査の相手方に調査結果を通知または説明すること（同74条の11第1項・2項）とされている。

　ほかに，立入等にあたって事前の通知と意見陳述の機会を付与する立法例（特定外来生物13条3項）がある。

　また，個人情報保護法は，本人から直接書面に記録された当該本人の個人情報を取得するときは，あらかじめ，本人に対し，その利用目的を明示しなければならないとしている（個人情報62条）。

　(2)　**裁判所または裁判官による事前の許可**　　立入検査は，実力強制調査であれ，間接強制調査であれ，現場において事実行為として行われ，かつ，調査目的を支障なく達成するために事前の通知がなく行われることが多いので，刑事訴訟法上の強制捜査においてとられている令状主義にならって，これを裁判所または裁判官による事前の許可の下に置くことが事前の通知に代替する手続保障の方式として要請される。たとえば，実力強制調査である犯則調査および退去強制にかかる違反調査については，裁判所または裁判官の事前許可が要件とされている（税通132条1項・3項，関税121条1項・3項，入管31条1項・2項）。

　もっとも，間接強制調査については，最高裁は，令状主義を定めた憲法35条の保障は行政調査にも及びうると認めつつも，間接強制調査である所得税法上の検査は強制の程度において実力強制調査と同視することができる程度に至らないとして憲法35条の保障は及ばないとした（川崎民商事件・最大判昭和47・11・22刑集26巻9号554頁）。

　行政調査における自己負罪拒否特権の保障（憲38条1項）については，最高裁は，前掲・最大判昭和47・11・22では，憲法35条のそれと同様の判断を下し，最判平成9・1・30（刑集51巻1号335頁）では，呼気検査は供述を得ようとするものではないから呼気検査拒否につき刑罰を定める道路交通法120条1項11号（現118条の2）は憲法38条1項に違反しないとした。

　(3)　**身分証の携行・呈示**　　検査・質問，立入調査など現場において事実行為として行う行政調査には，調査職員に身分証の携行義務を課すとともに，関係人の請求があった場合に当該身分証の呈示を義務付ける立法例が多い（税通

74条の13，介保24条3項など）。また，関係人の請求がなくとも，身分証の呈示を義務付ける立法例もある（風俗37条3項）。身分証の携行・呈示は，調査の形式要件でもあるが，これによって責任の所在が明確にされるため，職員に慎重な調査を促すことになるので，調査の対象者には手続的な保護としても機能する。

3　行政調査の実体的要件

(1)　比例原則　　行政調査は客観的に必要がある場合にのみ行われる。不必要な行政調査は，違法である。また，行政調査は，その目的と手段との間に比例関係がなければならない。

個人情報保護法が，行政機関による個人情報の保有を，法令の定める所掌事務を遂行するため必要な場合に限定していること（個人情報61条1項・2項）は，この理を個人情報について確認したものである。また，行政調査に場所的制限を設けている立法例（消防4条1項但書等），時間的制限を設けている立法例（都計25条4項等）があるが，これは行政調査における比例原則を具体化したものである。

最高裁もまた，所得税の質問・検査について，「当該調査の目的，調査すべき事項，申請，申告の体裁内容，帳簿等の記入保存状況，相手方の事業の形態等諸般の具体的事情にかんがみ，客観的な必要があると判断される場合」にこれを行うことができるとし，「相手方の私的利益との衡量において社会通念上相当な限度にとどまるかぎりで」行われる税務調査は適法であるとする（前掲・最決昭和48・7・10）。

(2)　目的適合性の原則　　行政調査は，その目的に即して行われなければならない。目的外の行政調査権の行使は，行政権の濫用に当たる。

とりわけ，行政調査は犯罪捜査の目的で行われてはならない。犯罪捜査は人権侵害にならないように厳格な手続を定める刑事訴訟法に基づいて行われることとされており，より簡略な手続である行政調査がこれに代替して行われることはその趣旨を形骸化することになり，令状主義（憲35条）や自己負罪拒否特権の保障（憲38条1項）に違反するおそれがあるからである。これを実定法化している立法例は多い（税通74条の8，児福18条の16第3項，統計15条3項など）。犯罪捜査目的で行われた行政調査によって得られた資料は，当該犯罪にかかる

刑事裁判において証拠能力を有しないと解される。

　なお，国の行政機関の職員がその職権を濫用してもっぱらその職務の用以外の用に供する目的で個人の秘密に属する事項が記録された文書，図画または電磁記録を収集した場合は，刑事罰の対象となる（個人情報181条）。

　(3)　実力行使の制限　　実力強制調査以外の行政調査には実力行使は認められない。間接強制調査は，罰則によってその実効性が担保されているから，相手方が調査への協力を拒否している場合には，直接の実力行使でもって資料の収集を行うことはできない（参照，昭和24年7月27日法務府法意一発第42号徳島県知事あて法制意見第一局長回答）。調査の相手方の同意のないままに国税調査官が質問・検査のために行った立入りは質問検査権の範囲内の正当な行為とはいえないとする判例もある（最判昭和63・12・20訟月35巻6号979頁）。

　任意調査は，相手方の任意の協力を得て行われるものであるから，相手方の承諾を得て行われなければならない。任意調査であるにもかかわらず，任意性が失われた状態で調査が行われる場合には，当該調査は違法である（前掲・最決昭和55・9・22）。

　相手方の明示的な承諾を得ないままで行われる調査は，そこには任意性が存在しないので，違法と解される。しかし，最高裁は，職務質問（警職2条1項）に付随して行われる所持品検査につき，捜索に至らない程度の行為は強制にあたらない限り，相手方の承諾なくこれを行うことは，所持品検査の必要性，緊急性，これによって害される個人の法益と保護されるべき公共の利益との権衡などを考慮して許容される場合があるとしている（米子銀行強盗事件・最判昭和53・6・20刑集32巻4号670頁）。もっとも，最高裁は，上着の内ポケットに手を入れる態様での所持品検査は，捜索に類する行為であるとして，違法としている（最判昭和53・9・7刑集32巻6号1672頁）。

第3節　行政活動の適法性要件としての行政調査の適法性

1　調査義務の懈怠

　行政機関は，行政活動にあたって違法に相手方および利害関係者の利益を害することにならないように一定程度の調査を行う義務を負っている。調査義務

の懈怠は，当該行政活動の違法事由となりうる。たとえば，選挙人名簿の登録にあたっての調査義務の懈怠は，選挙時登録の無効原因となるし（町議選架空転入事件・最判昭和60・1・22民集39巻1号44頁），都市計画に関する基礎調査の結果が客観性，実証性を欠き，土地利用，交通等の現状の認識および将来の見通しの合理性を欠く都市計画決定は違法である（伊東市大仁線事件・東京高判平成17・10・20判時1914号43頁）。

2　違法な行政調査の効果

　行政調査に基づいて行政活動が行われるが，行政調査自体は当該行政活動に関する決定に対して先決性を有するものではないから，行政調査が違法である場合であっても，違法な調査によって収集された証拠資料に基づいて行われた行政活動はただちには違法とはならない（大阪地判昭和59・11・30行集35巻11号1906頁）。しかし，違法な行政調査によって収集された証拠資料をそのまま行政決定の根拠として利用することを許すことは，行政調査自体の適法性要件の遵守の要請を形骸化するおそれがある。したがって，違法な調査による収集資料は違法収集資料として処分の資料として用いることを排斥することを認めたり（東京地判昭和61・3・31判時1190号15頁），調査の違法が公序良俗違反に当たる場合には端的に当該調査に基づく行政活動の違法事由となることを認めたりすべきである（東京地判昭和48・8・8行集24巻8＝9号763頁）。

第4節　行政調査と救済

　行政調査の違法性を裁判で争う場合，その調査によって収集された証拠資料に基づいて行われた行政活動に関する訴訟，すなわち抗告訴訟，国家賠償請求訴訟を提起するのが通例である。しかし，この場合には当該行政活動の違法事由として行政調査の違法性を主張することができるかという問題があることは前述したとおりである。

　もっとも，違法な行政調査によって損害を受けた者は，当該行政調査に基づいて行われた行政活動の違法性の有無とは関わりなく，国家賠償法1条1項に基づいて国または公共団体に対して損害賠償請求を行うことができる（前掲・最判昭和63・12・20）。

　また，行政調査が反復して行われ，それにより不利益を継続的に被る場合には，実力強制調査および間接強制調査は処分その他公権力の行使に当たるので，差止訴訟（行訴3条7項）の利用が可能である。任意調査については，当事者訴訟（調査を受ける地位のないことの確認を求める訴え）の利用可能性が検討されてよいであろう。

第12章
行政の実効性を確保する制度

第1節　行政上の強制執行制度

1　行政上の強制執行制度の意義

（1）　**行政上の強制執行の概念**　　法令が直接に，またはそれに基づく行政庁の処分が，一定の作為，不作為，受忍または給付の義務を国民に課す場合，これらの義務の履行を確保する手段として，どのような制度を設けて用いるかが問題となる。

通常の民事上の法律関係において義務が履行されない場合は，自力救済を禁止し権利の実現を裁判所にゆだねた近代国家の原則に従って，民事訴訟を提起し，債務名義を得て強制執行を申立てる制度が，権利者には用意されている。

ところが，この関係が，行政行為など公権力の行使によって形成される行政上の法律関係になると，義務が履行されない場合，民事上の法律関係においては禁止された自力救済の途が適法な制度として設けられ利用されることになる。すなわち，行政は，裁判所に頼ることなく，自ら義務を履行しない者の身体もしくは財産に実力を行使し，またはその者に将来に向かって心理的圧迫を加えることによって，義務が履行されたのと同一の状態を実現したり，または義務を履行させたりすることが認められている。これを，行政上の強制執行制度という。

行政上の強制執行制度の類型には，義務を履行しない者の身体または財産に実力を行使し直接義務履行を強制するものとして，代執行，直接強制および強制徴収の措置があり，義務を履行しない者に将来に向かって心理的圧迫を加え間接的に義務履行を強制するものとして，執行罰の措置がある。これらの行政上の強制執行制度が設けられ，自力救済が許容される理由は，一般的に時間が

かかるとみられてきた裁判所による執行にゆだねるのではなく，早期に，義務履行を確保して行政目的を達成する必要があると考えられてきたからであり，この制度を用いることで，社会秩序を維持したり，国家が歴史的に有する「抑圧装置機能」を保障したりすることがめざされたからであった。

(2)　行政上の強制執行制度の沿革　　明治憲法の時代には，国税徴収法が規律した強制徴収を除き，行政上の強制執行制度については，その諸措置を包括的に設けた一般法として行政執行法があった。行政庁は，履行されない義務の性質に応じて，行政執行法が用意した諸措置のなかから特定の措置を選択して利用することができた。すなわち，行政庁は，代替的作為義務の不履行については代執行を用い，それ以外の義務の不履行については執行罰を課すことができ，そして，代執行または執行罰によっては義務の履行を強制できないと認める場合または急迫の事情がある場合には，直接強制を用いることができた（旧行執5条）。

しかし，この行政執行法が犯罪捜査に転用されたり，社会運動を弾圧するための道具として濫用されたりした（とくに，即時強制の措置として設けられていた行政検束〔旧行執1条〕の悪名は高い）という歴史を反省して，日本国憲法の下で制定された行政代執行法は，行政執行法を廃止した（代執附則2項）。

(3)　現行の行政上の強制執行制度　　行政代執行法は，一般的な強制執行制度として代執行を定めるにとどまり，行政上の強制執行の諸措置に関する一般法が存在しないという状態になった。

この結果，行政代執行法が適用される代替的作為義務を除くと，履行されない義務について，行政上の強制執行の措置を用いてその義務の履行を確保することができるか，そして，いかなる措置を用いることができるかは，もっぱら，個別の法律が，何らかの行政上の強制執行の措置を設け，行政庁によるその利用を認めているかどうかによることになった（代執1条）。ただ，個別の法律で，履行されない義務に関する強制執行の措置を設けることができるとはいうものの，実際，個別の法律が，何らかの行政上の強制執行の措置を設ける例は稀であった。そのため，日本国憲法の下における義務履行確保の制度は，行政ではなく，裁判所が司法的な執行として刑事訴訟手続により刑罰を科す行政刑罰を置くにとどめる場合が通例となっている。

　一般法としての行政執行法を廃止しただけでなく，個別法においても行政上の強制執行の諸措置をできるだけ設けないですませてきたという立法政策は，たしかに今日，一方では，行政の執行不全という深刻な問題を生み出している（**コラム12‐2**参照）。しかし，他方では，直接的な義務履行確保の制度である行政上の強制執行であれ，間接的な制度である処罰であれ，人身の自由や財産権に対する実力行使は，行政自身の手ではなく独立性が保障され公平・公正な取扱いが期待されうる裁判所によって行わせるのが人権尊重主義に合致しているという考えに基づくものでもあった。したがって，行政上の強制執行制度が利用されうる範囲を限定し，義務履行の確保の手段を刑罰にゆだねていることは，日本国憲法の基本的な原理に沿うものである。

　⑷　**行政上の義務の民事執行の許容性**　　行政刑罰のような間接的な義務履行確保の制度によるのではなく，直接的にその確保を図ろうとすると，個別法が行政上の強制執行を設けていない場合，行政が用いる可能性のある措置としては，裁判所による民事上の強制執行の制度が考えられる。この場合，行政上の法律関係であっても，行政上の強制執行の措置を設ける特別の規定がないのであるから，民事上の法律関係と同様に考えればよく，当然，民事上の強制執行の制度を用いることができるといわれてきた。しかし，国または地方公共団体がもっぱら行政権の主体として国民に対して行政上の義務の履行を求める民事訴訟は，裁判所法3条1項にいう法律上の争訟に当たらず不適法であると，最高裁は判示している（宝塚市パチンコ店建築中止命令事件・最判平成14・7・9民集56巻6号1134頁，第16章第3節1参照）。

　また，上記の例とは反対に，個別法が行政上の義務履行確保の措置を特別に用意する場合，これに代えて民事上の強制執行を利用できるかという問題もある。河川法による原状回復命令の義務履行を代執行によらないで民事訴訟で請求することを認めた判例もあったが（岐阜地判昭和44・11・27判時600号100頁），最高裁は，行政上の強制徴収ができるのに民事上の強制執行を利用することは許されないと判示している（農業共済掛金等民事執行事件・最大判昭和41・2・23民集20巻2号320頁）。

2　行政上の強制執行制度と法律の授権

　明治憲法の下では，義務の内容をそのまま実現する場合，義務を課す行政行

為には執行力が備わっているため，この行政行為に法律の根拠があれば足り，
行政上の強制執行の措置に，別途個別具体的な法律の根拠は要しないとされ
た。この考え方に従うと，現在，行政代執行法という一般法に法律上の根拠が
ある代執行とは異なり，その利用を許す一般法がなくなった直接強制と執行罰
のうち直接強制については，義務の内容をそのまま実現するものであるため，
それ自身の個別法の根拠は不要となり，義務を課す命令にさえ根拠があれば直
接強制も許されることになる。

　しかし，日本国憲法の下では，義務を課すことと義務の履行を強制すること
とは別個の行政作用であると考えられている。したがって，直接強制について
は，別途この措置に関する法律の根拠が必要であり，個別法律に授権のない直
接強制は，執行罰の場合と同様に，許されないとされている（第8章第7節3参
照）。また，行政代執行法2条が条例をわざわざ明示していることから，同法
1条の法律には条例を含まないと解釈して，条例によって直接強制や執行罰は
設けることはできないと考えられてきた。しかし，自治立法としての条例制定
権を保障する憲法94条を，国会の唯一立法機関性を定める憲法41条の例外とみ
なし，かつ，民主的基盤のある地方議会が制定する条例は実質的に法律と差異
がないと考えれば（条例準法律説），今日，条例による直接強制や執行罰の創設
も許されるだろう。

3　代執行制度

(1)　代執行の概念　　代執行とは，行政上の代替的作為義務を義務者が履行
しない場合に行政庁が自ら義務者のなすべき行為をなし，または第三者をして
これをなさしめ，その費用を義務者から徴収することをいう。現在，この代執
行についてのみ，一般法としての行政代執行法がある。代替的作為義務の賦課
を授権する個別の法律に代執行の利用を認める根拠がなくても，この行政代執
行法に基づいて代執行の措置をとることができる。河川区域内の違法工作物の
除却，違法屋外広告物の除去等が，その例である。

(2)　代執行の要件　　代執行の要件は，行政代執行法2条に規定されてい
る。第1に，代執行の対象となる義務は，法律（法律の委任に基づく命令，規則
および条例を含む）により直接課されるか，または，法律（上に同じ）に基づき
行政庁により課される義務である。なお，行政代執行法2条は，「法律の委任

に基づく条例」と規定して，法律施行条例により課せられた義務についてのみ代執行可能としたようにみえる。しかし，地方自治の保障という立場に立って，法律施行条例に限定することなく，広く条例に基づいて課せられた義務について，代執行を認める見解が有力である。

第2に，その義務は，代替的作為義務に限定されており，そのため不作為義務は代執行の対象とならない。ただ，法律が設けた不作為義務を個別の代替的作為義務に代えて命令することを授権する法令があれば，これに基づいて不作為義務を代替的作為義務に転換して，この代替的作為義務の方の不履行に対して代執行の措置をとることができる。また，作為義務であっても，土地，建物の引渡しや明渡しのような第三者が代わって履行できない作為義務も，代執行の対象とならない（茨木市庁舎明渡代執行事件・大阪高決昭和40・10・5行集16巻10号1756頁）。公害防止施設に関する改善命令のように，代替的履行が可能であってもその方法が技術的に複数あって義務の内容を特定できない場合，その義務が代執行可能なものかが問題となったが，義務履行を確保するのに合理的で，義務者に不当な負担を課さない方法を選択することにより，代執行の措置はとることができると解されている。

第3に，他の手段によって義務の履行を確保することが困難であり，かつ，その不履行を放置することが著しく公益に反すると認められる場合に限って，代執行の措置をとることを認めている。この2つの要件は，抽象的で限定的であるため，行政が，明白な違反行為がある場合でも代執行の手続に入ることをためらうことも多い。

第4に，代執行の措置をとることができる者は，義務を課しその履行を強制しうる権限をもつ行政庁である。行政執行法の下では，国の行政庁だけが代執行の措置をとることができる機関であった。しかし，行政代執行法は，地方公共団体の行政庁にも当該権限を付与している。

(3)　**代執行の手続**　　代執行は，原則として，相当の履行期間を定め，その期限までに履行がなされない場合には代執行をなすべき旨を，義務者にあらかじめ文書で戒告する。この戒告を受けて，義務者が指定の期間までにその義務を履行しない場合に，代執行令書で代執行をなすべき時期など一定の事項を義務者に通知した後に，代執行を行うことができる（代執3条）。代執行に要した

◆**コラム 12 - 1** ◆　**簡易（略式）代執行**

　過失がなくてその措置を命ぜられる者を確知することができず，かつ，その違反を放置することが著しく公益に反すると認めるときに，違反者に義務を課すことなく，相当の期間を定めて，その措置を行うべき旨をあらかじめ公告して，代執行を行うことができる旨を定める法律もある。違反者に義務を課す段階を省いており，即時強制とも解されるが，緊急性を欠いており，本来代替的作為義務に関するものであることから，「簡易（略式）代執行」と位置づけられている。表示・設置・管理者を確知できない場合における違法屋外広告物の除去（広告７条４項），所有者が確知できない場合における道路上に違法に放置された物件の除去（道67条の２），運転者のいない駐車違反車両のレッカー移動（道交51条３項）等が，その例である。

費用は，義務者に納付が命じられ（同５条），義務者が納付しない場合，国税滞納処分の例により徴収することができる（同６条）。この代執行に要した費用を義務者から徴収する点については，義務者が破産していたり，資力がなかったりする場合も多く，行政が，事実上費用を負担せざるをえなくなっている。

4　執行罰制度（間接強制制度）

　(1)　**執行罰の概念**　　執行罰とは，行政上の不作為義務または非代替的作為義務を義務者が履行しない場合に，行政庁が，一定の期限を示して，その期限内に義務が履行されない場合または履行が十分でない場合には，一定の金銭罰（過料）を科す旨を義務者に予告して，義務者に将来に向かって心理的圧迫を加えることで，間接的に義務の履行を強制し，当該期限が過ぎても十分な義務履行がない場合に義務者に科される金銭罰である。民事法の分野で，「間接強制」とよばれているものである。

　(2)　**現行の執行罰制度**　　執行罰は，刑事罰に比較して抑止効果が低いことを理由として行政執行法の廃止に伴って，一般的な制度ではなくなった。執行罰を設ける個別法の規定は，現在，砂防法36条しかない。したがって，事実上，執行罰は，現在存在しておらず，かつ，執行罰によって確保されていた義務履行は，もっぱら刑事罰を設けることで対処されている。

　砂防法36条に基づく執行罰については，国土交通大臣または都道府県知事が500円以内の過料を課すことで行われる。義務者がこの過料を納付しない場合には，行政庁は国税滞納処分の例により強制徴収することができる（砂防38条）。

(3)　**執行罰制度の再評価**　　執行罰は，義務履行がなされるまで何度も科すことができ，罰金の額に制約されることなく相当額の過料を科すこともできる点，複雑，多様な違反行為の態様にあわせて柔軟で迅速な義務履行を確保できる点，その結果，行政庁の実力行使によることなく義務者の自主的な是正が期待できる点などに注目が集まっている。将来，環境，風俗，建築，屋外広告物などの領域では，機能不全に陥りがちな既存の行政上の強制執行を補完する効果的な義務履行確保の手段として活用できるとして，その再利用の提言も多い。

5　行政上の強制徴収制度

(1)　**行政上の強制徴収の概念**　　行政上の強制徴収とは，税金，分担金，使用料などの行政上の金銭給付義務を義務者が履行しない場合に，行政庁が，義務者の財産に実力を行使し，義務が履行されたのと同一の状態を直接実現することをいう。

(2)　**現行の強制徴収制度**　　強制徴収についても，現在，それを設け広く当該措置の利用を許す一般法はない。個別の法律が認める場合に限って用いることができるものである。国税については国税徴収法（税徴5章滞納処分），地方税については地方税法（たとえば，道府県民税について，地税48条）が強制徴収についての定めを置いている。そして，その他の国および地方公共団体の金銭給付義務で強制徴収の措置をとることを許す場合（国民年金の保険料，代執行の費用等）には，たとえば，「国税徴収法の例によつて，これを徴収することができる」（収用128条5項）とか，「地方税の滞納処分の例により処分することができる」（地自231条の3第3項）という規定を，個別の法律が設けている場合に限って，強制徴収を認めている。そして，地方税法もたとえば固定資産税の滞納処分について，「国税徴収法に規定する滞納処分の例による」（地税373条7項など）と規定しているため，個別法で強制徴収を認める場合に，国税徴収法は，事実上，その手続に関する一般法として機能している。

国税滞納処分の手続は，原則として，納付の督促，財産の差押え，財産の換価，換価代金の配当を経て終了する。この滞納処分手続の各段階における行政の行為は，すべて処分と考えられている。

なお，個別法律が強制徴収について定めていない金銭債権（水道料金，公営住宅の家賃など）も多い。もっとも，これらは，従前よりいわゆる私法上の契約

関係または本質的にはそれに類似する関係に基づいて発生する債権であると解されている。したがって，これらについては，行政は強制徴収の措置をとることはできず，私人の債権者と同様に，裁判所による民事上の強制執行を求めるほかない。

6 直接強制制度

(1) 直接強制の概念　直接強制とは，行政上の義務を義務者が履行しない場合に，行政庁が，義務者の身体または財産に実力を行使し，義務が履行されたのと同一の状態を直接実現する措置のうち，代執行および強制徴収を除くものをいう。営業停止命令に従わない飲食店の封鎖，措置入院の命令に従わない患者の強制収容等の措置がその代表例である（いずれの例も，現在はない）。

(2) 現行の直接強制制度　直接強制制度には，行政代執行法のような一般法がないだけでなく，直接強制の措置を設けその利用を許す個別の法律もほとんどない（学校施設の確保に関する政令21条，成田国際空港の安全確保に関する緊急措置法3条8項，武力攻撃事態等における国民の保護のための措置に関する法律〔以下，「国民保護法」という。〕66条1項・2項，屋外広告物法が設ける簡易除却〔広告7条4項〕などに散見される）。

　この結果，不作為義務など代執行の措置がとれない義務の履行確保は，執行罰を設ける法律もないため，間接的な刑事罰の賦科による威嚇，または，それに先立つ刑事訴訟法上の措置（逮捕・勾留，差押え，領置など）に頼るほかない。このため，即時強制が直接強制の代替として利用されていることが多い（**コラム12-3**参照）。直接強制の措置がどうしても必要なときは，法律上正式に直接強制として位置づけるとともに，その要件と手続を明確かつ厳格に定めるべきである。その際には，直接強制がきわめて過酷な措置であることにかんがみて，かつての行政執行法と同様に，他の行政上の強制執行の措置によっては目的が達せられない場合，または，急迫の事情のある場合に限って認めるべきだろう。

7 行政上の強制執行制度と救済

　行政上の強制執行の措置を裁判で争う場合，その先行行為である処分の取消訴訟または無効確認訴訟を提起するのが通例であった。その際，行政上の強制執行の措置の手続が進行することを阻むために，執行停止の申立ても併せて行

◆**コラム 12-2**◆　**行政上の執行不全**

　最高裁が，前述のように，国または地方公共団体がもっぱら行政権の主体として国民に対して行政上の義務の履行を求める民事訴訟は不適法であると判示したことから，今日，行政は，もっぱら行政権の主体である場合には，民事執行を利用することが認められていない。他方，行政上の強制執行措置についても，たとえば，実際に代執行を行うためには，慎重な手続を踏まなければならない。また，代執行を安全かつ円滑に実施するには，関係諸機関（警察，消防，水道，電気，ガス，公共交通機関等）への事前の連絡・調整および現場での協力等も不可欠である。そして，代執行の知識や技術をもつ職員を訓練しておく必要もある。そのため，煩雑で困難を伴うこの制度を使いこなせなかったり，その利用を嫌ったりして，物理的撤去等，代執行の法定手続を回避して事実上の直接的な実力行使が行われることもある。このような法定手続をとらずに行われた実力行使については，「全体としてその瑕疵が大きく，それだけでも刑罰をもって臨むべきほどの要保護性は認め難い」とする判例もあるが（新宿ホームレス退去妨害事件・東京地判平成 9・3・6 判時1599号41頁），最高裁は，行政代執行の手続をとった場合，相手方の特定等困難をきたし，実効性を期し難かったというやむをえない事情があったと判示して，行政の法律に基づかない実力行使に理解を示している（最決平成14・9・30刑集56巻 7 号395頁）。しかし，この最高裁の判断とは異なり，名古屋市および大阪市では，行政代執行法の手続に則ったホームレスの「住居」の撤去を行っている。また，最高裁は，住民訴訟として提起された損害賠償事件についてではあるが，やはり，法定の手続によらない実力行使を緊急の事態に対処するためにとられたやむをえない措置（民720条）として許容している（ヨット係留鉄杭事件・最判平成 3・3・8 民集45巻 3 号164頁）。また，行政上の強制徴収についても，地方公共団体，とくに，市町村では機能不全が問題となっている。代執行と同様，人材不足，この制度を使いこなす知識や経験の不足等によって，民事執行に比べて簡易迅速に目的が達成できるというこの制度の強みを活かすことができず，債権回収ができない，回収をあきらめる，時間がかかるなどといった事例も目立つ。そのため，一部事務組合の活用等この制度の執行に当たる組織と人の強化が課題となっている。

うことになる。また，出訴期間の徒過等により先行行為である処分の取消訴訟が提起できなくなることがありうるが，その場合には，行政上の強制執行の措置の差止めを求めることができる。ただ，この場合に，本案の違法事由として先行処分の違法性を主張できるかという問題が提起されている（**コラム 8-3** 参照）。なお，代執行については，行政代執行手続の重要な一環であり，行政代執行法上の要件を認定する行為と解釈することで，戒告および代執行令書による通知のいずれについても取消訴訟の提起が認められている。ただし，先行行為である処分とこれらの行為との間には，違法性は承継されないため，先行行

為の処分の違法をこれらの取消訴訟のなかで主張することはできないとされている。また，たとえば，建物の除却により執行が完了すると，戒告の取消しを求める利益はなくなるとされる（最判昭和48・3・6裁判集民108号371頁）。しかし，執行の完了後も，法律上の不利益を受けるおそれがあるときや，処分の取消しにより原状回復が可能な場合は，訴えの利益は失われない（桑名城址公園係留ボート除去事件・名古屋高判平成8・7・18判時1595号58頁，第16章第5節1(7)参照）。この点で，行政上の強制執行の措置に先立ち，その先行行為である処分を取消訴訟で争う方法以外にも，行政上の強制執行の措置の実施によって損なわれた原状の回復を求める訴訟，たとえば，当事者訴訟として原状回復義務確認訴訟の提起も考えられる。なお，処分ではなく法令によって直接義務付けられている場合に，その違反を理由にした行政上の強制執行の措置が将来予想される場合は，当事者訴訟である当該義務不存在確認訴訟や将来の措置の差止めを求める訴訟が考えられる（第16章第4節2参照）。

第2節　即時強制制度

1　即時強制制度の意義

(1) 即時強制の概念　　即時強制は，義務を命ずる時間的余裕のない緊急の場合，または，義務を命ずることが困難もしくはそれでは目的を達成できない場合に，相手方に義務を課すことを省いて，直接，相手方の身体または財産に実力を行使して，行政目的を実現する作用である。実力行使という点では，直接強制と似ている。しかし，直接強制は，実力行使に先立ち，まず相手方に義務を課し，自らそれを履行する機会（時間的余裕）と当該義務賦課行為を行政争訟により争う機会を与えており，この点に違いがある。また，相手方に義務を課さないという点では，簡易（略式）代執行とも似ている。しかし，簡易（略式）代執行は，相当の期間を定めて，その措置を行うべき旨をあらかじめ公告してから実力行使を行うもので緊急性を欠く点と，課した義務が代替的作為義務であるという点で，即時強制とは異なる。

　ただ，立法政策上は，こうした制度の違いは相対的なものとして扱われており，法違反の具体的な態様に応じた制度利用が行われている。たとえば，屋外

広告物法は，違法屋外広告物の表示・設置・管理者に除却等の措置を命じることができるときには，代執行を定め（同7条3項），表示・設置・管理者を過失がなくて確知することができないときには，簡易（略式）代執行を定め（同7条2項），そして，違法屋外広告物が，はり紙，はり札，広告旗，立看板等のときには，即時強制としての簡易除却を定めている（同7条4項，ただし，緊急性を欠くときにこの措置をとる場合は，直接強制と解される）。

(2)　即時強制制度の沿革　　明治憲法の時代には，一般法として行政執行法が，行政上の強制執行制度と並んで，即時強制制度についても，検束および仮領置（同1条），家宅侵入（同2条），強制検診（同3条）ならびに土地物件の強制使用（同4条）などを包括的に規律しており，即時強制制度は，汎用性のある行政法の一般的制度であった。

この結果，行政法違反の事実があれば，行政は，法違反者に義務を課す処分等の法行為を介在させることなく，当該法違反者に対してただちに実力行使ができた。処分により義務を課される法違反者には，明治憲法下でも，当該義務を履行するかどうかを自ら判断する機会と，処分に不服がある場合には訴願を行う等，自ら法的救済を求める途があった。しかし，ただちに実力行使される法違反者には，自主的に判断する機会も法的救済を求める途も保障されていなかったのである。したがって，明治憲法下，即時強制制度が行政法の一般的制度として存在したということは，法律による行政の原理に基づき行政行為（処分）を中心にして構築された行政法制度のなかに，大きな例外が存在したことを意味した。

実際の運用においても，これらの即時強制の措置を盛り込んだ行政執行法は，犯罪捜査に転用されたり，社会運動を弾圧するための道具として濫用されたりと，悪名高い人権侵害の法律であったため，日本国憲法の下で制定された行政代執行法はこれを廃止した（代執附則2項）。日本国憲法の下では，行政上の強制執行制度と同様，即時強制制度の諸措置を包括的に設ける一般法も制定されなかったため，現在は，個別の法律が具体的に即時強制の措置を設ける場合に限って，行政はこの実力行使を行えることになっている。

なお，泥酔者等の保護（警職3条1項），極端な雑踏等における避難（同4条），犯罪予防のための制止（同5条），土地・建物等への立入り（同6条），武

器の使用（同7条）といったように警察官職務執行法は，現行法制においてまとまったかたちで即時強制の性質を有する諸措置を規定している。そして，海上保安官（海保20条1項），自衛官（自衛89条2項），麻薬取締官（員）（麻薬54条8項）などの武器の使用については，個別法で警察官職務執行法7条の規定が準用されており，この点で，警職法は，実際は，治安の維持にあたる警察官以外の公務員の即時強制措置を規律する一般法の役割も担っている。

（3）　即時強制の類型

（a）　対象の相違による類型　（i）　人の身体に対する即時強制　警察官は，前述のように泥酔者等の保護，極端な雑踏等における避難，犯罪予防のための制止，土地・建物等への立入りをすることができる。入国警備官は，不法入国・滞在の外国人を収容令書によって収容したり（入管39条1項），退去強制令書によって退去強制を行ったりすることができる（同52条1項）。これは，従来から即時強制の措置と解されており，強制収容および強制送還を行うものである。

都道府県知事は，警察官の通報を受けて指定医に診察させ，一定の要件を満たす場合には，精神障害を有する者を入院させることができる（精神29条1項）。これは，即時強制の措置として行われ，措置入院とよばれている。

都道府県知事は，感染症の疑いのある者が，健康診断の受診勧告に従わない場合に，健康診断を行ったり，入院の勧告に従わないときに入院の措置をとったりすることができる（感染症19条1項・2項）。これは，即時強制の措置として，強制健康診断および強制入院を行うものである。

（ii）　財産に対する即時強制　消防職員（団員）は，延焼防止のためにそのおそれがある土地・物件を使用・処分・使用制限することができる（消防29条2項）。即時強制の措置として，延焼防止を理由に火災発生前の土地・物件を強制的に処分することを認めるもので，破壊消防とよばれている。

喫煙と飲酒を禁止する未成年者喫煙禁止法2条および未成年者飲酒禁止法2条は，未成年者がタバコ，酒を所持する場合，その器具を含めて没収することができると定めており，これは，刑法上の付加刑ではなく，行政上の措置として行われるため，即時強制である。

財産に対する即時強制で，その他のものとしては，不衛生食品の廃棄（食品

54条），不良医薬品の廃棄（薬70条），貨物の留置（関税86条）などがある。

（b）　**継続性の有無による類型**　（i）　継続性を有する即時強制　これには，前述の入国警備官による不法入国・滞在の外国人の収容，警察官による銃砲刀剣類の一時保管（銃刀所持24条の2）などがある。

（ii）　即時に完結する即時強制　これには，前述の破壊消防，不衛生食品の廃棄などがある。

2　即時強制制度と法律の授権

即時強制は，人の身体や財産に対する直接かつ重大な侵害となるため，法律の留保に関する考え方の違いにかかわらず，現在，法律（条例を含む。即時強制が，行政上の強制執行ではないため，行政代執行法の適用外となることから，行政上の強制執行の措置を条例で設けることを認めない者によっても，そして，実務上も，条例に基づくものが許容されている。例，千葉県プレジャーボートの係留保管の適正化に関する条例）の根拠は必要であると考えられている。そして，形式的な根拠が要求されるだけでなく，その規律の内容について，即時強制を定める典型例である警職法に特徴的にあらわれているように人身の自由や財産権に関わるものであるため，即時強制の措置を行う要件と手続を，厳格に，すなわち，明確で具体的で，かつ，限定的に定めることも必要である。また，義務を命ずる時間的余裕のない緊急の場合に即時強制の措置を用いることができるということは，即時強制の措置を行うことにより除去される障害の態様，程度および除去の緊急性と対比して必要な限度でのみ，即時強制の措置を授権するという規律が必要である（比例原則，第3章第5節1参照）。

この点で，鉄道係員が公衆等を鉄道地外に退去させることができると，一般的に定めるにすぎない鉄道営業法42条1項が，はたして，即時強制の措置まで授権したものかどうかが争われたが，最高裁は，最大判昭和48・4・25（刑集27巻3号418頁）において，鉄道事業者に排除の権限を付与したものであると判示し，一般的授権で足りるとした。しかし，このような形式的授権では不十分であり，厳格な要件・手続の下に置き，かつ，比例原則に則った規律の下でのみ，即時強制は許容されると述べた田中二郎裁判官をはじめとする4名の裁判官による反対意見の方が説得力をもつ。

3　即時強制制度と適正手続

　即時強制は，権力的事実行為であって処分ではないため，人身の自由や財産権に重大な侵害をもたらす危険性を有するものであるにもかかわらず，行政手続法の対象外である。警職法3条3項のように，24時間を超える警察の保護について簡易裁判所裁判官の許可状を要求する例もあるが，ほとんどの場合，緊急の必要を根拠に，令状等の事前手続は設けていない。しかし，即時強制を用いることが認められていて，緊急を要する場合ではないことも多く，その際には，令状主義が要求されていると考えるべきだろう。憲法35条1項は，刑事手続だけではなく，強制の度合いが高く人権侵害の危険を有する即時強制のような行政手続にも及ぶからである（川崎民商事件・最大判昭和47・11・22刑集26巻9号554頁，第11章第2節2(2)参照）。

　なお，適正手続の保障という観点から，法律のなかには，若干の手続保障を置くものが散見される。たとえば，麻薬および向精神薬取締法58条の6第7項は，麻薬中毒者等に対する精神保健指定医による強制診察に際して，当該麻薬中毒者等に意見を述べる機会を与えている。そして，感染症の予防および感染症の患者に対する医療に関する法律は，事前に勧告を行い（同17条1項など），この勧告には，書面による理由の提示が義務付けられている（同17条3項など）。また，出入国管理および難民認定法は，強制送還に先立ち，入国審査官の違反審査（同45条1項），容疑者の請求による特別審理官の口頭審理（同48条1項・3項），容疑者の異議の申出によって法務大臣が行う裁決（同49条1項・3項）という「事前審査型審理方式」（始審的争訟手続）を設けている。

4　即時強制制度と救済

　即時強制の措置によって権利・利益を侵害された国民は，その多くが即時に完結するため，事後に，国家賠償，損失補償などの国家補償制度による金銭的な救済を求めることしか，実効的な救済方法をもたない。

　ただ，即時強制の措置が，現場で公務員の瞬時の主観的な判断によって行われ，いったん，行使されてしまうと，適法・違法にかかわらず国民に受忍を必ず強いることになるという特性を有するため，この国家補償制度による実効的な救済にも限界がある。即時強制が有するこのような実際の特性にもかかわらず，形式的に当該措置が適法か違法かにこだわると，結果として，損害を被っ

た国民は，国家賠償によっても損失補償によっても救済を得られないという事態に陥りかねないのである。被った損害（損失）が，「延焼の虞がある消防対象物」に対する違法で過失を問える破壊消防（消防29条2項）によるものか（国家賠償請求訴訟），または，それ以外の（延焼のおそれのない）消防対象物に対する適法な破壊消防（同3項）によるものか（損失補償請求）が争われた白川村・合掌造り集落破壊消防事件は，この典型例であった。最高裁は，当該破壊消防について，消防法29条3項の要件を満たす「適法な破壊消防」に当たると広く解して損失補償請求を認めている（最判昭和47・5・30民集26巻4号851頁）。これは，形式的には「適法な破壊消防」であったと判示しているが，実際には，行われた破壊消防が適法かどうかにこだわることなく，事実上，「結果責任に基づく国家補償」を認めたものと評価できる。即時強制の特性を考慮するならば，「結果責任に基づく国家補償」の制度の活用が求められている（第19章参照）。

　次に，即時強制について，事後の金銭的補填という救済にとどまらず，積極的に現状の保全や原状の回復を求める実効的救済の可能性についても，例外的ではあるが，存在している。

　まず，改正前の行政不服審査法は，処分には，「公権力の行使に当たる事実上の行為で，人の収容，物の留置その他その内容が継続的性質を有するもの」が含まれると定義しており（旧行審2条1項），即時強制の措置のなかで継続的な性質を有するものについては，不服申立てを行う途を開いていた。一方，改正後の行政不服審査法および行政事件訴訟法は，改正前の行政不服審査法のような定義規定をもっていないが，「その他公権力の行使に当たる行為」（行審1条2項，行訴3条2項）には，継続的な権力的事実行為も含まれると解されている。この種の即時強制の措置について，取消訴訟などの抗告訴訟の途も開かれている（第15章第3節，第16章第5節1(5)参照）。

　即時完結的な即時強制の措置については，いったん行使されると瞬時または短時間で終わり，その際に侵害された権利利益を回復する可能性または必要性は消滅しているため，取消訴訟等抗告訴訟による救済の途は閉ざされている（行訴9条1項括弧書，第16章第5節1(7)参照）。しかし，例外として，退去強制について，判例は，たとえば，異議の申出に対する裁決や退去強制令書の発付を

◆**コラム 12 - 3** ◆　**即時強制など事実行為への逃避**

　日本国憲法の下で，直接強制を設けることを避ける立法政策がとられてきたのとは対照的に，即時強制については，今日，これを活用する立法政策がとられている。入院を命ずることなく病院への強制収容を定める感染症予防法19条，20条，国外退去を命ずることなく退去強制を定める出入国管理法24条，52条，偽ブランド商品の廃棄を命ずることなく没収・廃棄する関税定率法21条2項などのように，警職法以外の個別法のなかでもそうした例が数多くみられる。即時強制が直接強制を代替しているといえよう。

　また，避難の措置（警職4条）や犯罪の予防制止の措置（同5条）といった即時強制については，警戒区域からの退去命令（災害基63条2項）や指定暴力団事務所の使用禁止命令（暴力団15条）に従わない者が当該即時強制の要件をも満たす場合にはこれらをとることもできるとすれば，これらの警職法の措置は，直接強制とみることもできる。即時強制の直接強制化とでもいえよう。

　本来，行政法制度が，法律による行政の原理に基づき行政行為等法行為を中心にして構築され，国民には，自主的に判断する機会と実効的な法的救済を求める途が保障されるべきであるとするならば，法行為を回避して，直接的，一過性の権力的事実行為である実力行使を行う即時強制という措置に頼る立法政策は，日本国憲法の人権尊重主義の観点からみて問題が多い（即時強制制度への逃避）。

　なお，法整備を怠ったため，行政代執行が行えなくなった町が，ヨット係留杭を強制撤去したことについて，最高裁は，漁港法および行政代執行法上は適法ではないと判示している（最判平成3・3・8民集45巻3号164頁。ただし，住民訴訟において職員個人の賠償責任を根拠づける違法はないとした）。他方，道路法上の行政代執行を行う権限があるにもかかわらず，これを用いないで，道路整備工事（事実行為）の一環としてホームレスの段ボール小屋を撤去したことについて，最高裁は，「やむを得ない事情に基づくもの」として容認している（前掲・最決平成14・9・30刑集56巻7号395頁）。

「処分」，収容・送還をその執行と位置づけて，異議の申出に対する裁決や退去強制令書発付処分の取消訴訟とその執行停止の申立てを認めることで，抗告訴訟による実効的救済を確保している（たとえば，大阪地決平成19・3・30判タ1256号58頁）。さらに，これらの「処分」に対する取消訴訟に併合して，在留特別許可（入管50条1項4号）の義務付けを求める申請型義務付けの訴え（行訴3条6項2号）を認める裁判例もある（東京地判平成20・2・29判時2013号61頁）。

　また，今後，即時完結的なものも含め広く即時強制の措置に対する実効的救済として，予防的に，将来，即時強制の措置をとってはならない旨を命ずるこ

とを求める「差止めの訴え」（行訴3条7項）や，その提起にあわせて申し立てる「仮の差止め」（37条の5第2項）の活用が期待される（第16章第9節，第10節4参照）。たとえば，名古屋地判平成18・8・10（判タ1240号203頁）は，性同一障害の受刑者が頭髪の強制調髪の差止めを求めた訴えについて，事後審査によっては回復困難な重大な損害が生じるおそれがあると認めるのが相当であるとして，「差止めの訴え」の訴訟要件を満たしていると判示する。なお，行政事件訴訟とは別に，退去強制令書発付処分等の取消訴訟に相当の期間を要する場合に，それより短期に救済が得られるとして，人身保護法の救済措置を求めることも認められている（長崎地判昭和30・6・15民集10巻8号1108頁）。

第3節　行政上の制裁制度

Ⅰ　行政罰

(1) 行政罰の概念　　行政罰とは，過去に行われた行政上の義務違反に対して，統治権に基づいて制裁として科されるもので，刑法に刑名の定めのある刑罰および過料があり，前者を行政刑罰，後者を行政上の秩序罰とよんでいる。

　行政罰は，行政上の義務違反を犯した者に対して制裁として科せられるところから，それ自体としては行政上の義務の履行を確保するための措置ではない。しかし，行政罰を設けて義務違反者にそれを科すということは，義務違反者を戒め義務違反者による将来の義務違反を予防する機能とともに，広く当該義務違反者以外の者による義務違反を予防する機能ももつ。そのため，行政罰は，間接的なものではあるが，行政上の義務履行を確保する手段としての機能をもっている。

　これらの行政罰のなかで，行政刑罰が主要な制度である。これも，行政自身の手ではなく，裁判所が訴訟手続により実力行使を行うことが日本国憲法の人権尊重主義に合致するという考えに基づくものである。この立法政策によって，行政（裁判所）自身が行政手続により制裁を科す行政上の秩序罰の利用については，例外的な場合に限定されることとなった。

　しかし，行政刑罰は，労働および政治関連の事件において恣意的な積極的賦科がしばしばみられる反面で，通常は悪質な違反だけが起訴されるため行政が

告発に慎重になる，軽い制裁であるため義務違反を抑制できず行政が告発意欲をなくす，行政指導等に協力していた違反者との信頼関係が告発によって崩れることを嫌うなど，実際には利用されない（できない）ことも多い（行政刑罰の機能不全）。そのため，こうした利用の難しい行政刑罰に代えてまたはそれと並んで，既存の行政上の強制執行や秩序罰ではない新しい多様な制裁措置を考案して個別法で設ける例が増えている。

(2)　行政刑罰　**(a)　行政刑罰の性質と要件**　　行政刑罰は，形式的に法律が定めた行政目的を，直接に侵害する義務違反（行政犯）に対して科されるものである（非行者の行政法規の不遵守に対する罰）。しかし，行政刑罰は，法律の有無に関わりなく実質的に反社会的行為とされる刑事犯の場合（実質的に法益を侵害する者の悪性に対する罰）と同様に刑罰を科すものであるため，刑法の総則が適用されることになる（刑8条本文）。ただ，行政犯については個別の法令が刑法総則の特則を設ける場合が多く，その場合は，「法令に特別の規定があるとき」（刑8条但書）に当たるため，刑法総則の規定の適用は排除される。このような刑法総則の特則として，個別法令で設けるべきかどうかが問題となるものとしては，行政犯における違法性の認識，過失犯，法人の犯罪能力，両罰規定における業務主などの責任といった問題がある。

　学説においては，法律が特則を設けていない場合でも，行政犯の特殊性を考慮して刑法総則の適用を排除する見解も有力である（明文の規定がなくても法文の趣旨から過失犯処罰を容認するものとして，最決昭和57・4・2刑集36巻4号503頁がある）。しかし，刑法総則という法律規定の適用を解釈による条理を根拠に排除することは，罪刑法定主義の原則である類推適用の禁止に違反して，違法に刑罰権の発動を拡大するものであって許されないと解すべきである。

(b)　手　続　　行政刑罰の賦科は，原則として刑事訴訟法の手続によって行われる。

　しかし，大量に生じている軽微な行政犯のなかには，個別の法律が特別の簡便な科罰手続を設けているものがある。交通事件即決裁判手続（交通裁判3条以下），通告処分制度（税通157条以下，関税146条以下），交通反則金通告制度（道交125条以下）がそれに当たる。

　交通事件即決裁判手続は，特別な刑事訴訟手続であって，簡易裁判所が即決

裁判手続に従って科罰する手続である（交通裁判7条）。ただし，被告人に異議があるときは，即決裁判によることができない（同3条2項）。また，即決裁判の宣告があっても，宣告のあった日から14日以内であれば被告人または検察官は正式の裁判の請求をすることできる（同13条1項）。

　これに対して，通告処分制度および交通反則金通告制度（以下，「通告処分制度等」という）は，訴訟手続に入る前に行政による処理として，刑罰としての罰金ではない制裁金の納付を求める行政手続である。すなわち，行政上の特別の制裁金の納付通知を受けた義務違反者がそれを納付した場合に，刑事訴訟手続を中断させ，行政の段階で事件を処理するものである（犯罪の非刑罰的処理〔diversion〕）。したがって，これを納付しない場合には，刑事訴訟手続が進行し，裁判所により刑罰が科せられる。

　通告処分制度等で発せられる通告は，制裁金を納付すれば公訴を免れることができるという法効果を有する不利益処分に当たると解される。しかし，通告が本来の行政権の行使ではなく，その後に刑事訴訟手続へ移行する途が用意されていることを理由にして，通告の事前手続への行政手続法の適用が排除されている（行手3条1項5号・6号）。また，事後の裁判所による救済についても，後に刑事裁判が用意されていることを理由に，通告の処分性を否定して抗告訴訟による救済の途が閉ざされている（最判昭和57・7・15民集36巻6号1169頁）。

　しかし，事後に正式の刑事裁判を受ける途があるといっても，この制裁金より高額の罰金を科せられて前科の経歴をもち，場合によっては資格剥奪や資格取得の制約となるという危険を賭けて刑事裁判を行わねばならないことを考えるならば，通告に不服があっても，公訴にともなう危険を恐れて制裁金を納付せざるをえない。そこで，解釈論としては，制裁金の納付後，通告の無効を理由とした不当利得返還請求訴訟の提起を許容したり，立法論としては，行政に処罰権限を最終的に付与することの危険性には十分配慮しつつ，この制裁金を刑事訴訟手続とは別個の完結した行政上の秩序罰に転換し，その事前手続と事後救済（略式の刑事訴訟手続）の仕組みを整備したりすべきである。

　なお，通告処分と類似した機能をもつ「処分」として，微罪処分および少年事件におけるそれに当たる補導措置がある。これらは，行政犯ではなく本来の刑事犯に関するものであり，かつ，行政法関係の個別法ではなく刑事訴訟法そ

れ自身に基づくものであるため（刑訴246条但書），従来，行政法学の対象外とされてきた。しかし，警察が刑事訴訟の途を閉ざしたうえでその広範な裁量権に基づいて事件を処理し，処分に不服があっても刑事裁判を利用できないという実態をみるならば，これらについても，通告処分の場合と同様の行政法上の問題が存在している。

(3)　行政上の秩序罰　　(a)　行政上の秩序罰の性質と手続　　行政上の秩序罰には，国の法律違反について，非訟事件手続法の手続（裁判所が行う行政手続）を借りて，地方裁判所が裁判によって科す過料（非訟119条以下）と，地方公共団体の条例・規則違反について，地方自治法の定める行政手続によって，長が行政行為として科す過料（地自149条3号・255条の3第1項）とがある。いずれの場合も，この秩序罰は，実定法上若干の混乱はあるものの，おおむね，間接的に行政目的の達成を妨げるにとどまる届出，通知，登記，登録などの義務を怠った行政犯に対する制裁として，限定的な範囲でしか設けられていない（なお，直接的に行政目的を侵害する行政犯に対して例外的に過料を科しているものとして，都園28条，文化財108条〜111条がある）。したがって，直接的に行政目的を侵害する行政犯に対して科され，義務履行確保のための原則的措置となっている行政刑罰の場合とは対照的に，同じ行政罰でも秩序罰の方は例外的な措置にすぎない。

(b)　秩序罰の活用と非犯罪化　　これまでであればもっぱら刑罰を用いていた命令違反といった直接的に行政目的を侵害する義務違反に対する処罰について，新たに，秩序罰である過料を用いる法律や条例が増えている。たとえば，交通反則金通告処分の一種としてではなく，公安委員会の納付命令により科される行政上の秩序罰としての放置違反金（道交51条の4），違法屋外広告物の設置者に対して条例に基づいて刑罰に代えて科す過料（広告34条），1999年に改正された地方自治法14条3項を受けて制定された地方公共団体の条例における条例上の義務違反者に対して科す過料（例，各地のポイ捨て・路上喫煙取締り条例）などがある。これまで軽微な義務違反についても刑罰で対応していたやり方を改めて，非犯罪化・秩序罰化の改革が始まっているとみることができる。こうした個別法による秩序罰の活用が広まると，一般法である行政処罰法の制定も，将来，検討に値するものになるだろう。

2　その他の行政上の制裁

(1)　その他の制裁手段の必要性　　行政上の実効性を確保するために考案された既存の措置は，個別の法令がそれを設けなかったり，設けても実際発動することが困難であったり，また，地方公共団体が条例で設けることができないとされたり（代執1条・2条）する場合がしばしばあった。さらに，国民に義務を課しておいてその履行を確保するのではなく，その任意の自発性に期待して一定の作為・不作為を誘導するため，義務賦課行為を前提とする既存の措置が使えない場合も増えている。そこで，今日，このような状況に対処するために，既存の義務履行確保の措置とは別に新しい措置がいくつか考案されている。

(2)　利益的行政行為の撤回等　　許認可を受けた者が法令やそれに基づく処分に違反した場合に，行政庁が許認可を撤回したり，その効力を一定期間停止したりする措置をとる規定を設ける法律は多くある（例，道交103条2項2号，廃棄物7条の3・7条の4）。これらの措置は，義務違反者に対する制裁的性質をもつ処分であり，行政罰と同様に，機能的には，間接的に義務履行を確保する措置となる。

制裁的性質を有する利益的行政行為の撤回には法律の授権が必要である（第8章第9節1参照）。

これらの措置のうち国の法令に基づく処分に当たるものは，行政手続法にいう不利益処分に当たるから，個別法に特別の定めがある場合を除き（同1条2項），行政手続法が定める不利益処分手続に従って行われる（第8章第4節2参照）。

行政契約にともなう行政の内部行為として行われる入札参加拒否も，この種の撤回と同様の制裁的性質をもっている（予会令71条1項，自治令167条の4第2項，第10章第6節1参照）。

(3)　公　表　　行政庁の指示等の処分および勧告等の行政指導に従わない場合に，その者の名前を公表できると定める法律（生活安定7条2項，国土利用26条，食品63条など）および条例（消費者保護条例，掛川市まちづくり土地条例など）がある。さらに，地方公共団体が，法律によらないで，要綱に基づいて公表という措置を行う場合もある。

　公表は，国民・住民に対する情報提供という性質をもつ措置であり，国民の権利・義務を直接的に変動させる法効果はない非権力的行為である。そのため，法律の根拠がなくても，公表を行うことは認められている（東京高判平成15・5・21判時1835号77頁）。とくに，義務を課したりその履行を確保する既存の権力的な措置を設けたりする権限をもたない地方公共団体にとって，公表は行政の実効性を確保するために利用できる数少ない措置であるため，積極的に活用されてきた。ただ，公表の実効性は，処分や行政指導を受けた者の姿勢と世論に依存しており，公表による信用失墜を意に介さない者や世論が無関心の場合には無力なものとなる。

　しかし，行政手続法およびそれにならった地方公共団体の行政手続条例が，行政指導に従わなかった者に対する「不利益取扱い」を禁止しているため（行手32条2項），行政指導に従わないことを理由とする公表が，単に情報提供にとどまらず，公表された者に対し具体的に名誉・信用の低下などの不利益をもたらす制裁的な性質を有する場合には，「不利益取扱い」に当たり許されない。そこで，なおも制裁的な公表を行う必要がある場合，個別の法律や条例によって，この種の公表を根拠づけなければならない。

　信用の失墜をもたらす誤った情報の公表やプライバシーを侵害する公表に対する事後の救済は，損害賠償請求によることになる（O-157集団食中毒事件・大阪地判平成14・3・15判時1783号97頁）。しかし，事後救済によって，公表の結果地に落ちてしまった信用を回復することはきわめて困難なため，公表に先立つ義務賦課行為（処分）や勧告等を取消訴訟または当事者訴訟で争ったり，公表の差止めを求めたりする必要がある。また，公表に先立って，公表が予定されている者から意見を聴取するなど，適正手続が保障された公表前の行政手続の整備も必要である。

　(4)　**課徴金**　　課徴金とは，国権に基づき国庫に，国が国民から収納する金銭で租税を除くものを意味する広義の課徴金（財3条）のうち，より狭く限定して，国民生活安定緊急措置法11条，独占禁止法7条の2・8条の3，金融商品取引法172条以下および公認会計士法34条の21の2が定める課徴金をさす。これらは，その導入時は，たとえば，不当な価格による物資の販売，不当な取引（インサイダー取引），取引制限（カルテル，談合），虚偽証明により獲得された

◆コラム 12 - 4◆　課徴金と独禁法改正

　2005年の独禁法改正によって，独禁法の課徴金については，その額が大幅に引き上げられて，違法行為によって得た不当な利益相当額を超える金額を徴収することが可能な行政上の制裁金という新たな位置づけを獲得することになる。現在，内容上，刑罰に匹敵する懲罰的な制裁となったこの課徴金は，かつてのように，その形式上の違いを理由にして二重処罰には当たらないと解することはできなくなっている。

　制裁が懲罰的で違反行為を抑制するものであれば，その名称のいかんに関わらず，それは，本質的に「刑事領域」の制裁である。将来，課徴金のいっそうの高額化が予想されるが，その際には，刑罰を廃止して，課徴金を「刑事領域」に属する行政上の秩序罰として位置づけなおしたうえで，課徴金の高額化を行うべきである。そして，懲罰的制裁である課徴金の賦科に相応しい準司法的手続である対審構造をとる本来の審判手続を用いた課徴金賦科方式＝「事前審査型審判方式」（2005年改正前の方式）に戻すべきである。しかし，政府は，改正前の「不服審査型」およびかつての「事前審査型」の両方の審判制度を廃止して，裁判所にこの機能を移して取消訴訟で争わせる「訴訟審理型」をとる改正を行った（2013年）。本質的に「刑事領域」に属する制裁の賦課を取消訴訟手続で裁断するもので，問題の多い改革である。

不当な利益を国庫に吸収することによって，違法行為の防止する機能をもつ金銭的負担であった。そのため，この措置は，不当な利益を吸収するにとどまり，これを科される者にとっては「取られてもともと」という面があるため，実効性に限界があった。このことは，また，課徴金と懲罰的な制裁として科される刑事罰との性質の違いが形式的には明白なことも意味した。したがって，たとえば，最判平成10・10・13（判時1662号83頁）が，カルテル行為に対して刑事罰が科され不当利得返還請求が提起されていても，別途，課徴金を科すこともでき，それは，憲法39条，29条および31条に違反しないと判示しているように，課徴金を刑罰に併科することは二重処罰には当たらないと考えられていた。

　(5)　**加算税等**　　加算税とは，申告納税方式が用いられる国税について納税者に申告義務違反がある場合，および，源泉徴収等が用いられる国税について納税者に納付義務違反がある場合に課される付帯税である。「税」という名称ではあるが，これは租税ではなく制裁的意義を有する行政上の措置であり，地方税の場合は，「税」ではなく「加算金」とよばれている。義務違反の態様に

応じて，過少申告加算税，無申告加算税，不納付加算税および重加算税の４種類がある（税通65条〜68条）。加算税のうち重加算税については，同時に租税ほ脱犯が通常成立し刑罰も科されることになるため，二重処罰を禁止した憲法39条に違反しないかが問題となる。最高裁は，追徴税（加算税の前身）が納税の実を挙げようとするための行政上の措置であって，犯罪に対する刑罰ではないと判示して，追徴税と刑罰との併科を合憲と解している（追徴税・罰金併科事件・最大判昭和33・４・30民集12巻６号938頁）。しかし，罪刑均衡の原則や比例原則に反する場合は，この併科は違憲となる。また，国税に関する法律に基づき行われる処分については，行政手続法２章および３章の規定の適用が排除されていることも問題である（税通74条の14第１項）。なお，国税通則法は，2011年改正の結果，新たに「第７章の２　国税の調査」（74条の２から74条の13まで）が設けられ，税務調査前の事前通知，税務調査終了時の手続および税務調査終了後の理由附記について，明文の規定が設けられた。

　また，加算税と同様の制裁的性質をもつ措置として，事業主の保険料納付義務違反に対して，保険料に付加して徴収する追徴金もある（労保徴21条１項）。

　(6)　行政サービス拒否等　　法律のなかには，ある程度関連のある権限の連結を許すことによって，行政サービスの提供を拒否できるようにして，行政の実効性の確保を図るものがある。たとえば，自動車重量税，自動車税および軽自動車税が納付されていない場合，自動車車検証を交付しないという規定がある（道運97条の４・97条の２）。

　ところで，地方公共団体独自の条例上の義務を履行しない場合や条例に基づく行政指導に従わない場合に，水道供給，ごみ収集など地方公共団体が行っている行政サービスを抵否（留保）できる規定を条例に盛り込んで対処する場合がある（例，真鶴町上水道事業給水規制条例，小田原市市税の滞納に対する特別措置に関する条例）。また，給付拒否を正式に条例に盛り込むのではなく，指導要綱に規定するだけですませている地方公共団体もある。こうした例は，地方公共団体には既存の行政上の義務履行確保手段を利用する権限がなかったり，権限があっても実効的でなかったりする事情があることに起因する。

　しかし，これらは目的が異なる行政権限の連結であるから，法定の行政サービスについては，サービス拒否が，条例または要綱上の拒否事由に該当して

も，法定のサービス拒否事由に該当しない場合には，当該サービスの拒否はできない（武蔵野市長給水拒否事件・最決平成元・11・8判時1328号16頁，および，志免町給水拒否事件・最判平成11・1・21民集53巻1号13頁，第10章第5節2(3)参照）。

　また，地方公共団体が，法律または条例の目的と関係のない目的を追求して，実際に行政サービスの提供を拒否することは，行政手続法32条2項にならった規定を設けている行政手続条例がある場合には，「不利益な取扱い」に当たるため許されない。

第13章
行政情報管理・個人情報保護・情報公開

第1節　行政情報の管理・利用

1　行政情報の管理

(1)　行政情報の管理の必要性　　国民・住民からの届出や行政調査によって収集された情報を行政機関に適切に管理させることは，行政機関に行政活動を適正かつ効率的に運営させるためだけではなく，情報公開制度および個人情報保護制度を適正かつ円滑に運用させるためにも必要である。

　現用文書および非現用文書を包括した公文書のライフサイクルに関する通則法が，公文書等管理法である。公文書等管理法は，直接的には「国民主権の理念」に則り，「行政文書等の適正な管理」，「歴史公文書等の適切な保存及び利用」を図り，終局的には「行政が適正かつ効率的に運営されるようにする」とともに「国及び独立行政法人等の有するその諸活動を現在及び将来の国民に説明する責務が全うされるようにする」ことを目的としている（公文書1条）。これらの目的を達成するために，同法は，公文書等の管理に関する基本的な事項を定める（同第2章および第3章）とともに，特定歴史公文書等の保存および利用請求に関する事項（同第4章）を定めている。

　個人情報保護法第5章（行政機関等の義務等）は，個人情報保護の観点から行政情報の管理に関する原則を定めている。これに対して，公文書等管理法は，公文書等が「健全な民主主義の根幹を支える国民共有の知的資源」として「主権者である国民が主体的に利用し得るもの」（公文書1条）という観点から公文書等の管理に関する原則を定めている。

　公文書等管理法が対象とする公文書等は，「行政文書」，「法人文書」および「特定歴史公文書等」である（公文書2条8項）。個人情報保護法および行政機

◆コラム 13 – 1 ◆　　情報関連一般法が適用される機関・法人

　デジタル社会形成整備法によって改正された個人情報保護法は格別，国，独立行政法人および地方公共団体のいずれにも適用される行政情報の管理および公開に関する一般法は存在しない。

　公文書等管理法は，主として国の行政機関（会計検査院を含む）と独立行政法人等を適用対象機関としている（公文書2条1項・2項）。もっとも，歴史公文書等の保存・移管に関しては，国会や裁判所も対象機関に含まれている（公文書14条）。

　行政機関情報公開法は，国の行政機関（会計検査院を含む）のみを対象機関とする（行政情報公開1条・2条1項）。

　国とは別法人である特殊法人の一部と独立行政法人は，行政機関情報公開法の適用対象から外れており，2001年に制定された「独立行政法人等の保有する情報の公開に関する法律」の適用対象とされている。

　地方公共団体には，一部の地方公共団体において国に先行した取り組みがあったが，これ以外の地方公共団体に対しても，地方自治の尊重の観点から行政機関情報公開法は適用されない。ただし，地方公共団体は，法律の趣旨にのっとり，自主的に制度を創設すべきである（行政情報公開25条）。公文書等管理法も，公文書等の管理が自治事務であること，歴史公文書等が各地方公共団体の公文書館に保存されていることに配慮しており，地方公共団体は，法律の趣旨にのっとり，公文書等の適正な管理のため，自主的に制度を創設すべきである（公文書34条）。これとは異なり個人情報保護法は，地方公共団体の機関（議会を除く）を行政機関等に含んでいるので，条例との関係についても定めている（個人情報108条）。

　なお，行政体が多元化（第1章第3節4，第4章第1節2(2)・3参照）しているといっても，これにより情報の属性までもがただちに変化するわけではないが，国の情報関連法制は，前述のように独立行政法人等を適用対象とするにとどまる。

関情報公開法が，「行政文書」およびそれに記録されている情報を対象としていることに照らして，本節では「行政文書」についてのみ説明する。

　(2)　**行政情報と行政文書の意義**　　行政機関の職員が取得した情報は，文書または何らかの媒体の形態において保有される。そこで，公文書等管理法は，「行政機関の職員が職務上作成し，又は取得した文書（図画及び電磁的記録……）であって，当該行政機関の職員が組織的に用いるものとして，当該行政機関が保有しているもの」である「行政文書」（公文書2条4項）を，管理の対象としている。決裁供覧を経ない文書であっても，これが組織的に共用されている場合には「行政文書」に含まれるので，これも管理の対象となる。

　もっとも，国民主権の観点からは適正に管理されるべき文書が個人メモの扱いをされて廃棄されるなど，組織共用文書の意義これ自体が問題となることは少なくない。また，個人情報保護の対象は行政文書ではなく，個人情報であるから，個人情報保護法が管理の対象としているのは，「保有個人情報」（個人情報60条1項）であることにも注意を要する。

　(3)　行政文書の管理の原則　　公文書等管理法は，現用の行政文書の管理の原則を定めている。

　(a)　職員の文書作成義務（公文書4条）　　行政機関の職員は，法令の制定または改廃およびその経緯，個人または法人の権利義務の得喪およびその経緯など5つの項目につき，文書を作成する義務を負う。これは，当該行政機関における経緯を含めた意思決定に至る過程ならびに当該行政機関の事務および事業の実績を合理的に跡付け，または検証できるようにするためである。

　(b)　行政文書の整理・保存（公文書5条）　　行政機関の長は，職員が作成または取得した行政文書および相互に密接に関連を有する行政文書を1つの集合物にまとめた行政文書ファイルについて分類し，名称を付し，保存期間および保存期間満了日を設定する義務を負う。

　(c)　行政文書の移管・廃棄（公文書5条5項・8条）　　行政機関の長は，保存期間満了前のできる限り早い時期に，行政文書ファイル等（行政文書ファイルおよび行政文書ファイル化されずに単独で管理されている行政文書）の保存期間満了後の措置（歴史公文書等に該当するものとして国立公文書館等への移管か，そうでなければ廃棄）を定める義務を負い，この定めに基づき行政文書ファイル等を移管または廃棄する義務を負う。

　(d)　行政文書ファイル管理簿の作成・公開（公文書7条）　　行政機関の長は，不開示情報に該当するものを除いて，行政文書ファイル等の分類，名称，保存期間，保存期間満了日，保存期間満了後の措置および保存場所等が記載された行政文書ファイル管理簿を作成する義務を負う。この管理簿は当該行政機関の事務所において一般の閲覧に供され，インターネット等で公表されなければならない。

　なお，このような一般的な行政文書のファイルとは別に，個人情報保護法は，個人情報の開示請求に資するために，行政機関の長に対して個人情報ファ

イル簿の作成義務を課している（個人情報75条1項）。

（e）　**行政文書管理規則の制定**（公文書10条1項）　　行政機関の長は，行政文書の管理が同法の規定に基づき適正に行われることを確保するために，行政文書の作成，整理，保存，移管・廃棄，管理状況，行政文書ファイル管理簿に関する事項につき，行政文書管理規則を制定する義務を負う。

⑷　**行政情報の管理・保護の原則**　　行政情報のうち個人情報については，行政機関の長に対して利用目的の範囲内での個人情報の正確性保持の努力義務（個人情報65条），個人情報の安全確保措置義務（同66条1項）が課されている。

特定歴史公文書等については，国立公文書館等の長に対して，永久保存義務，適切な保存義務，個人情報漏洩防止措置義務，目録作成義務が課されている（公文書15条1項〜4項）。

⑸　**行政情報の違法な管理**　　個人情報保護法は，行政機関の職員等による個人情報ファイルの違法な提供（個人情報176条），自己・第三者の不正な利益を図る目的での保有個人情報の提供・盗用（同180条），個人の秘密に属する事項の職権濫用による職務目的外の収集（同181条）につき罰則を設けている。

また，取得情報の開示が適法な手続によることなく行われ，秘密の漏洩に当たる場合には，公務員法上の罰則が適用される（国公109条12号，地公60条2号）。

2　行政情報の利用・提供

⑴　**行政情報の目的外利用・提供の制限**　　収集された行政情報は収集目的に即して利用されることが前提とされている。収集目的外の情報を収集することは許されないことからすれば（第11章第2節3参照），収集された行政情報の目的外の利用は実質的には行政情報の収集目的の変更であるから，これは当然に許されるわけではない。

個人情報保護法は，行政機関に対し，個人情報を保有するにあたって利用目的をできる限り特定することを義務付け（個人情報61条1項），利用目的を変更するにあたっては変更前と相当の関連性を有すると合理的に認められる範囲を超えてはならないことを義務付けている（同61条3項）。さらに，同法は，次に説明する場合を除いて，原則として，個人情報の利用目的外の利用および提供を禁止している（同69条1項）。

⑵　**行政情報の目的外利用・提供**　　収集された行政情報の目的外での利用

を認めることは，行政資源の無駄を省くことにもなるし，行政機関間の協力・連携を必要とする行政事務の執行を円滑かつ有効に進めることにも資する。行政機関間での情報提供を予定している立法例も散見される（生活保護29条，配偶者暴力9条など）。個人情報保護法もまた，法令に基づく場合（災害基49条の11第1項～3項，国会104条1項，刑訴197条2項など）ならびに本人の同意があるときの利用・提供，本人への提供，相当な理由のある行政機関内部での利用，他の行政機関等における法令の定める事務の遂行に必要な限度での相当な理由のある利用，統計作成・学術研究目的のための利用，本人の利益になる利用に限定して，目的外利用・提供を認めている（個人情報69条2項）。

　以上のように限定的に認められていた行政情報の目的外利用・提供は，行政機関個人情報保護法の2016年改正と2021年の廃止（個人情報保護法への一本化）によって，質的に変化した。すなわち，行政情報の公開による民間における利活用というオープンデータの考え方が同法に導入された結果，行政機関等匿名加工情報の作成・提供（個人情報60条3項・第5章第5節）が可能となった。この条項は，2016年の法改正によって追加された新たな産業創出という目的（同1条）のために，個人情報に含まれる記述等を削除することで特定の個人を識別できないように加工しつつ，これを民間に提供する根拠を定めている。

　「行政手続における特定の個人を識別するための番号の利用等に関する法律」（以下「番号法」）は，行政機関，地方公共団体その他の行政事務を処理する者が，住民票に記載されている個人に付された住民票コードを変換して得られる個人番号が有する特定の個人を識別する機能を活用し，かつ，情報提供ネットワークシステムを運用して，効率的な情報の管理および利用を行うことができるようにするとともに，他の行政事務を処理する者との間における迅速な情報の授受を行うことを認めている。

　個人番号は個人識別性を強く有しているので，個人番号を利用することができる者，および個人番号を利用することが許されている事務は，番号法9条各項に定められているものに限定されており，何人も，同法19条各号のいずれかに該当して特定個人情報の提供を受けることができる場合を除き，他人に対し個人番号の提供を求めてはならないとされている（番号15条）。

　もっとも，同法9条1項から3項までの規定により個人番号を利用して事務

を処理する行政機関，地方公共団体，独立行政法人等その他の行政事務を処理する者（当該事務の受託者も含む）を個人番号利用事務実施者といい（番号2条10項・12項），同法9条4項の規定により個人番号関係事務を処理する者（当該事務の受託者も含む）を個人番号関係事務実施者という（番号2条11項・13項）ところ（国税の徴収に即していえば，国税庁長官〔税務署長〕が個人番号利用事務実施者となり，これらの機関に個人番号を記載した源泉徴収票，支払調書等を提出する民間事業者などが個人番号関係事務実施者となる），個人番号利用事務実施者および個人番号関係事務実施者は，本人ならびに他の個人番号利用事務実施者および個人番号関係事務実施者に対し，個人番号の提供を求めることができるとされている（番号14条1項）。

　また，番号法は，特定個人情報の提供が許される場合を限定列挙し（同19条1号〜17号），それ以外の場合の特定個人情報の収集・保管を禁止している（同20条）。情報提供ネットワークシステムを使用して行う情報提供については，特定個人情報の内容に即して情報照会者と情報提供者の組合せを法定している（同19条8号，別表2）。なお，番号法19条13号から17号までのいずれかに該当して特定個人情報の提供を受けた者は，個人番号を利用することができるが，その提供を受けた目的を達成するために必要な限度にとどめられている（番号9条6項）。したがって，特定個人情報の提供を受けた者が，個人番号を利用してデータベースを作成したり，2次利用したりすることは許されない。

　法人情報または個人事業情報に関するものであるが，最高裁は，最判昭和63・3・31（判時1276号39頁）では，収税官吏が犯則嫌疑者に対し国税犯則取締法に基づく調査を行った場合に，課税庁が当該調査により収集された資料をその者に対する課税処分および青色申告承認取消処分を行うために利用することは許されると判示し，最決平成16・1・20（刑集58巻1号26頁）では，質問検査権の行使にあたって取得収集される証拠資料をのちに犯則事件における捜索令状請求の資料として利用することは許されると判示し，行政情報の目的外利用を比較的安易に認めている。しかし，前述のように行政情報の目的外利用・提供は原則として許されないことを前提として，当該行政情報の性質，行政情報の目的外利用・提供によって実現されうる利益，それによって失われる利益を考慮して，目的外利用・提供の可否は決せられるべきである。

第2節　行政機関における個人情報保護

1　個人情報保護の意義

　個人情報の保護は，プライバシー権または自己情報コントロール権に由来する。プライバシー権は，私生活上の自由一般をさし，公権力に対する関係では幸福追求権（13条）の内実の1つとされている。その規範的な効果は，一般の人に未だ知られていない事柄を自らの意思に反して収集されない，公表されないというものである。自己情報コントロール権は，自己についての情報の利用・管理・伝達について自己が決定する権利をいう。沿革的には，プライバシー権は，自由に対する侵害を防止するといった消極的内容をもつのに対し，自己情報コントロール権は自己情報の開示・訂正・請求といった積極的内容をももつものであるから，一般的にはそれに関する請求権は法律等の実定法があってはじめて具体的に行使されうると解されている（ただし，人格権に基づいて認められるとする裁判例もある。東京高判昭和63・3・24判時1268号15頁）。

　2021年改正の前から，個人情報保護法および行政機関個人情報保護法は，それぞれ2015年および2016年の改正によって，新たな産業創出等の個人情報の有用性への配慮が強化あるいは追加されたが，個人情報の取扱いについて個人の権利利益の保護を目的としていることに照らせば（個人情報1条），プライバシー権の情報化社会における展開としての自己情報コントロール権を具体化した実定法といえよう。このことは，地方公共団体で制定されている個人情報保護条例において，一層明確であるといえる。プライバシー権に基づく行政機関における個人情報保護の仕組みは，すでに，前節において概説したので，ここでは，自己情報コントロール権に基づく個人情報保護制度を個人情報保護法第5章に即して概観することとする。

2　個人情報保護法における開示請求等の制度

（1）　保護される個人情報　　個人情報保護法における個人情報とは，生存する個人を識別しうる情報であるが，判断の余地を狭くするために個人識別符号（顔認識データや旅券番号など）が含まれるものも個人情報に当たる（個人情報2条2項，同施行令1条）。個人情報のうち，個人を識別しえないように個人情報

を加工し，個人情報を復元できないようにしたものが，匿名加工情報である（同2条6項）。これとは反対に，特に配慮を要する記述が含まれているものが，要配慮個人情報である（同2条3項，同施行令2条）。これらの定義から明らかなように，個人情報保護法が保護するのは，保有個人情報，すなわち行政文書に記録されている個人情報（同60条1項但書）であって，行政文書ではない。組織的に共用されている個人情報であれば，情報の集合物であって検索できるように体系化された個人情報ファイル（同60条2項）にされておらず，散在状態にある情報も保有個人情報に含まれる。

　(2)　**個人情報ファイル簿の作成・公表**　　行政機関は，個人情報開示に資するために，個人情報ファイルを保有した場合には，原則として，個人情報ファイル簿を作成し，それを公表しなければならない（個人情報75条1項）。また，会計検査院を除く行政機関が個人情報ファイルを保有しようとする場合には，原則として，当該行政機関の長は，あらかじめ個人情報ファイルの名称，利用目的等を個人情報保護委員会へ通知しなければならない（同74条1項）。なお，この通知義務は，電算処理ファイル（同60条2項1号）に関して課されるが，マニュアル処理ファイル（同60条2項2号）に関しては課されていない（同74条2項11号）。

　(3)　**開示制度**　　個人情報保護法は，何人に対しても自己を本人とする保有個人情報につき開示請求権を認めている（個人情報76条1項）。これに対応して，開示請求があったとき，行政機関の長は請求があった保有個人情報を開示する義務を負う（同78条柱書）。もっとも，保有個人情報が不開示情報を含む場合にはその限りではない（同78条1項1号～7号）。不開示情報の内容は，開示請求者の生命，健康，生活または財産を害するおそれがある情報（同78条1項1号）を除き，行政機関情報公開法のそれと同じであるから，そこで説明する（本章第3節2(3)参照）。

　不開示情報を含む場合であっても，開示請求権を保障する観点から，不開示情報を含む文書を全面的に不開示とするのではなく，開示可能な部分は開示をしなければならない（個人情報79条〔部分開示〕）。また，不開示情報を含む場合であっても，個人の権利利益を保護するためにとくに必要があるときには，行政機関の長の裁量で開示される（同80条〔裁量的開示〕）。なお，保有個人情報の

存否に関する情報を開示するだけで不開示情報を開示することとなるときは，当該保有個人情報の存否を明らかにしないで，開示請求を拒否することが許される（同81条〔存否応答拒否〕）。

　開示請求とこれに対する開示等の決定は書面で行われる（個人情報77条1項・82条1項）。開示決定等は原則として開示請求があった日から30日以内にしなければならない（同83条1項）。第三者の権利利益の保護のために，行政機関の長は，第三者に意見提出の機会を与えることができる（同86条1項）。

　開示の全部拒否（請求にかかる保有個人情報を保有していないときも含む）または一部拒否についてはその旨を書面で通知し（同82条2項），理由を書面で提示しなければならない（行手8条1項・2項）。開示の実施方法は，保有個人情報が記録されている行政文書が文書・図画の場合にはその閲覧または写しの交付によって行われるが，電磁的記録の場合には行政機関が定める方法による（個人情報87条1項）。

　(4)　訂正制度　　個人情報保護法は，自己を本人とする保有個人情報の内容が真実でないと思料する者であれば，何人に対しても訂正請求権を認めている（個人情報90条1項）。訂正の請求は，開示を受けた保有個人情報につき90日以内にされなければならない（同90条3項）。行政機関の長は，当該請求に理由があると認めるときは，利用目的の達成に必要な範囲内で，当該保有個人情報の訂正をする義務を負う（同92条）。手続は，開示制度とほぼ同様であるが，第三者の意見聴取はない。

　(5)　利用停止制度　　個人情報保護法は，自己を本人とする保有個人情報が，適法に取得されたものではない，利用目的の達成に必要な範囲を超えて保有されている，および違法に目的外に利用されていると思料する者には当該保有個人情報の利用の停止または消去を，違法に提供されていると思料する者には当該保有個人情報の提供の停止を請求する権利を認めている（個人情報98条1項）。これらの利用停止の請求は，開示を受けた保有個人情報につき90日以内にされなければならない（同98条3項）。行政機関の長は，当該請求に理由があると認めるときは，個人情報の適正な取扱いを確保するために必要な限度で，当該保有個人情報の利用を停止する義務を負う（同100条）。手続は，開示制度とほぼ同様であるが，第三者の意見聴取はない。

なお，個人情報保護法の特別法である番号法（番号1条）は，特定個人情報についても，個人情報保護法が定める開示・訂正・利用停止の請求に関する規定を適用し（同30条1項柱書），情報提供ネットワークシステムによる情報提供等の記録についても，開示・訂正請求に関する規定を適用している（同31条1項柱書・2項柱書・3項柱書）。

第3節　行政機関における情報公開

1　情報公開の意義

（1）　情報公開の概念　　情報公開とは，最広義には，国・地方公共団体などの統治機関の決定過程の公開，すなわち，立法機関，司法機関および行政機関の審議が国民・住民によってアクセス可能な状態にあることをいう。その具体例には，国会・地方議会の審議および裁判への傍聴などがある。行政機関においては審議会などの会議の公開が問題となる。広義には，国・地方公共団体などが保有する情報を提供する制度を意味する。この場合には，各機関が任意または義務的に行う年次報告や調査報告，さらに広報などもここに含まれる。狭義には，国・地方公共団体などが保有する情報を国民・住民の請求に応じて開示する制度，すなわち情報開示請求制度をいう。情報公開制度というときは一般的には狭義のそれをさす。

　行政機関情報公開法は，情報開示請求制度を中心としているが，それにとどまらず，政府に対して情報提供施策の充実を図る努力義務を課している（行政情報公開24条）。なお，独立行政法人等情報公開法は，独立行政法人等の情報開示請求制度とならんでその組織・業務・財務に関する基礎的な情報および評価・監査に関する情報等の提供を義務付けている（独法情報公開22条1項）。

（2）　情報公開の憲法上の根拠　　情報公開の憲法上の根拠は「知る権利」にある。「知る権利」は，一般的には，憲法21条によって保障されていると解されている。すなわち，表現の自由は，国民が広く情報や思想を伝達する自由を保障するものであるが，それを受け取る自由（情報受領権）も前提とされているからである（博多駅事件・最大決昭和44・11・26刑集23巻11号1490頁）。「知る権利」は，学説上，情報の非対称性が顕著である現代社会においては，受動的な

権利である情報受領権だけではなく，積極的な権利である，国等に対する情報公開請求権を含むと解されているが，判例上，そのようなものであるとは必ずしも解されていない（最決平成2・2・16判時1340号145頁）。

　そこで，情報公開の憲法上の根拠は，国政が熟知した国民によって行われなければならないといった表現の自由の保障の目的にも関係する国民主権・民主主義に淵源を有する説明責任にあるとも説かれている。すなわち，国民主権・民主主義の下で成立する，主権者である国民と為政者との信託関係においては，信託者である国民の問責に応じて，政策を立案・執行した為政者はその結果・成果を説明する責務を負っており，それを全うさせるために，具体的な開示請求権を認める法律が必要だというのである。

　いずれに憲法上の根拠を求めるにしても，「知る権利」および「説明責任」の原則には，情報公開法制の運用・解釈において指針的な規範性があることは当然である。たとえば，最高裁は，最判平成15・11・11（民集57巻10号1387頁）では，公文書公開条例が市政に関する情報を広く市民に公開することを目的としていることに照らして，公務員個人の社会的活動としての側面があることを理由として公務員の職務活動に関する公文書をすべて非公開とすることはできないと判示した。

2　行政機関情報公開法における開示請求の制度

　(1)　行政機関情報公開法の目的　　行政機関情報公開法は，国民主権の理念に基づいて，国の行政機関が保有する情報に対する開示請求権等を定め，これによって行政機関の保有する情報の一層の公開を図ることを直接の目的とし，「政府の……国民に説明する責務が全うされる」ことと「公正で民主的な行政の推進に資する」ことを終局的な目的としている（行政情報公開1条）。同法は，国民主権・民主主義およびそこから派生する原理である「政府の説明責任」の履行を目的としている。「知る権利」の実現を目的としなかったのは，「知る権利」を具体的な情報開示請求権の根拠として法律に明記するに足りる成熟性が十分ではなかったという判断による。行政機関情報公開法は「知る権利」を否定しているわけではないし，地方公共団体が情報公開条例において知る権利をそれの根拠としておくことを妨げるものではない。

　(2)　開示制度　　行政機関情報公開法は，何人に対しても行政文書の開示請

求権を認めている（行政情報公開3条）。これに対応して，開示請求があったとき，行政機関の長は請求のあった行政文書を開示する義務を負う（同5条本文柱書）。開示請求にかかる行政文書に不開示情報が記録されている場合，行政機関の長は開示義務を免除される（同5条1号～6号）。裁量的開示の条項（同7条）の存在に照らして，不開示条項（同5条1号～6号）は開示禁止を意味すると解されているが，同法は開示を原則としているから，裁量的開示条項は，開示禁止の解除規定ではなく，行政機関の長に当該情報につき開示権限があることの確認規定であると解すべきである（産業廃棄物管理票〔マニフェスト〕に記載された個人識別情報〔担当従業員の氏名・印影〕が，公益上開示することが必要であると判示するものとして，名古屋高判平成21・1・22裁判所HP）。

　不開示情報が記録されている場合であっても，開示請求権を保障する観点から，不開示情報を含む文書を全面的に不開示とするのではなく，開示可能な部分は開示をしなければならない（行政情報公開6条1項・2項〔部分開示〕）。

　開示請求にかかる行政文書の存否を答えるだけで不開示情報を開示することとなるときは，当該行政文書の存否を明らかにしないで，開示請求を拒否することが許される（行政情報公開8条〔存否応答拒否〕）。この種の開示拒否はグローマー拒否とよばれている。

　開示請求とこれに対する開示等の決定は書面で行われる（行政情報公開4条1項・9条1項）。開示決定等は原則として開示請求があった日から30日以内にしなければならない（同10条1項）。第三者の権利利益の保護のために，行政機関の長は第三者に意見提出の機会を与えることができる（同13条1項）。ただし，人の生命，健康，生活，財産を保護するために公にすることが必要と認められる情報の開示にあたっては，意見提出の機会を義務付けている（同13条2項）。

　開示の全部拒否（グローマー拒否および請求にかかる行政文書の不存在も含む）または一部拒否についてはその旨を書面で通知し（同9条2項），書面で理由を提示しなければならない（行手8条1項・2項）。開示の実施方法は，文書の閲覧または写しの交付によって行われるが，電磁的記録の場合にはその媒体等が政令で定められている（行政情報公開14条1項，同施行令9条3項）。

　(3)　**不開示情報**　　不開示情報の要素には，行政事務の種類等の事項的要素（「検査に関する行政文書」）および開示することによる支障を個別具体的に判断

するための定性的要素（「支障が生ずるおそれ」）があり，行政機関情報公開法における不開示情報は両者の組合せで定められている。行政機関の長は原則として行政文書を開示する義務を負うので，不開示事由があることを理由とする不開示決定の取消訴訟においては，不開示事由の存在について国が主張立証責任を負う（沖縄返還密約文書開示事件・東京高判平成23・9・29判時2142号3頁）。

　（**a**）　個人情報（行政情報公開5条1号）　　個人に関する情報のうち不開示情報となるものは，①特定の個人を識別することができるもの，②他の情報と照合することにより，特定の個人を識別することができるもの，および③特定の個人を識別することはできないが，公にすることによりなお個人の権利利益を害するおそれのあるもの，である。①に関しては，個人情報保護の方式には個人のプライバシー侵害のおそれの有無に着眼したプライバシー保護型もありうるが，判断基準が明確であることから，事項的要素である個人識別型が採用された。②は，いわゆるモザイク・アプローチによって特定の個人が識別されうる情報も個人識別情報とみなす趣旨である。③は，カルテ，反省文等個人の人格に密接に関係するもの，未発表の著作物等著作権に関係するものなど，本来的に公開になじまない個人に関する情報を定性的に不開示とする趣旨である。

　もっとも，不開示情報に当たる個人に関する情報であっても，法令上・慣行上公にされまたは公にされることが予定されている情報，人の生命，健康，生活または財産を保護するため，公にすることが必要であると認められる情報，公務員の職およびその職務遂行の内容に関する情報は，不開示情報に含まれないので，行政機関の長には開示義務がある。

　（**b**）　行政機関等匿名加工情報等（行政情報公開5条1号の2）　　行政機関等匿名加工情報の取扱いにおける個人情報保護のため，①検索できるように体系的に構成された行政機関等匿名加工情報，②行政機関等匿名加工情報の作成に用いた保有個人情報から削除した記述等および個人識別符号が，不開示情報に当たる。

　（**c**）　法人等の情報（行政情報公開5条2号）　　法人その他の団体に関する情報および個人の事業に関する情報のうち不開示情報となるものは，①公にすることにより，当該法人等の権利，競争上の地位その他正当な利益を害するおそれがあるもの，②法人等からの任意提供情報であって，通例として公にしない

こととされているものその他の公にしないとの条件を付することが合理的であると認められるもの，である。

　もっとも，不開示情報に当たる法人等の情報であっても，人の生命，健康，生活または財産を保護するため，公にすることが必要であると認められる情報は不開示情報に含まれないので，行政機関の長には開示義務がある。

　⒟　国の安全に関する情報（行政情報公開5条3号）　公にすることにより，国の安全を害し，他国等との信頼関係が損なわれ，または他国等との交渉上不利益を被るおそれがあると行政機関の長が認めることにつき相当の理由がある情報は，不開示情報に当たる。なお，不開示情報該当性判断において「行政機関の長が認めることにつき相当の理由がある」との要件が付加されているのは，行政機関の長の要件判断に裁量権を認める趣旨であると解されている。裁量権の踰越・濫用の法理がここでも働く（内閣官房報償費情報公開請求事件・最判平成30・1・19判時2377号4頁）。

　⒠　公共安全情報（行政情報公開5条4号）　公にすることにより，犯罪の予防，鎮圧または捜査，公訴の維持，刑の執行その他の公共の安全と秩序の維持に支障を及ぼすおそれがあると行政機関の長が認めることにつき相当の理由がある情報は，不開示情報に当たる。公共安全情報該当性の判断においても，行政機関の長の要件判断に裁量権が認められる。

　⒡　審議・検討情報（行政情報公開5条5号）　各行政体・行政機関の内部または相互間における審議，検討または協議に関する情報のうち不開示情報に当たるものは，①公にすることにより，率直な意見の交換もしくは意思決定の中立性が不当に損なわれるおそれのあるもの，②不当に国民の間に混乱を生じさせるおそれのあるもの，および③特定の者に不当に利益または不利益を及ぼすおそれのあるもの，である。「不当」要件は不開示の判断を厳格にする趣旨である。

　⒢　事務・事業情報（行政情報公開5条6号）　行政体・行政機関が行う事務・事業に関する情報であって，公にすることにより，その性質上，当該事務・事業の適正な遂行に支障を及ぼすおそれがある情報は不開示情報に当たる。

◆コラム 13 - 2 ◆　部分開示と司法審査

　不開示決定を裁判所が審理した結果，その不開示部分に開示しうる部分と開示しえない部分があった場合に，部分開示制度の趣旨に照らせば，裁判所は不開示決定を取り消すことができる。もっとも，最高裁は，不開示部分全体が独立した一体的な情報である場合には，行政機関情報公開法6条2項（個人識別情報から一部記述等を除外することによる部分開示）のような規定がない限り，裁判所がそれをさらに細分化して部分開示を認める旨の判決をすることはできないとしている（大阪府知事交際費情報公開事件〔第2次上告審〕・最判平成13・3・27民集55巻2号530頁）。

　こうした独立一体論は，開示請求権が一体的な情報の開示を請求する権利であって，行政文書の個々の記載事項の開示を求める権利ではないとの理解に立っている。しかし，独立一体論は，行政文書の開示を原則としている情報公開法制の誤解に基づくものであり，この法理は不開示決定に対する司法審査の範囲を狭めるものである。

　その後，愛知県商工部食糧費情報公開事件〔第2次上告審〕・最判平成19・4・17（判時1971号109頁）は，最判平成13・3・27の射程を限定しつつ，開示してよい記載事項が開示すべきでない一連の情報と開示すべき一連の情報との間で共通の内容となっている場合については，当該記載事項は開示すべきであると判示した。同判決の補足意見において藤田宙靖裁判官が述べたように，「独立した一体的な情報」であるから部分開示が許されないのではなく，部分開示の許否は，「当該部分を除いた部分に有意の情報が記録されていない」（行政情報公開6条1項但書）のか否かで判断されるべきであろう。

3　公文書等管理法における特定歴史公文書等の利用

　(1)　**利用請求の対象**　　公文書等管理法は，現在の国民に対するだけではなく，将来の国民に対しても説明責任が確保されるべきことを目的としている点で（公文書1条），行政機関情報公開法が行政文書の開示請求の根拠とする説明責任よりも広範な説明責任の存在を前提としている。

　もっとも，現用の公文書等の利用は，情報公開法制の下での行政文書の開示請求によっておおむねその目的が達せられるから，公文書等管理法が利用の対象として念頭に置くのは，非現用である歴史公文書等である。そこで，本法に基づく利用請求の対象となるのは，国の機関・独立行政法人等から国立公文書館等に移管された歴史公文書等，行政機関以外の国の機関から内閣総理大臣に移管され，内閣総理大臣から国立公文書館の設置する公文書館に移管された歴史公文書等，および法人その他の団体・個人から国立公文書館等に寄贈・寄託

された歴史公文書等であり，これらを特定歴史公文書等という（同2条7項・16条1項）。

（2）**特定歴史公文書等の利用請求制度**　　公文書等管理法は，利用請求権者を限定していないので，何人に対しても特定歴史公文書等の利用請求権を認めていると解される。原則として国立公文書館等の長は，利用請求のあった特定歴史公文書等を利用させる義務を負う（公文書16条1項柱書）。もっとも，当該特定歴史公文書等に不開示情報が記録されている場合，行政機関を除く国の機関との合意で当該特定歴史公文書等に利用制限が付されている場合，当該特定歴史公文書等の全部または一部につき寄贈・寄託した団体・個人から一定の期間公にしないとの条件が付されている場合，または利用に供される当該特定歴史公文書等が原本であって，利用に供することにより破損・汚損のおそれがある場合もしくは国立公文書館等において当該原本が利用されている場合には，国立公文書館等の長は，当該特定歴史公文書等を利用させないことができる（同16条1項1号〜5号）。

利用を制限できるような場合であっても，利用請求権を保障する観点から，不開示情報が記録されている部分を容易に区分して除くことができるときは，その部分を除いた部分を利用させなければならない（公文書16条3項〔部分利用〕）。

なお，特定歴史公文書等に利用請求者本人の個人識別情報が含まれる場合には，本人であることを示すことで，本人の生命，健康，生活または財産を害するおそれがある情報が記録されている場合を除き，国立公文書館等の長は当該特定歴史公文書等の利用をさせなければならない（公文書17条）。

利用請求にかかる特定歴史公文書等に第三者に関する情報が記録されている場合には，その権利利益の保護のために，国立公文書館等の長は，第三者に意見提出の機会を与えることができる（公文書18条1項）。

利用請求にかかる決定は処分であるから（公文書21条1項），利用請求の全部または一部拒否については理由を提示しなければならない（行手8条1項）。

利用の方法は，文書の閲覧または写しの交付によって行われるが，電磁的記録の場合にはその媒体等が政令で定められている（公文書19条，同施行令24条）。

（3）**不開示情報**　　利用が制限される不開示情報の内容は，行政機関情報公

開法のそれとほぼ同じであるから，そこでの説明に代える。もっとも，行政機関等匿名加工情報等（行政情報公開5条1号の2），審議・検討情報（同5条5号），事務事業情報のうち契約・交渉・争訟にかかる情報（同5条6号ロ），調査研究にかかる情報（同5条6号ハ），人事にかかる情報（同5条6号ニ）に相当する情報は，特定歴史公文書等の利用が制限される不開示情報に当たらない（公文書16条1項1号）。

第4節　行政情報の開示等に関する救済

1　開示決定等・利用決定等にかかる不服に対する救済方法

　個人情報保護法および行政機関情報公開法に基づいて行った開示請求に対する決定等ならびに公文書等管理法に基づいて行った利用請求に対する処分は，申請に対する処分の性格を有するから，開示請求に対する決定等・利用請求に対する処分に不服のある者または開示請求・利用請求にかかる不作為に不服のある者は，行政上の不服申立て（審査請求）および抗告訴訟（処分取消訴訟または不作為違法確認訴訟および申請型義務付け訴訟）による救済を求めることができる。

　申請に対して開示される行政文書または利用に供される特定歴史公文書等に，第三者にとって不利益となる情報が記録されている場合には，全部開示決定および部分開示決定または全部利用決定および部分利用決定に不服のある者は，審査請求および抗告訴訟（取消訴訟および差止訴訟）による救済を求めることができる。このように開示決定・利用決定については第三者からの不服がありうるので，第三者が開示・利用に反対する旨の意見書を提出した場合には，開示決定・利用決定と開示実施日・利用日との間に少なくとも2週間が置かれる（個人情報86条3項，行政情報公開13条3項，公文書18条4項）。

　地方公共団体においても個人情報保護制度，情報公開制度および公文書等管理制度が条例または執行機関が定める規則によって設けられている場合には，開示請求・利用請求に対する決定についての救済方法は，国におけるそれと同様と解してよい。

2　不服申立てに関する特別の手続

(1)　行政文書・個人情報の開示決定等に関する不服申立て　　開示請求に対

する決定等および不作為についての不服には，審査請求前置が採用されていない。決定等についての審査請求があったときは，国の場合には，裁決庁は，原則として，情報公開・個人情報保護審査会に諮問しなければならない（個人情報105条，行政情報公開19条）。

　情報公開・個人情報保護審査会は，総務省に置かれ（情報審2条），内閣総理大臣が任命する15名の委員からなる（同3条1項）。同審査会は，必要があると認めるときは，諮問庁に対し，不服の争点となっている行政文書または保有個人情報の提示を求めることができる（同9条1項前段）。このように不開示とされた行政文書等を実際に見分して整理する方法をインカメラ審理という。このため，同審査会の調査審議は非公開で行われる（同14条）。また，同審査会は，諮問庁に対し，行政文書等に記録されている情報または保有個人情報に含まれている情報の内容を，審査会の指定する方法で分類・整理した資料の作成・提出を求めることができる（同9条3項）。インカメラ審理のために提出された行政文書等は，開示請求の対象とならない（同9条1項後段）。

　なお，法律が未整備のため，行政文書・個人情報の開示決定等に関する抗告訴訟では，民事訴訟の基本原則に反するインカメラ審理は認められていない（最決平成21・1・15民集63巻1号46頁）。

　審査請求人等は，申立てにより，情報公開・個人情報保護審査会において口頭で意見を述べる機会が与えられ（情報審10条1項），審査会に対し意見書または資料を提出することができ（同11条），審査会に対して審査会に提出された意見書または資料の閲覧を求めることができる（同13条2項）。

　地方公共団体においても同様の不服申立ての手続を条例で定めている例が多い。

(2)　特定歴史公文書等の利用決定等に関する不服申立て　　特定歴史公文書等の利用請求に対する処分に不服がある者または利用請求にかかる不作為について不服がある者は，国立公文書館等の長に対して審査請求をすることができる（公文書21条1項）。ここでも審査請求前置が採用されていない。審査請求があったときは，国立公文書館等の長は，原則として，公文書管理委員会に諮問しなければならない（同21条4項）。

　公文書管理委員会は，内閣府に置かれ（公文書28条1項），内閣総理大臣が公

文書の管理に関して優れた識見を有する者のうちから任命する（同28条3項）。公文書管理委員会による審査請求の審理は，情報公開・個人情報保護審査会の手続を準用して行われる（同22条）。

第Ⅴ部
行政救済（１）——行政上の苦情処理・行政争訟

【第Ⅴ部の構成と概要】

　行政救済とは，主として，行政作用（＝不作為を含む行政活動）によって国民の権利利益に対する侵害または負担が生ずる場合に，当該国民の請求に基づいて，一定の機関がその侵害または負担を防止または除去することによって，国民の権利利益を保護・救済することをさし，行政救済に関する法を行政救済法という。法治主義を実効的に担保するためには，行政救済制度の整備が不可欠である。

　行政救済の主たる制度として，国家補償，行政争訟があり，行政上の苦情処理も行政救済の一種として位置づけることができる。国家補償については，本書第Ⅵ部行政救済（2）で扱う。なお，行政争訟とは，広義において，行政上の法律関係に争いがある場合に，利害関係者からの争訟の提起に基づき，裁断機関が，特殊な行政上の争訟手続により，当事者の主張の当否を審理・判断し，これに基づく決定により，争いを解決し，当事者の救済を図る制度である。広義の行政争訟は，裁判所が訴訟手続により裁断する行政事件訴訟（行政訴訟）と行政機関が一定の手続により裁断する行政機関による争訟＝狭義の行政争訟に分かれる。狭義の行政争訟には，行政上の不服申立てのほか，裁決の申請が含められるのが通例であるが，裁決の申請は，行政救済の一環として説明するのは必ずしも適切でないともされている。裁決の申請とは，行政上の法律関係について紛争がある場合において，その法律関係の一方の当事者の他方の当事者を相手方とする申請に基づき，行政機関が，訴訟手続に準じた手続により，当事者の主張の当否を審理・判断し，これに基づく決定によって申請に関係する紛争を解決する手続をいう（収用39条1項，道路7条5項等参照）。裁決の申請について一般法はなく，個々の法令の定めるところによる。

第1節　苦情処理

　行政上の苦情処理とは，行政に関する不平・不満や要望などの申出を受けて，行政機関が，その解決を図るため必要な措置を講ずることをいう。行政上の苦情処理の多くは，行政事務の担当職員と苦情等の申出者との話し合いを踏まえ，必要に応じて，何らかの措置が講じられているわけであるが，法律で定められた手続や方法に基づいて処理が行われるわけではない。ただ，個人情報保護に関わる分野においては，個人情報に係る苦情に対して，行政機関の長に「適切かつ迅速な処理」が法律上要請されている（個人情報126条・住民台帳30条の36・36条の3）。

　苦情処理をとくに担当する機関や手続が定められ，制度として苦情等に対応がなされる場合もある。このような苦情処理の例として，例えば，総務省は，国の行政機関，独立行政法人などの業務に関する苦情処理をその任務のひとつとし，内部部局としての行政評価局が苦情処理事務を担当し，各行政機関などの業務に対する「苦情の申出について必要なあっせん」を行っている（総務省4条14号，総務省組織令6条6号・43条）。行政評価局とは別に，総務大臣により苦情処理に係る業務を委嘱された行政相談委員も苦情のあっせんを担当している（行政相談2条）。内閣府も苦情処理をその任務の一つとしているが，その苦情処理の対象は，「市場開放問題及び政府調達」である（内閣府設置4条3項4号）。内閣府に設置された政府調達苦情検討委員会が政府調達に対する苦情の処理を行っている。警察・防衛・行刑行政領域においては，法律で，苦情の申出の方法を定める例や（警79条），苦情処理の結果を苦情の申出者に対して通知することを行政機関に義務付ける例がある（特定秘密保護14条，刑事収容166〜168

◆**コラム 14 - 1** ◆　**行政型 ADR**

　　ADR（Alternative Dispute Resoluton ＝裁判外紛争処理制度あるいは代替的紛争解決制度などと訳される）とは，民事上の紛争について，公正な第三者が仲裁，調停，あっせんなどによって，裁判によらないで紛争を処理することあるいは処理する制度のことをいう。ADR については，近年わが国においても裁判以外の多様な紛争解決制度を拡充する必要性が認識され，司法制度改革審議会が，その「意見書」（2001年6月）において「司法の中核たる裁判機能の充実に格別の努力を傾注すべきことに加えて，ADR が，国民にとって裁判と並ぶ魅力的な選択肢となるよう，その拡充，活性化を図るべきである」とし，さらなる注目を浴びた。その後，裁判外紛争解決手続の利用の促進に関する法律（平16法151号）も制定されるところとなっている。

　　ADR の定義からすれば，民事上の紛争に関し，行政機関が行う裁判外紛争処理（制度）は，行政型 ADR ということができる。前記法律には行政型 ADR は含まれておらず，行政型 ADR は個別法による。行政型 ADR の機関として，公害等調整委員会，中央労働委員会，中央建設工事紛争審査会等がある。たとえば，公害等調整委員会は，公害紛争処理法に基づき公害に関する紛争について，裁定，あっせん，調停，仲裁を行う。

　　行政型 ADR は，司法と比べて，費用の面，行政機関の専門的知識を前提とした紛争処理の簡易迅速性，さらには，消費者の利益・環境の利益等が問題となる紛争処理への期待ということからその活用と強化がいわれている。しかし，それは，救済制度・紛争「解決」制度としての行政争訟制度ではないことによる限界があることにも留意する必要がある。

条）。地方公共団体においては，市民相談室やオンブズマンが設置されていることがある。

　行政上の苦情処理制度は，一般に行政機関に一定の苦情処理を法的に義務付けるものではなく，苦情処理機関によるあっせん・勧告も関係行政機関を法的に拘束するものではなく，その意味で限界があるが，正式の争訟手続と異なり，費用・時間もかからず，また，申出期間，対象となる行政活動に制限がなく，行政活動全般を対象として，簡便に苦情等を申し出ることができるというメリットがある。

第2節　オンブズマン

　オンブズマン（Ombudsman）という言葉は代理人を意味するスウェーデン語に由来するものである。オンブズマン制度は，行政監察ないし苦情処理を任務

とするものであり，その最初のものは1809年にスウェーデンに憲法上の機関として設けられ，それが，イギリス，フランス等各国に普及した。オンブズマンは，一般に，職権行使の独立性が保障された独任制の機関であって，国民と行政の間に発生する問題を国民からの申立てまたは職権により取り上げ，その簡易迅速な解決のために，調査・あっせん・勧告などの職権を行使する機関であり，行政上の苦情救済機能と行政監察機能をあわせもつ機関である。

　オンブズマンは，設置・任命形態の相違より議会に設置される議会型と行政府に設置される行政型の区別，管轄範囲を基準とする一般オンブズマン（行政全般を管轄）と特殊オンブズマン（特定の行政領域を管轄。例，警察オンブズマン，消費者オンブズマン）の区別等がなされている。なお，近年では，オンブズパーソンという名称も用いられている。

　わが国では，国レヴェルでのオンブズマン制度は導入されていない。地方公共団体レヴェルでは，1990年に一般オンブズマンとして川崎市市民オンブズマンが最初に設置され，また，同年，特殊オンブズマンとして中野区に福祉オンブズマン（「福祉サービス苦情調整委員」）が設置された。以後，2000年には，大田区に設置された高齢者福祉オンブズマンが，2002年からは福祉全般を対象とした「福祉オンブズマン」となっているなど，地方におけるオンブズマン制度の導入の動きは活発であるといってよい。

　川崎市市民オンブズマン条例（平成2年市条例22号）によれば，オンブズマンは，市長が議会の同意を得て委嘱し，市の付属機関として置かれ，その職務は，市民からの苦情を簡易迅速に処理すること，市政を監視し非違の是正を勧告すること，制度の改善を求めるための意見を表明することなどである。何人も原則として苦情を書面により申し立てることができる。オンブズマンは，苦情の調査を行い，必要があれば，市の関係機関に是正などの措置を講ずるよう勧告することができ，市の機関はその勧告を尊重しなければならない。

　オンブズマン制度は，オンブズマンの地位・権限等についてなお検討課題をかかえているが，地方公共団体におけるオンブズマン制度にみられるように，条例によってその公正・中立性が確保され，手続の整備がなされている等の点において，既存の苦情処理制度とは異なった意味で，救済制度としての行政争訟制度を補完するものといえる。

第15章
行政上の不服申立て

第1節　概　　説

　行政上の不服申立てとは，行政庁の処分その他公権力の行使に当たる行為について，不服を有する国民が，行政機関に対して不服を申立て，行政機関の裁断によって自己の権利利益の救済を図る手続である。この不服申立ては，行政機関が裁断するという点で行政事件訴訟と，また，行政機関の裁断に法的効果を伴うという点で苦情処理機関が勧告等をするにすぎない苦情処理と基本的に異なる。

　行政事件訴訟との差異としては，裁断機関が行政機関であることのほか，行政事件訴訟におけるような厳格な手続ではなく，国民が，簡略な審理手続により簡易迅速に救済が得られることが期待されること，行政上の不服申立ての審理の対象に，行政庁の処分その他公権力の行使に当たる行為についてその適法・違法のみならず当・不当も含まれること，が挙げられる。他方で，行政機関が裁断するという点で，行政の「自己統制」であり「第三者性」を欠くという側面を有し，「公正」な判断・審理という点での問題性が指摘されることとなる。

　行政上の不服申立てについては，一般法として行政不服審査法がある。2014年にそれ以前の行政不服審査法（昭37法16。以下，「改正前行審法」とする）を全面的に改正する新法としての「行政不服審査法」（平26法68）が成立した（2016年4月1日施行）。

　改正前行審法は，同法以前に存在していた訴願法（明治憲法の下での不服申立てである訴願［救済制度というよりも行政監督制度と位置づけられる］についての定めであり，日本国憲法の下でも存続していた）に代わって制定されたものであった

が，成立時から，同法が定める行政上の不服申立ては，全体としてかなり複雑で理解し難いものになっているとの指摘がなされていた。そして，この全体としてのシステムの問題が，この制度についての国民の側の知識の欠如，その後の運用状況による救済の実効性の問題と相まって，この制度の利用が全体として多くない状況をも生み出していることも指摘されていた。これらの点から，改正前行審法は，もともと制度内在的に改正の必要性があるとされていた。そして，改正前行審法と同時に制定された行政事件訴訟法が，国民の権利利益のより実効的な救済手続の整備という観点から改正がなされたこと，行政手続法の制定によって，改正前行審法の手続における公正性の確保の程度が十分でないことが明確になったこと等の要因が必然的に行政不服審査法の再検討を促すこととなった。

　2008年には，総務省の下での検討を経て行政不服審査法の抜本的な改正案が国会に提出されたが衆議院解散に伴い廃案となり，その後内閣府の下での改正に向けた検討が行われたが政権交代のあおりを受けて改正法案は提出されるに至らず，改めて2013年に，2008年法案の内容を基本的に維持しつつ同法案への批判を考慮するという方針の下，総務省の下での検討が開始され，2014年に改正新法としての行政不服審査法が成立することとなった（以下で行政不服審査法という場合，基本的にはこの2014年法を指すものとする）。同時に，この改正とかかわって，行政不服審査法の施行に伴う関係法律の整備等に関する法律，行政手続法の一部を改正する法律が成立，公布された。

　なお，成立した行政不服審査法の提案理由は，「行政庁の処分又は不作為に対する不服申立ての制度について，より簡易迅速かつ公正な手続による国民の権利利益の救済を図るため，不服申立ての種類の一元化，審理員による審理手続，行政不服審査会への諮問手続の導入等を行う必要がある」というものであった。

　行政上の不服申立てについては，行政不服審査法が一般法であり，他の法律に特別の定めがない限り，この法律の規定が適用される（行審1条2項。なお，行政不服審査法によらない行政上の不服申立てが少なくないことに注意する必要がある）。

　行政不服審査法は，「国民が簡易迅速かつ公正な手続の下で広く行政庁に対

する不服申立てをすることができるための制度を定めることにより，国民の権利利益の救済を図るとともに，行政の適正な運営を確保することを目的とする」と規定している（行審1条1項）。目的規定には，改正論議を反映して「公正」という文言が新たに付加された。公正な手続での救済に，より重点が置かれる以上，行政不服審査法が，公正さの確保との関係で簡易迅速性の確保に一定の影響がある制度設計になっていることは否めない。行政不服審査法は，「国民の権利利益の救済を図る」ことと「行政の適正な運営を確保すること」をその目的としているが，前者が主たる目的である。

第2節　不服申立ての種類

改正前行審法は，不服申立ての種類として，審査請求，異議申立て，再審査請求の3種を定めていた。異議申立てとは，処分庁または不作為庁に対してするものをいい，審査請求は，処分庁または不作為庁以外の行政庁に対して行うものをいい，再審査請求は，審査請求を経た後にさらにするものをいう。

これに対し，行政不服審査法は，制度の基本構造をわかりやすくし利用しやすいものとするために，処分庁または不作為庁に対する不服申立てであろうと，（最）上級行政庁に対する不服申立てであろうと，または法定の行政庁に対する不服申立てであろうと，いずれの場合においても同一の審理手続をとることとし（同一の手続水準の保障），不服申立てを，審査庁の相違とかかわりなく，原則として「審査請求」に一元化し（行審2条～4条），異議申立ては廃止した。ただし，一元化の例外として，いずれも法律の定めがある場合に，処分庁に対する再調査の請求（同5条），法律で定める行政庁に対する再審査請求（同6条）を可能としている。

審査請求は，法律（条例に基づく処分については，条例）に特別の定めがある場合を除いて，処分に不服がある者が，①処分庁・不作為庁（以下，「処分庁等」とする）に上級行政庁がない場合または処分庁等が主任の大臣・宮内庁長官・内閣府設置法49条1項または2項に規定する庁の長・国家行政組織法3条2項に規定する庁の長である場合は，当該処分庁等に，②宮内庁長官または内閣府設置法49条1項に定める内閣府外局としての庁・同条2項に定める内閣府外局

で国務大臣がその長である委員会に置かれる庁・国家行政組織法3条2項に規定する庁（外局としての庁）の長が処分庁等の上級行政庁である場合は，宮内庁長官または当該庁の長に，③主任の大臣（内閣府の長としての内閣総理大臣および各省大臣）が処分庁等の上級行政庁である場合は（①，②の場合を除く），当該主任の大臣に，④以上の場合以外には，当該処分庁等の最上級行政庁に対して行う（行審4条）。

　再調査の請求は，要件事実の認定の当否に関して大量の不服申立てがなされるような場合に，審査請求よりも簡易な手続で処分を見直す手続であり，処分に不服がある者は，処分庁以外の行政庁に対して審査請求をすることができる場合であっても，法律にその旨の定めがあるときに処分庁に対してこれを行うことができる（行審5条1項。異議申立てに代えて再調査の請求を導入するものとして，税通75条，関税89条，公害補償106条等がある）。不作為に対する再調査の請求の制度はない。改正前行審法において，審査請求と異議申立ての関係は，両方可能な場合には，異議申立前置主義がとられていたが，改正後は，審査請求と再調査の請求の関係は選択的である（行審5条1項但書）。ただし，再調査の請求をしたときは，例外を除いて，その決定を経た後でなければ審査請求をすることはできない（同5条2項）。なお，改正前行審法の下で，審査請求の前段階での異議申立てが設けられていない処分については，再調査の請求は設けられてはいない。

　再審査請求は，不服の対象となる審査請求の裁決に不服がある者が，裁決または当該処分を対象として（不作為は対象とならない），再審査請求を可能とする法律が定める行政庁に対して行う（同6条。再審査請求を定めている法律として，生活保護66条1項，労災38条，自治252条の17の4第4項など）。審査請求を経た後の救済手段として意義があると認められる場合に例外的に存置されるものであり，再審査請求と訴訟は自由選択である。

　行政事件訴訟法は，審査請求と取消訴訟について自由選択主義を採用しているが，個別法による「不服申立前置」を認める（行訴8条1項但書）。個別法で「不服申立前置」を定める例は多く，原則と例外の逆転との批判もあった。この点，大幅な見直しが行われ，「行政不服審査法の施行に伴う関係法律の整備等に関する法律」では，「不服申立前置」を定める96法律のうち，68法律で前

置が廃止または縮小され（改正前建基96条・改正前都計52条等の削除による廃止＝自由選択，改正前税通115条１項等の改正により審査請求のみが前置等），取消訴訟の前に２段階の不服申立て（異議申立てと審査請求または審査請求と再審査請求）を義務付ける二重前置（労働保険徴収法，住民基本台帳法など）についてはすべて解消されることとなった。公務員法における公務員に対する懲戒処分など，従来通り審査請求前置が維持されたものは28法律である。見直しの中で，不服申立前置の基準については，①不服申立ての手続一審代置性（高裁に提訴）があり，国民の手続負担軽減が図られている場合，②大量の不服申立てがあり，直ちに出訴されると裁判所の負担が大きくなると考えられる場合，③第三者的機関が高度の専門技術的な判断を行う等により，裁判所の負担が軽減されると考えられる場合が挙げられている。

　なお，裁定的関与に係る不服申立てについては，行政不服審査法が適用される。

第３節　不服申立ての対象

　不服申立ての対象は，「行政庁の処分その他公権力の行使に当たる行為」（行審１条２項）すなわち行政不服審査法にいう「処分」である。処分の不作為も不服申立ての対象となる（同３条）。

　行政不服審査法は，一般概括主義を採用しているが（行審２条），同法は，①同法に基づく処分（行政不服審査会の設置および組織に関する規定に基づく処分を除く）を含む，７条１項１号から12号に掲げられた処分および不作為，②国の機関または地方公共団体その他の公共団体もしくはその機関がその固有の資格で相手方となる処分およびその不作為については，同法の適用対象とはせず（同７条１項・２項），広範な適用除外を認めている（改正前行審法と異なり，列記された処分の不作為も適用除外の対象である）。ただし，適用除外の対象となる処分またはその不作為について，特別の不服申立制度を設けることは妨げられない（同８条）。また，同法の適用を前提とした特例規定または同法の部分適用の例も存在する（同１条２項参照）。

　行政不服審査法にいう「処分」と行政事件訴訟法にいう「処分」は，同義と

解されてきた。行政不服審査法は，行政事件訴訟法と同様に「処分」を定義していない。この点，改正前行審法は，定義の問題として，処分について，公権力の行使に当たる継続的性質を有する事実行為も含むとしていたが（外国人の送還前の収容〔出入国52条５項〕，旅客等の携帯品の留置〔関税86条１項〕などがこの「事実行為」の例である），改正によりこれが削除された。削除されたとしても，継続的な権力的事実行為が「処分」に含まれることに異論はないであろう。また，行政事件訴訟・行政手続法の「処分」には，継続・非継続を問わず，権力的事実行為が含まれると解されるが，上記「処分」の同義性は，この点についても確認される必要がある。なお，「事実上の行為」の違法または不当の宣言，撤廃または変更，撤廃または変更命令については規定されており（行審47条），「事実上の行為」は，不服申立ての対象である。

　従来，不服申立ての対象とされてこなかった事実行為等，処分以外のものについても不服申立ての対象とすべきであるとの認識は，行政不服審査法の改正論議の中でも示されていた。この点，今回の一連の法改正において，行政指導については，法令に根拠のある行政指導についてのみ，行政不服審査法ではなく，「行政指導の中止等の求め」（改正行手法36条の２），処分または行政指導の求め（同36条の３）として行政手続法の中で規定されている。処分以外では，行政手続法の中で行政指導のみが俎上にのり，また処分との関係では，いわゆる申請型義務付け裁決については，行政不服審査法で規定されることとなったが（行審46条２項・49条３項），行政不服審査法において非申請型義務付け裁決として位置づけられるべき処分の義務付けは，行政手続法の問題とされている（改正行手法36条の３）。

　後述するように，その性質上公権力の行使に当たらない行政指導を取消訴訟の対象とする最高裁判例があり，取消訴訟における「処分」性の拡大の現象がみられる。他方で，行政指導についての「不服」については，行政手続法の中で処理される。結果，その振り分けの中で，不服申立ての対象となる「処分」と，「拡大」の例もみられる取消訴訟等の対象となる「処分」の同義性も改めて問われることになる。

第4節　不服申立適格

　処分について不服申立てができるのは，「処分に不服がある者」（行審2条）である。行政不服審査法は，行政事件訴訟法が取消訴訟の原告適格について定めている（行訴9条）のと異なり，不服申立適格についての規定を置いていないので，どのような者が「処分に不服がある者」に当たるかは論議も多い。行政不服審査法が，その目的として「行政の適正な運営を確保すること」を挙げていること，不服申立てにおいては処分の当・不当をも問題とすることができることから，取消訴訟の原告適格よりも緩やかに解すべきであるとする学説も有力である。しかし，判例は，不服申立適格と原告適格を同義に解している（主婦連ジュース表示事件・最判昭和53・3・14民集32巻2号211頁）。

　不作為について不服申立てをすることができるのは，「法令に基づき行政庁に対して申請をした者」であり（行審3条），再審査請求は，処分についての審査請求の裁決に不服がある者」（同6条）である。

　なお，不服申立制度の趣旨への配慮ということから，「行政の適正な運営を確保すること」という目的に適切に焦点を当てることも肝要であり，不服申立適格の範囲も，原告適格の範囲との差異も含め，目的の観点から検討されるべきである。

第5節　不服申立期間

　国民が不服申立てによって，行政庁の処分その他公権力の行使に当たる行為ついて争うことができるのは法定期間内に限られる。この期間を不服申立期間という。

　処分についての審査請求は，処分があった日の翌日から起算して3か月以内に（処分についての再調査の請求をした後にする審査請求は，その再調査の請求についての決定があったことを知った日の翌日から起算して1か月以内に）（行審18条1項本文），再調査の請求も，処分があったことを知った日の翌日から起算して3か月以内に（同54条1項本文），再審査請求は，審査請求についての裁決があった

ことを知った日の翌日から起算して1か月以内に（同62条1項本文）しなければ
ならない。これは，主観的不服申立期間である（改正前行審法において審査請求
期間は60日であった）。また，上の期間内であっても，審査請求，再調査の請求
は，処分があった日（再調査の請求をした後にする審査請求は，その再調査の請求に
ついての決定があった日）の翌日から起算して，再審査請求は，審査請求につい
ての裁決があった日の翌日から起算して，それぞれ1年を経過したときはする
ことができない（同18条2項本文・54条2項本文・62条2項本文）。これは，客観的
不服申立期間である。ただし，主観的不服申立期間および客観的不服申立期間
は，いずれも「正当な理由」があるときは延長される（行審18条1項但書・同2
項但書・54条1項但書・2項但書・62条1項但書・2項但書）。改正前行審法において
は，主観的不服申立期間は「やむをえない理由があるとき」に延長される旨規
定されていたが，これが緩和された。

　なお，審理の遅延を防ぎ，審査請求人の権利利益の救済を図るため，審査請
求の提起（審査請求書の到達）から裁決までに通常要すべき標準的な期間すなわ
ち標準審理期間の設定が，審査庁に努力義務として課されている（行審16条。
再調査の請求および再審請求についても同様，同61条・66条）。

　不作為についての不服申立ては，不作為状態が継続している限り，いつでも
することができる。

　郵便または信書便で審査請求書を提出した場合，送付に要した日数は期間に
参入されず，発信主義が採用されている（同18条3項。再調査の請求および再審請
求についても同様，同61条・66条）。また，処分があったことを知った日とは，
「処分があったことを現実に知った日」であり，処分があったことを抽象的に
知りえた日ではないが，社会通念上知ることができる状況にある場合には，反
証がない限り知ったものと推定される（最判昭和27・11・20民集6巻10号1038
頁）。なお，公告によって効力を生ずる処分について，最高裁は，審査請求の
起算日を公告のあった日としている（最判平成14・10・24民集56巻8号1903頁）。

第6節　不服申立ての提起

　審査請求は，他の法律（条例に基づく処分については条例）が口頭ですること

を認めている場合を除いては，政令で定めるところにより書面でしなければならない（行審19条1項。口頭による審査請求ついて，同20条）。審査請求人は，この書面すなわち審査請求書に，氏名等必要事項を記載しなければならない（同19条2項～5項）。審査請求書が，必要事項記載の不備等，行政不服審査法19条の規定に違反する場合，審査庁は，相当の期間を定めその期間内に不備の補正を命じなければならない（同23条）。定められた期間内に補正がされれば当初より適法な審査請求があったこととなる。補正がなされない場合，審査請求が不適法であって補正できないことがあきらかな場合は，審査請求は却下される（同24条）。これらの点は，再調査の請求，再審査請求にあっても基本的に同様である（同61条・66条）。審査請求をすべき行政庁が処分庁等と異なる場合は，処分についての審査請求は，処分庁等を経由してすることができる（同21条。再審査請求においては処分庁または裁決庁経由，同66条）。多数人が共同して審査請求を行うときは総代制度がある（同11条）。また，審査請求手続は代理人に委任することができる（同12条。行政書士法の改正により，特定行政書士も代理することが可能になった）。

　審査請求の提起は，処分の効力，処分の執行または手続の続行を妨げない（行審25条1項。再調査の請求・再審査請求も同様，同61条・66条）。行政事件訴訟法と同様に，執行不停止原則がとられ，一定の要件のもとに，執行停止がなされるものとされている（同25条2項～7項，再調査の請求では25条3項が，再審査請求では25条2項が準用されていない。61条・66条。また，改正前行審法と異なり，行政事件訴訟法と同様に，「処分の執行若しくは手続の続行ができなくなるおそれがあるとき」を執行停止の消極要件とはしていない，同25条4項）。

　行政不服審査法における執行停止制度は，行政事件訴訟法における執行停止制度と異なり，処分庁の上級行政庁または処分庁である審査庁は，審査請求人の申立てによる以外に職権でも執行停止をすることができ，また，執行停止の内容として，処分の効力，処分の執行または手続の続行の全部または一部の停止以外の，「その他の措置」をとることができる（行審25条2項。再調査請求も同様，同61条。例，懲戒免職処分を暫定的に停職処分に変更する等）。

　また，審理員（後述）は，必要あると認める場合には，審査庁に対して執行停止をすべき旨の意見書を提出することができる（同40条。審査請求人の申立て

より意見書を提出するという手続はなく，職権で行う）。意見書の提出があった場合には，審査庁は速やかに執行停止をするかどうか決定しなければならない（同25条7項）。

執行不停止原則は，その原則と例外を逆転するべきである等，議論があるが，行政不服審査法はこれを維持している。

第7節　不服申立ての審理

行政不服審査法は，前述のように，改正に伴い，目的規定に「公正」さを付加し，審理手続の公正その他手続保障水準の向上を目指すことを目的規定で鮮明にしている。具体的には，審理員制度の導入，審理手続の対審化，行政不服審査会制度の導入がなされた。審理員制度は，審査請求および再審査請求に，行政不服審査会制度は，審査請求に導入されている。

適法な審査請求の審理手続は，まず，原則として，審査請求を提起された審査庁による審理員の指名とその旨の審査請求人・処分庁等への通知から開始される（行審9条）。

1 審理員

行政不服審査法は，有識者委員で構成された合議制機関が審査庁である場合や条例に特別の定めがある場合または24条の規定により審査請求を却下する場合を除いて，原則として審査庁が同庁に所属する職員のうちから指名する審理員に審査請求の審理をさせることとし，また，審査請求に係る処分や再調査の請求についての決定等について関与し，または関与することとなる者が審理員になることはできない等の審理員の指名除斥事由を定め，処分庁等からの職能分離を図っている（行審9条1項・2項）。なお，審理員の指名義務が免除される場合，審理員による審理を前提とした審査庁による審理手続に関する規定は修正され（同3項），また，審査庁が必要と認めるときは，審査庁の職員に審理手続の一部を行わせることが可能である（同4項）。審理員は，審査庁の補助機関ではあるが，審査請求の審理手続を審査庁の指揮監督を受けることなく，自らの名で行うこととなり，その意味で，審査庁から一定の独立性を有するということができる（審理員の職権行使の独立性を保障する明文の規定は置かれていな

い）。審理員の選任の公正性と透明性を確保するため，審査庁となるべき行政庁には，審理員の名簿作成の努力義務，それを作成した場合における名簿の公表義務が課されてる（同17条）。なお，非常勤職員の職員として，審理員への外部人材の登用の有用性・必要性もいわれている。以上の点は，基本的には再審査請求についても妥当する（同66条）。

2　審理手続

指名された審理員は，処分庁等が審査庁である場合を除いて，直ちに，審査請求書または口頭で審査請求がなされた場合の審査請求録取書の写しを処分庁等に送付しなければならず，また，相当の期間を定めて，処分庁等に対して弁明書の提出を求めるものとし，審理員の弁明書の提出の求めを義務付けている（行審29条1項・2項。記載事項・添付書類については同3項・4項を参照。改正前行審法では，弁明書の提出を求めるか否かは審査庁の裁量にゆだねられていた）。審理員は，弁明書の提出があった場合は，これを審査請求人のみならず参加人にも送付しなければならない（同5項）。審査請求人等の弁明書の送付を受ける権利がここで保障されている。審査請求人および参加人は，送付された弁明書に対して，前者は反論書を後者は意見書を提出することができ（いずれの場合も，審理員が提出すべき相当の期間を定めた場合には，その期間内に提出しなければならない），審理員は，提出された反論書は参加人・処分庁等に，意見書は審査請求人・処分庁等に送付しなければならない（同30条）。

以上のように審理の方式は，書面審理主義が原則となっているが，その例外として，審理において，審査請求人または参加人の申立てがあった場合には，審理員は，申立人に，それが困難であると認められる場合を除いて，口頭での意見陳述の機会を与えなければならない（同31条1項。この機会を規定していた改正前行審法25条1項本文は，書面審理主義の原則を明記していたが，本項では明記されていない。しかし，これをもって書面審理主義の原則が変更されたとは解されていない〔行政不服審査制度検討会最終報告参照〕）。この口頭審理においては，審理員の指揮の下で，すべての審理関係人（審査請求人，参加人および処分庁等）が招集される中で，口頭意見陳述の申立人が陳述し，また，申立人は，審理員の許可を得て，処分庁等に対して質問することも認められており（同31条2項〜5項），「対審化」が図られている（改正前行審法では，審査請求人の口頭意見陳述の場に処分庁

が出席する義務はなく，処分庁に対する口頭の質問権も保障されていない等の点から，口頭意見陳述の機会も形骸化しているという批判があった）。行政不服審査法31条は「審査請求に係る事件に関する意見」（改正前行審法ではこのような文言は規定されていない）を口頭で述べることができると規定するが，この点，審理員は，審査請求に理由がないとの心証をもっていても，申立てがあった以上，口頭意見陳述の機会を与えなければならない。また，この機会は，本案審理について認められるものであり，要件審理については認められないとする見解があるが，審査請求が不適法であってそれが補正できないものであることが一見して明白であるような場合を除いて，要件審理についてもこの機会を保障すべきである。

　審査請求人または参加人は，証拠書類または証拠物を提出することができ（行審32条），処分庁等も，処分の理由となった事実を証する書類その他の物件を提出することができる（同条2項）。審査請求人または参加人には，閲覧および写しの交付請求権が保障されている。審査請求人または参加人は，審理員に対し，審理手続が終結するまでの間，提出書類等（処分庁が保有する場合に弁明書に添付すべきものとされている聴聞調書〔行手24条1項〕・報告書〔同条3項〕，弁明書〔行手29条1項〕，審査請求人または参加人が任意で提出した証拠書類または証拠物，処分庁等が提出した書類その他の物件，審理員が提出を求めて提出された書類その他の物件）の閲覧および提出書類等の写しの交付を請求することができ，審理員は，第三者の利益を害するおそれがあると認めるとき，その他正当な理由があるときでなければこれを拒むことはできない（行審38条1項）。また，電磁的記録についても閲覧等請求の対象であり，その写しの交付は，電磁的記録に記録された事項を記載した書面（プリントアウトしたもの）の交付による（同）。

　審理員が処分庁において書類などを閲覧して作成した調査メモのような，処分庁が提出したのものではなく，審理員が職権で収集した資料が，閲覧等請求の対象となるか。この点については，改正前行審法の下で，審査庁の職員が収集した調査メモについて，これを否定する見解・下級審の裁判例も多い（例，大阪地判昭和46・5・24行集22巻8＝9号1217頁）。改正後も明確な規定はなく，審理員の個別判断にゆだねられるとされているが，攻撃防御の機会を審査請求人および参加人に公正に保障するという閲覧等請求権の意義からすれば，基本的

にこれを肯定すべきである（大阪地判昭和44・6・26行集20巻5＝6号769頁参照）。

　審理員は，審査請求人もしくは参加人の申立てによりまたは職権で，書類その他の物件の所持人に対しその物件の提出を求め（行審33条），適当と認める者に参考人としてその知っている事実の陳述または鑑定を求め（同34条），必要な場所につき検証し（同35条），審理関係人に質問することができ（同36条），職権による審理が広く認められている。また，職権で証拠調べをすることができるのみならず，職権探知が認められるかについては，行政不服審査法に明文の規定はないが，一般に肯定されてきた。職権探知が認められるとしても，審理員が，当事者が主張していない事実を収集し，それを，審査請求を棄却するための判断の基礎とする場合には，不意打ちを防止するという観点から，審査請求人に意見陳述の機会を認める必要があろう。

　審理員は，必要な審理が終了すれば審理手続を終結し，終結の旨等を審理関係人に通知し（同41条），終結後は，遅滞なく，審査庁がすべき裁決に関する審理員意見書を作成し，速やかに事件記録とともに審査庁に提出しなければならない（同42条）。審査庁は，審理員意見書に拘束されないが，審理員意見書と異なる内容で裁決を行う場合は裁決書にその理由を付記しなければならない（同50条1項4号）。

　なお，審理の迅速化との関係では，標準処理期間（同16条），審理手続の計画的進行（同28条），審理手続の計画的遂行（同37条），後述の不服申立ての終了に関する裁決の時期（同44条）の規定も新たに導入されている。

　以上の審査請求に関する規定は，必要に応じて，再調査の請求，再審査請求に準用されている（同61条・66条）。付言すれば，再調査の請求には，審理員およびそれを前提とした規定，審理手続の計画的遂行，審理手続の終結等は準用されておらず，再審査請求については，その審理は基本的には審理員による審理によるが，前述のように合議制機関が再審査庁となる場合には審理員が指名されないため，審理員による審理手続を前提とする規定は適用されない。

3　行政不服審査会

　審理員は，審査庁に所属する職員である以上，最終的には審査庁の内部基準等に拘束される等の限界をもっているといえ，第三者機関による裁決への関与が公正・中立性の確保の点から求められることになる。審査請求には，行政不

服審査会制度が導入されている。行政不服審査会等への諮問に関する規定は再審査請求には準用されていない（行審66条）。

　審理員意見書の提出を受けた審査庁は，原則として，すべての審査請求につき，行政不服審査会等（国レベルでは行政不服審査会，地方公共団体レベルでは執行機関の附属機関として置かれた合議制機関）への諮問義務がある（行審43条1項）。しかし，法律の定めるところにより審議会等第三者機関の議を経て審査請求にかかる処分が行われた場合や，不適法却下・全部認容裁決をする場合等，例外的な場合には，諮問は不要である（同43条1項1号～8号）。この点，審査請求人が，諮問を希望しない場合にも，諮問不要とされていることに留意する必要がある（同4号）。迅速な救済を望む審査請求人からすれば，時には，諮問は負担となりうる。行政不服審査会は，諮問に対する答申をしたときは，答申書の写しを審査請求人および参加人に送付するとともに，答申の内容（答申それ自体ではない）を公表しなければならない（同79条）。行政不服審査会等の関与については，簡易迅速性との関係からは，それに反する「手続の重装備化」との批判が改正論議の中でなされていたところでもある。また，行政不服審査会等が，国民の権利利益および行政の運営に対する影響の程度その他当該事件の性質を勘案して，諮問を要しないものと認めた場合も諮問不要とされているが，具体的にどのような事例がこれに該当するかが問題となろう。なお，審査庁は，諮問をする際に，審査請求人，参加人等審理関係者に，その旨の通知をするとともに，審理意見書の写しを送付しなければならない（同43条3項）。なお，改正された行政不服審査法においては，参加人は，この写しの他，上述の処分庁の弁明書・審査請求人の反論書の送付を受け，意見書の提出権を有する等（審査請求人の手続的権利のみならず）参加人の手続的権利の整備・拡充が図られていることにも留意する必要がある。

　行政不服審査会等は諮問機関であるからその答申に審査庁は拘束されることはなく，審理員意見書の場合と同様，答申と異なる内容の裁決をする場合，裁決書にその理由を付記すればよい（同50条1項4号）。

　行政不服審査会は，総務省に置かれ（行審67条1項），総務大臣が任命する法律または行政に関して優れた識見を有する委員9人で組織される（同68条1項）。行政不服審査会における審査請求に係る事件についての調査審議は，原

則として，審査会の指名する3名の委員で構成される合議体で行われるが，審査会が定める場合においては，委員全体からなる合議体で調査審議が行われる（行審72条）。調査審議について覆審主義は採用されておらず，審理員の判断の妥当性について審査がなされる。調査審議手続の際に，審査請求人等審査関係人に口頭意見陳述権（同75条），主張書面等の提出権（同76条），提出資料の閲覧・謄写請求権（同78条）が認められている。地方公共団体においては，行政不服審査会に対応する機関は，地方公共団体の執行機関の付属機関として設置することが義務付けられているが（同81条1項），事件ごとの合議制機関の設置（同81条2項），共同設置（同条4項）も認められている。

　国及び地方公共団体が設置した行政不服審査会の中には，その調査審議において，処分庁の要件判断に係る行政調査の範囲・内容や事実認定の在り方を丁寧に審査し，また，理由の付記などの行政手続の瑕疵を厳格に判断するなど，従来の裁判例よりも，行政の判断過程を積極的にコントロールすることを試みるものがある。行政不服審査会の答申において，個別案件の調査審議を通じて明らかになった法制度や行政運営・慣行の問題点を指摘し，その解決のための付言が行われることもある。

　なお，地方公共団体について，行政不服審査法改正前における先進的な取り組みとして，岐阜県多治見市是正請求手続条例（平成22年4月1施行）がある。そこでは，審理員，行政不服審査会に当たる是正請求審査会が設けられ，独自の創意・工夫による公正な手続の実現の試みが現実化している。

第8節　不服申立ての終了（裁決・決定）

　不服申立手続は，審査請求・再審査請求においては審査庁・再審査庁の裁決により終了し，再調査の請求においては処分庁の決定で終了する。審査請求および再審査請求については，審理の迅速化のため，遅滞なく裁決を行わなければならない旨の裁決の時期についての定めも設けられている（行審44条・66条）。

　不服申立てが不適法である場合には，裁決または決定でその不服申立ては却下される（行審45条1項・49条1項・58条1項・64条1項）。不服申立てに理由がない場合には，裁決または決定でその不服申立ては棄却される（同45条2項・49条

２項・58条２項・64条２項。なお，同条３項に注意）。

　処分（事実上の行為を除く）についての不服申立てに理由がある場合には，審査請求であれば審査庁，再調査の請求であれば処分庁が，裁決もしくは決定で，処分の全部または一部を取り消しまたは変更し（行審46条１項〔審査庁が処分庁の上級行政庁または処分庁以外の場合は，審査庁は，審査請求の裁決で，処分を変更することはできない〕・59条１項），再審査請求では，再審査庁が，裁決で，原裁決等の全部または一部を取り消す（同65条１項）。また，「事実上の行為」については，不服申立庁は，裁決または決定で，その違法または不当を宣言し，それとともに，審査請求であれば，処分庁以外の審査庁は処分庁に対して当該行為の全部もしくは一部を「撤廃」し，または変更すべき旨を命じ，処分庁である審査庁は，当該行為の全部もしくは一部の撤廃・変更を行い（同47条１項〔処分庁の上級行政庁以外の審査庁は，変更を命ずることはできない〕），処分庁が行う再調査の請求では，処分庁は，その決定で，当該行為の全部もしくは一部の撤廃・変更を行い（同59条２項），再審査請求では，再審査庁が，処分庁に，全部または一部を撤廃すべき旨を命ずる（同65条２項）。審査請求および再調査の請求については，不利益変更の禁止の原則も定められている（同48条・59条３項）。

　申請拒否処分および申請に対する不作為についての審査請求に関しては，審査請求に理由があり，一定の処分をすべきと認めるときは，処分庁・不作為庁の上級行政庁である審査庁は，処分庁・不作為庁に当該処分をすべきことを命じ，処分庁・不作為庁である審査庁は，当該処分を自ら行う（行審46条２項・49条３項）。ここでは，改正により申請型義務付け裁決の制度が新たに規定されている。違法または不当な処分・事実上の行為・原裁決等は，取消し・撤廃されるのが原則であるが，例外として，審査庁および再審査庁が，裁決で請求を棄却することができる（同45条３項・64条４項）。事情裁決である。

　裁決・決定は，書面で行われ，かつ，理由等行審法が定める事項が記載されなければならない（行審50条１項・60条１項・66条１項）。審査庁および再審査庁は，行政不服審査会等から答申を受けたとき，諮問を要しない場合で審理員意見書が提出されたとき等は，遅滞なく裁決を行わなければならない（同44条・66条１項）。

　処分についての審査請求・再審査請求の全部または一部を認容する裁決は，

◆**コラム15-1**◆　**行政審判**

　行政審判とは，学問上の概念であり，通常の行政組織から一定の独立性を有する行政委員会やそれに準じる合議制の行政機関が，準司法手続によって一定の決定を行う手続である。海難審判所が行う海難審判（海難審判30条以下），電波監理審議会による不利益処分手続（電波99条の11以下）などがある。

　行政審判については，統一的な行政審判手続や手続法は存在せず，その手続は個別法による。行政審判は，職権行使の独立性と準司法手続によって特徴づけられる。これら特徴によって行政審判とされているものには，行政決定に対する不服の審査であって行政上の不服申立ての一種であるもの（例，人事院による公務員の不利益処分についての審査，国公90条以下），紛争を前提とせず行政庁の第一次的な決定手続であるもの（例，前記電波監理審議会の手続）などがある。

　行政審判が，合議制の機関により準司法的手続で行われることから，法律の定めにより，行政審判の結果に訴訟が提起された場合に審級省略がなされたり（電波97条），行政審判を行った行政機関がした事実認定が，実質的証拠法則により，裁判所の事実認定を制約すること（同99条1項は，「電波管理審議会の認定した事実は，これを立証する実質的な証拠があるときには，裁判所を拘束する」と規定する）がある。実質的証拠法則が明文の規定がない場合にも認められるかどうかについては争いがある。なお，「私的独占の禁止及び公正取引の確保に関する法律の一部を改正する法律」（平26法69）により，公正取引委員会が行う審判制度は廃止され，公正取引委員会の行政処分（排除措置命令等）に対する不服は，抗告訴訟として東京地方裁判所が審理することとなった（独禁85条）。

関係行政庁を拘束する（52条・66条1項）。

　裁決・決定には不可変更力が認められている（最判昭和42・9・26民集21巻7号1887頁）。

第9節　教　　示

　教示とは，処分の相手方である国民等に対して，救済制度としての不服申立てを利用できること知らせる制度である。通常の国民は，不服申立ての種類，不服申立期間等，不服申立制度に通暁しているとはいえない。行政不服審査法は，国民が不服申立制度を広く利用することができるよう，審査請求もしくは再調査の請求または他の法令に基づく不服申立てを含め，広く行政上の不服申立てについて行政庁に教示義務を課している。

　行政庁は，審査請求・再調査の請求・他の法令に基づく不服申立てをすることができる処分をする場合には，処分の相手方に対し，不服申立てをすることができること，不服申立てをすべき行政庁，不服申立期間を書面で教示しなければならない（行審82条1項）。ただし，処分を口頭でする場合はこの限りではない（行審82条1項但書）。処分の相手方以外については，行政庁は自発的に教示する義務を負っていないが，利害関係人から教示を求められた場合には，不服申立期間等の一定の事項について，教示しなければならず（同82条2項），この場合書面による教示が求められたときは，書面で教示しなければならない（同82条3項）。なお，処分庁は，再調査の請求がされた日（または補正により不備が是正された日）の翌日から起算して3か月を経過しても，再調査の請求が係属している場合は，当該処分について直ちに審査請求することができる旨を書面で再調査の請求人に教示しなければならない（同57条）。また，審査庁が，再審査請求をすることができる裁決をする場合にも，教示義務がある（同50条3項）。

　行政庁に教示義務があるのに教示しなかった場合，行政庁の処分について不服がある者は，その処分庁に不服申立書を提出することができ，はじめから権限ある行政庁に不服申立てがあったものとみなされる（行審83条1項・3項～5項）。審査請求または再調査の請求をすることができる処分について処分庁が誤った教示をし，その教示に従って不服申立てがされた場合には，救済が規定されている（同22条・55条。再調査の請求・再審査請求には22条の準用はない）。教示義務があるのに教示がなかった不教示の場合に，たとえば，審査請求期間が経過してしまうこともあるが，そういった場合の救済規定はなく（なお，東京地判昭和45・5・27行集21巻5号836頁参照），これには批判が多い。行政不服審査法は，主観的不服申立期間の例外要件を「やむをない理由」ではなく「正当な理由」があるとしたが，不教示はこれにあたろう。

　なお，不服申立てにつき，裁決等をする権限を有する行政庁には，不服申立てをしようとする者や不服申立人の求めに応じて，必要な情報を提供する努力義務（行審84条）が課されている。この情報提供の内容は不服申立てに必要な事柄に限定されているが，行政上の苦情処理や行政手続法36条の3に基づく処分等の求めの利用の可否についての情報提供も行われてよいと思われる。

第16章
行政事件訴訟

第1節　行政事件訴訟の概念

　行政事件訴訟とは，行政上の法律関係について争いがある場合に，一定の利害関係者または法律によってとくに原告となりうることが認められた者からの訴訟の提起に基づいて，裁判所が特殊な訴訟手続により，当事者の主張の当否を審理・判断し，これに基づく判決によって，争いを解決する制度である。行政訴訟ともいう。

　行政事件訴訟は，裁判所の「司法権」の行使としての行政事件についての裁判である（憲76条1項）。それゆえ，行政事件訴訟は，行政事件について国民の裁判を受ける権利（同32条）の保障の具体的形態であり，行政の法適合性を確保し，国民の権利利益を法的に保護し救済するためのものであって，法治主義の実効性を確保するために不可欠の制度である。なお，行政事件訴訟法は，「行政事件訴訟」を定義することなく，4つの訴訟類型を「行政事件訴訟」として挙げている（行訴2条）。このうち，抗告訴訟と当事者訴訟は，国民の個別的具体的権利利益の保護・救済を目的とする主観訴訟であり，「法律上の争訟」に該当する。民衆訴訟と機関訴訟は，国民の個別的な権利利益の保護・救済を直接の目的とせず，行政の客観的な適法性の確保を目的とする客観訴訟である。客観訴訟は，一般に「法律上の争訟」に該当せず，裁判を受ける権利の行使として位置づけられず，法律上とくに原告となりうることが認められた者が提起できる裁判であり，立法政策上制度化された特別の訴訟として，ここでいう行政事件訴訟に含められている。

　行政事件訴訟は，行政上の法律関係に争いのある場合における特殊な訴訟手続による裁判である。行政事件訴訟は，国民の権利利益をめぐる紛争に関し，

裁判所が法に基づいて裁断する裁判作用という点では，民事訴訟と異なるもの
ではないが，行政事件訴訟法が定める特殊な訴訟手続に服するものである（行
訴1条）。

　一元的司法裁判制度をとる日本において，民事事件については，民事訴訟に
より，行政事件については行政事件訴訟法の定める行政事件訴訟によることと
なっており，民事事件と行政事件においては訴訟手続が異なる。なお，行政事
件と民事事件の区別に関し，公法・私法二分論からする区別については，学
説・判例は，懐疑的である。ここでは，行政事件とは，行政事件訴訟法の各訴
訟類型に属することにより，行政事件訴訟法の適用のある争いとしておく。

第2節　行政事件訴訟の沿革

1　明治憲法下の行政訴訟

　明治憲法の下では，行政裁判制度が採用され，行政事件は，司法裁判所では
なく行政裁判所の管轄であった。明治憲法は，「特別裁判所ノ管轄ニ属スヘキ
モノハ別ニ法律ヲ以テ之ヲ定ム」と定め（明憲60条），また，「行政官庁ノ違法
処分ニ由リ権利ヲ傷害セラレタリトスルノ訴訟ニシテ別ニ法律ヲ以テ定メタル
行政裁判所ノ裁判ニ属スヘキモノハ司法裁判所ニ於テ受理スルノ限ニ在ラス」
（同61条）と定めていた。これらの規定を受けて，行政裁判所の組織・権限およ
び訴訟手続を定めた行政裁判法（明23法48），行政裁判法が採用する列記主義を
一般的に定めた「行政庁ノ違法処分ニ関スル行政裁判ノ件」（明23法106）が制
定された。これら法律の下での行政訴訟についていえば，行政裁判所は，東京
のみに置かれ，一審かつ終審であり，また，出訴事項については列記主義がと
られ出訴事項はきわめて限定され，審理においては書面主義，職権主義の原則
が妥当し，さらに原則として訴願前置主義が採用されていた。これらの点か
ら，明治憲法の下での行政訴訟は，国民の権利救済制度としては不十分なもの
でしかなく，行政訴訟または行政裁判をむしろ行政権の作用と考える当時の観
念からすれば，実質的には行政監督の一種として理解されるべきものであっ
た。

2　日本国憲法下における行政訴訟

日本国憲法下で，行政裁判制度が廃止され（憲76条），民事事件であると行政事件であるとを問わず，「法律上の争訟」に該当する限り（裁3条参照）司法裁判所が管轄することとなった。

　行政事件に関する訴訟法については，とりあえず，1947年に「日本国憲法の施行に伴う民事訴訟法の応急的措置に関する法律」（昭22法75）が，行政処分の取消し・変更に関する訴えについて6か月の出訴期間の定めのみを置き（同8条），あとは，行政事件についても民事訴訟と同一の手続で処理された。この法律の下で，公職追放の指定を受けた平野力三代議士が東京地裁に仮処分の申請をして認められるという事件が起きた。平野事件が契機となり，行政事件の特質を踏まえた訴訟法の制定の必要性が認識され，1948年に制定されたのが，全文12条の「行政事件訴訟特例法」（昭23年法81）である。同法は，行政事件訴訟を「行政庁の違法な処分又は変更に係る訴訟」（取消訴訟）と「その他公法上の権利関係に関する訴訟」（当事者訴訟）に分け，これら行政事件訴訟が民事訴訟法の適用を受けることを前提に（同1条），特例を定めることとした（同2条以下）。同法は，出訴期間，訴願前置主義，概括主義の採用，仮処分の排除・執行停止制度，事情判決，判決の拘束力等について定めていたが，なお，規定の不十分さから，同法の予想しなかった無効確認訴訟や，同法が言及していなかった民衆訴訟や機関訴訟の取扱いなど解釈上の疑問が生じていた。

　そこで，1962年に行政事件訴訟法（昭37法139）が制定され，訴願制度の原則的廃止，訴訟類型の明確化，無効等確認の訴えの明文での承認，執行停止制度・内閣総理大臣の異議の制度の存続，取消判決の効力に関する規定等の整備がなされた。ただし，行政事件訴訟法は，行政事件訴訟に関する一般法であるが，行政上の紛争に関して自己完結的な規定を置いているわけではなく，訴訟手続の多くを民事訴訟法にゆだねている（行訴7条）。しかし，行政事件訴訟特例法に比べると，行政事件訴訟法の民事訴訟法に対する相対的独自性が強まったとされている。行政事件訴訟特例法1条が「民事訴訟の定めるところによる」とするのに対し，行政事件訴訟法7条は，「民事訴訟の例による」と規定しており，行政事件訴訟の性質に反しない限りでの民事訴訟法の適用を認めていると解されているからである。

この行政事件訴訟法は，その後，継続的な種々の改正論議および司法制度改革の流れのなかで，司法制度改革推進本部に設置された行政訴訟検討会における審議を経て，国民の権利利益のより実効的な救済手続の整備を図る観点から，「義務付けの訴え」・「差止めの訴え」の法定，取消訴訟の原告適格の判断基準の法定，公法上の当事者訴訟についての確認訴訟の明文化，出訴期間の延長，釈明処分の特則の新設，執行停止要件の緩和，教示義務等，2004年（平16法84）に一部改正され，2005年4月から施行されている。本書において，とくに2004年改正行政事件訴訟法と改正前のそれについて比較検討する場合に，前者を「改正行政事件訴訟法」，後者を「改正前行政事件訴訟法」と記述することがある。

第3節　行政事件訴訟と司法権の範囲

1 法律上の争訟

行政事件訴訟も裁判である以上，法律上の争訟でなければならない（裁3条1項）。法律上の争訟とは，一般に，「法令を適用することによって解決し得べき権利義務に関する当事者間の紛争」（最判昭和29・2・11民集8巻2号419頁）あるいは「当事者間の具体的な権利義務ないし法律関係の存否に関する紛争であって，かつ，それが法令の適用によって終局的に解決できるもの」（最判昭和56・4・7民集35巻3号443頁）とされている。このことについては民事訴訟と異ならない。法律上の争訟については，一般に司法権が及ぶが，その要件として，第1に，当事者間の具体的な権利義務に関する紛争があること（具体的事件性の要件），第2に，当該紛争が法令の適用によって解決できるもの，が挙げられる。前者の要件について，行政事件訴訟においては，法令の適用によって解決できれば，権利義務に関する紛争でなくとも，権利利益に関する紛争でもよいと解釈することも可能である。抗告訴訟においては，処分性と関わった争いの成熟性および原告適格は，事件性の要件を抗告訴訟という訴訟類型に即して捉えた場合の要件であるとも考えられ（事件性要件の一局面），また，行政事件訴訟においては，行政事件訴訟法9条にいう「法律上の利益」に関する紛争についても裁判所の管轄権が及ぶからである。ただ，逆に，現実には，原告適

格の有無が厳格に解される場合には，法律上の争訟の対象範囲が限定される結果になることもある。

　事件性の要件を満たさず，法律上の争訟に当たらないとされるものとして，抽象的に法令の効力を争う訴訟（警察予備隊事件・最大判昭和27・10・8民集6巻9号783頁），法令の解釈を裁判所に求める訴訟（金沢地判昭和25・9・19行集1巻8号1174頁），地家裁支部の統廃合に関する最高裁判所規則の取消しを求める訴訟（最判平成3・4・19民集45巻4号518頁）等がある。民衆訴訟や機関訴訟は，当事者間の具体的な権利利益に関する紛争ではなく，法律上の争訟に当たらないが，「法律においてとくに定める権限」（裁3条1項）として，司法権に服することになる（行訴5条・6条参照）。

　法令の適用によって解決できない紛争として法律上の争訟に当たらないとされるものとして，技術国家試験の合否判定（最判昭和41・2・8民集20巻2号196頁），学位不授与決定（東京地判昭和37・3・8行集13巻3号362頁），司法試験の合否判定（東京地判昭和49・9・26判時769号38頁）等を争う訴訟がある。人の技能や学術上の問題についての判定そのものの適否を法律的に判断することはできないが，判定が違法手続に基づく場合や，判定が他事考慮に基づく場合は，その限りで司法審査の対象となると解すべきである（前掲・東京地判昭和37・3・8，前掲・東京地判昭和49・9・26など参照）。

　なお，最高裁は，「国又は地方公共団体が専ら行政権の主体として国民に対して行政上の義務の履行を求める訴訟は，法規の適用の適正ないし一般公益の保護を目的とするものであっ」て，財産権の主体として自己の権利利益の保護救済を求める場合と異なり，法律上の争訟に当たらないとしている（宝塚市パチンコ店建築中止命令事件・最判平成14・7・9民集56巻6号1134頁）。この最高裁判決については，一方当事者が財産権の主体ではなく行政権の主体であり，かつ，その行政権の主体が訴訟を提起するときにだけ，法律上の争訟性を欠くという考え方に立って，「法律上の争訟」への該当性に限定をかけるものであり，結果，司法権の範囲を狭めるものであるとの批判がなされている。

2　統治行為の理論

　統治行為の理論とは，一定の行為についての争いが，概念上法律上の争訟に当たるとしても，当該行為が高度の政治的な性格を有することを理由に司法審

査の対象から除外する考え方である。衆議院の解散，条約の締結，自衛隊の設置などがその例とされている。

　最高裁は，衆議院の解散の効力が争われた苫米地事件において，「直接国家統治の基本に関する高度に政治性のある国家行為はたとえそれが法律上の争訟となり，これに対する有効無効の判断が法律上可能である場合であっても，かかる国家行為は裁判所の審査権の外にあり，その判断は主権者たる国民に対して政治的責任を負うところの政府，国会等の政治部門の判断に委され，最終的には国民の政治判断に委ねられているものと解すべき」であるとし，統治行為論の根拠については，「この司法権の制約は，……司法権の憲法上の本質に内在する制約」であるとする（最大判昭和35・6・8民集14巻7号1206頁）。また，最高裁は，日米安全保障条約の合憲性判断は，一種の政治的裁量であり，「純司法的機能をその使命とする司法裁判所の審査には，原則としてなじまない」が，「一見極めて明白に違憲無効」と認められるときに限り，司法審査の対象となるとした（砂川事件・最大判昭和34・12・16刑集13巻13号3225頁）。この判断は，例外的に司法審査が及ぶとしている点で，前述した本来の意味での統治行為論とは異なる。

　統治行為論は，すべての国家行為に関する違憲審査権を認めている日本国憲法の趣旨に適合的ではない。また，法律上の争訟に当たることを前提とする以上，統治行為論一般で司法権の制約を論ずることは妥当ではないともされている。

3　部分社会論

　最高裁は，自律的な法規範を有する特殊な部分社会内部の紛争については，裁判所は介入すべきではなく，部分社会の自主的・自律的な解決にゆだねるべきであり，司法審査の対象とならず，一般市民社会の市民法秩序に関わる紛争となる場合にだけ司法審査の対象となるとする（富山大学単位不認定事件・最判昭和52・3・15民集31巻2号234頁，地方議会議員懲罰事件・最大判昭和35・10・19民集14巻12号2633頁）。これを部分社会論という。民事事件においても，宗教団体内部の紛争などで問題となる（前掲・最判昭和56・4・7）。司法審査の対象となるかの基準を内部規律を超える「一般市民社会の市民法秩序に関わる法的紛争」とそうでないものとするこの考え方は，国民の裁判を受ける権利を前提とする

とき，司法審査の限界の具体的な基準としては明確性に欠けるといえる。部分社会内部の紛争であっても，人権侵害が問題であれば，その裁量統制は司法審査として当然に行われることになる。

4 行政裁量

法令によって行政庁に裁量権が付与されている場合に，司法審査の対象とならないという意味での自由裁量行為の概念は否定されている。行政事件訴訟法30条は，一定の場合に，裁量処分が違法となり裁判所の取消権に服すること明定している（詳しくは，第8章第6節3を参照）。

5 行政庁の第一次的判断権

行政庁は，法令の規定を適用して行政処分等を行う場合に一定の判断や選択を行う。これが行政庁の第一次的判断である。

行政に関しての第一次的判断権は，行政権のために留保されていなければならず，司法権は，行政庁の第一次的判断権を前提として，行政庁の第一次的判断が下される前に一般に司法権がこれに代わって判断したり，行政庁の第一次的判断に代えて司法権自らが判断することは許されない。これが行政庁の第一次的判断権の法理である。これは行政処分にかかる司法審査を事後審査としての取消訴訟またはその延長上にとどめようとするものである。

義務付け訴訟および差止訴訟が法定されたことにより，事後審査への司法審査への限定という意味での第一次的判断権論は基本的に維持されないこととなった。

第4節　行政事件訴訟の類型

行政事件訴訟法は，その2条において，「この法律において，『行政事件訴訟』とは，抗告訴訟，当事者訴訟，民衆訴訟及び機関訴訟をいう」と定めている。この4種の訴訟類型のうち，前二者は主観訴訟であり，後二者は客観訴訟である。

行政事件訴訟法は，規定の仕方として取消訴訟を中心にしており，改正行政事件訴訟法の下でも条文の構造上，処分に対する取消訴訟が重要な位置を占めている。改正前行政事件訴訟法の下での，取消訴訟中心主義の考え方は，国民

図　行政活動と訴訟類型との関係

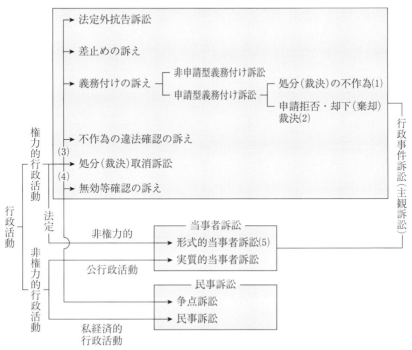

(1)　処分（裁決）の不作為の違法確認の訴えの併合提起
(2)　処分（裁決）の取消訴訟または無効等確認の訴えの併合提起
(3)　処分（裁決）の不作為の違法確認を請求する場合，一定の処分（裁決）の差止めまたは義務付け
　　を請求する場合
(4)　出訴期間を徒過したり，不服申立て前置主義を採る場合にそれを履行しなかったため，原則の訴
　　訟形式が利用できなくなったときで無効の瑕疵がある場合
(5)　土地収用法133条，農地法55条等の法定されたもの
出所：紙野健二＝市橋克哉編『資料 現代行政法〔第3版〕』（法律文化社，2008年）301頁〔稲葉一将
　　作成・一部修正〕

の権利利益の救済を狭める結果となる点で批判があったところである。後述するように，改正行政事件訴訟法は，国民の権利利益の実効的救済の観点から，義務付け訴訟・差止訴訟を法定し，また，「確認訴訟の活用」を意図して実質的当事者訴訟としての確認訴訟を明示した（ここでは，本来的な意味での，確認訴訟の「活用」と，「処分性」との関係で，取消訴訟を中心とした抗告訴訟では救済されない場合に確認訴訟を活用するということが意図された）。これら法定・活用の観点からの明示は，それとして取消訴訟中心主義を修正・緩和し，あるいは否定するものともいわれる。これらの改正は肯定するとしても，その「評価」は，取消訴訟制度の構造自体を維持したうえで，救済方法を多様化した改正行政事件訴訟法の下での裁判所の判例の展開と連動した現実態のなかで検証されなければならない。

1　抗告訴訟

抗告訴訟とは，「行政庁の公権力の行使に関する不服の訴訟をいう」（行訴3条1項）。

行政事件訴訟法は，抗告訴訟として，①処分の取消しの訴え，②裁決の取消しの訴え，③無効等確認の訴え，④不作為の違法確認の訴え，⑤義務付けの訴え，⑥差止めの訴えの6種類を定める（同3条2項～7項）。このうち①と②をあわせて取消訴訟とよぶ（同9条1項）。行政事件訴訟法が明示的に規定するこれらの訴訟を法定抗告訴訟とよぶ。行政事件訴訟法が明示的に規定してはいないが，公権力の行使に関する不服の訴訟に属するものとして，その具体的展開が学説・判例にゆだねられているものを法定外抗告訴訟（または無名抗告訴訟）と称している。改正前行政事件訴訟法の下では，義務付け訴訟と差止訴訟が法定外抗告訴訟の典型例とされ，その許容性が議論の対象となっていた。改正行政事件訴訟法は，これらを法定したが，3条1項を維持しているので法定外抗告訴訟の可能性を否定するものではない。

2　当事者訴訟

(1)　実質的当事者訴訟と形式的当事者訴訟　　当事者訴訟とは，「当事者間の法律関係を確認し又は形成する処分又は裁決に関する訴訟で法令の規定により当事者間の一方を被告とするもの」（行訴4条前段）と「公法上の法律関係に関する確認の訴えその他の公法上の法律関係に関する訴訟」（同4条後段）をい

う。前者を形式的当事者訴訟，後者を実質的当事者訴訟とよんでいる。行政事件訴訟法は，実質的当事者訴訟について，従来，「公法上の法律関係に関する訴訟」と定めていたが，改正行政事件訴訟法は，この文言の前に，「公法上の法律関係に関する確認の訴えその他」を付加した。改正前行政事件訴訟法の下でも，この確認の訴えが実質的当事者訴訟に含まれることとされていたが，改正行政事件訴訟法においてこれが明示された。

　形式的当事者訴訟は，処分または裁決という公権力の行使を不服とする訴訟であることからすれば，行政事件訴訟法3条により抗告訴訟として提起されるべきであるが，個別法の定めにより，例外的に直接の利害関係を有する法律関係の当事者を訴訟法上の当事者とする訴訟である。その実質からすれば抗告訴訟であるが，法律の定めにより形式的に当事者訴訟とされているという意味で，学説はこれを形式的当事者訴訟としている。立法例としては，土地収用法133条，農地法55条，著作権法72条などがあるが，その大部分は損失補償に関するものである。土地収用法の損失補償訴訟においては，行政庁の処分または裁決の効力そのものとは関わりなく，直接に給付または確認の訴えを提起できるものと解すべきである（例，名古屋高判昭和52・8・18判時873号26頁，大阪地判平成4・6・26行集43巻6・7号847頁）。また，裁判所は，裁決に定められた補償額と裁判所の認定額が異なるときは，裁決を違法として，正当な補償額を確定しなければならない（最判平成9・1・28民集51巻1号147頁）。なお，最高裁は，損失補償の訴えについて，給付訴訟説か形成訴訟説のいずれに立つかを明示していない。

　(2)　**実質的当事者訴訟と民事訴訟**　　実質的当事者訴訟とは，対等当事者間の公法上の法律関係に関する訴訟であり，その性質は基本的に民事訴訟と異ならないが，一般に，その訴訟物が「公法上の」法律関係という点において，私法上の法律関係を訴訟物とする民事訴訟と区別され，公法上の当事者訴訟ともよばれてきた。その例としては，公務員の身分関係存在確認訴訟，行政上の損失補償請求訴訟，公務員の給与請求訴訟などが挙げられてきた。

　当事者訴訟については，行政事件訴訟法は，出訴の通知，出訴期間，抗告訴訟に関する若干の規定の準用（行政庁の訴訟参加，職権証拠調べ，釈明処分の特則，判決の拘束力および関連請求の移送と訴えの併合）などわずかな規定を置くの

みである（行訴39条〜41条）。そのため，訴訟手続の詳細は，行政事件訴訟法7条により準用される民事訴訟によることとなり，請求類型については給付・確認・形成の各訴えが想定される。

　実質的当事者訴訟（公法上の当事者訴訟）については，公法関係と私法関係の区別を前提としている点で学説において批判が多く，実体法上公法・私法二分論の意義に疑義がある現在，その存在の有用性には疑問を呈する議論が有力であった。他方で，従来の抗告訴訟が有効に機能してこなかった紛争に対処するための当事者訴訟「活用論」も存在していたが，その「活用」の射程は必ずしも明確ではなかった。この点，改正行政事件訴訟法は，行政の行為のうち「処分性」が認められない行政の行為形式を契機とする行政体と国民の権利義務関係の争いについて，確認の利益が認められる場合に，当事者訴訟としての確認訴訟を救済の見地から「活用」するという立法趣旨から，確認訴訟を明示した。ここには新たな「公法」理論の可能性とその当否の問題も潜んでいる。

　⑶　**確認訴訟の裁判例**　　改正行政事件訴訟法の下で，在外国民が，次回の衆議院議員の総選挙における小選挙区選出議員の選挙および参議院議員の通常選挙における選挙区選出議員の選挙において，在外選挙人名簿に登録されていることに基づいて投票をすることができる地位にあることの確認を求める訴えを適法としてその請求を認容した最高裁判決（在外国民選挙権訴訟・最大判平成17・9・14民集59巻7号2087頁），また，本来健康保険法による保険診療の対象となる療法について，自由診療である療法と併用して行われる場合（いわゆる混合診療）であっても，被保険者である原告は，健康保険法に基づく療養の給付を受けることができる権利を有することが確認の訴えで確認された下級審判決（東京地判平成19・11・7民集65巻7号3047頁。上告審〔最判平成23・10・25民集65巻7号2923頁〕では，当該確認訴訟における原告の請求は斥けられている〕）が注目を集めた。

　なお，確認の利益については，行政事件訴訟法に規定は存在せず，一般に，民事訴訟理論を基本に（確認の利益の有無は，確認対象の適否，即時確定の必要性〔争いの成熟性〕，方法選択の適否という3つの要素との関係で判断される），行政訴訟の特性を配慮して判断されるべきであろう。確認の利益について，最高裁は，前述の在外国民選挙権訴訟において，改正前の公職選挙法の違法確認の訴え

は，過去の法律関係の違法確認を求めるものであること，改正後の公職選挙法の違法確認の訴えは，原告が選挙区選出議員の選挙において投票することができる地位にあることの確認の訴えの方がより適切であることから，いずれも不適法であるとした上で，「選挙権は，これを行使することができなければ意味がないものといわざるを得ず，侵害を受けた後に争うことによっては権利行使の実質を回復することができない性質のものであるから，その権利の重要性にかんがみると，具体的な選挙につき選挙権を行使する権利の有無につき争いがある場合にこれを有することの確認を求める訴えについては，それが有効適切な手段であると認められる限り，確認の利益を肯定すべきものである」とし，また，日の丸・君が代予防訴訟において，原告の法的地位に対する現実の危険・事後的な損害の回復の困難性等を考慮したうえで，「職務命令に基づく公的義務の不存在の確認を求める本件確認の訴えは，行政処分以外の処遇上の不利益の予防を目的とする公法上の法律関係に関する確認の訴えとしては，その目的に即した有効適切な争訟方法であるということができ，確認の利益を肯定することができる」（最判平成24・2・9民集66巻2号183頁）として本案の審理を行っている。他に，医薬品をインターネット販売ができる事業者の地位確認訴訟（最判平成25・1・11民集67巻1号1頁），風俗案内所を営業する地位の確認訴訟（最判平成28・12・15判時2328号24頁）等，確認訴訟が適法とされる裁判例は数多く見られるところであり，「確認訴訟」の定着を見て取ることができる。

3　民衆訴訟

　民衆訴訟とは，国または公共団体の機関の法規に適合しない行為の是正を求める訴訟で，選挙人たる資格その他自己の法律上の利益にかかわらない資格で提起するものをいう（行訴5条）。客観訴訟に位置づけられる。民衆訴訟は，「法律上の争訟」に属さないことから，立法政策によって「法律に定める場合において，法律に定める者に限り，提起することができる」（同42条）。したがって，ある種の訴訟が，民衆訴訟に該当するとしても，その訴訟の提起を認める法律がなければこれを提起できない（最判昭和32・3・19民集11巻3号527頁）。

　選挙に関する訴訟（公職203条・204条・207条・208条）や住民訴訟（地自242条の2）が典型例である。民衆訴訟の具体的形態はそれぞれの特別法の定めるところによるが，その形態に応じて，抗告訴訟または当事者訴訟に関する規定が準

◆コラム 16 - 1 ◆　住民訴訟

　住民訴訟は，住民が，裁判所の適法性審査機能を通じて直接に地方公共団体の行財政を監視し，その適正な運営の確保を目的とするものであり，直接民主主義制度のひとつに数えられる。直接請求制度と異なり，地方公共団体の住民であれば一人であっても，地方公共団体の執行機関・職員らの，公金の支出，財産取得，公金の賦課や徴収を怠るというような財務会計上の違法な行為または怠る事実について提起できる。住民訴訟は，いわゆる「財務会計上の行為」を形式的には問題とするが，実質的には，住民訴訟によって，財務会計上の行為の先行行為・原因行為の違法を追及するという傾向も存在する。

　住民訴訟が提起できるのは，住民監査請求を行った住民に限られ（監査請求前置主義），監査の結果や監査委員の勧告に対する執行機関等の措置に不服があるとき等の場合に住民訴訟が提起できる（地自242条の2第1項）。

　住民訴訟の請求の態様（同242条の2第1項各号）は，①「当該執行機関又は職員に対する当該行為の全部又は一部の差止めの請求」（1号請求），②「行政処分たる当該行為の取消し又は無効確認の請求」（2号請求），③「当該執行機関又は職員に対する当該怠る事実の違法確認の請求」（3号請求），④「当該職員又は当該行為若しくは怠る事実に係る相手方に損害賠償又は不当利得返還の請求をすることを当該普通地方公共団体の執行機関又は職員に対して求める請求である。ただし，当該職員又は当該行為若しくは怠る事実に係る相手方が第243条の2の2第3項の規定による賠償の命令の対象となる者である場合にあっては，当該賠償の命令をすることを求める請求」（4号請求）である。

　4号請求は，もともと住民が地方公共団体に代位して当該職員等に損害賠償等を請求するものとなっていたものを，2004年の地方自治法の改正によって現行法のようになった。この改正により，損害賠償金の支払い等の請求を命ずる判決が確定すると普通地方公共団体の長は，当該職員等に，損害賠償金の支払い等を請求し（同242条の3第1項），当該職員等が損害賠償金等を支払わない場合，当該地方公共団体は，損害賠償等を目的とする訴訟を提起しなければならない（同242条の3第2項）。この訴訟の二段階化については批判がある。また，地方公共団体の議会が，債権放棄の議決をして，損害賠償請求権を放棄するといった問題もある（最高裁は，原則としてこれを肯定し，例外的に裁量権の逸脱・濫用の場合はこれを無効とする。参照，最判平成24・4・20民集66巻6号2583頁，最判平成24・4・23民集66巻6号2789頁）。なお，2017年の地方自治法の改正により，4号請求による地方公共団体の長等の損害賠償責任の一部免責が定められた（同243条の2）。

用される。

4　機関訴訟

　機関訴訟とは，国または公共団体の機関相互間における権限の存否またはその行使に関する紛争についての訴訟をいう（行訴6条）。機関訴訟も，民衆訴訟と同様に客観訴訟に位置づけられている。

　具体例として，地方公共団体の執行機関による国の関与の取消または国の不作為の違法の確認を求める訴え（地自251条の5第1項・3項），国の是正要求等に対する地方公共団体の不作為に対する国による違法確認訴訟（同251条の7第1項），大臣による代執行に関する訴訟（同245条の8第3項以下），地方公共団体の長と議会との間の権限紛争の裁定に関する訴訟（同176条7項），課税権の帰属，地方税の適用に関する紛争についての総務大臣または都道府県知事の決定・裁決に関する訴訟（地税8条）などがある。

　機関相互間の権限紛争は，通常，訴訟による解決ではなく，上級機関による裁定または特別の第三者機関による調停など，訴訟外の解決方法にゆだねることが原則である（例，内閣7条，地自138条の3第3項，同251条〜251条の4）。すなわち，行政組織内部における権限紛争は，あくまでも法人格を有することのない行政機関間の問題であって，行政体内部で解決されるべきものであることが原則であり，当然には司法統制に服するものではない。ただ，例外的に，裁判所の「その他法律においてとくに定める権限」（裁3条1項）に属する場合に限り，司法統制に服することになる。これを受けて，機関訴訟は，民衆訴訟におけると同様に法律に定める場合において，法律に定める者に限り，提起することができ（行訴42），かつ，その具体的形態に応じて，特別の規定がない限り，抗告訴訟または当事者訴訟の規定の準用がある（同43条）。

　機関訴訟に関して，「機関相互間における紛争」の解釈について争いがあるが，一般には，国の機関と公共団体の機関の紛争も含まれると解されている。

　また，一般に機関訴訟の例として挙げられているものについて，「機関相互間の紛争」の解釈とも関わって，その妥当性についても議論がある。たとえば，代執行訴訟は，法定受託事務も地方公共団体の事務であることからすれば，国と地方公共団体の行政体間の訴訟と解することができ，そもそも機関訴訟と位置づける必要はなくなる。

第5節　取消訴訟

　「処分の取消しの訴え」（以下「処分取消訴訟」という）とは，「行政庁の処分その他公権力行使に当たる行為（次項に規定する裁決，決定その他の行為を除く，以下単に「処分」という）の取消しを求める訴訟をいう」（行訴3条2項）。それに対して，「裁決の取消しの訴え」（以下「裁決取消訴訟」という）とは，審査請求その他の不服申立て（以下単に「審査請求」という）に対する行政庁の裁決，決定その他の行為（以下単に「裁決」という）の取消しを求める訴訟をいう（同3条3項）。抗告訴訟としての取消訴訟は，行政事件訴訟の代表的類型であって，行政事件訴訟法は，取消訴訟についてもっとも詳細な規定を置く（同第2章第1節8条～35条）とともに，これら規定の若干のものについて他の訴訟類型に準用する（同38条・40条2項・41条・43条1項・45条1項，4項）。

　取消訴訟の機能としては，一般に，原状回復機能，適法性統制機能，早期権利保護機能・既成事実発生防止機能，紛争の一挙解決機能，第三者救済機能などが挙げられている。

　行政事件訴訟法は，6種類の訴訟を法定する。そして，すでになされた行政処分については，処分取消訴訟と無効等確認訴訟があり，行政事件訴訟法は，取消訴訟を原則的訴訟形式として位置づけている。このことから，行政事件訴訟法では，処分が無効でない限り，処分の効力を争うには取消訴訟によらなければならず，その他の訴訟手続では処分の効力を争うことは許されないと解されている。これは，取消訴訟の排他的管轄とよばれるが，行政事件訴訟法は明文で取消訴訟の排他的管轄を規定しているわけではない。

　また，行政事件訴訟において，取消訴訟を中心とし，その他の抗告訴訟は補充的なものと位置づける取消訴訟中心主義という考え方がある。取消訴訟中心主義についていえば，改正行政事件訴訟法における義務付け訴訟・差止訴訟の法定，確認訴訟の「活用」を企図する確認訴訟の明記は，取消訴訟中心主義を修正・緩和し，あるいは否定するものと評価されている（なお，**コラム16-2**参照）。

1　取消訴訟の訴訟要件

取消訴訟は，一般に，訴えの利益を有する者が原告となって（行訴9条），「行政庁の処分その他公権力の行使に当たる行為」または行政庁の裁決について（同3条2項・3項），自己の法律上の利益に関わる違法を理由とし（裁3条1項，行訴10条1項），審査請求前置が定められている場合にあっては，原則として審査請求に対する裁決を経た後（行訴8条1項），法定の出訴期間内に（同14条1項・2項），被告適格を有する者を被告として（同11条1項～3項），管轄裁判所に対して（同12条），法定の形式を備えた訴状によって（同7条，民訴133条）これを提起しなければならない。

適法な訴えの提起があれば，当該事件は裁判所に係属し，裁判所は，これを審理・判断し，かつ判決をなすべき拘束を受けるとともに，当事者は，同一事件についてさらに訴えを提起することができなくなる（民訴142条）。なお，取消訴訟の提起は，原則として，処分の効力などを停止する効力をもたない（行訴25条1項）。

（1）**2つの取消訴訟の関係**　　処分取消訴訟と裁決取消訴訟の両者が提起できる場合には，裁決取消訴訟では，処分の違法を理由として取消しを求めることはできず（行訴10条2項），裁決固有の違法のみを主張することができる。これを原処分主義という。処分の違法の主張は，原処分取消訴訟で行う（懲戒処分について修正裁決があった場合，修正による法律効果を伴う処分が当初からなされたものと解され，修正裁決は原処分を維持することになる。最判昭和62・4・21民集41巻3号309頁）。これは，審理判断の重複を避けるための主張制限の制度である。なお，裁決取消訴訟を提起した者は，処分取消訴訟を関連請求として追加的に併合でき（同19条1項），この場合，処分取消訴訟の被告の同意を得ることは必要とされず，また，この処分取消訴訟は，裁決取消訴訟の提起時に提起されたものとみなされる（同20条）。

これに対して，例外的に法律の特別の定めによって，処分取消訴訟の提起を認めず，裁決取消訴訟の提起のみが認められている場合（これを裁決主義という），裁決取消訴訟において原処分の違法を争うことができる。そのような特別の定めとして，電波法96条の2，弁護士法61条2項などがある。

（2）**取消訴訟と審査請求の関係**　　法令の規定により，処分について審査請

求ができる場合においても，ただちに処分取消訴訟を提起することができる（行訴8条1項本文）。行政事件訴訟法は，処分に不服がある場合，審査請求をするか，処分取消訴訟をするか，両者を同時にするかは，原告の選択に任せている。行政事件訴訟法は，自由選択主義を採用しているのである。両者が同時に提起された場合，裁判所は，その裁量によって審査請求に対する裁決があるまで訴訟手続を中止することができる（同8条3項）。改正前行政事件訴訟法は，訴願前置（審査請求前置）が裁判所による権利救済を妨げる側面を有していたので，広く裁判所への出訴権を保障するという観点から，行政事件訴訟特例法の下での訴願前置主義（＝審査請求前置）の原則を廃止したのである。

　自由選択主義が原則であるが，例外的に審査請求前置がとられる場合がある。すなわち，法律で審査請求を経た後でなければ処分取消訴訟を提起することができないと定めている場合は，まず審査請求をしなければならない（行訴8条1項但書）。処分について，審査請求前置がとられる基準としては，一般に，①大量になされる処分であって行政の統一を図る必要があるもの，②専門技術的性質をもつ処分，③第三者機関によって裁決がなされることになっているものが挙げられていた。この点，「不服申立前置」の大幅な見直しと，見直しの中での，前置の基準については第15章第2節で述べた。なお，審査請求の前置を充足するか否かについて，審査請求が不適法であり，それを理由に却下された場合には，裁決を経たものといえないが（最判昭和30・1・28民集9巻1号60頁），適法な審査請求があったにもかかわらず審査庁が誤って不適法却下した場合は前置の要件を充足したものとされる（最判昭和36・7・21民集15巻7号1966頁）。

　審査請求前置は，出訴を限定したり救済を遅延させる結果になることは否めず，その安易な拡大はなされるべきではない。そのため，審査請求前置の緩和規定が置かれている。すなわち，①審査請求があった日から3か月を経過しても裁決がないとき，②処分，処分の執行または手続の続行により生ずる著しい損害を避けるための緊急の必要があるとき（これにより，裁決がなされない段階で執行停止の申立てが可能になる）および③その他裁決を経ないことにつき正当な理由があるときは，裁決を経ないで処分取消訴訟を提起することができる（行訴8条2項）。裁判例として，労働者災害補償保険法による保険給付に関する決

定に不服のある者は，労働者災害補償保険審査官に対して審査請求をした日から３か月を経過しても決定がないときは，審査請求に対する決定および労働保険審査会に対する再審査請求の手続を経ないで，処分の取消しの訴えを提起することができるとするものがある（最判平成７・７・６民集49巻７号1833頁）。

　なお，審査請求前置が採用されていることは教示の対象である（行訴46条１項３号）。

　(3)　裁判管轄　　取消訴訟に限らず，行政事件訴訟において，法律によって高等裁判所が第１審裁判所とされている場合（海難審判44条，電波97条，特許178条１項など）を除き，地方裁判所が第１審の裁判権すなわち事物管轄をもつ（裁24条１号）。民事訴訟とは異なり訴額が140万円を超えない請求についても，簡易裁判所ではなく地方裁判所が管轄権を有する（裁33条１項１号）。また，地方裁判所の支部は管轄権をもたない（地方裁判所及び家庭裁判所支部設置規則１条）。

　土地管轄についていえば，取消訴訟の原則的管轄裁判所は，被告の普通裁判籍の所在地を管轄する裁判所または処分もしくは裁決をした行政庁の所在地を管轄する裁判所である（行訴12条１項）。改正行政事件訴訟法によって，被告が行政庁から国・公共団体に変更されたことに伴い，取消訴訟は，改正前における処分庁・裁決庁所在地の裁判所のみならず被告所在地を管轄する裁判所も管轄することとなった。被告が国の場合，東京地方裁判所の管轄となる（民訴４条６項，法務大臣権限１条）。

　国民の出訴を容易にし，かつ証拠調べなどの便宜に資するため，特別管轄として，土地の収用，鉱業権の設定その他不動産または特定の場所にかかる処分または裁決についての取消訴訟は，その不動産または場所の所在地の裁判所にも提起でき（行訴12条２項），また，当該処分または裁決に関し事案の処理に当たった下級行政機関の所在地の裁判所にも提起できる（同12条３項）。事案の処理にあたった下級行政機関とは，当該処分等に関し事案の処理に実質的に関与した下級行政機関であり，当該処分等の内容，性質に照らして，当該機関の関与の具体的態様，程度，当該処分等に対する影響の度合い等を総合考慮して決せられる（最決平成13・２・27民集55巻１号149頁。特殊法人日本年金機構の下部組織である事務センターを事案の処理に当たった下級行政機関に該当するものとして，最決平成26・９・25民集68巻７号781頁がある）。

　また，改正行政事件訴訟法は，特定管轄についての規定を設けた。国または独立行政法人通則法2条1項に規定する独立行政法人もしくは別表に掲げる法人を被告とする取消訴訟は，原告の普通裁判籍の所在地を管轄する高等裁判所の所在地を管轄する地方裁判所（「特定管轄裁判所」という）にも提起できることとなった（行訴12条4項）。行政訴訟における裁判所の専門性を確保しつつ，原告の住所地に近い身近な裁判所で訴えを提起する可能性を拡げ，行政事件訴訟をより利用しやすくするためである。このことにより，行訴12条1項から3項までに定める管轄裁判所が原告の住所の近くにない場合であっても，特定管轄裁判所に訴えを提起することができるようになった。特定管轄は，行政機関情報公開法等において設けられていた取消訴訟の特例を一般化したものである。この特定管轄裁判所に行政事件訴訟法12条4項の取消訴訟が提起された場合であって，他の裁判所に事実上および法律上同一の原因に基づいてされた処分または裁決にかかる抗告訴訟が係属している場合は，特定管轄裁判所は，訴訟の全部または一部を，当該裁判所または12条1項から3項までに定める裁判所に移送することができる（同12条5項）。

　(4)　出訴期間　　取消訴訟は，一定の出訴期間内に提起されなければならず，出訴期間を経過した後には，処分または裁決は，無効のものを除いて不可争力を有することとなる。出訴期間は立法政策にゆだねられているが，裁判を受ける権利との関係で慎重な検討を要する。

　行政事件訴訟法によれば，取消訴訟は，処分または裁決があったことを知った日から6か月を経過したときは提起することができない（行訴14条1項，主観的出訴期間。改正前は3か月）。また，原告の知・不知にかかわらず，処分または裁決の日から1年を経過したときは提起することができない（同14条2項，客観的出訴期間）。

　また，主観的出訴期間および客観的出訴期間について，いずれの場合においても「正当な理由」があれば（改正行政事件訴訟法は，主観的出訴期間を不変期間としない），出訴期間経過後であっても取消訴訟の提起は許容される（行審14条1項但書・2項但書）。正当な理由に該当するかどうかは，個別の判断によるが，誤った教示がなされた場合はもちろん，不教示の場合も「正当な理由」に該当すると解すべきである（大阪地判昭和50・4・24行集26巻4号603頁）。主観的

出訴期間における「知った日」とは，現実に知った日であるが，社会通念上知ることができる状況にある場合は，反証のない限り知ったものと推定される（最判昭和27・11・20民集6巻10号1038頁）。

　また，処分・裁決について審査請求がなされた場合（誤った教示の結果審査請求がなされた場合を含む），審査請求に対する裁決がなされる前に，処分があったことを知った日から6か月または処分の日から1年を経過すると原処分に対する取消訴訟を提起できなくなる。これを避けるため，行政事件訴訟法14条1項，2項にかかわらず，裁決をまって，「裁決があったことを知った日から6箇月」または「裁決の日から1年」が出訴期間とされている（同14条3項）。なお，ここでも，「正当な理由」により，出訴期間経過後の取消訴訟の提起は許容される（同14条3項但書）。審査請求がなされた場合の出訴期間の起算日については，改正前行政事件訴訟法14条4項は，「裁決があったことを知った日または裁決の日とするのみであった。現行法は，これを「知った日から六箇月または処分の日から1年」とした。これは，審査請求がされた場合における原処分の取消訴訟の出訴期間の一般的規定である（最判平成24・11・20民集66巻11号3521頁は，土地収用裁決に対する審査請求がなされた場合の審査請求の裁決の出訴期間について，14条3項の一般規定性を確認した上で，「特別法の規定の解釈により例外的にその短縮を認めることについては」「権利利益の救済を受ける機会を適切に確保するという同条の改正の趣旨に鑑み，慎重な考慮を要する」とし，短期の出訴期間を定める土地収用法133条の特例規定ではなく，14条3項の一般規定が適用されるべきであるとする）。

　(5)　**処分性**　(a)　概　説　取消訴訟のうち，裁決取消訴訟の対象は，審査請求その他の不服申立てに対する行政庁の裁決，決定その他の行為である（行訴3条3項）。処分取消訴訟の対象は，「行政庁の処分その他公権力の行使に当たる行為」であって，右の裁決などを除いた行為であり，これを「処分」という（同3条2項）。処分取消訴訟の対象となるか否かの問題は，処分性の有無の問題といわれる。処分性がない，すなわち取消訴訟の対象が存在しなければ訴えは不適法却下となる。

　行政事件訴訟法3条2項の文言上は，行為形式論からすれば，「行政庁の処分」が講学上の行政行為に対応し，「その他公権力の行使に当たる行為」が行

政行為以外の公権力の行使（行政準則や即時強制など）に対応していると一応考えることができる。しかし，行政事件訴訟法は「処分」について定義していないのでその内容は必ずしも明確ではなく，処分性の有無が取消訴訟における重要問題のひとつとなっている。

　従来，処分性については，行政事件訴訟法にいう行政庁の処分とは「行政庁の法令に基づく行為のすべてを意味するものではなく，公権力の主体たる国または公共団体が行う行為のうち，その行為によって，直接国民の権利義務を形成しまたはその範囲を確定することが法律上認められているもの」という最高裁の定式がある（ごみ焼却場設置事件・最判昭和39・10・29民集18巻8号1809頁）。定式では，直接・具体的な法効果性が処分性の判断基準とされている。また，裁判例においては，具体的な法効果性は，法効果の個別性とあわされ，当該行為による法効果の個別具体性が判定されない場合は，当該行為の処分性が否定される。最高裁の定式によれば，講学上の行政行為ないし行政処分（実質的行政処分）が取消訴訟の対象となることはほぼ疑いない。ただし，裁判例においては，後でみるように，行政行為以外の行為であって行為形式としては取消訴訟の対象とならない行為（行政指導等）に処分性が認められる場合もあり，また，当該行為に対する法令による不服申立制度の存在など当該行為を取消訴訟の対象とする趣旨が法令の定めからみてとれる場合にも処分性が肯定されている。

　一般に，処分性について，最高裁の定式に則った概念範疇的な対応（定式の形式的適用）は批判されるべきものである。他の訴訟形式との振り分けをさしあたりおくとして，取消訴訟による救済それ自体を考えると，処分性一般についていえば，取消訴訟の救済制度としての特質に留意し，具体的法効果性あるいは争いの成熟性（早期の権利利益の救済の必要性の議論と連動する）などが，具体的事件（領域）に即して個別具体的に適切に判断されることが求められる。いわゆる内部行為や行政指導に属する行為であっても，それが法律上の判断権に基づくものであって，それ自体によって国民に一方的な不利益（権利利益の侵害）が生じることが制度的に予定されているときには処分性が認められることにもなる。しかし，そのような判断の結果，解釈論上「処分性」の拡大がなされる場合，「処分性」の承認の効果としての「権力性」の付与と「処分性」

の要件としての「権力性」の区別の問題が生じる。また，確認訴訟の活用（**コラム 16 - 2 参照**）の議論との関係でいえば，（それ自体問題とされてきた）「取消訴訟中心主義」との関係も問われることになる。

なお，裁判所による個別具体的な処分性の判断は，先にも述べたように場合によっては，行政の行為形式論における各行為形式（の性質）を前提としつつも，結果として，取消訴訟の対象となる処分の範囲を行為形式（の性質）と関わりなく決定することになっている。この点，訴訟法上の処分概念と実体法上の行政行為概念との関係，ひいては行為形式論の意味が問われることになる。

(b)　裁判例　行政の内部行為（行政庁相互間の内部的意思表示である認可・承認・通達など）は，国民との関係で直接具体的な法効果を生じさせず（一般に外部性を欠くといわれる），通常処分性はないとされる。最高裁は，通達（墓地埋葬法通達事件・最判昭和43・12・24民集22巻13号3147頁），建築許可にする消防長の同意（最判昭和34・1・29民集13巻1号32頁）に処分性を否定し，また，日本鉄道建設公団（現独立行政法人鉄道建設・運輸施設整備支援機構）に対する運輸大臣（当時）の認可（成田新幹線事件・最判昭和53・12・8民集32巻9号1617頁）も外部性を欠くものとして処分性を否定した。最後の判決については学説の批判が多い。下級審においては，通達であっても，国民への影響が大であり通達自身を争わせなければ救済が図られないなど特殊例外的な場合には処分性を認めるものがある（函数尺通達事件・東京地判昭和46・11・8行集22巻11＝12号1785頁）。

行政の行為形式として，一般に行政準則と位置づけられてきた規範定立行為である法規命令については，一般的抽象的な法効果を有するが，直接国民の法的地位に変動を与えないものとして通常処分性が否定される（例，環境基準の変更告示事件・東京高判昭和62・12・24行集38巻12号1807頁）。しかし，行為の形式が法規命令のように一般的抽象的なものであっても，それが直接特定の者の権利義務に変動を与えるものであれば処分性が肯定される。裁判例として，厚生大臣（当時）による医療費の職権告示（医療費値上げ職権告示事件・東京地決昭和40・4・22行集16巻4号708頁），建築基準法42条2項のみなし道路の一括指定の告示（2項道路一括指定事件・最判平成14・1・17民集56巻1号1頁）の処分性を肯定するものがある。また，条例について，一般に処分性が否定されるが（水道料金改定条例事件・最判平成18・7・14民集60巻6号2369頁），法令の適用を受ける人

の範囲が特定され，条例により直接に権利義務の変動がある場合に処分性を肯定する裁判例もある（例，横浜市立保育園廃止事件・最判平成21・11・26民集63巻9号2124頁，東京高判平成14・10・22民集60巻6号2438頁〔水道料金改定条例事件の控訴審〕，地方公務員昇給延伸条例事件・盛岡地判昭和31・10・15行集7巻10号2443頁）。

　規範定立行為ではないが，不特定多数のものを相手方とする一般的な行為の処分性も問題となる。そのうち，しばしば中間段階の行為ないし段階的行為とよばれる行政計画について，判例は，土地区画整理事業計画の決定について，利害関係人の法的地位に具体的影響を及ぼさないことおよび付随的効果論を前提に，争いの成熟性を欠くとして処分性を否定し（高円寺土地区画整理事業計画事件・最大判昭和41・2・23民集20巻2号271頁〔いわゆる「青写真判決」〕，最判平成4・10・6判時1439号116頁），また，用途地域の指定も権利制限が一般的抽象的なものにとどまること，後続処分を争えば救済されるという理由から処分性が否定されている（盛岡用途地域指定事件・最判昭和57・4・22民集36巻4号705頁）。他方で，土地改良事業の事業施工の認可（最判昭和61・2・13民集40巻1号1頁），第二種市街地再開発事業の事業計画の決定（阿倍野地区再開発事件・最判平成4・11・26民集46巻8号2658頁）は処分性が肯定されている。青写真判決や用途地域の指定に関する前記判決については，後続処分を争ったのでは救済が図られず，早期の段階で訴訟の提起が認められるべきとする批判も有力に展開されていた。この点，行政事件訴訟法改正後，最高裁は，土地区画整理事業について，その決定により施行地区内の宅地所有者などは，規制を伴う土地区画整理事業の手続に従って換地処分を受けるべき地位に立たされるという意味でその法的地位に直接的な影響が生じるものというべきであり，また，実効的な権利救済を図るためには，計画決定段階で争わせることが合理的であるとして青写真判決を変更した（浜松土地区画整理事業事件・最大判平成20・9・10民集62巻8号2029頁）。

　個別具体的な法行為ではあるが，権力的な行為ではない契約のような行為もある。とくに，給付行政領域においては，非権力的な行為である契約が多用されているが，本来は契約の締結または解除とも考えられる行為が，法律によって処分として扱われている場合もある（第10章第1節3(2)参照）。また，このような決定的な規定が存在しない場合であっても，申請・決定等の規定の仕方か

◆**コラム 16 - 2** ◆　**確認訴訟の活用**

　改正行政事件訴訟法は，行政の行為のうち「処分性」が認められない行政の行為（行政指導，通達，行政計画等）を契機とする行政体と国民の権利義務関係の争いについて，確認の利益が認められる場合に，当事者訴訟としての確認訴訟を救済の見地から「活用」するという立法趣旨から，確認訴訟を明示した（行訴４条）。たとえば，通達や行政指導の違法確認訴訟，通達に基づく法的義務のないことの確認訴訟などである。改正行政事件訴訟法は，従来存在していた，「処分性」の拡大の問題には触れなかった。改正行政事件訴訟法の立場は，行政の行為形式に対応する抗告訴訟の多様化をしなくても確認訴訟の活用によって代替可能であるというものである。そして，「活用」の行き着く先は，方向性として「処分」概念の純化と連動するとの指摘もあった。「活用」の意義は，今後の判例に展開にかかるが，さしあたり，「活用」の実際上の意義は，ある行為の「処分性」について解釈が分かれるような場合，原告国民は，取消訴訟と確認訴訟の並行提起が可能であり，「取消訴訟の対象とならない行為」とされた場合，「処分性の拡大」によって得られる救済の可能性を，確認の利益がある限り，権利義務関係の紛争解決においても得ることができるというところにある。

　他方，裁判例において，従来，通達についても例外的に処分性が認められる場合があり，また，最高裁は，近年（行政事件訴訟法改正前後）に，行政指導（病院開設中止勧告）や告示（２項道路の一括指定），登記機関の還付通知，土地区画整理事業計画の決定等に処分性を認めるという「処分性」の拡大ともよべる傾向をみせており，処分概念の純化というより，訴訟法上の処分概念の拡大現象が判例上進行している。結果として，確認訴訟の活用によるのではなく，処分性の拡大によって救済の可能性を拡げるという傾向がみられるのである。「活用」は，取消訴訟を中心とする抗告訴訟のみでは国民の権利利益の実効的な救済をすることが困難な局面への対応の必要性からするものであるが，前記判例の傾向は，なおも「取消訴訟中心主義」に軸足を置いているかのようにも思われる。

ら，決定を処分として解釈できる場合がある（釧路市雪印乳業奨励金事件・札幌高判昭和44・4・17行集20巻４号459頁）。最高裁は，法律に定められた保険給付と同様に，労働基準監督署長による労災就学援護費の支給に関する決定（労災就学援護費不支給決定事件・最判平成15・9・4判時1841号89頁）を処分であるとした。これに対し，中小業基盤人材確保助成金の支給決定については，行政処分ではないとする裁判例がある（東京地判平成18・9・12裁判所 HP。なお，助成金の支給を受けられる地位にあることの確認訴訟は，確認の利益が肯定され，請求が認容されている）。

　国民の権利利益に対して直接的な法効果を生じさせない事実行為は，一般に

◆コラム 16-3◆　行政訴訟と民事訴訟

　ごみ焼却場の設置や，国営空港の供用等を争う場合，公共施設の設置管理は，公権力の行使ではないことから，民事訴訟によるべきである。最高裁は，一方で，ごみ焼却場の設置行為に処分性を否定する（ごみ焼却場設置事件・最判昭和39・10・29民集18巻8号1809頁。なお，東京地決昭和45・10・14行集21巻10号1187頁は，歩道橋設置に関する一連の行為を，一体的行為と考えて，処分性を肯定するという，形式的行政処分の考え方を採用している）が，他方で，国営空港の管理は，非権力作用である「空港管理権」と「公権力行使を本質的内容とする」「航空行政権」との「不可分一体的」な作用であるとして，民事差止請求訴訟を不適法としている（大阪空港事件・最大判昭和56・12・16民集35巻10号1369頁。なお，自衛隊機の運航に関する防衛庁長官〔当時〕の権限行使は，運航に伴う騒音について周辺住民の受忍を義務付ける公権力の行使として，周辺住民の航空機離着陸の民事差止請求訴訟を不適法としている。厚木基地第1次訴訟・最判平成5・2・25民集47巻2号643頁がある）。学説の批判は強い。

　処分性が否定される。たとえば，公務員に対する採用内定通知（最判昭和57・5・27民集36巻5号777頁），保険医に対する戒告（最判昭和38・6・4民集17巻5号670頁），開発許可についての公共施設管理者の同意拒否（最判平成7・3・23民集49巻3号1006頁），市町村長が住民票に世帯主との続柄を記載する行為（住民票続柄記載違憲事件・最判平成11・1・21判時1675号48頁），住民票記載の申出に対する応答（最判平成21・4・17民集63巻4号638頁）について処分性が否定されている。ただし，性質上は事実行為と考えられる行為であっても，そこに「法的効果」を見い出すなり，事実行為の実質的機能を考慮するなりして処分性を肯定する場合がある。税関長の行う輸入禁制品該当の通知（最判昭和54・12・25民集33巻7号753頁，最大判昭和59・12・12民集38巻12号1308頁），食品衛生法に基づき食品等の輸入届出をした者に対する検疫所長が行う通知（最判平成16・4・26民集58巻4号989頁），過誤納金の還付通知請求に対する登記機関の還付通知の拒否（最判平成17・4・14民集59巻3号491頁），土壌汚染対策法3条2項に基づく有害物質使用特定施設使用廃止通知（最判平成24・2・3民集66巻2号148頁）について処分性が肯定されている。

　また，最高裁は，医療法に基づく病院開設中止勧告について，これに従わない場合，相当の確実性をもって保険医療機関の指定を受けることができなくな

るという結果をもたらし，実際上病院開設自体を断念せざるをえないことになるとして，処分性を肯定した（病院開設中止勧告事件・最判平成17・7・15民集59巻6号1661頁）。非権力的事実行為である法定行政指導について処分性を肯定したものとして注目された（判決は，「勧告は行政指導として定められている」と明言して処分性を肯定し，後続処分を争うことができるとしても結論を左右するものではないとする）。

(6) 原告適格　**(a) 概　説**　原告適格とは，適法に訴えを提起できる資格をいう。取消訴訟は，「当該処分又は裁決の取消しを求めるにつき法律上の利益を有する者」が提起することができる（行訴9条1項）。「法律上の利益を有する者」であれば，処分などの相手方（名あて人）だけではなくそれ以外の第三者（行政処分の相手方以外の近隣住民等）も原告適格を有する。そこで，従来，「法律上の利益」とは何かが問題となり，また，とりわけ第三者がどのような場合にこの「法律上の利益を有する者」であるか，すなわち原告適格を有するかが問題となってきた。

改正行政事件訴訟法の下でも，問題状況に変わりはないが，改正行政事件訴訟法は，改正前の9条をその第1項において維持したうえで，原告適格を拡大するという意図の下に，第2項を付加し，第三者の「法律上の利益の有無」を判断するための解釈指針，考慮すべき要素を明文化した。そこでは，原告適格を判断するにあたっては，「当該処分又は裁決の根拠となる法令の規定の文言のみによることなく」，①「当該法令の趣旨及び目的」，ならびに，②「当該処分において考慮されるべき利益の内容及び性質を考慮するもの」とし，③当該法令の趣旨および目的を考慮するにあたっては，「当該法令と目的を共通にする関係法令があるときはその趣旨及び目的をも参酌するもの」とし，④当該利益の内容および性質を考慮するにあたっては，「当該処分又は裁決がその根拠となる法令に違反してされた場合に害されることとなる利益の内容及び性質並びにこれが害される態様及び程度をも勘案するもの」としている（同9条2項）。

④は，問題とされている処分がその根拠となる法令に違反してなされた場合に想定される被害の内容・程度ならびにその態様・程度についても十分勘案したうえで，第三者の原告適格の範囲について適切な判断がなされることを確保しようとするものであり（後述のもんじゅ事件においても，原子炉事故が発生した場

合に，原子炉近くに居住する住民の生命，身体の安全等が直接的かつ重大な被害を受けることを考慮しているが，明確に基準化されたものではなかった），改正法のなかで実質的に法が最も意味をもたせて原告適格の拡大を意図した部分であると解され，その意義がとりわけ強調されている。

(b)　学　説　　学説においては，法律上の利益について，法律上保護された利益説と法的保護に値する利益説が主として対比される。前者は，法律上の利益とは，法律上保護された利益と解する説であり，法律上の利益を処分の根拠法規によって保護された利益とし，この利益を侵害された（または必然的に侵害されるおそれのある）者に原告適格ありとするものである（公益保護の結果としての反射的利益，事実上の利益は法律上の利益とはならない）。もともとは，処分の根拠法規との関係で，原告適格を決する説であるが，裁判例にみられるように，これを柔軟に解釈したり，原告が受ける被害の性質等を考慮するなど，緩やかな法律上保護された利益説とよぶべき考え方にいたるまで，かなりの幅をもっている。学説・判例の多数説である。後者は，処分の根拠法規の解釈ではなく，原告が現実に受ける不利益の性質，程度など利害の実態に着目し，不利益が裁判上保護に値する内容を備えていれば原告適格を認めるものである。

両説は，具体的事案の判断において重なるところもあり，差異は必ずしも絶対的とはいえない。緩やかな法律上保護された利益説との関係では，両説の相対化・接近もいわれている。しかし，原告適格の問題は，訴訟要件のそれであって実体法上の解釈は本案審理によって行われることが適当であること，法律上の利益と反射的利益は事案によって必ずしも明確に区別されないこと，取消訴訟が各種の訴訟要件を備えた場合にのみ可能であることから，なお，法的保護に値する利益説も有力に唱えられる。

改正行政事件訴訟法による9条の改正は，両説の対立に終止符をうつことを目的としたものではなく，かつ，当然にそのような結果をもたらすものではないとされている。

(c)　裁判例　　判例は，基本的に，法律上保護された利益説に立っている。改正行政事件訴訟法9条の下でも最高裁は，原告適格の一般的な判断基準につき，「『法律上の利益を有する者』とは，当該処分により自己の権利若しくは法律上保護された利益を侵害され，又は必然的に侵害されるおそれのある者」で

あり，「当該処分を定めた根拠法規が，不特定多数者の具体的利益を専ら一般的公益の中に吸収解消させるにとどめず，それが帰属する個々人の個別的利益としてもこれを保護すべきものとする趣旨を含むと解される場合には，このような利益もここにいう法律上保護された利益に当たり，当該処分によりこれを侵害され又は必然的に侵害されるおそれのある者は，当該処分の取消訴訟における原告適格を有する」としている（小田急線高架化事業事件・最大判平成17・12・7民集59巻10号2645頁）。この基準によれば，①当該処分が原告の一定の利益に対する侵害を伴うこと，②その利益が当該処分に関する個別法令により保護される利益の範囲に含まれるものであること，③その場合の立法の趣旨が，その利益を一般的な公益としてではなく原告ら関係者自身の利益として個別的に保護するものであることが必要とされる。①が不利益要件，②が保護範囲要件，③が個別保護要件とよばれている。

　小田急線高架化事業事件・最高裁判決（前掲）は，9条2項の解釈指針に基づいて原告適格を判断し，都市計画事業地内の不動産に権利を有する者のみに原告適格を認めた環状6号線事業認可事件・最高裁判決（最判平成11・11・25判時1698号66頁）を変更した。同判決は，公害対策基本法および東京都環境影響評価条例の規定の趣旨・目的を参酌しつつ，都市計画法の趣旨・目的を明らかにしたうえで，「都市計画事業の認可に関する都市計画法の規定の趣旨及び目的，これらの規定が都市計画事業の認可の制度を通して保護しようとしている利益の内容及び性質等を考慮すれば，同法は，これらの規定を通じて，都市の健全な発展と秩序ある整備を図るなどの公益的見地から都市計画施設の整備に関する事業を規制するとともに，騒音，振動等によって健康又は生活環境に係る著しい被害を直接的に受けるおそれのある個々の住民に対して，そのような被害を受けないという利益を個人の個別的利益としても保護すべきものとする趣旨を含むものと解するのが相当である。したがって，都市計画事業の事業地の周辺に居住する住民のうち当該事業が実施されることにより騒音，振動等による健康又は生活環境に係る著しい被害を直接的にうけるおそれのある者は，当該事業の認可の取消しを求めるにつき法律上の利益を有する」として，計画事業地内の不動産に権利を有しない一定の周辺住民にも原告適格を認めた。

　また，産業廃棄物処分業等の許可処分および許可更新処分の取消訴訟および無効確認訴訟を提起した最終処分場の周辺住民（最判平成26・7・29民集68巻6号620頁は，最終処分場の中心地点から1.8kmの範囲内の地域に居住する者であって，環境影響調査報告書において調査の対象とされた地域にその居住地が含まれている周辺住民に原告適格を認めた），風俗営業（パチンコ店）の営業所拡張承認処分に対して取消訴訟を提起した周辺住民（大阪地判平成20・2・14判タ1265号67頁。大阪地判平成18・10・26判タ1226号82頁も参照），土地区画整理事業の施行認可の取消訴訟を提起した，東京都震災対策条例により避難場所に指定された土地（同土地が事業の施行地区である）を避難場所として利用することが予定されている地域住民（東京地判平成20・5・29判時2015号24頁），景観利益を有すると認められる地域住民（鞆の浦埋立免許差止訴訟・広島地判平成21・10・1判時2060号3頁。差止訴訟においても取消訴訟と同様の原告適格の要件の充足が要求されている。行訴37条の4第3項・4項）に原告適格が肯定されている。原告適格否定例として，タクシー事業者を相手方とする運賃認可処分に対して取消訴訟を提起したタクシー運転者の原告適格を否定するもの（東京地判平成20・5・16判時2010号62頁），医療法の規定は，当該病院開設地の付近で医療施設を開設している者（競業者）の利益を考慮していないとして，病院開設許可を争う付近医療施設関係者の原告適格を否定するもの（最判平成19・10・19判時1993号3頁），などがある。競業者の原告適格については，一般廃棄物収集運搬業または一般廃棄物処分業の許可処分または許可更新処分の取消訴訟を提起した，当該処分の対象とされた区域につきすでにその許可または許可の更新を受けている者の原告適格が認められている（最判平成26・1・28民集68巻1号49頁）。また，最高裁は，場外車券発売施設の設置許可の取消しを求める訴訟において，周辺住民の原告適格を否定するとともに，医療施設開設者の原告適格についても，それが有する生活環境の利益への支障の程度を地域特性等の事情を考慮して，長期的観点に立って総合的に判断することが求められ，支障が著しい場合に限って認めると判示する（最判平成21・10・15民集63巻8号1711頁）。墓地周辺住民による墓地経営許可処分の取消訴訟に係る原告適格については，下級審および最高裁判決（最判平成12・3・17判時1708号62頁）などにおいて否定されてきたが，違法な墓地経営に起因する墓地周辺の衛生環境の悪化により健康または生活環境に著しい被害を直接的に受

けるおそれのある周辺住民に原告適格を承認する下級審判決（東京地判平成22・4・16判時2079号25頁）が出現している。

なお，改正行政事件訴訟法以前の，法律上保護された利益説に立つ判例の展開は以下のようなものであった。

法律上保護された利益説を一般論として示したのは主婦連ジュース表示事件・最高裁判決である（最判昭和53・3・14民集32巻2号211頁は，景表法の規定によって受ける一般消費者の利益を反射的利益としてその不服申立適格を否定した）。

その後判例は，一方で，法律上保護された利益説に立つがその要件を緩和し，原告適格を拡大するという展開をみる。法律上保護された利益説に立って原告適格を肯定した裁判例において「法律上の利益」に当たるとされたものに，保安林指定解除によって被害を受ける地区住民の利益（長沼ナイキ事件・最判昭和57・9・9民集36巻9号1679頁。手続規定等を手がかりに原告適格を肯定），空港定期運送事業の免許との関係での周辺住民の利益（新潟空港事件・最判平成元・2・17民集43巻2号56頁。この判決は，処分の直接の根拠法規のみならず，それと目的を共通する関連法規の関係規定によって形成される法体系のなかにおいて，個々人の個別的利益が法的に保護されているか否かを決するべきとしている），原子炉設置許可処分との関係での周辺住民の利益（もんじゅ事件・最判平成4・9・22民集46巻6号571頁。この判決は，原告適格の判断にあたっては，法律の趣旨目的のほか，当該法規が当該処分を通じて保護しようとしている利益〔生命・身体の安全等〕の内容・性質等を考慮して判断すべきであるとしている），などがある。以後，改正行政事件訴訟法における9条2項において実定法化する内容を有する，この新潟空港事件判決・もんじゅ事件判決を前提として，がけ崩れによって生命・身体に直接的な被害が予想される地域に居住する住民（最判平成9・1・28民集51巻1号250頁。最判平成13・3・13民集55巻2号283頁も参照），建築基準法上の総合設計許可に係る建築物の倒壊・炎上などにより直接的な被害を受けることが予測される範囲の建物の居住者・所有者（財産も法律上の利益にあたるとされた。最判平成14・1・22民集56巻1号46頁），建築物により日照を阻害される周辺の建物の居住者（最判平成14・3・28民集56巻3号613頁）の原告適格が肯定されている。

他方で，原告適格が否定される場合も少なくなかった。最高裁は，特急料金値上げを争う鉄道利用者（近鉄特急料金事件・最判平成元・4・13判時1313号121

頁），史跡指定の解除を争った学術研究者等（伊場遺跡事件・最判平成元・6・20判時1334号201頁。この判決では，学術研究者の代表出訴資格も否定している），墓地の経営許可について墓地の周辺に居住する者（前掲・最判平成12・3・17）の原告適格を否定している。改正前において原告適格が否定された事例について，改正行政事件訴訟法の下で，裁判所が，同様の事例においてその原告適格を肯定するか否かについては，一般化はできないが，多くの場合，法律上保護された利益説の枠組みを前提とする限り必ずしも容易ではないと思われる。前記近鉄特急料金事件のような事例は，原告適格が肯定される可能性は高いし，肯定されるべきである。改正行政事件訴訟法下で，旅客運賃変更認可処分取消訴訟で通勤通学等日常的鉄道利用者の原告適格を肯定する裁判例が出現している（東京地判平成25・3・26判時2209号79頁およびその控訴審東京高判平成26・2・19訟月60巻6号1367頁）。

　なお，一般消費者や学術研究者について，原告適格が認められないことから，消費者団体や環境保護団体による団体訴訟の制度を導入し，団体に原告適格を認めるべきであるとの議論も有力であるが，こうした制度は実現していない。消費者契約法の改正（2006年）によって導入された消費者団体訴訟制度は，内閣総理大臣によって認定された適格消費者団体に団体訴権を与えるものであるが，事業者に対する民事の差止訴訟のみが認められるものであり（事業者に対して損害賠償訴訟を提起できないことについての批判も多い），行政訴訟の提起は認められていない。

　(7)　**訴えの客観的利益**　　取消訴訟においては，訴訟提起者が原告適格を有することが必要とされるが，同時に，訴訟提起者が取消判決を得られた場合に，救済目的が現実に達成される状況（実益）がなければならない。これを訴えの客観的利益または狭義の訴えの利益という（単に，訴えの利益という場合もある）。行政事件訴訟法は，「処分または裁決の効果が期間の経過その他の理由によりなくなった後においてもなお処分又は裁決の取消しによって回復すべき法律上の利益を有する者」に訴えの客観的利益を認めている（行訴9条1項括弧書）。

　期間の経過により訴えの利益は，原則として消滅する。その例として，メーデー集会のために皇居外苑の使用許可を申請し拒否された場合，不許可処分の取消訴訟は，メーデー当日の経過により訴えの利益を失うとするもの（最大判

昭和28・12・23民集7巻13号1561頁），児童の保育の実施期間の満了により保育所廃止条例制定行為の取消しを求める訴えの利益を否定するもの（最判平成21・11・26民集63巻9号2124頁）がある。他方で，最高裁は，自動車運転免許停止期間経過後も停止処分の前歴によって道路交通法上の不利益を受けるおそれがあることを理由に，前歴考慮期間内は，自動車運転免許停止処分の取消訴訟につき訴えの利益を有すると解するが，同法上の不利益を受けるおそれがなくなり，不利益が名誉・信用等の人格的利益の侵害に止まる場合には，処分の事実上の効果に過ぎないとして訴えの利益を否定する（最判昭和55・11・25民集34巻6号781頁）。また，行政手続法12条1項により公にされている処分基準が，先行処分を理由として後行処分の量定を加重するという不利益取り扱いを規定している場合，先行処分の効果が期間の経過によってなくなった場合においても，不利益な取り扱いを受ける期間内は，先行処分取消訴訟について訴えの利益は肯定される（最判平成27・3・3民集69巻2号143頁）。処分後の事情の変更も訴えの利益の問題を生じさせる。保安林指定解除処分の取消しに代わる代替措置により権利利益の侵害が防止される場合に訴えの利益を否定するもの（前掲・最判昭和57・9・9），再入国不許可処分を受けた者が，そのまま出国した場合には不許可処分取消訴訟の訴えの利益は失われるとするもの（最判平成10・4・10民集52巻3号677頁）がある。処分後の事情の変更に処分の効果の完了がある。建築確認や開発許可の取消しを求める訴えの利益は，工事が完了した場合には消滅するとされる（最判昭和59・10・26民集38巻10号1169頁，最判平成5・9・10民集47巻7号4955頁。前掲・最判平成14・3・28も参照）。他方で，市街化調整区域内の土地を開発区域とする開発許可取消訴訟において，開発行為に関する工事が完了し，検査済証が交付された後においても，予定建築物の建設等が可能となる法的効果を排除することができるので訴えの利益は失われないとされる（最判平成27・12・14民集69巻8号2404頁）。また，土地改良事業の工事および換地処分が完了した場合に土地改良事業の施行の認可処分の取消しを求める法律上の利益が消滅しないとするものもある（この判決では，事情判決制度の適用がポイントになるが，この点は，後述の**コラム16−6**を参照）。地位や資格の喪失が訴えの利益を消滅させることもある。生活保護法に基づく保護変更決定の取消訴訟の訴えの利益は，原告の死亡によって否定される（朝日訴訟・最大判昭和42・5・24

民集21巻5号1043頁）。他方，じん肺法15条1項に基づく申請に対しじん肺の所見がないと認められない者に該当するとの決定を受けた労働者が，当該決定の取消訴訟の係属中に死亡した場合，労働者災害保険法11条1項所定の遺族は，労災保険給付の請求権を承継的に取得すると解されるので，そのような遺族がいる限り，当該決定の取り消しを求める利益は消滅しないとされる（最判平成29・4・6民集71巻4号637頁）。

　この他，訴えの利益を肯定する裁判例として，公文書の非公開決定の取消訴訟において，当該文書が書証として法廷に提出されても訴えの利益は消滅しないとするもの（最判平成14・2・28民集56巻2号467頁。書証の提出により訴えの利益が失われるとすれば，安易な不開示決定を誘発すること等を理由とする），免職処分取消訴訟係属中に市会議員に立候補した場合の公務員に給与請求権の存在を理由に訴えの利益を認めるもの（最大判昭和40・4・28民集19巻3号721頁），優良運転者の記載のない免許証の更新処分を受けた者について，客観的に優良運転者の要件を満たすものであればその記載のある免許証を交付して行う更新処分を受ける法的地位を有するとして訴えの利益を認めるもの（最判平成21・2・27民集63巻2号299頁）がある。

(8)　被告適格　　取消訴訟（およびその他の抗告訴訟）の被告は，原則として，裁決または処分をした行政庁の所属する国または公共団体である（行訴11条1項・同38条1項。なお，同43条1項により，民衆訴訟および機関訴訟においても11条は準用されている）。改正行政事件訴訟法は，改正前行政事件訴訟法が採用していた行政庁主義（処分または裁決をした行政庁を被告とする）から行政体主義への移行を行ったのである。改正の理由は，被告適格を有する行政庁を特定する原告の負担を軽減して利用しやすい行政事件訴訟を実現し，また，抗告訴訟から当事者訴訟・民事訴訟への訴えの変更等の手続を行いやすくするためである。なお，被告は，処分または裁決にかかる事務の帰属する（事務帰属基準による）行政体ではなく，「所属」という組織的帰属による（組織帰属基準による）行政体である。

　行政体を被告とする原則に対する例外として，まず，処分または裁決をした行政庁が国または公共団体に所属しない場合には，取消訴訟の被告は，当該行政庁となる（行訴11条2項）。たとえば，独立行政法人，特殊法人，権限を委任

された指定法人，指定管理者などが行政庁として処分をする場合，法人それ自体が法人格を有し，国または公共団体に所属していないので，これら法人が取消訴訟の被告となる。弁護士会が弁護士または弁護士法人に対して懲戒を行う場合（弁護56条），計量法の定める指定検定機関が検定を行う場合（計量106条）などである。なお，指定法人を被告とする場合，国家賠償法１条における賠償責任者が事務帰属主体であると解する判例の立場に従うと，事務の帰属論と関わって，抗告訴訟と国家賠償訴訟で被告が異なる事態が生じうることとなり問題を生ぜしめる（最決平成17・6・24判時1904号69頁は，指定確認検査機関の建築確認に対する取消訴訟を，建築主事が置かれた地方公共団体に対する損害賠償の訴えに変更することを認めている）。また，処分または裁決をした行政庁が法令の改正などによって権限を失ったり，あるいはその行政庁そのものが組織として廃止されて，しかもその権限を承継した行政庁もない場合，処分または裁決にかかる事務の帰属する国または公共団体が被告となる（行訴11条３項）。

　改正行政事件訴訟法は，審理の充実・促進を図るため，国または公共団体を被告とする場合（同11条１項・３項），原告が，訴状に処分庁，裁決庁を記載することを求めている（同11条４項）。この規定は訓示規定であり，記載がない場合，あるいは記載を誤った場合でも原告は不利益を被ることはない。また，11条４項にかかわらず，被告となる国または公共団体は，処分庁・裁決庁を明らかにしなければならない（同11条５項）。こうして特定された処分庁・裁決庁は，11条１項の規定による国または公共団体を被告とする訴訟において，裁判上の一切の行為をする権限を有する（同11条６項）。処分または裁決に関し直接の権限と責任を有し，取消判決の拘束力を受ける行政庁にも訴訟追行権を与えたのである。

　なお，被告を誤った場合には（改正行政事件訴訟法が，教示制度を採用したことにより数は少ないと思われる），原告の申立てにより裁判所は被告の変更を許可することができる（同15条。例，東京高決平成19・11・29判時1996号14頁）。

　(9)　**教　示**　　国民にとって，取消訴訟の訴訟要件は必ずしも分かりやすいとはいえない。この点，改正行政事件訴訟法は，国民の権利利益の救済を得る機会を十分に確保するため，訴訟要件について教示制度を取消訴訟に導入した（行訴46条）。

　行政庁は，取消訴訟を提起することができる処分または裁決をする場合に，その相手方に対して，①取消訴訟の被告とすべき者，②取消訴訟の出訴期間，③不服申立前置が定められている場合はその旨を書面で教示しなければならない（同46条1項）。また，裁決主義が法定されている場合もその旨を書面で教示しなければならない（同46条2項）。いずれの場合も，処分が口頭で行われる場合には教示義務はない（同46条1項但書・2項但書。なお，行審50条1項により，裁決はかならず書面で行われる）。

　行政不服審査法上は，利害関係人に対する教示の規定（行審82条2項）があるが，改正行政事件訴訟法は，処分・裁決の相手方以外の第三者に対する教示義務は規定しなかった。この点，第三者から教示を求められたときは教示をする運用がなされるべきとの見解がある。また，行政事件訴訟法においては，誤った教示の場合の救済規定はなく，この点も行政不服審査法上の教示制度と異なる。ただし，誤った教示・不教示の場合には，取消訴訟の出訴期間に関する「正当な理由」（同14条1項但書・2項但書），不服申立前置の緩和規定（行訴8条2項3号），被告を誤った場合の救済（同15条）による対応が考えられる。

　教示制度は，取消訴訟以外に形式的当事者訴訟にも適用される（行訴46条3項）。この場合も処分が口頭でなされる場合には教示義務はない（同46条3項但書）。

2　取消訴訟の審理

（1）　**審理の対象**　　（a）　**訴訟物**　　訴訟における本案審理の対象が訴訟物である。取消訴訟の訴訟物については争いがあるが，通説・判例は，取消訴訟を形成訴訟と理解したうえで，取消訴訟の訴訟物を，係争処分の違法性一般であるとしている（最判昭和49・7・19民集28巻5号897頁）。

（b）　**審理権の範囲**　　取消訴訟においても，不告不理の原則の適用があり，裁判所は，原則として，当事者の申立ての範囲を超えて審理・判断することはできない。

　取消訴訟が提起されたときは，裁判所は，まず，それが一定の訴訟要件を具備するか否かを審理し（要件審理），訴訟要件を欠く訴えは不適法却下とする。訴訟要件を具備した適法な訴えについては，裁判所は，原告の請求に理由があるか否か，すなわち，係争の処分に違法性があるか否かについて審理する（本

案審理）。

　行政庁の裁量処分について，裁判所の審理権は，処分の違法性に限られるが，裁量処分であっても当然にその審理権の範囲外に置かれるものではない（行訴30条参照）。

　なお，個別法の定めにより，行政審判などにおいて，行政庁がした事実認定は，これを立証する実質的な証拠があるときは，その事実認定について裁判所を拘束する旨の規定が置かれることがある（電波99条１項など）。これが実質的証拠法則である。この法則は，裁判所の事実認定権を制限する法理である。法律に明文の規定がないときにもこの法則が働くことがあるか否については争いがある。

　(c)　主張の制限　　取消訴訟において，当事者は，口頭弁論終結時まで，取消訴訟の対象となる処分につき存在する一切の違法性を主張できるのが原則である。これには，前述した原処分主義（行訴10条２項）のほか，次のような例外がある。

　まず，取消訴訟においては，自己の法律上の利益に関係のない違法を理由として取消しを求めることはできない（行訴10条１項）。「法律上の利益」については，原告適格においても問題となるが，ここでの主張制限は本案の問題である。たとえば，滞納処分たる公売処分につき，担保権者に対する通知が欠けているとの違法は，担保権者の利益のみに関わり，滞納者の利益を保護する趣旨を含まないから，原告＝滞納者にとって，自己の法律上の利益に関係のない違法であり原告はこれを主張できない（東京地判昭和28・8・10行集４巻８号1835頁。その他，東京地判昭和46・5・19判時646号36頁などがある）。また，新潟空港事件・最高裁判決は，原告適格の拡大の裁判例の流れのなかで積極的評価を得ているものであるが，取消事由として認められる余地がある原告の違法性の主張を「自己の法律上の利益に関係のない違法」として請求を棄却している（最判平成元・2・17民集43巻２号56頁）。

　行政事件訴訟法10条１項による主張制限は，原告の利益とは全く無関係な法令への違反を取消事由とすることを認めない趣旨のものと解すべきである。すなわち，原告個人の利益を保護する趣旨を含む規定の違反に限らず，公益保護の観点から設けられた規定違反であっても，原告の利害と関連性を有するので

あれば，これを自己の法律上の利益に関係のある違法事由とする主張が認められるべきである（東京高判平成13・7・4判時1754号35頁）。改正行政事件訴訟法は，9条を改正し，「法律上の利益」を柔軟に解釈することとした。行政事件訴訟法10条1項は改正されていないが，10条1項の「法律上の利益」の範囲も，9条2項の考え方に照らして柔軟に解釈されることが改正行政事件訴訟法の趣旨に適合するものと思われる（なお，千葉地判平成19・8・21判時2004号62頁を参照）。

　次に，被告の主張制限について，取消訴訟において，被告行政体が，処分時の処分理由と異なる理由を主張して処分の適法性を主張しうるか，すなわち，訴訟段階における理由の差替えの問題がある（差替えは，別の理由に置き換えることであるのに対し，追加は，異なる理由を付加すること，追完は理由を補充することであると一応区別されるが，追加・追完も差替えの問題と同様に考えることができる）。一般に，取消訴訟の訴訟物は処分の違法性一般であり，弁論主義との関係でいえば，原告・被告は処分の違法性・適法性について訴訟において原則として自由に主張することができ，処分の同一性が失われない限り理由の差替えは許されるということになる。最高裁も，「別異に解すべき特別の理由がない限り」理由の差替えを許容し（最判昭和53・9・19判時911号99頁），また，取消訴訟段階で，情報公開条例に基づく不開示決定の理由と異なる理由の差替えを認めている（最判平成11・11・19民集53巻8号1862頁）。理由の差替えは，処分に理由付記が義務付けられている場合には，理由付記制度の空洞化を導きかねないことから，その可否がとくに問題となる。その可否は，紛争の一回的解決の必要性と理由付記制度の意義との兼ね合いのなかで個別の事案ごとに考えられる必要がある。また，法律によって聴聞手続が義務付けられている場合には，法律上の理由付記義務がある場合以上に，差替えを認めることには慎重であるべきであり，聴聞手続を経てなされた不利益処分については理由の差替えは認められないとの見解が有力である。

　（d）　違法判断の基準時　　取消訴訟の係属中に，訴訟の対象となっている処分の根拠または基準となる法令が改廃されたり，または処分の基礎となった事実状態が変動したりする場合がある。裁判所がいずれの時点の法令または事実状態を基準として判断するべきかについては，違法判断の基準時の問題とし

て，処分時説と判決時説とが対立している。

　処分時説とは，処分の違法性を処分時の法令および事実状態を基準として判断するべきであるとするものである。多数説である。その理由としては，取消訴訟は処分の事後審査であり，裁判所は行政庁の第一次的判断権を尊重するべきで，処分後の事情を考慮すべきではないことなどが挙げられている（最判昭和27・1・25民集6巻1号22頁，最判昭和28・10・30行集4巻10号2316頁）。

　判決時説は，処分の違法性を判決時（口頭弁論終結時）の法令および事実状態を基準として判断するべきであるとするものである。その理由としては，取消訴訟の本質は，行政庁の第一次的判断権を媒介として生じた違法状態の排除にあり，現在（判決時）において当該処分が現行（判決時）の法令および事実状態に照らして維持されるかどうかを判断することを目的とするのであり，判決時の法令および事実状態を基準とするべきであるというものである。

　しかし，処分時説でも，処分に瑕疵の治癒が認められる場合は判決時を基準とし，判決時説でも，訴訟の目的が一定時期における処分の適法性の判断である場合（選挙または当選の効力に関する訴訟），直接第三者の権利・利益に関係のある場合（競願），処分の効果が処分時に完了する場合は処分時を基準とするなど，例外を認めており，その具体的適用において両説の差異は相対化している。そこで，この問題は，具体の行政過程における法律の仕組みごとに考察すべきものともされている。しかし，原告は，処分時の処分の違法性を争っていること，形成力が遡及するのは処分が処分時に違法であることが前提とされていること，判決時説は，例外的に認められる瑕疵の治癒を一般的に認める可能性があること等からすれば，基本的には処分時説によるべきである。

　処分時と判決時では異なることがある科学技術の水準に取消訴訟の焦点が当てられる場合もある。最高裁は，原子炉設置許可の取消訴訟における安全性について，「現在の科学水準に照らして」判断するとしている（伊方原発訴訟・最判平成4・10・29民集46巻7号1174頁）。

　なお，不作為の違法確認訴訟および義務付け訴訟については，訴訟の性質上，違法判断の基準時は，判決時と解される。

　(2)　審理手続　　**(a)　関連請求の移送と併合**　　相互に関連する複数の請求について，別個の訴訟で審理することは，訴訟の不経済や裁判の矛盾抵触など

から望ましくない。これを避けるため，訴訟の移送と併合が認められている。取消訴訟における関連請求として，①当該処分または裁決に関連する原状回復または損害賠償の請求，②当該処分とともに一個の手続を構成する他の処分（例，滞納処分手続における差押処分と公売処分）の取消請求，③当該処分にかかる裁決の取消請求，④当該裁決にかかる処分の取消請求，⑤当該処分または裁決の取消しを求める他の請求，⑥その他当該処分または裁決の取消請求と関連する請求が定められている（行訴13条各号）。⑥の場合は，①〜⑤までの関連請求に準じる請求を関連請求とするものである（最決平成17・3・29民集59巻2号477頁は，同一人が所有し，同一敷地内でひとつホテルを構成している各建物の登録価格に関する固定資産評価審査委員会の各決定の取消請求は，各請求の基礎となる社会的事実が一体として捉えられ，争点も同一であり，関連請求に当たるとしている）。

　取消訴訟と関連請求にかかる訴訟が，別の裁判所に係属している場合に，相当と認めるときは，関連請求にかかる訴訟の係属する裁判所は，申立てまたは職権により，その訴訟を取消訴訟の係属する裁判所に移送することができる（行訴13条本文）。ただし，審級の利益を考慮し，取消訴訟または関連請求にかかる訴訟の係属する裁判所が高等裁判所であるときは，この限りではない（同13条但書）。

　関連請求の併合が認められる類型としては，関連請求にかかる訴えの取消訴訟への併合（1人の原告が1個の訴えによって数個の請求をする客観的併合。行訴16条），原告・被告の一方または双方が複数である請求の関連請求としての併合（共同訴訟または主観的併合。同17条），第三者による関連請求の追加的併合（同18条），および原告による請求の追加的併合（同19条・20条）がある。

　（b）　訴えの変更　　取消訴訟の目的である請求は，請求の基礎に変更がない限り，原告の申立てにより国・公共団体に対する損害賠償その他の請求に変更することが認められる（行訴21条）。たとえば，取消訴訟の係属中に，処分の効力の消滅などにより訴えの利益がなくなり取消訴訟を維持することができなくなった場合，その訴訟資料を活用して，処分の違法を理由に損害賠償請求等への訴えの変更が認められる。これは，原告の負担軽減，訴訟経済に資するものである（最決平成17・6・24判時1904号69頁は，指定確認検査機関が行う建築確認の事務を地方公共団体に帰属するものと解し，その取消請求を地方公共団体に対する損害賠

償請求に変更することを認めている）。訴えの併合と異なり，関連請求でなくとも請求の基礎が同一である限り訴えの変更が認められる。

　取消訴訟と損害賠償請求訴訟の被告が同一となった現在，この制度の活用は容易となった。

　(c)　訴訟参加　　(i)　第三者の訴訟参加　　ある当事者にとって利益処分でも他の者にとっては不利益処分というような，二重効果的な処分は現代行政のひとつの特徴である。したがって，行政事件訴訟においても，処分の名あて人以外の第三者からの訴訟を射程に入れなければならない（ここでは，処分の名宛人は，訴訟との関係では第三者となる）。取消判決は訴訟当事者以外の第三者に対しても効力を有することから（行訴32条1項），判決によって影響を受ける第三者を訴訟参加させて攻撃防御の機会を与え，裁判の適正に資するとともにその第三者を保護することを考える必要がある。そこで第三者の訴訟参加の制度がある（同22条）。

　裁判所は，訴訟の結果により権利を害される第三者を，当事者・第三者の申立てまたは職権により，その決定によって訴訟参加させることができる（行訴22条1項）。この決定を行うには，あらかじめ，当事者および第三者の意見を聴かなければならない（同条2項）。ここでの「権利」は，厳密な意味における権利ではなく，少なくとも行政事件訴訟法9条1項にいう「法律上の利益」も含まれると解釈される。権利を害される第三者には，判決の第三者効により「法律上の利益」を侵害される第三者のほか，判決の拘束力により行政庁がとる措置によってそれが侵害される第三者が含まれる（訴訟の結果によって権利を害される第三者への該当性について，最決平成8・11・1判時1590号144頁〔積極〕，最決平成14・9・26判時1807号152頁〔消極〕など参照）。訴訟に参加した第三者は，必要的共同訴訟人に準じる地位が与えられ（同条4項），また，第三者が参加の申立てをした場合，補助参加人としての訴訟行為ができる（同条5項）。なお，22条にいう第三者で訴訟参加できなかった者については，第三者の再審の訴えの制度がある（行訴34条）。

　　(ii)　行政庁の訴訟参加　　処分または裁決をした行政庁以外で当該処分・裁決に関与した行政庁を訴訟に参加させることにより，訴訟審理の充実が図られる場合もある。そこで行政庁の訴訟参加の制度がある（行訴23条）。裁判所

◆コラム 16 - 4 ◆　文書提出命令

　訴訟における攻撃防御という点では，原告の主張立証に資する（可能性のある）文書の閲覧は効果的であるが，行政事件訴訟法には明確な規定はない。そこで，原告が，国・公共団体の保有する文書の提出を求めるための制度として文書提出義務を前提とした文書提出命令の制度が利用されている。裁判所の審理に要する文書提出命令の根拠を，職権証拠調べの規定（行訴24条）に求める説もあるが，一般には，民事訴訟法における文書提出義務ないし文書提出命令の制度によるべきものと捉えられている（同7条，民訴220条以下）。

　裁判所は，文書提出命令の申立てに理由があると認めるときは，決定で，文書の所持者に対し，その提出を命じる（民訴223条1項）。文書提出命令については，証拠調べの手続として，文書提出義務の範囲（同220条），命令のための手続（同221条～223条），当事者・第三者が命令に従わない場合の効果・制裁（同224条・225条）が規定されている。

　これら民事訴訟法による場合においても，取消訴訟において，その性質を考慮して，文書提出義務の範囲が拡張されるべきかどうかは説が分かれる（高松高決昭和50・7・17行集26巻7＝8号893頁〔積極〕。なお，民訴220条4号ロ，ニは，公務文書について一般的な提出義務の対象とする）。

　審理の充実・促進のためには，早期の段階での簡易な手続による釈明処分と証拠調べの段階での整備された手続による文書提出命令の双方が機能することが求められる。

　　は，処分・裁決庁以外の行政庁を参加させることが必要であると認めるときは，当事者・行政庁の申立てまたは職権で，決定により当該行政庁を訴訟に参加させることができる（同23条1項）。決定の際には，あらかじめ当事者・当該行政庁の意見を聴く必要があり（同条2項），また，参加行政庁は，一切の訴訟行為をすることができる（同条3項）。

　⒟　釈明処分の特則　　民事訴訟法において，裁判所は，当事者の弁論の内容を明らかにして訴訟関係を明瞭にするための処分（釈明処分）をすることが認められている（民訴151条）。改正行政事件訴訟法は，取消訴訟の審理の充実・促進を図るため，訴訟の早期の段階で処分または裁決の理由を明らかにする（早期に争点が明確になる）ことが必要であるという認識から，民事訴訟の釈明処分の特則を規定した（行訴23条の2）。また，この特則は，原告と被告の武器対等の原則に資するものであり，同時に行政の説明責任の原則からも要請されるものである。

　裁判所は，訴訟関係を明瞭にするため，必要があると認めるときは，釈明処分として，①被告である国・公共団体に所属する行政庁または被告である行政庁に対して，処分・裁決の内容，その根拠となる法令の条項，その原因となる事実その他処分・裁決の理由を明らかにする資料であって，当該行政庁が保有するもの，および，審査請求を経た場合における審査請求にかかる事件の記録であって当該行政庁が保有するものの全部または一部の提出を求めること（行訴23条の2第1項1号・同2項1号），②①でいう行政庁以外の行政庁に対し，①で対象とした資料，事件の記録であって当該行政庁が保有するものの全部または一部の送付を嘱託すること（同23条の2第1項2号・同2項2号）ができる。

　ここでの資料等の提出・送付は，裁判所の職権による釈明処分の行使の結果であり，提出・送付義務は課せられていない。原告が，国・公共団体の保有する文書の提出を求めるための制度としては文書提出義務を前提とした文書提出命令の制度がある。2つの制度については，訴訟の早期の段階での釈明処分，争点が整理された証拠調べの段階での文書提出命令の制度の利用という役割分担もいわれている。また，職権証拠調べが必ずしも十全に機能してこなかったことから釈明処分への期待もいわれる。

　(e)　職権証拠調べ　　取消訴訟の結果は，原告の権利利益に関わり，また，公共の利益に関わるところが少なくない。したがって，民事訴訟に比べて，訴訟資料を豊かにし，かつ，原告と被告との訴訟追行能力の実質的対等性をも実現しつつ，客観的に公正妥当な審理・判断を導くため，取消訴訟の審理手続には，弁論主義を補充するものとして，職権主義の要素が加えられている。すなわち実際にはあまり行われていないが，裁判所は，必要があると認めるときは，職権で証拠調べをすることができる（行訴24条本文）。ただし，その証拠調べの結果については，当事者の意見をきかなければならない（同条但書）。なお，この職権証拠調べの採用は，職権探知主義まで認めるものではない。

　(f)　立証責任　　立証責任とは，訴訟における当事者の証拠提出によって，裁判所が事実の真偽・存否を確定することができない場合において，不利な法律判断を受けるよう扱われる一方当事者の負担または不利益である（挙証責任，証明責任ともいう。主張責任とは異なる）。行政訴訟における立証責任について，行政事件訴訟法は規定を欠いている。取消訴訟における原告と被告の立証

◆**コラム 16 - 5** ◆　**立証責任の分配に関する学説**

①公定力説　行政行為には公定力があり適法性の推定を受けるから，その取消しを求める原告に立証責任がある。

②行政体負担説　行政行為は違法であっても無効の場合のほかは有効とされ，かつ，法治行政の下では行政庁が行政行為の適法性を担保すべきであるから，被告行政体（原則として行政体，行政庁の場合もある。行訴11条参照）が処分の適法性について立証責任を負う。

③法律要件分類説　行政庁の権限行使規定の要件事実の存在については，処分権限の行使を主張する者（積極的処分にあっては被告行政体，申請拒否処分のような消極的処分にあっては原告）が立証責任を負い，権限不行使規定の要件事実の存在については処分権限の不行使を主張する者（積極処分にあっては原告，消極処分にあっては被告行政体）が立証責任を負う。

④個別具体説　各種法関係の具体的性質（事案の性質），立証の難易，当事者の公平，証拠等への距離等によって個別具体的に立証責任を判断すべきとする説。

⑤実質説　侵害処分については原則として被告行政体が立証責任を負い（二重効果処分についても同様），申請拒否処分については一律に分配を考えるのではなく，当該申請制度における原告の地位を考慮して判断する説（申請制度が自由の回復・社会保障請求権の充足であるときには被告行政体が，資金交付請求であるときには原告が負う）。

⑥調査義務説　行政庁は，立法を誠実に執行すべき任務の一環として，行政処分の関係者に対して法定要件に対応する事実を調査・検討すべき「調査義務」を負っていることを前提に，当該処分によって不利益を受ける関係人から取消訴訟が提起された場合には，被告行政体が，この処分を適法ならしめる主要事実について，調査義務の範囲において立証責任を負担しなければならないとする説。

このように，学説は多様であるが，法律要件分類説を原則としつつ，個別具体説を加味して考えていくこともひとつの選択肢である。

裁量処分については，原告が立証責任を負うという者も多いが，必ずしもそのように考える必要もない（伊方原発訴訟・最判平成 4・10・29民集46巻 7 号1174頁は，個別具体説に位置づけられるものといえるが，一般に原告に立証責任があるとしながら，個別判断の結果被告行政庁に立証責任を一部負わせている）。また，事前手続の遵守については，被告行政体に立証責任があると解されている（例，群馬中央バス事件・東京地判昭和38・12・25民集29巻 5 号715頁）。

責任の分配についても同様であり，学説も多様である。基本的視点としては，一般に，民事訴訟法理の動向もにらみつつ，行政事件訴訟に固有の立証責任論が考察されるべきである（**コラム 16 - 5** 参照）。また，行政事件訴訟には多様な訴訟類型があり，立証責任についても一律に論じるわけにはいかないといえ

る。

3　取消訴訟の判決

(1)　取消訴訟の終了　　通常，取消訴訟は，裁判所の終局判決により，また原告の訴えの取下げによっても終了する（民訴261条）。しかし，一般に，抗告訴訟において，裁判上の和解（同264条・265条），請求の放棄・認諾（同266条）による終了が認められるかについては議論がある。一律に論ずることはできず，取消訴訟における請求の具体的内容によってその可否が決定されるべきであるが，法治主義に反するような和解・認諾は認められるべきではなく（なお，事実上の和解という現象も指摘されている），また，法律の規定に反するような被告行政体の請求の放棄も認められるべきではない。

終局判決は，その内容上，訴え却下の判決，請求棄却の判決および請求認容の判決に分けられる。

請求却下の判決は，訴えが訴訟要件を欠き不適法であるとして，本案の審理を拒絶する判決である。請求棄却の判決は，本案審理の結果，原告の請求に理由がないとして，その請求を退ける判決である。請求認容判決は，原告の請求に理由ありとして，処分または裁決の全部または一部を取り消す判決である。

請求に理由がある場合でも，例外的に請求を棄却する判決がなされることがある。これを事情判決という。すなわち，処分または裁決が違法であって取り消すべきものであるが，裁判所は，取り消すことが公共の福祉に適合しないと認めるときは，請求を棄却することができる（行訴31条1項）。ただし，その際には，原告の受ける損害の程度，損害の賠償または防止の程度および方法その他一切の事情が考慮されなければならない（同条1項）。なお，「裁判所は，相当と認めるときは，終局判決前に，判決をもって処分または裁決が違法であることを宣言することができる」（同条2項）。終局判決前の違法宣言判決は，中間判決である。

事情判決は，取消訴訟における執行不停止原則による既成事実の積み重ねとも相俟って，大規模事業（ダム建設）や多数の当事者または利害関係人の存在する法律関係などにおける取消訴訟において問題となる。土地区画整理事業における仮換地指定処分の取消訴訟（坂出市土地区画整理事業事件・高松地判平成2・4・9行集41巻4号849頁），土地改良事業の施行認可処分の取消訴訟（八鹿町土

◆**コラム 16 - 6** ◆　**事情判決と訴えの利益**

　訴えの利益の消滅か事情判決の適用かが問題となることがある。当該処分にかかわる工事が完了すれば訴えの利益は消滅するというのが最高裁判例である（最判平成5・9・10民集47巻7号4955頁，最判平成7・11・9判時1551号64頁）。土地区画整理事業や土地改良事業の認可についても，訴訟の係属中に事業が完了した場合などに，裁判所は，時として，訴えの利益の消滅で対応する（例，神戸地判平成2・2・21民集46巻1号63頁，大阪高判平成2・6・28民集46巻1号72頁）。しかし，事情判決の制度の適用によって対応が可能な（対応すべき）場合もある。最高裁は，土地改良事業の施行認可処分の取消訴訟において，「本件認可処分が取り消された場合に，本件事業施行地域を本件事業施行以前の原状に回復することが，本件訴訟係属中に本件事業計画に係る工事及び換地処分がすべて完了したため，社会的，経済的損失の観点からみて，社会通念上，不可能であるとしても，右のような事情は，行政事件訴訟法31条の適用に関して考慮されるべき事柄であって，本件認可処分の取消しを求める上告人の法律上の利益を消滅させるものではないと解するのが相当である」としている（八鹿町土地改良事件・最判平成4・1・24民集46巻1号54頁）。

　事情判決制度自体に法治主義の観点から批判があるとしても，その存在を前提とするなら，原状回復が法的に可能な場合には，本案審理に入り処分の違法性や事情判決の適否が審理されるべきである（なお，取消判決の効果により原状回復義務が生じないことを理由に，事情判決が働かないとした例に，東京地判平成13・10・3判時1764号3頁がある）。

地改良事件・最判平成4・1・24民集46巻1号54頁），ダム収用裁決取消訴訟（二風谷ダム訴訟・札幌地判平成9・3・27判時1598号33頁）などにおいて事情判決制度が適用されている。

(2)　取消判決の効力　　(a)　**既判力**　　終局判決が確定すると，判決の内容は，当事者および裁判所を拘束し，当事者と裁判所は，後の訴えで，同一事項についてそれと矛盾する主張や判断をすることができない。このような判決の内容的効力を既判力（または実質的確定力）という。行政事件訴訟法は，既判力についての明文の規定を置かず，取消判決の既判力は民事訴訟法の例によることとなる（行訴7条）。

　既判力のおよぶ主観的範囲（＝人的範囲）は，当事者すなわち原告である国民および被告である行政体（場合によっては行政庁）ならびにその承継人である（民訴115条1項）。既判力の客観的範囲（＝事項的範囲）は，判決主文で示された

訴訟物（通説は，違法性一般）に関する判断に限られ（同114条１項），判決理由中に示された個々の違法理由についての判断には及ばない。

　(b)　形成力　　処分の取消判決が確定すれば，処分の効力は，行政庁の取消をまつまでもなく，処分時に遡って消滅する。これを取消判決の形成力という。取消判決の形成力は，訴訟当事者間にだけではなく第三者に対しても及ぶ。行政事件訴訟法32条１項は，「処分又は裁決を取り消す判決は，第三者に対しても効力を有する」と定めているのである。これを第三者効または対世効という。第三者効を認めることとのバランスとして，第三者の訴訟参加（行訴22条），第三者の再審の訴え（同34条）の制度が設けられている。

　第三者効と関連して，取消判決において勝訴した原告と利益を共通にする訴訟外の第三者に判決の効力が及ぶかという問題がある。たとえば，一般処分の取消判決を原告以外の第三者が自己に有利に援用できるか否かという問題である。この点については，これを否定する相対的効力説と肯定する絶対的効力説の対立がある。前者の説に立つ裁判例は，第三者効とは，原告に対する関係で処分が取り消されたという効果を第三者が争えないだけのことであるとする（東京地決昭和40・４・22行集16巻４号708頁）。後者の説は，取消訴訟において法律関係の画一処理がなされる必要があること，また，取消訴訟には代表訴訟的な性格があることなどが根拠とされている。絶対的効力説を前提として，鉄道料金値上げの認可の取消訴訟について，混乱の回避のため事情判決を下した裁判例（近鉄特急料金事件・大阪地判昭和57・２・19行集33巻１＝２号118頁）や，絶対的効力説を前提に，条例に処分性を認めて，当事者訴訟または民事訴訟ではなく，取消訴訟で争うことに合理性を認める裁判例がある（横浜市立保育園廃止事件・最判平成21・11・26民集63巻９号2124頁）。両説が，それぞれ例外を認めるように，この問題は必ずしも一般的に論ずることはできない。絶対的効力説を基本として，個別判断すべきであると思われるが，いずれの説に立とうと，事案ごとに，法律関係の画一処理の必要性，個々の処分の違法性の性質，原告と第三者で異なる取り扱いが可能かどうかを考慮して判断されるべきである。

　(c)　拘束力　　取消判決は，その事件について，処分または裁決をした行政庁その他の関係行政庁を拘束する（行訴33条１項）。これを取消判決の拘束力という。拘束力は，行政庁に対して，取消判決の内容を尊重し，判決の趣旨に

◆**コラム 16－7**◆　**既判力と国家賠償訴訟**

　一般に，処分を違法として取り消した確定判決があれば，同一処分の違法性を理由とする国家賠償訴訟において，被告行政体は，既判力により，処分が適法であったことを主張できないと解されている。これに対して，処分の違法を主張した原告の請求が棄却された場合に，国家賠償訴訟で同一処分の違法性を主張することが，既判力に抵触するかどうかについては争いがある。これは，取消訴訟と国家賠償訴訟の違法性が一致している（同範囲である）と考えるか，国家賠償訴訟の違法性が取消訴訟の違法性より広いとする立場に立つかによる。前者であれば，当該主張は，既判力に抵触し，後者であれば，既判力に抵触せず，原告は，国家賠償訴訟において同一処分の違法性を主張することができることになる。後者の可能性を認める見解も有力である。なお，所得税更正処分の取消判決後の国家賠償訴訟において，「税務署長のする所得税の更正は，所得金額を過大に認定していたとしても，そのことから直ちに国家賠償法1条1項にいう違法があったとの評価を受けるものではな」いとし，取消訴訟における違法が肯定される場合であっても国家賠償訴訟でこれを否定する最高裁判決がある（奈良過大更正国家賠償事件・最判平成5・3・11民集47巻4号2863頁）。この判決の考え方からすると，結果として，国家賠償訴訟における違法が取消訴訟における違法より狭くなる場合もあることになる。また，これを前提にすると，前述の認容確定判決の場合における被告の適法性の主張は，既判力に抵触しないことにもなる。

　従って行動する義務を負わせ，そのことにより，違法状態の排除と実効的な国民の権利利益の救済を図るものである。既判力は判決の主文にのみ及び，後訴の当事者および裁判所を拘束する訴訟法上の効力であるが，拘束力は，行政庁に対して直接に実体法上の行為義務を課す効力であって，法の規定によりとくに与えられた特殊の効力である（通説である特殊効力説。ほかに，拘束力の根拠を既判力に求める，既判力説がある）。拘束力は，判決理由のなかの具体的違法理由について生じる。

　拘束力の内容として，行政庁は，取り消された行政処分と同一事情の下で，同一理由に基づき，同一人に対して，同一内容の処分の禁止の効果（反復禁止効あるいは消極的効果）がある。また，拘束力から，申請拒否処分に関するやり直し義務や違法手続の申請認容処分に関するやり直し義務という，行政庁が判決の趣旨に従ってあらためて措置をとる義務が生じる（行訴33条2項・3項。積極的効果）。また，取り消された処分に密接に関連し，かつ取り消された処分と法的に整合しない処分（不整合処分）の取消義務も拘束力から生じる（例，借地

権者に対する権利変換に関する処分と宅地の所有者に対する処分に関する最判平成5・12・17民集47巻10号5530頁，町会議員の除名処分と繰上補充による当選人の決定関する最決平成11・1・11判時1675号61頁など）。判決の拘束力の積極的効果により訴えの利益を認める裁判例もある（東京12チャンネル事件・最判昭和43・12・24民集22巻13号3254頁，桑名城址公園係留ボート除去事件・名古屋高判平成8・7・18判時1595号58頁）。

第6節　無効等確認訴訟

1　意　義

　処分または裁決に無効原因としての瑕疵がある場合，処分または裁決の相手方は，不服申立てや取消訴訟による取消手続を経ることなく，その効力を否認することができる。しかし，処分・裁決庁が，行った処分または裁決を無効と考えない場合，国民は，処分または裁決の無効を裁判によって確認することが必要となる。その際，処分・裁決の無効を前提とする民事訴訟（争点訴訟。行訴45条参照）や当事者訴訟を提起する方法と，処分・裁決の無効確認の訴えを提起する方法がある。前者は，裁判所が，当該処分・裁決の効力の有無を先決問題として判断し，後者は，本案の問題として，処分・裁決の効力の有無を判断する。後者について，行政事件訴訟法は，無効等確認の訴えとして規定している（同3条4項）。無効等確認訴訟には，「処分又は裁決の存否」の確認を求める訴訟が含まれる。この処分不存在確認訴訟についてはあまり議論がされてはいない。最高裁は，建築基準法42条2項の一括指定による指定処分が存在しないことの確認の訴え（指定の有無の確認が問題であり，実質的当事者訴訟と構成するか否かについて議論の余地がある）を，無効等確認訴訟の一種としての処分不存在確認訴訟と位置づけている（2項道路一括指定事件・最判平成14・1・17民集56巻1号1頁）。

2　要　件

　無効等確認の訴えの原告適格について，行政事件訴訟法は，①当該処分・裁決に続く処分により損害を受けるおそれのある者（積極要件），②当該処分・裁決の無効等の確認を求めるにつき法律上の利益を有する者（積極要件），③現在

275

の法律関係に関する訴えによって目的を達することができない者（消極要件），に限定している（行訴36条）。この規定については，①であると②であるとを問わず，③に限定するという一元説と，①は単独でこの訴訟の提起を認めるものであり（この場合の無効確認訴訟は予防的訴訟），③は②のみにかかるとする二元説（この場合の無効確認訴訟は補充的訴訟）がある。もっとも，一元説によっても，消極要件の「目的」に「続く処分」の予防も含めることになれば，この訴訟の予防訴訟的機能は果たされる。現状は，何らかの方法で予防的無効確認訴訟を認めるのが判例・学説の大勢である（最判昭和51・4・27民集30巻3号384頁参照）。③の要件にいう「目的を達することができない」という文言の解釈についても諸説があるが，現在の法律関係に関する訴訟か無効確認の訴えかの選択について，どちらが紛争解決のために「より直截的で適切な争訟形態」かによってこれを決めるというように，補充性について柔軟に解釈する傾向となっている（もんじゅ事件・最判平成4・9・22民集46巻6号1090頁，最判昭和62・4・17民集41巻3号286頁）。

　無効等確認訴訟には，取消訴訟の規定の多くが準用される。たとえば，訴訟要件については，被告適格（行訴11条），管轄（同12条）の規定が準用されている（同38条1項）。しかし，原告適格（同9条），審査請求前置（同8条1項但書），出訴期間（同14条）の規定の準用はない。原告適格についていえば，36条にいう「法律上の利益を有する者」は取消訴訟における原告適格のそれと同様に解されている（前掲・最判平成4・9・22民集46巻6号1090頁）。また，審査請求前置，出訴期間の規定の準用がないことから，取消訴訟においてこれらの要件を充足できない場合に無効等確認の訴えが利用されることになる。

　なお，この訴訟には，第三者効（行訴32条1項），事情判決（31条）の規定の準用もない。

第7節　不作為の違法確認訴訟

1　意　義

　不作為の違法確認訴訟とは，行政庁が，法令に基づく申請に対し，相当の期間内に何らかの処分または裁決をすべきであるにもかかわらず，これをしない

◆コラム 16 - 8◆　争点訴訟

　無効等確認訴訟の要件のひとつとして，「現在の法律関係に関する訴えによって目的を達することができないもの」という定めがあるが，この「現在の法律関係に関する訴え」とは，民事訴訟または当事者訴訟（実質的当事者訴訟。行訴4条後段）をさす。処分・裁決の効力の有無が前提問題として争われる民事訴訟は，当該処分等の効力等が争点とされることから争点訴訟とよばれる（同45条1項）。たとえば，土地収用裁決の無効を前提とする土地所有権確認訴訟などであり，行政事件訴訟法上，それは「私法上の法律関係に関する訴訟」である点で，公務員の免職処分の無効を前提とする公務員の地位確認訴訟などの実質的当事者訴訟と区別される。原子炉設置許可処分の無効確認訴訟は，原発施設の設置に対する民事の差止訴訟の提起によって妨げられない。この民事の差止訴訟は当該許可処分の無効を前提とせず，争点訴訟ではない（前掲最判平成4・9・22民集46巻6号1090頁）。争点訴訟は，民事訴訟であるが，実質的には処分・裁決の効力の有無等を争うものであるから，行政事件訴訟法の若干の規定が準用されている（同45条1項・2項・4項）。

ことについての違法の確認を求める訴訟であり（行訴3条5項），申請に対する応答のシステムがとられている場合に機能する訴訟である。ただ，この訴訟は，不作為状態の違法を確認するものであり，原告が勝訴した場合においても，行政庁は何らかの応答（作為）を行えば足りるのであり，原告は，行政庁の作為が申請に対する拒否処分の場合，あらためて拒否処分取消訴訟を提起して実効的な救済を図る必要がある。その意味で，行政の手続を促進はするが，迂遠な訴訟であるともいえ，義務付け訴訟の必要性がいわれ，法定外抗告訴訟としてその許容性について議論がなされていた。改正行政事件訴訟法は，より直截的な申請型義務付け訴訟を法定した（同3条6項2号）。したがって，改正行政事件訴訟法の下でその意義は薄まったといえるが，不作為の違法確認訴訟は，申請型義務付け訴訟への併合提起（同37条の3第3項1号）が義務付けられており，その請求に理由があることが義務付け判決の本案勝訴要件になっている（同37条の3第5項）ことで制度存続の意味をもたされている。

2　訴訟要件

　不作為の違法確認の訴えの原告適格については，「処分又は裁決についての申請をした者にかぎり，提起することができる」と定められている（行訴37条）。「申請」とは，「法令に基づく申請」である（同3条5項）。「法令に基づく

申請」とは，必ずしも法令の明文により定められている申請制度に限定され
ず，法令の解釈上認められる申請制度による申請であればよい。実体法上の請
求権の有無にかかわらず，申請者が，行政庁による何らかの判断を受ける権利
としての手続上の申請権を有すれば足りる。

　たとえば，内規や要綱に基づく申請もこれに当たるとする判例がある（金沢
地判昭和46・3・10行集22巻3号204頁，大阪市同和地区助成金支給要綱訴訟・大阪高判
昭和54・7・30行集30巻7号1352頁）。しかし，行政庁の職権発動を促す端緒でし
かない報告・措置の要求はこれに当たらないとされている（最判昭和47・11・16
民集26巻9号1573頁）。なお，「法令に基づく申請をした者」とは，現に「申請を
した者」であり，申請の適法・不適法を問わない。なお，「法令に基づく申請」
が本案の問題であるとする説もある。

　不作為の違法確認訴訟の係属中，不作為状態が解消されれば，訴えの利益は
失われる。また，この訴訟には，出訴期間の制限はなく，不作為状態が継続す
る限り提起できる。その他訴訟要件について，取消訴訟の被告適格（行訴11
条），管轄（同12条），審査請求との自由選択主義（同8条），原処分主義（同10条
2項）の規定も準用される（同38条1項・4項）。

3　本案勝訴要件

　「相当の期間」とは，一般に，処分・裁決を行うのに通常必要とする期間で
あり，この期間を経過した不作為が違法となる。法令によって処分をなすべき
期間が定められている場合，これを訓示規定と解する説もあるが，特別の事情
がない限り，当該期間の経過により違法となると解すべきである。また，行政
手続法の定める行政庁による「標準処理期間」の設定は，努力義務であるから
この期間の経過はただちに違法となるとは解されないが，「相当の期間」経過
の判断の指針とはなる。

　不作為の違法確認の訴えの違法判断の基準時は，「相当の期間」の経過を判
断すべき時点であるが，説が分かれる。不作為の違法状態を目的とする訴訟の
それであるから，判決時説が妥当であるとする説が有力である。

　なお，この訴訟には，取消判決の拘束力の規定（行訴33条1項）が準用され，
原告勝訴判決の場合，行政庁は，何らかの処分・裁決をしなければならない。

第8節　義務付け訴訟

1　意　義

　義務付け訴訟とは，「行政庁がその処分又は裁決をすべき旨を命ずることを求める訴訟」である（行訴3条6項）。

　改正前行政事件訴訟法の下では，前述のように，不作為の違法確認訴訟が迂遠な訴訟であることから，義務付け訴訟の必要性が認識され，法定外抗告訴訟としてのその許容性について議論されていた。学説は，行政庁の第一次的判断権の侵害を理由とする全面的否定説，取消訴訟中心主義を前提に法定抗告訴訟で救済を得られない場合に補充的に許容する補充説，争いの成熟性があり，義務付け訴訟によって有効な救済が得られる限り，取消訴訟による救済が可能かどうかと関わりなくこの訴訟を許容する全面的肯定説に分かれており，補充説が有力であった。また，義務付け訴訟の許容性について，適法要件の一般論を述べた最高裁判例は存在しなかったが，下級審は，一般に，一義性，緊急性，補充性の各要件を要求しており（例，国立マンション除却命令事件・東京地判平成13・12・4判時1791号3頁），判例は補充説に立っていたといえる。

　行政事件訴訟法は，国民の権利利益の実効的救済の見地から，取消訴訟を中心とした訴訟の仕組みを改め，救済方法を拡充するという判断を前提に，義務付け訴訟を法定した。

　行政事件訴訟法は，義務付け訴訟について2つの類型を区別し規定する。ひとつは，「行政庁に対し一定の処分又は裁決を求める旨の法令に基づく申請又は審査請求がされた場合において，当該行政庁がその処分又は裁決をすべきであるにかかわらずこれがされないとき」に提起される義務付け訴訟（行訴3条6項2号）であり，申請型あるいは申請満足型義務付け訴訟とよばれる。もうひとつは，申請型以外の（法令に基づく申請を前提としない場合の）「行政庁が一定の処分をすべきであるにかかわらずこれがされないとき」に提起される義務付け訴訟（同3条6項1号）であり，非申請型あるいは直接型義務付け訴訟とよばれる。後者は，公害発生源の企業に対して，行政庁の規制権限行使を周辺住民が求める場合等が念頭に置かれる。

2　非申請型義務付け訴訟（行訴3条6項1号）

(1)　訴訟要件　　この型の義務付け訴訟は，「一定の処分がされないことにより重大な損害を生ずるおそれがあり」（重大な損害），かつ「その損害を避けるため他に適当な方法がないとき」（補充性）に限り提起することができる（行訴37条の2第1項）。「重大な損害」を生ずるか否かを判断するにあたっては，損害の回復の困難の程度を考慮するとともに，損害の性質および程度ならびに処分の内容および性質を勘案するものとされ（同37条の2第2項），解釈指針が示されている。また，原告適格に関しては，この訴訟は，「法律上の利益を有する者」に限り提起することができ（同37条の2第3項），「法律上の利益」の有無の判断は，取消訴訟の原告適格に関する規定（同9条2項）が準用される（同37条の2第4項）。

　非申請型義務付け訴訟の対象は「一定の処分」である（行訴3条6項1号）。ここで，「一定の処分」の特定性が問題となる。この点，裁判所の判断が可能な程度に特定されている必要があるが，それ以上に厳格に解釈されるべきではない。「一定の処分または裁決」が問題である申請型においても同様である。

　補充性についていえば，たとえば，過大な納税申告をした際には税額の減額を求める更正の請求の制度（税通23条）があるように，損害を避けるための方策が個別法のなかで特別に法定されている場合には，「他に適当な方法」があるといえる。しかし，義務付け訴訟の他に，第三者に対して民事訴訟を提起できる場合は，「他に適当な方法」があるとはいえない。

(2)　本案勝訴要件　　この義務付け訴訟の本案勝訴要件は，義務付け訴訟にかかる処分につき，「行政庁がその処分をすべきであることがその処分の根拠となる法令の規定から明らかであると認められ」ること，または，「行政庁がその処分をしないことがその裁量権の範囲を超え若しくはその濫用となると認められ」ることである（行訴37条の2第5項）。前者と関わっていえば，行政事件訴訟法は，義務付け訴訟および差止訴訟において，訴訟要件としては，第一次的判断権と連動する一義性を要求せず，これら訴訟の許容性については，第一次的判断権は問題とされない。行政庁の第一次的判断権によって，司法審査の要件としてこれら訴訟を限定するという考え方は基本的に維持されない。一義性は，本案勝訴要件として規定されているのである。したがって，事後審査

への限定という意味での第一次的判断権論は基本的に維持されないことになる。

　なお，義務付け判決の内容として「一定の処分」ないし「何らかの処分」を命ずる「抽象的義務付け判決」も可能であると考えられる。義務付け訴訟について，取消訴訟に関する一定の規定が準用される（行訴38条1項）。判決の効力について，拘束力の規定（同33条）は準用されるが，第三者効の規定（同32条）の準用はない。仮の救済は，仮の義務付けによる（同37条の5第項）。なお，義務付けの判断の基準時は，判決時である。

　裁判例として，出生届が不受理となり住民票に記載しない処分がなされた子について，処分がされないことにより重大な損害を生ずるおそれがあり，処分がされないことが裁量権の範囲を逸脱・濫用したものであることから，当該子の住民票の作成を義務付けたもの（住民票記載義務付け訴訟・東京地判平成19・5・31民集63巻4号665頁。なお，控訴審である東京高判平成19・11・5民集63巻4号680頁は，訴えを却下したが，最高裁は，子どもに看過し難い不利益が発生する場合には，住民票職権記載義務が発生すると判示した〔上告は棄却，最判平成21・4・17民集63巻4号638頁〕），県知事に対し産業廃棄物処理施設設置許可の取消しを義務付けたもの（福島地判平成24・4・24判時2148号45頁）などがある。

3　申請型義務付け訴訟（行訴3条6項2号）

　(1)　訴訟要件　　この型の義務付け訴訟は，①「当該法令に基づく申請又は審査請求に対し相当の期間内に何らの処分又は裁決がされない」場合，または，②「当該法令に基づく申請又は審査請求を却下し又は棄却する旨の処分又は裁決がされた場合において，当該処分又は裁決が取り消されるべきものであり，又は無効若しくは不存在である」場合にそれぞれ提起することができる（行訴37条の3第1項1号・2号）。①は申請に対する不作為，②は申請に対する拒否処分に対するものである。いずれの場合にも，原告は，37条の3第1項各号にいう「法令に基づく申請又は審査請求をした者」に限られる。さらに，①の場合には不作為の違法確認訴訟を，②の場合には取消訴訟または無効等確認訴訟を義務付け訴訟に併合して提起しなければならず（同37条の3第3項1号・2号），併合して提起されたこれら訴訟と義務付け訴訟にかかる弁論および裁判は分離せずに行われなければならない（同37条の3第4項）。裁判所の判断の矛

盾の防止，紛争の合理的解決のため併合提起が要求されているので，単独での義務付け訴訟の提起は許されず，また，ここで提起された不作為の違法確認訴訟が不適法であれば，義務付け訴訟を提起することはできない。また，一定の裁決をすべき旨を命ずることを求める義務付け訴訟は，処分についての審査請求がされた場合，その処分の取消訴訟または無効等確認訴訟を提起することができない場合にのみ提起することができる（同37条の3第7項。裁決主義の採用や原処分が消滅した場合であり，それ以外は，処分をすべき旨の義務付け訴訟がより直截的な救済となる）。

　なお，非申請型と異なり，重大な損害や補充性の要件は課されていない。

　(2)　**本案勝訴要件**　　申請型義務付け訴訟の本案勝訴要件は，まず，併合提起された不作為の違法確認訴訟または取消訴訟もしくは無効確認訴訟に理由があることが必要とされ，次に，理由があるとして，①「行政庁がその処分若しくは裁決をすべきであることがその処分若しくは裁決の根拠法令の規定から明らかであることが認められ」ること，または，②「行政庁がその処分若しくは裁決をしないことがその裁量権の範囲を超え若しくはその濫用となると認められ」ることである（行訴37条の3第5項。申請に基づく拒否処分を裁量権の濫用と判断し，保育園入園の承諾を市に義務付けたものとして，東京地判平成18・10・25判時1956号62頁，不法在留外国人に対する在留特別許可の義務付けを認容するものとして，東京地判平成20・2・29判時2013号61頁，市に対して介護給付費支給決定を義務付けたものとして，和歌山地判平成24・4・25判時2171号28頁，被爆者健康手帳交付を義務付けたものとして，長崎地判平成28・2・22判時2333号10頁などがある）。

　また，裁判所は，審理の状況その他を考慮して，併合提起された不作為の違法確認訴訟，取消訴訟等についてのみ終局判決をすることがより迅速な争訟の解決に資すると認めるときは，これら訴訟についてのみ終局判決をすることができる（取消訴訟についてのみ終局判決をしたものとして，個人タクシー値下げ訴訟・大阪地判平成19・3・14判タ1252号189頁参照）。裁判所がここでいう終局判決の途を選択する場合，当事者の意見を聴いて，義務付け訴訟の訴訟手続を中止することができる（同37条の3第6項）。

第9節　差止訴訟

1　意　義

　差止訴訟とは,「行政庁が一定の処分又は裁決をすべきでないにかかわらずこれがされようとしている場合において,行政庁がその処分又は裁決をしてはならない旨を命ずることを求める訴訟」である(行訴3条7項)。

　差止訴訟は,公権力による侵害が切迫している場合に,現状の悪化を防ぐもので,違法な公権力の行使からの防衛である。その意味では,国家からの権利・利益の侵害を限定するという市民的法治国原理にはむしろ近いとされていた。そのため,学説も,その許容性について,全面的否定説は存在せず,補充説と独立説に分類されるが,行政事件訴訟法が取消訴訟中心主義を採用していることから,補充説が妥当とされていた。

　判例についていえば,許容する下級審判決は,義務付け訴訟と同様に,一義性,緊急性,補充性をその許容性の要件としていた。最高裁は,この訴訟類型に関しては,長野勤評事件(最判昭和47・11・30民集26巻9号1746頁),横川川事件(最判平成元・7・4判時1336号86頁)において,訴訟形式の選択の問題ではなく,訴えの利益の有無の問題として処理したが,内容的にみれば,補充説に連なるものといえた(なお,厚木基地第1次訴訟・最判平成5・2・25民集47巻2号643頁の橋本・味村補足意見参照)。最高裁は,その許容性を全面的に否定することなくその可能性を認めていたといえる。

　改正行政事件訴訟法は,国民の権利利益の実効的救済の見地から,取消訴訟を中心とした訴訟の仕組みを改め,救済方法を拡充するという判断を前提に,義務付け訴訟と同様に差止訴訟も法定した。

2　訴訟要件

　差止訴訟は,①「一定の処分又は裁決がされることにより重大な損害を生ずるおそれがある場合」(積極要件)に限り提起することができるが,②「その損害を避けるため他に適当な方法があるとき」(消極要件)はこれを提起することはできない(行訴37条の4第1項)。裁判所は,「重大な損害」を判断するにあたっては,非申請型義務付け訴訟の場合と同じく,損害の回復の困難の程度を

考慮するとともに，損害の性質および程度ならびに処分または裁決の内容および性質を勘案するものとされ（同37条の4第2項），解釈指針が示されている。また，原告適格に関しても，非申請型義務付け訴訟と同様に，「法律上の利益を有する者」に限り提起することができ（同37条の4第3項），「法律上の利益」の有無の判断は，取消訴訟の原告適格に関する規定（同9条2項）が準用される（同37条の4第4項）。また，処分・裁決の特定性については，義務付け訴訟における「一定の処分」，「一定の裁決」の解釈について説明したことがここでも妥当する。

　「重大な損害を生ずるおそれ」という要件の充足に関して，最高裁は，損害が，処分後に取消訴訟等を提起して執行停止の決定を受けることにより「容易に」救済を受けることができるものではなく，事前の差止めによらなければ救済が「困難」なものであることを要するとしている（日の丸・君が代予防訴訟・最判平成24・2・9民集66巻2号183頁）。この要件の充足は，この要件に関わる解釈指針（行訴37条の4第2項）による判断の結果であり，執行停止による損害回避の可能性の存在が差止訴訟の否定を一般化するということにはならない。②の消極要件が満たされる場合とは，差止訴訟の対象とする処分の前提となる処分が存在し，その前提処分の取消訴訟を提起すれば，差止訴訟の対象とする後続処分をすることができないことが法令により定められているような場合である（税徴90条3項）。また，公法上の当事者訴訟（とりわけ確認訴訟），第三者に対する民事訴訟の提起が可能であることはただちに「損害を避けるため他に適当な方法がある」ということにならない。当事者訴訟についていえば，その活用がいわれるなかで，公法上の当事者訴訟（とりわけ確認訴訟）と処分についての差止訴訟の双方が可能な場合，訴訟選択は原告に任されるべきである。

3　本案勝訴要件

　差止訴訟の本案勝訴要件は，「行政庁がその処分若しくは裁決をすべきでないことがその処分若しくは裁決の根拠となる法令の規定から明らかであると認められ」る場合，または，「行政庁がその処分若しくは裁決をすることがその裁量権の範囲を超え若しくはその濫用となると認められ」る場合である（行訴37条の4第5項）。裁判例に，教職員には校長の職務命令による国歌斉唱義務などがないことを確認し，教育委員会が，国歌斉唱，斉唱の際のピアノ伴奏を命

ずる校長の職務命令に従わない教職員に，国歌斉唱等の行為をしないことを理由に懲戒処分などをすることは裁量権の範囲を超えもしくは濫用に当たり，懲戒処分などの差止めを命じたもの（日の丸・君が代予防訴訟・東京地判平成18・9・21民集66巻2号522頁）や，事業者が事業の必要性および合理性の根拠とする各点は，調査，検討が不十分であるか，または，一定の必要性，合理性は認められたとしても，それのみによって埋立それ自体の必要性を肯定することの合理性を欠くものであるとして，県知事が埋立免許を行うことは，裁量権の範囲を超えた場合に当たるとして，免許の差止めを命じたものがある（鞆の浦埋立免許差止訴訟・広島地判平成21・10・1判時2060号3頁）。

　差止訴訟の審理手続については，取消訴訟の一定の規定が準用されている（行訴38条1項）が，判決の効力について，第三者効の規定（同32条）の準用はない。差止訴訟の仮の救済については，仮の差止めによる（行訴37条の5第2項）。差止めの判断の基準時は判決時である。

　なお，取消訴訟中心主義についていえば，改正行政事件訴訟法は，国民の権利利益の実効的救済の見地から，義務付け訴訟・差止訴訟の法定，確認訴訟の活用をいう。その限りにおいて，改正行政事件訴訟法は，取消訴訟中心主義を修正・緩和しあるいは否定するものと評価されるが，条文の構造からして，処分に対する取消訴訟が重要な位置を占めていることには変わりない。

第10節　行政事件訴訟と仮の救済（権利保護）

1　仮の救済と仮処分の排除

　行政事件訴訟においても，民事訴訟と同様に，本案訴訟と保全訴訟が考えられ，本案訴訟係属中に既成事実が形成されることによって権利利益の救済の実効性が失われることを防ぐため，本案判決にいたるまでの間，原告の権利利益を暫定的に保全する必要がある。これが，仮の救済の制度である。民事訴訟においては仮処分の制度が用いられるが，行政事件訴訟法44条は，行政庁の処分その他公権力の行使に当たる行為については，民事保全法に規定する仮処分をすることができないと規定する。その結果，抗告訴訟はもちろん，処分の効力の無効を前提とする当事者訴訟や争点訴訟においても，「行政庁の処分その他

公権力の行使に当たる行為」を直接に制約または妨げるような仮処分は認められない。とすると，この場合，取消訴訟における執行停止制度（後述）の規定の準用がない（同41条・45条参照）当事者訴訟および争点訴訟には仮の救済制度が存在しないことになるので，これらの訴訟について仮処分が許容される場合があることを認める説などがある。制度上の欠陥であり，立法による解決が必要である。公共工事とその差止訴訟のように，処分が先行する事実行為に関する民事訴訟を本案とする場合において，実質的に処分の効力を無にする結果となるものについては，仮処分は認められないとする裁判例（例，広島高決平成4・9・9判時1436号38頁），本案民事訴訟が適法である以上仮処分を許すべきことは当然として公権力の行使を妨げない範囲でこれを認める裁判例（例，神戸地尼崎支決昭和48・5・11判時702号18頁）などがあり，解釈は分かれる。

　なお，行政処分が関わらない当事者訴訟や民事訴訟には当然に仮処分が許される。

　「行政庁の処分その他公権力の行使に当たる行為」について仮処分が排除されていることの代替として，改正前行政事件訴訟法は，執行停止制度（行訴25条）を用意していたが，これに加えて，改正行政事件訴訟法は，義務付け訴訟および差止訴訟の法定に伴い，仮の義務付けおよび仮の差止めの制度を設けた（行訴37条の5）。

2　執行停止

(1)　**執行不停止原則**　　行政事件訴訟法は，「処分の取消しの訴えの提起は，処分の効力，処分の執行又は手続の続行を妨げない」（行訴25条1項）という執行不停止原則を採用している。濫訴の予防，行政活動の停廃を防ぎ，行政目的の円滑な実現を図るという立法政策によるものである。しかし，行政庁のすべての処分にこのような理由に基づく執行不停止原則が及ぶということには，必ずしも十分な合理的根拠があるわけではなく，執行不停止原則の緩和あるいは原則と例外を逆転させた執行停止制度の導入，処分類型毎の執行停止制度の導入等が議論されるところとなっていた。改正行政事件訴訟法は，執行停止の要件を一定緩和しつつも，執行不停止原則を採用した執行停止制度を維持した。

(2)　**執行停止の要件**　　執行不停止原則の例外として，「処分の取消しの訴えの提起があった場合において，処分，処分の執行又は手続の続行により生ず

る重大な損害を避けるため緊急の必要があるとき」，裁判所は，申立てによって執行停止決定をすることができる（行訴25条2項本文）。①本案訴訟として取消訴訟の適法な係属（本案訴訟の提起を必ずしも要件としない仮処分と異なる）および②重大な損害を避けるための緊急の必要性が執行停止の積極要件である。

　②は執行停止の実体的要件である。改正行政事件訴訟法は，改正前には「回復の困難な損害」となっていたものを，「重大な損害」に改め，この「重大な損害」を生ずるか否かを判断するための考慮事項を新たに定めた（同25条3項）。これにより，「回復の困難」という文言にとらわれた過度に厳格な解釈を避け，処分によって生ずる損害について，回復の困難な程度が著しいとまでは認められない場合であっても，「損害の回復の困難の程度」を考慮し，かつ，「損害の性質及び程度」ならびに「処分の内容及び性質」を勘案して，「重大な損害」が生ずると認められるときには執行停止が行えるようになった。改正前の「回復の困難な損害」と似た文言である考慮事項としての「損害の回復の困難の程度」は，改正前の裁判例にみられたような金銭的補償が不可能か，金銭賠償だけでは補填できない著しい損害があるかといった取り返しのつかない損害の有無を見極めるための考慮事項ではなく，「回復が容易でないと認められる程度」（圏央道あきる野インターチェンジ事件・東京地決平成15・10・3判時1835号34頁。なお，この事件の控訴審は，明渡裁決の執行停止申立について，転居を余儀なくされても，現住所と同一の地域社会に移転することが可能であり，転居による精神的，肉体的負担も土地建物に対する金銭賠償により十分に填補でき，「回復の困難な損害」を被ると認められないとする。東京高決平成15・12・25判時1842号19頁，抗告審である最決平成16・3・16判例集未登載も同旨），あるいは金銭賠償の実効性の程度をみて，重大な損害の有無を判断するための考慮要素のひとつであるとされている。結果，財産的損害であっても，金銭賠償によって回復が可能であるとして，執行停止が認められない場合は減少すると思われる（福岡高決平成17・5・31判タ1186号110頁は，事業者について大幅な売上げの減少が見込まれること，いったん失われた事業者の信用の回復は著しく困難であることから「重大な損害」を認定する）。また，弁護士に対する懲戒処分については，日本弁護士連合会（弁護士会による懲戒についての審査請求・効力停止の申立てについて懲戒委員会の議決・意見に基づいて裁決・決定する）は，効力停止を容易に認めない状況にあるように思わ

れるが，最高裁は，懲戒処分により弁護士に生ずる社会的信用の低下，業務上の信頼関係の毀損等を「重大な損害」に当たるとする（最決平成19・12・18判時1994号21頁）。

　なお，執行停止の申立てをするには，申立ての利益が必要である。執行停止の対象となる処分の執行が終了してしまった場合，利益処分の拒否処分のような積極的効果をもたない処分の場合は，処分の執行停止をしても，前者は，原状回復の余地がないこと，後者は拒否処分がなされなかった状態を回復するだけであることから，原則として申立ての利益は否定される（身体障害を理由とする入学不許可処分についての大阪高決平成3・11・15行集42巻11・12号1788頁，退去強制の執行がなされた場合の収容令書の執行停止についての最決平成14・2・28判時1781号96頁など）。ただし，執行停止により拒否処分がなされなかった状態を回復することに何らかの法的利益が認められる場合に執行停止を認める裁判例もある（広島地決昭和46・4・15行集22巻4号516頁，東京地決昭和45・9・14行集21巻9号1113頁など）。なお，執行停止制度が必ずしも機能してこなかった申請拒否処分については，改正行政事件訴訟法により，義務付け訴訟に対応する仮の救済制度としての仮の義務付けによる救済が可能となった。

　また，執行停止の消極要件は，①「公共の福祉に重大な影響を及ぼすおそれがあるとき」，または②「本案について理由がないとみえるとき」（同25条4項）である。②に関し，本案の理由の有無は，基本的に本案における慎重な審理・判断によってなされるべきものであるから，この要件の充足は限定的に解釈すべきである（最決平成13・6・14判自217号20頁など参照）。また，②については，いわゆる満足的執行停止の問題と関わって議論される。

　(3)　**執行停止の手続**　　執行停止は，本案係属裁判所に対する処分取消訴訟の原告（申立人）の本案訴訟の被告を被申立人とする申立てによってなされる（行訴25条2項・28条）。職権による執行停止は認められていない。執行停止の決定は，疎明によって行われ（同25条5項），かつ，口頭弁論を経ないでなしうるが，その場合はあらかじめ当事者の意見を聴かなければならない（同条6項）。執行停止の申立てに対する決定に対しては，即時抗告できるが，この即時抗告は，その決定の執行を停止する効力をもたない（同条7項・8項）。

　(4)　**執行停止の内容・効果**　　執行停止の内容は，処分の効力の停止，処分

の執行停止および手続の執行の停止であり（行訴25条2項），これらのうちのいずれかが選択されることになるが，効力の停止は，処分の執行または手続の続行の停止によって目的を達成しうる場合にはなしえない（同25条2項但書）。明渡裁決の効力の停止は，後続処分である代執行の手続の執行停止で目的達成できるからなしえない（和歌山地決平成6・3・18判自125号72頁など）。効力の停止は，強制執行行為が存在せず，後続の処分等が考えられない場合に申立てができる。公務員の懲戒免職処分，営業停止処分などについてである。

　執行停止の決定は第三者効を有し（行訴32条2項），かつ当事者たる行政庁その他関係行政庁を拘束する（同33条4項）。また，執行停止決定の効力は，通常，将来に向かってのみ生じると解されている。なお，執行停止の確定した後に，その理由が消滅し，その他事情が変更したときは，裁判所は，相手方の申立てにより，決定をもって，執行停止の決定を取り消すことができる（同26条1項）。

3　内閣総理大臣の異議

　執行停止の申立てがあった場合には，内閣総理大臣は，裁判所に対し，その決定の前後を問わず，理由を付して，異議を述べることができる（行訴27条1項・2項）。執行停止決定後の異議は，当該決定をした裁判所，またはその決定に抗告がなされたときは抗告裁判所に対して述べなければならない（同27条5項）。異議の理由のなかでは，「処分の効力を存続し，処分を執行し，又は手続を続行しなければ，公共の福祉に重大な影響を及ぼすおそれのある事情を示す」必要がある（同27条3項）。また，内閣総理大臣は，やむをえない場合でなければ異議を述べてはならず，かつ，異議を述べたときは，次の国会で報告しなければならない（同27条6項）。内閣総理大臣の異議があったときは，裁判所は，執行停止をすることができず，また，すでに執行停止の決定をしているときは，これを取り消さなければならない（同27条4項）。最後の点について，裁判所は，異議の申述の形式的審査権のみを有する。

　この制度は，行政権の長が司法権の担い手である裁判所の判断に介入するものであることから，その合憲性について議論がある。合憲説は，本案以前において，処分の執行を停止するか否かはもともと行政権に固有の作用であるとすることを主たる論拠とし，違憲説は，国民に対する有効な司法的救済を形骸化

し裁判を受ける権利を侵害すること，訴訟における当事者対等の原則に反し，同原則に基づく執行停止決定がもともと司法権の作用に属することを無視すること，裁判官の職権行使における独立性の保障（憲76条3項）に対する行政権による侵害となること，などを論拠とする。

学説上は，この制度に対しては批判も多く，違憲説が有力である。行政事件訴訟法改正の際，制度の廃止もいわれたが，「国家の緊急事態等」への対応の必要性から制度の廃止への慎重論もあり，「制度の見直し」は将来の検討課題とされ，制度は維持された。

執行停止に関する諸規定は，裁決取消訴訟，無効等確認訴訟ならびに民衆訴訟および機関訴訟のうち処分または裁決の取消しまたは無効確認を求めるものにも準用される（行訴29条・38条3項・43条1項・2項）。

なお，地方自治の保障されている地方公共団体の行政庁の処分については，内閣総理大臣の異議の適用がないとの解釈もありうる。

4　仮の義務付け・仮の差止め

改正行政事件訴訟法は，義務付け訴訟・差止訴訟の法定に対応し，仮の救済制度として，仮の義務付けおよび仮の差止めの制度を新設した。

仮の義務付けが認められる積極要件は，①義務付け訴訟の提起があること，②義務付けの訴えに係る処分または裁決がされないことにより生ずる償うことのできない損害を避けるために緊急の必要があること，③本案について理由があるとみえることである（行訴37条の5第1項）。これら要件については，②に関して，「重大な損害」ではなく，「償うことのできない損害」とされていること，③が積極要件となっており申立人がこの要件の充足を疎明することになっていることに注意する必要がある。いずれも，仮の義務付けにより本案判決である義務付け判決と同様の法的地位が暫定的に得られることから，執行停止よりも要件が厳しくされている。消極要件は，「公共の福祉に重大な影響を及ぼすおそれがあるとき」である（同37条の5第3項）。そして，取消訴訟の執行停止の手続に関する25条5項から8項まで，事情変更による執行停止の取消し，内閣総理大臣の異議，執行停止等の管轄裁判所に関する26条から28条まで，および取消訴訟の拘束力に関する33条1項の規定は仮の義務付けに準用される（同37条の5第4項）。

　以上の要件は，「差止めの訴えの提起があった場合において，その差止めの訴えに係る処分又は裁決がされること」の仮の差止め（行訴37条の5第2項）においても同様であり，また，要件に関して指摘したことは仮の差止めについても妥当する。なお，仮の義務付けについて，即時抗告，事情変更による取消しがなされた場合，仮の義務付けを命じられていた行政庁は，仮の義務付けの決定により行った処分を取り消さなければならない（同37条の5第5項）。

　仮の義務付けを認めたものとして，障害を有する児童の保育園への入園を仮に承諾すること（仮の入園）を市に義務付けたもの（東京地決平成18・1・25判時1931号10頁），シンフォニーホールの仮の使用許可処分を市に義務付けたもの（岡山地決平成19・10・15判時1994号26頁），運賃の据置きを申請し却下処分を受けたタクシー業者に対し，地方運輸局長が据え置いた運賃による認可処分をすることを義務付けたもの（名古屋地決平成22・11・8判タ1358号94頁）などがある。また，仮の差止めについては，条例による公立保育所の廃止処分の仮の差止めを認めたもの（神戸地決平成19・2・27賃社1442号57頁），住民票の職権削除の仮の差止めを認めたもの（大阪高決平成19・3・1賃社1448号58頁）がある。また，産業廃棄物の許可処分の仮の差止めについて，許可処分がされることにより償うことのできない損害を避けるため緊急の必要があると認めることはできないとする裁判例がある（大阪地決平成17・7・25判タ1221号260頁）。

第Ⅵ部
行政救済（2）——国家補償

【第Ⅵ部の構成と概要】

　第Ⅵ部では第Ⅴ部行政救済（1）で扱った行政上の苦情処理・行政争訟，とくに行政争訟とならぶ行政救済の柱として，行政活動によって権利利益を侵害された者が，金銭的な補償や賠償を争う国家補償を扱う。国家補償は，適法な行政活動を争う損失補償と違法な行政活動（や瑕疵ある公の営造物の設置・管理）を争う国家賠償を大きな二本柱としてきた。

　法律に従った適法な行政活動，たとえば，土地収用法に基づいて道路拡幅，学校建設等のために特定の土地を取得する活動は，法律に従ってなされる行政活動として適法な行政活動であるが，その財産が奪われることになる土地所有権者には，損失補償がなされる。これに対して，たとえば，実際に行われた行政活動が法律・条例に違反しており，その行政活動によって権利利益を侵害された者は，国家賠償を求めて訴訟で争う場合がある。行政事件訴訟においても行政活動の違法性が争われるが，様々な訴訟要件による制約もあり，違法な行政活動を争う手段として，国家賠償請求訴訟の存在意義は大きい。

　国家補償の概念が登場したのは，被害者救済のために損害を填補する場合，行政活動が適法か違法かは必ずしも重要ではなく，両者を統一的に把握することが必要と考えられ，また，そのような把握によって，両者による救済から漏れる救済の谷間の存在を浮き彫りにすることにあった。救済の谷間を解消するためには，個別の立法による対応が必要であるが，対応がなされていない場合には，損失補償または国家賠償の柔軟な解釈をとおして権利利益の救済を図る必要があることになる。

　以下では，損失補償，国家賠償，結果責任に基づく国家補償の順でみていく。

第**17**章
損 失 補 償

第1節　損失補償の概念と憲法

1　損失補償の概念

　損失補償は，伝統的には，適法な公権力の行使によって加えられた財産上の特別の犠牲に対し，全体的な公平負担の見地からこれを調整するためにする財産権補償と説明されてきた。大きく「適法」行為，「公権力の行使」，「財産」上の犠牲といった3つの要素が重要なものと考えられてきたことがわかるが，現在，それらの要素については，修正や注意が必要となっている。

　まず，「適法」行為は通常意図されたものであるが，公共事業による事業損失などの必ずしも意図しない「適法」行為に対して損失補償をすることも考えられる。次に，「公権力の行使」について，たとえば，公共事業のために土地取得をする場合，任意の買収が先行し，それがうまくいかないときに土地収用がなされるのが通常であることから，土地買収を損失補償と全く異質のものと理解することはできない。実際，任意取得も含む統一的基準として，「公共用地の取得に伴う損失補償基準要綱」が閣議決定で定められていた。その後，都道府県の収用委員会による収用裁決については，「土地収用法第88条の2の細目等を定める政令」が定められ，先の要綱は，任意取得の基準として現在も機能している。最後に，「財産」上の特別の犠牲について，第19章において説明するように，人の生命，身体，健康への侵害に対する損失補償も認められうるとすると，財産権に限定することは必ずしも必要ではないことになる。

2　憲法上の根拠

　明治憲法には損失補償に関する明示的規定は存在しなかったが，日本国憲法は，「私有財産は，正当な補償の下に，これを公共のために用いることができ

る。」（憲29条3項）と定め，損失補償の明示的規定を置いている。また，多数の者が利益を得るかわりに一部の者が特別の犠牲を受けることから，憲法14条にも密接に関わっている。さらに，「生命・健康」に対する侵害に対して損失補償が求められる場合，憲法25条の生存権が根拠になっていると考えられる（名古屋地判昭和60・10・31判時1175号3頁）。

　憲法を具体化して損失補償規定を定める一般法は存在しないが，個別法の代表例として，土地収用法があり，広く活用されている。憲法上は損失補償の必要がないにもかかわらず，政策目的達成のために，法律上，損失補償の規定が置かれる場合もある（旧結核31条2項，鉱業53条の2第1項）。これは，有害で財産的には無価値であり，憲法上補償が必要ではないものであっても，廃棄を促すために，政策的に損失補償が設けられたものである。

3　請求権発生説と違憲無効説

　損失補償の根拠となっている憲法29条3項はプログラム規定であるとは考えられていない。そこで，本来損失補償が必要であるにもかかわらず，法令に損失補償の規定がない場合，どのように対処すべきかが問題となる。通常，法令により権利利益を剥奪する場合には，法令に損失補償規定が置かれると思われるが，権利利益が制限されるにとどまる場合には，損失補償が必要であるにもかかわらず，法令に損失補償の規定がないことが起こりうる。

　ひとつの考え方は，法令に損失補償の規定が存在しなくても，憲法29条3項に基づき損失補償の請求が可能とする請求権発生説である。もうひとつの考え方は，損失補償の規定がないにもかかわらず，法令によって権利利益の制約が課されることは認められないとして，法令を違憲無効とする違憲無効説である。最高裁は，「直接憲法29条3項を根拠にして，補償請求をする余地が全くないわけではない」とし（名取川河川附近地制限令事件・最大判昭和43・11・27刑集22巻12号1402頁），傍論で，請求権発生説を採用した。したがって，現実に損失がある場合には，法令に損失補償の規定がなくても，憲法に基づき損失補償を求めることになる。

　しかし，請求権発生説に立った場合，行政にとっては，予期せずに補償が必要になる可能性があり，補償を必要としないより弱い規制で対応する機会を一定期間失うことになる。また，国民にとっても，名取川河川附近地制限令事件

の場合のように，規制を逃れることはできず，補償を求めるために訴訟を提起する必要があることになる。他方，違憲無効説に立った場合，必要な規制を課すことができないことになるなど，両説には一長一短があると考えられている。

第2節　補償の要否

1　「特別の犠牲」──形式的基準と実質的基準

「特別の犠牲」の判断基準に関する伝統的学説には，侵害行為が一般的であるか否かという形式的基準と侵害の程度が本質的なものであるか否かという実質的基準を組み合わせて考える説と，実質的基準を採用する説がある。そして，後者は，より具体的に次のように説明する。(a)財産権の剥奪または当該財産権の本来の効用の発揮を妨げることとなるような侵害については，権利者の側に，これを受忍すべき理由がある場合でない限り，当然に補償を要する。(b)上記の程度に至らない財産権行使の規制については，(ア)当該財産権の侵害が，社会的共同生活との調和を保ってゆくために必要とされるものである場合には，財産権に内在する社会的拘束の表われとして補償を要しない（たとえば，建築基準法に基づく建築の制限）。(イ)他の特定の公益目的のために，当該財産権の本来の社会的効用とは無関係に，偶然に課せられる制限であるときには（たとえば，重要文化財の環境保全のため，あるいは国立公園内における自然風物の維持のための制限など），補償を要する。

2　総合的な判断における考慮要素

現在，この「特別の犠牲」が認められるか否かについては，総合的な判断が求められ，とりわけ，上記と重複する要素も繰り返して述べると，以下の要素が重視されている。

まず，権利利益を侵害される者が一般的か個別的かである。国民すべての権利利益が制限されるような場合，特別の犠牲といい難いのに対し，権利利益が制限されている者が限定されている場合には，特別の犠牲に当たるとされやすい。しかし，一定の範囲の者の権利利益が制限される場合，権利利益を制限されている者が特定されていて特別の犠牲を受けていると考えるか，一般的なも

のとして特別の犠牲といえないと考えるかはかなり相対的なものにとどまる。

　次に，権利利益を侵害する目的である。たとえば，刑罰規定などのように，権利利益を侵害される側に原因があるような場合には，特別の犠牲とはいえない。侵害の目的が，秩序維持や公共の安全確保のためといった警察目的の場合は特別の犠牲とは考え難く，反対に，公共の福祉の増進といった積極目的の場合には，特別の犠牲と認められやすい。たとえば，最高裁は，奈良県ため池条例事件において，「災害を防止し公共の福祉を保持する上に社会生活上已むを得ないものであり，そのような制約は，ため池の堤とうを使用し得る財産権を有する者が当然受忍しなければならない」として，補償の必要性を否定する（最大判昭和38・6・26刑集17巻5号521頁）。また，地下道建設によりガソリンスタンドの地下タンク移設が必要になった事件では，道路法上の損失補償が否定されたが，これは，状態責任として，「道路工事の施行によって警察規制に基づく損失がたまたま現実化するに至ったものにすぎ」ないものとして，特別の犠牲に当たらないと判断されたものと考えられる（高松ガソリンスタンド地下タンク移設事件・最判昭和58・2・18民集37巻1号59頁）。破壊消防の場合，「延焼防止」目的から延焼のおそれの有無により損失補償の必要性が決められており，裁判所が延焼のおそれを判断して損失補償の必要性を決定する（白川村・合掌造り集落破壊消防事件・最判昭和47・5・30民集26巻4号851頁，第12章第2節4参照）。もっとも，都市計画制限のように，消極目的と積極目的を常に明確に区別できるわけではない。

　さらに，目的のいかんにかかわらず，権利利益の侵害の程度によっては，特別の犠牲に当たると考えられる。すなわち，権利利益の剝奪やそれと同視しうるような制限の場合，財産権の本質的内容を侵害するものとして，特別の犠牲に当たるのに対して，そこまでに至らない場合には，特別の犠牲とは認められ難い。奈良県ため池条例事件の場合にも，侵害の程度が強いことから，特別の犠牲と認めるべきとする考えも有力である。

　権利利益の侵害が本来一時的なものと想定されている場合であっても，それが長期に及ぶとき，特別の犠牲に当たると考えることも可能である。都市計画制限損失補償事件において，最高裁は損失補償を否定するが，藤田裁判官補足意見は，都市計画制限としての建築制限の「受忍限度を考えるに当たっては，

制限の内容と同時に，制限の及ぶ期間が問題とされなければならない」（最判平成17・11・1 判時1928号25頁）としている。ここで注意したいのは，特定の事業遂行との関係で制限が課せられていることである。これに対して，地域地区のような用途制限の場合，かなり厳しい建築制限が恒久的に課せられているが，それは，良好な住居の環境の保護のような目的達成のために課せられていることである。

　最後に，権利利益の侵害がある場合に，その態様が問題となる。すなわち，現状を固定するという態様で制限がなされるのか，または，現状を変更して権利利益の制限を課すのかという相違である。後者の方が前者の場合よりも特別の犠牲と認められやすい。

第3節　補償の内容

1　正当な補償

　憲法29条 3 項は「正当な補償」を定めるが，正当な補償が何を意味するかについて 2 つの考え方がある。農地改革事件において，最高裁は，「その当時の経済状態において成立することを考えられる価格に基き，合理的に算出された相当な額をいうのであって，必しも常にかかる価格と完全に一致することを要するものでない」（最大判昭和28・12・23民集 7 巻13号1523頁）として，相当補償説をとる。しかし，その後の倉吉都市計画街路事業用地収用事件において，最高裁は，「土地収用法における損失の補償は，特定の公益上必要な事業のために土地が収用される場合，その収用によって当該土地の所有者等が被る特別な犠牲の回復をはかることを目的とするものであるから，完全な補償，すなわち，収用の前後を通じて被収用者の財産価値を等しくならしめるような補償をなすべきであり，金銭をもって補償する場合には，被収用者が近傍において被収用地と同等の代替地等を取得することをうるに足りる金額の補償を要するものという」（最判昭和48・10・18民集27巻 9 号1210頁）として，完全補償説を採用する。「補償すべき相当な価格」は，被収用地が，建築制限を受けていないとすれば，裁決時において有するであろうと認められる価格である。

　学説は，一般的に完全補償説を支持しており，相当補償で足りる場合がある

◆コラム 17-1 ◆　開発利益の吸収

「特別の犠牲」との対比で，「特別の利益」が語られることがある。下記の本文で述べた関西電力変電所予定地収用事件・最判が示すように，公共事業によって一定の地価上昇が生じ，土地所有者が個人的な努力によらずに「特別の利益」を得ることがありうる。このような「特別の利益」は，社会に還元すべきであるとして，負担金や税制を通した利益の吸収が存在する。しかし，そのような制度や運用は限定的であり，また，地価が低下傾向にある現状においては，必ずしも活発に議論されない状況となっている。

としても，それは，上記のように，戦後の農地改革という特別な状況においてのみ認められるのであって，通常は完全補償が必要であるとしている。

　なお，補償金支払いの時期は，事前・同時補償でないという理由のみで違憲にはならず（最大判昭和24・7・13刑集3巻8号1286頁），合理性が認められれば，事後補償も認められる。

2　土地収用法における補償

　上記1の完全補償説は，土地収用法における補償に関するものであったが，その後，法改正がなされ土地収用法71条は，事業認定の告示の時における相当な価格を近傍類地の取引価格を考慮して算定したうえで，権利取得の時までの物価変動に応ずる修正率を乗じて，権利取得裁決の時における補償金の額を決定する仕組みを採用した。そのため，近傍類地の取引価格の変動率と物価変動率が一致するとは限らず，地価上昇率が高い場合には，近傍において被収用地と同等の代替地等を取得できない可能性があり，完全補償といえるかが問題となる。

　最高裁は，相当補償説をとるとされた農地改革事件・最大判を引き，近傍類地の取引価格の変動は，一般的に当該事業による影響を受けたものであると考えられるところ，事業により近傍類地に付加されることとなった価値と同等の価値を収用地の所有者等が当然に享受しうる理由はないことや，事業認定後は，これが一般の取引の対象となることはないから，取引価格が一般の土地と同様に変動するものとはいえないこと，事業認定告示後は，権利取得裁決がされる前であっても，土地所有者等が起業者に対し補償金の支払いを請求するこ

とができ，この制度を利用することにより，所有者が近傍において被収用地と見合う代替地を取得することが可能であることを挙げ，前記の仕組みに十分な合理性があるとする（関西電力変電所予定地収用事件・最判平成14・6・11民集56巻5号958頁）。

　事業認定告示時における補償や補償金支払い制度等を考えると，実質的には，この判決も，完全補償説として説明することが可能であると考えられる。

3　付随的損失に対する損失補償

　土地が収用される場合，単に収用される土地に対して損失補償がなされるだけではなく，それ以外にもそれに付随する利益に対する損失補償が土地収用法上規定されており，これらは，憲法29条3項によっても補償が求められるものと理解されている。

　土地収用による残地の価格が減じるなどの損失に対する残地補償（収用74条），土地収用により残地に必要となる通路，みぞ，かき，さくその他の工作物の新築，改築，増築等の工事費用の補償（みぞかき補償）（同75条），収用地に物件があるときの物件の移転料の補償（同77条），離作料，営業上の損失，建物の移転による賃貸料の損失その他の通常受ける損失の補償（同88条）などである。

　また，隣地のみぞ，かき，さくその他の工作物の新築，改築，増築などの工事費用の補償（みぞかき補償）（同93条）のような被収用者ではなく，第三者に対する損失補償も存在している。

　なお，公共事業によって生じる騒音，振動，日照その他の被害である事業損失については，損失補償ではなく，損害賠償において処理されている。

4　公用制限

　公用制限の場合，一定の行為を行うことに許可を求め，許可が得られなかった場合に損失補償をするといった制度が法律によって設けられている。この損失補償の内容について，裁判例は，土地所有者が実際に行った出費（たとえば，調査や測量に要した費用）についてのみ補償を認める実損説（東京地判昭和61・3・17行集37巻3号294頁，南伊豆別荘建築不許可事件・東京地判平成2・9・18行集41巻9号1471頁も実損説と考えられる）と，公用制限による地価の低落について補償を認める地価低落説（東京地判昭和57・5・31行集33巻5号1138頁）に分かれている。他に，公用制限と相当因果関係にあるすべての損失の補償を必要とする

◆コラム 17-2◆　時間と機会費用の喪失

　ちょっと変わった考え方として，「機会費用的発想」がある。これは，用地交渉や転居の準備等で煩わされることによる精神的苦痛を，本来ならば余暇や労働等に使えた時間を用地交渉や転居の準備等で失うものとして理解し，その時間にできた別のことを犠牲にしていることから，失われた時間の効用を経済的に換算し，時間を喪失することに対する精神的苦痛に着目して，それを精神的損失の補償とするものである。

相当因果関係説，公用制限を地役権の設定としてそれに要する費用相当分の補償を認める地役権設定費用説（地代説）といった学説がある。

5　撤回と損失補償

　従来，授益的（利益的）行政行為の撤回がなされたときの損失補償が議論されてきた。長期間保護された相手方の利益が相手方に帰責原因がなく後発的事情によって撤回される場合，損失補償が必要ではないかと考えられる（第8章第9節2参照）。

　東京地裁は，チクロ事件において，厚生大臣が食品衛生法6条に基づいて人の健康を害するおそれのない場合として行った指定の撤回に対する損失補償を否定したが，これは，自然科学の発達により従来の知見が訂正されて，指定が取り消され，保有する化学的合成品等が値下りし，あるいは販売不能となったとしても，それは，「商品自体に内在する社会的制約」から招来される事態であり，商品自身の「性質上やむをえないことであって，食品添加物を取り扱う業者にとっては」，指定取消のような「不可予測性も企業活動一般に伴う危険の一つにすぎないものとして」受忍すべきとされる（東京地判昭和52・6・27判時854号30頁）。人の生命・健康というきわめて重要な法益に関わる危険防止という目的が重視されていると考えられる。

　これに対して，相手方に帰責原因がなく，また，人の生命・健康ではなく，財産権が問題になったのが，公益上の必要に基づいて行政財産の使用許可が撤回された東京都中央卸売市場事件である。最高裁は，原則として，権利対価補償を否定するものの，その例外を認めており，使用許可を受けるにあたりその対価の支払いをしているが，行政財産の使用収益により対価を償却するに足りないと認められる期間内に撤回がなされたときなどに権利対価補償の可能性を

肯定している（最判昭和49・2・5民集28巻1号1頁）。なお，市営と畜場という公の施設の「廃止」にあたり，市が利用業者に対してした支援金の支出を損失補償金の支出として適法なものとはいえないとするものがある（最判平成22・2・23判時2076号40頁）。

6　精神的損失・文化財的価値の損失

財産的損失ではなく，収用によって精神的損失を受けた場合や文化財的価値の損失が生じた場合に，それに対する補償が必要かという問題がある。最高裁は，輪中堤事件において，経済的価値がない特殊な価値について補償の対象としないとし，「由緒ある書画，刀剣，工芸品等」に対する損失補償を必要とするが，「貝塚，古戦場，関跡など」に対する損失補償を否定する（最判昭和63・1・21判時1270号67頁）。こういった限定的な理解に従うならば，精神的損失に対しては，損失補償は必要ではないことになると考えられる。

他方で，生命・健康侵害に対する損失補償が認められる場合を想定すると，損害賠償請求において精神的損失に対する賠償が認められるのと同様に，精神的損失に対する損失補償も認められうる。さらに，財産侵害の場合にも，救済に値する精神的損失が伴うものがあると考えられる。

7　生活権補償

ダム建設などの大規模公共事業の実施に伴い広範な収用が行われるような場合，地域社会全体の根本的な破壊が生じ，従来の財産権補償のみでは，その深刻な影響を被る地域住民の従前の生活状態を維持・回復できないため，それに加えて，生存を確保し，生活を立て直すための生活権補償が必要と考えられている。

生活権補償の内容としては，大部分の住民が移転することによりあとに残されることになる者に対する補償である少数残存者補償，土地所有者が転廃業・移転をすることにより，雇用されていた者が職を失うことになることに対する補償である離職者補償，職業転換対策，生活再建のための融資・助成である生活再建措置といったものがある（都計74条，水源地域対策特別措置法8条，公共用地の取得に関する特別措置法47条，収用139条の2）。

岐阜地裁は，法律上の生活再建措置について，あっせん努力義務として，憲法29条3項の正当な補償には含まれない「行政措置」にとどまり，裁判上損失

補償を請求できるものとはしていない（徳山ダム建設差止請求事件・岐阜地判昭和55・2・25行集31巻2号184頁）。

第4節　損失補償と訴訟手続

　損失補償は，法律に規定されている場合も，法律に規定されていない場合も存在する。損失補償を争う手続を規定している典型例が土地収用法である。土地収用法は，「損失の補償に関する訴え」について，「これを提起した者が起業者であるときは土地所有者又は関係人を，土地所有者又は関係人であるときは起業者を，それぞれ被告としなければならない。」と規定している（収用133条3項）。これは，「収用委員会の裁決」を対象に取消訴訟を提起するのではなく，土地所有者・関係人と起業者という当事者間で争うようにするものであって，行政事件訴訟法4条に定める形式的当事者訴訟の典型例であると考えられている。損失補償金額について，行政庁が決定する仕組みを規定している法律も同様の手続を規定している。

　他方で，行政庁が決定する仕組みを設けていない場合や，法律によって損失補償が規定されていない場合，損失補償はどのように争うことになるであろうか。先にみたように，憲法を根拠に損失補償請求が可能であるとすると，損失補償請求を求めて給付訴訟を提起することになると考えられ，それが公法上のものであると考えれば，実質的当事者訴訟となる。

　もっとも，前者の場合にも，行政庁の決定が重要な意味を有さず，裁判所が損失補償の金額を決定できるとするならば，それは形式的当事者訴訟というよりは，実質的当事者訴訟に近いものと理解することもできる（第16章第4節2も参照）。

第**18**章
国 家 賠 償

第1節　国家賠償の概念と憲法

1　国家賠償の概念

　国家賠償は，損失補償と対比すると，損害の塡補の点で共通するが，「適法」な行為を対象とするものではなく，法律が損害を意図しておらず，「公権力の行使」によるものに限定されず，被害も「財産」のみならず，生命・健康等広範なものに及ぶものである。その概念について損失補償ほど議論されているわけではない。これは，国家賠償を含む損害賠償が民法不法行為法でも扱われ，その概念が民法学にゆだねられているとともに，国家賠償に関しては，民法不法行為法は別にしても，国家賠償法の適用により広範な行政活動をカバーし，違法な行政活動による過失責任と，瑕疵ある公の営造物の設置・管理による無過失責任の両者を含み，損失補償以上に多様なものとなっているからであると考えられる。また，国家賠償法（以下「国賠法」という）という一般法が存在することも関連していると思われる。

2　明治憲法下における国家賠償

　明治憲法下においては，現在の国賠法に該当するような法律は存在せず，損害賠償は民法に基づいてのみ可能であった。行政裁判所は損害賠償請求を受けつけていなかったので（行政裁判所16条），通常司法裁判所に対して民法に基づく損害賠償請求を行うことになった。

　大審院は，民法717条の土地の工作物責任を認め（徳島市立小学校遊動円棒事件・大判大正5・6・1民録22号1088頁），非権力的行政作用に対して民法の不法行為規定を適用するようになった。他方で，権力的行政作用に関して，民法の適用を阻む明示的規定は存在しなかったが，大審院は，判例において，初期の段

階はともかく，国・公共団体の責任を否定していた。これが「国家無答責の法理」とよばれるものである。

その際，公務員の個人責任も否定された。諸外国においては，国家責任が否定される場合でも，国家の活動ではなく公務員個人の活動として，公務員の個人責任が肯定されることが少なくなかった。しかし，わが国においては，権力的行政作用に関しては，国・公共団体のみならず，公務員個人の責任も否定され，被害者がいかなる権利救済も受けないという際立った特徴があった。

3　日本国憲法下における国家賠償

これに対し，日本国憲法17条は，国家賠償制度を規定し，この規定に基づいて国家賠償法が制定された。戦前においても，権力的行政作用以外においては，民法に基づき損害賠償責任が認められたことからすると，日本国憲法や国家賠償法1条により，権力的行政作用に関して国・公共団体の損害賠償責任が認められるようになったことは画期的意義をもつ。

また，国賠法附則6項は，「この法律施行前の行為に基づく損害については，なお従前の例による」としていることから，国賠法の適用以前の行為については，「国家無答責の法理」により，損害賠償責任が否定される例が少なくない。しかし，損害賠償責任を否定する実体法が存在するわけではないことから，いわゆる戦後補償に関する下級審判決のなかには，「国家無答責の法理」を限定的に解釈し，民法による損害賠償責任の余地を認めようとするものも存在する（福岡高判平成16・5・24判時1875号62頁，東京高判平成15・7・22判時1843号32頁）。

4　国家賠償法と民法

国賠法1条と2条について，民法と規定内容を比較する。まず，国賠法1条と使用者責任を規定する民法715条を比較した場合，民法715条には使用者が選任・監督に注意した場合の免責規定が存在するのに対し，国賠法1条にはこのような免責規定が存在せず，被害者救済に有利とされる。また，求償権が国賠法1条の場合には，故意・重過失に限定されているのに，民法715条の場合には，このような限定がない。実際には，免責はほとんど認められず，求償権行使は限定的に解釈され（最判昭和51・7・8民集30巻7号689頁），条文程の相違はない。

さらに，国賠法2条は「土地の工作物」に限定されず，その適用範囲は民法

717条よりも広く，また，民法717条1項ただし書のような占有者の免責規定も存在せず，私人所有の他有公物の場合も国賠法2条の方が国・公共団体に責任を負わせ被害者救済に有利であるとされる。

第2節　国家賠償法1条

1　国家賠償法1条の責任の性質

国賠法1条の責任の性質をめぐっては，公務員個人の責任を国・公共団体が代位する代位責任説と，国・公共団体自身の責任であるとする自己責任説が対立している。代位責任説に立った場合，加害公務員の特定の必要性や過失の認定において，自己責任説よりも厳しい要求がなされるようにもみえるが，実際には，後述のように，被害者救済のために要件が充足しやすいような解釈論が採用されており，解釈論において大きな差異を生じさせるものではない。

下級審判決においては，自己責任説をとるものもある（安保教授団事件・東京地判昭和39・6・19判時375号6頁）。最高裁は，代位責任説をとることを明示していないものの，それを前提にしていると考えられる。

2　公務員の個人責任

国賠法1条2項は，加害公務員に故意・重過失が存在する場合の求償権を規定している。注目されるのは，地方公共団体が公務員に求償権を行使しない場合に，その不行使が怠る事実に該当するとして，住民訴訟（地自242条の2第1項）が提起される例があることである（職員らの不正につき損害賠償を支払ったことにより取得した求償権の一部を知事が行使しないことが違法な怠る事実に当たるとはいえないとする判断には違法があるとする最判平成29・9・15判時2366号3頁参照）。

これとは別に，国賠法1条1項が適用される場合に，公務員個人に対して民法709条に基づいて損害賠償を請求できるかという問題がある。下級審判決のなかには，公務員の個人責任を認めるものも存在するが（日本共産党幹部私宅盗聴事件・東京地判平成6・9・6判時1504号41頁），最高裁は，一貫して公務員の個人責任を否定している（農地委員会解散命令事件・最判昭和30・4・19民集9巻5号534号，芦別国家賠償請求事件・最判昭和53・10・20民集32巻7号1367頁等）。したがって，原告が個人責任を追及した場合であっても，国・公共団体に国賠法に

基づく賠償責任が認められると判断された場合には，個人責任が否定されることになる。最高裁が公務員の個人責任を否定する理由は明確になっていないが，国・公共団体が賠償に窮することはなく，公務員の責任追及は，求償権行使を別にして，公務員法によってなされうると考えられているからであろう。

　他方，学説においては，民法と同様に，故意・過失がある場合に，公務員に個人責任を認める説や，故意・重過失が存在する場合には国・公共団体から公務員個人に対して求償可能であることから，軽過失を除き，故意・重過失がある場合に限定して公務員の個人責任を認める説が存在する。さらに限定をかけて故意が存在する場合には個人責任を認める考えも存在する。

3　公権力の行使

⑴　**行政活動の分類**　　国賠法1条における「公権力の行使」については，行政活動を権力的行政作用，非権力的行政作用（国賠法2条の対象となる公の営造物の設置・管理と次の私経済作用を除く），私経済作用の3つの作用に分け，それらのいずれの作用にまで国賠法を適用すべきかによって考え方が分かれる。私経済作用は，権力的作用と区別される非権力的作用といえるが，私人におけると同様の地位において活動する作用であり，また，私「経済」作用といっても，経済的活動のみをイメージしているわけではないことに注意が必要である。

　権力的行政作用のみに国賠法を適用する考え方が狭義説，権力的行政作用と非権力的行政作用に国賠法を適用する考え方が広義説，あらゆる作用に国賠法を適用する考え方が最広義説である。これらの3つの考え方の相違は，戦前における民法適用との関係，「公権力の行使」という条文の文言の評価，民法との優越関係の評価の相違によるものである。狭義説は，歴史的経緯を踏まえて，救済がなされなかった権力的行政作用にのみ国賠法を適用し，そのことが条文の文言にも忠実であると考えるものである。これに対して，広義説は，民法の適用範囲を通常の私経済作用以上に拡大する必要はなく，国賠法の方が民法よりも救済に厚いという評価を前提に，非権力的行政作用に対しても国賠法を適用する方が妥当であるとして，条文の文言を重視しない考え方である。最後に，最広義説は，条文の文言を重視しないならば，救済に厚いと考えられる国賠法を全面的に活用するというものである。

　判例は，行政指導に対して国賠法を適用する武蔵野市教育施設負担金事件・最高裁判決（最判平成5・2・18民集47巻2号574頁）のように，非権力的行政作用に対して国賠法を適用しており，広義説を採用していると考えられる（第9章第5節3参照）。したがって，私経済作用と判断される場合には，民法によって損害賠償責任が追及されることになる。

　(2)　**グレーゾーンの存在**　　判例は，広義説を採用していると考えられるが，非権力的行政作用と私経済作用の境界線は必ずしも明らかではない。たとえば，国公立学校における学校事故は国賠法によって責任追及されるのに対して（最判昭和62・2・6判時1232号100頁。なお，本節4も参照），病院の医療事故は，国公立病院のものであっても民法によって責任追及されてきた（東大病院梅毒輸血事件・最判昭和36・2・16民集15巻2号244頁）。また，地方公共団体の政策変更に対して損害賠償請求を認めた宜野座村工場誘致変更事件（最判昭和56・1・27民集35巻1号35頁）において，最高裁は，損害賠償責任が国賠法に基づくものか，民法に基づくものかを明言しておらず，国賠法の適用が肯定される余地もあると考えられる。

　このように国賠法か民法かについてグレーゾーンが存在するが，これは，公務員の個人責任追及を別にすれば，国賠法と民法の適用による相違が，実際には大きくないからである。

4　国・公共団体

　国賠法1条における「国又は公共団体」のなかに，国と地方公共団体が入ることは明確であるが，それらに限られるわけではなく，たとえば，「公権力の行使」をゆだねられた弁護士会も公共団体に含まれる（東京地判昭和55・6・18判時969号11頁）。国と地方公共団体以外のどのような組織が「公共団体」といえるかは必ずしも明確ではないが（第4章第1節2参照），「公権力の行使」が行われている場合には，その団体が「公共団体」に該当すると考えられることから，まず，特定の活動が「公権力の行使」に該当するか否かが重要である。

　もっとも，交通犯罪捜査事務の帰属のように，それが国か都道府県かが争われた事件もある（最判昭和54・7・10民集33巻5号481頁は，都道府県とする）。また，民間企業が建築基準法上の指定法人になっているような場合，その団体が「公権力の行使」をゆだねられていることは法上明確であるが，国賠法上の賠

償責任は指定法人ではなく，事務の帰属団体であるとされている。すなわち，東京建築検査機構事件において，最高裁は，建築基準法の定めから，建築「確認に関する事務を地方公共団体の事務」とする前提に立っているとして，指定確認検査機関による確認に関する事務を地方公共団体の事務として，取消訴訟を国家賠償請求訴訟に変更する際の被告を指定法人ではなく，本来の事務の帰属主体である市であるとした（最決平成17・6・24判時1904号69頁）。そして，その後の下級審判決には，最高裁決定を「指定確認検査機関の建築確認の事務の帰属先」について判断したものであるとして，「指定確認検査機関は，行政とは独立して，公権力の行使である建築確認作業を行っているのであって，指定確認検査機関の行った建築確認に瑕疵がある場合には，その国賠法上の責任は指定確認検査機関自身が負う」としつつ，「特定行政庁においても，一定の監督権限は与えられているから，特定行政庁が同権限の行使を怠った場合には，特定行政庁が属する地方公共団体も，国賠法上の責任を負う」とするものがある（横浜地判平成24・1・31判時2146号91頁）。

　他方，国や地方公共団体の場合も，「公権力の行使」に該当する場合にのみ，国賠法1条の適用があることになる。国公立学校の学校事故などに対しては国賠法1条が適用されるので，「国又は公共団体」という設置主体が重要なものとなっている。しかし，現在では，国立大学等は，法人化するなど法制度が変化してきており，国賠法1条の適用対象か民法の適用対象かが問題となる。従来とは異なり，私立大学との差異を見いだせないとして民法の対象になったとするもの（岐阜地判平成21・12・16裁判所HP）もあるが，国立大学法人になっても活動の実態等において格別の変更がなく，業務承継等から，従来どおり国賠法1条の対象とする下級審判決が存在する（東京地判平成21・3・24判時2041号64頁，前記岐阜地判の控訴審判決である名古屋高判平成22・11・4裁判所HP，佐賀地判平成26・4・25判時2227号69頁）。

5　公務員の職務遂行

(1)　公務員　国賠法1条の「公務員」は，国家公務員法や地方公務員法上の公務員である必要はない。公権力の行使を行っている者が国賠法1条における公務員であると考えられており，たとえば，弁護士に対する懲戒権限という「公権力の行使」の権限をゆだねられた弁護士会懲戒委員会の委員（前掲・東京

地判昭和55・6・18)，予防接種法に基づく予防接種を医師会を通じて委嘱され実施した開業医（東京地判昭和52・1・31判時839号21頁）も「公務員」に該当する。また，都道府県による児童福祉法27条1項3号の措置に基づき社会福祉法人の設置運営する児童養護施設に入所した児童に対する施設職員などによる養育監護行為は，都道府県の公権力の行使に当たる「公務員」の職務行為とされている（積善会〔暁学園〕児童養護施設事件・最判平成19・1・25民集61巻1号1頁）。国賠法1条の「公務員」であるか否かは，「国又は公共団体」と同様に，「公権力の行使」をしているか否かが，ひとつのポイントとなる。

　他方で，国家公務員法や地方公務員法上の公務員も，「公権力の行使」をしていない場合は，民法が適用され，国賠法1条は適用されない。

(2) 職務遂行性　　公務員の職務に関しては，①「職務行為自体を構成する行為」（違法な行政処分，人違いの逮捕など），②「職務遂行の手段として行われる，それ自体としては職務上許されない行為」（犯罪取調べの手段としての拷問等），③「職務行為の外形を有するが，実際には行為者の個人的目的のために行われる行為」，④「職務の執行にさいしてなされる行為であるが，形式内容ともに職務に無関係な行為」（収税官吏が差押処分をなすにあたり滞納者の財産を窃取等）といった4つの場面に分けて議論されてきた。

　まず，①と②の場合には職務遂行性が肯定されてきた。次に，③の場合にも，民法と同様に（最判昭和32・7・16民集11巻7号1254頁，最判昭和40・11・30民集19巻8号2049頁），職務の外形を有しているか否かを判断基準として，職務遂行性が認められる。最高裁は，非番の警察官が勤務地以外の場所で，職務行為を装って違法行為を行った川崎駅警察官強盗殺人事件において，「公務員が主観的に権限行使の意思をもってする場合に限らず自己の利をはかる意図をもってする場合でも，客観的に職務遂行の外形をそなえる行為」であるときに，責任の成立を認める（最判昭和31・11・30民集10巻11号1502頁）。このように，外形標準説が採用されているが，警察官でない者が警察官を装って同様の事件を起こした場合には，警察官ではない以上，職務を行うことはできず，国・公共団体の責任は否定される。

　この判決以前には，最後の④は，個人的な行為として職務行為性を否定されてきた。しかし，この判決において職務遂行性が認められるとすると，④の場

合においても，公務員であるために，その行動が職務であると信頼して引き起こされたものとも理解でき，こういった場合に，職務遂行性が認められないわけではないと考えられる。

(3)　公務員の特定　　加害公務員の特定について，機動隊による暴行に対して国賠法が提起された安保教授団事件において，東京地裁は，隊員個人まで特定の必要はなく，隊員の所属さえ特定できれば，賠償主体を明確にできることから，それで足りるとする（前掲・東京地判昭和39・6・19）。この判決は，自己責任説に立ったものであるが，代位責任説においても同様と考えられる。

また，複数の主体が関与するとき，最高裁は，「国又は公共団体の公務員による一連の職務上の行為の過程において」，被害が生じた場合であっても，「それらの一連の行為を組成する各行為のいずれもが国又は同一の公共団体の公務員の職務上の行為にあたる場合」には，損害賠償責任を認める（岡山税務署健康診断事件・最判昭和57・4・1民集36巻4号519頁）。

6　過　失

(1)　過失と違法性　　故意・過失の要件に関しては，一般的に過失の有無が問題となる。そして，過失と違法性の関係をどのように理解するかは，民法不法行為法と同様に重要問題である。国賠法の場合，過失と違法性は条文上も分けられており，通常，両者を分けて考えるべきである（本節7(4)～(6)参照）。

しかし，法律や条例の根拠に基づいて行政活動がなされる場合であっても，規制権限不行使の事例においては，違法性判断のなかに，予見可能性，結果回避可能性といった過失の問題が含まれている。また，法律や条例の根拠に基づいて行政活動がなされるわけではない場合もある。たとえば，学校事故の事例においては，一般的な危険防止注意義務のあることを前提に，過失判断のなかに違法性判断を含ませている。

(2)　過失の客観化・組織（的）過失　　過失は，従来，不注意という主観的な心理状態を意味するかのように説明された。しかし，今日では，このような主観的要素ではなく，損害発生の予見可能性とそれを前提にした損害回避義務という客観的要素に比重を移し，その注意義務違反が過失とされている。また，過失は，特定の具体的公務員ではなく，標準的な公務員に照らして判断される。民法よりも国賠法における方が注意義務の程度は高度化する可能性はあ

> **◆コラム18−1◆　組織過失の限界？**
>
> 　知事や県財政課担当課職員が虚偽の公文書を作成し，違法な公金支出の事実を隠ぺいする目的で一部非開示の判断をしたことなどが国賠法上違法な行為であるとして争われた静岡県虚偽会合情報公開損害賠償請求事件において，最高裁は，過失を否定しているが（最判平成18・4・20裁時1410号8頁），反対意見と補足意見の間で，組織過失をめぐる議論が展開されている。泉判官反対意見は，「行政庁を支える行政組織体の構成員たる公務員を全体的統一的にとらえて故意過失が存するか否かを判断すべき」としたのに対し，甲斐中裁判官補足意見は，文書作成から最終的な決定までに3年間の開きがあり，決定にあたった県財政課の職員が文書作成した職員とは異なり，文書の虚偽性を知っていたとはいえないことから，「全く異なる時期に，異なる担当者がそれぞれに別個に行った」行為を一体の行為として捉えるものとして，いかにも広すぎるとして，過失を否定する。たしかに，一般論として，「全く異なる時期に，異なる担当者がそれぞれに別個に行った」行為であれば，「公務員を全体的統一的にとらえ」ることは困難であるが，本件の場合にそのようなものと理解するならば，組織過失の限界を安易に認めるものと思われる。

るが，民法と同様に国賠法においても過失が客観化されている。

　争いになる行政活動によっては，公務員個人というよりも，その活動に責任を有する行政組織の判断それ自体が問題とされているとも考えられる。たとえば，予防接種事故に関して，裁判所は，形式的には厚生大臣の過失を扱っているが，実質的には，厚生省における事故防止のための制度の不備を問題にしている（東京予防接種事故事件・東京高判平成4・12・18判時1445号3頁）。一般的に，行政行為や政策的決定が問われている場合には，責任を有する行政組織の組織的検討が行われていることが通常であり，実際に問われているのは，個々の公務員の過失ではなく，組織としての過失（組織過失）である。

　14歳未満の者との接見を制限する旧監獄法施行規則の改廃を怠ったことに関する事件（旧監獄法施行規則改廃懈怠事件・東京地判平成5・2・25判時1487号75頁）において，裁判所は，「法律専門家集団を擁する法務大臣が，規則120条の違法性を認識し得なかったというのには無理がある」とし法務省の組織過失として，規則の違法性を認識し，改廃の機会があったにもかかわらず，改廃を怠ったことにつき過失を認めた。これは，法務大臣が法律専門家とは限らないが，法律専門家集団を擁する法務省という組織の特徴に焦点を当てて，過失を認め

たもののようにもみえる。他方，本節7⑷以下で説明する職務行為基準説を採用するものではあるが，通達の作成・発出につき実質的には組織過失を判断し，運用見直しの機会があったことから注意義務違反を認めた最高裁判決（韓国人元徴用工在外被爆者事件・最判平成19・11・1民集61巻8号2733頁）は，法務省のような組織的特徴を有さない厚生省（現厚生労働省）に関わるものであり，組織の特徴を過大に重視すべきではない。

　さらに，国の各省庁における協力や連携など，協働・共管的事項については，公務員の職務行為の中に連絡調整業務が含まれ，省庁を越えて一体的な組織過失を認めることもある（カネミ油症事件・福岡地小倉支判昭和60・2・13判時1144号18頁）。

　⑶　**法律の解釈と過失**　　過失が否定されやすい場合として，法律の解釈につき異なる見解が対立して疑義を生じ，拠るべき明確な判例，学説がなく，実務上の取扱いも分かれていて，そのいずれについても一応の論拠が認められる場合に，公務員がその一方の解釈に立脚して公務を執行したときが挙げられる。たとえば，14歳未満の者との接見を制限していた旧監獄法施行規則に基づく接見拒否処分（幼児接見不許可事件・最判平成3・7・9民集45巻6号1049頁）や，国民健康保険被保険者証の交付申請に対する厚生省通知に従った拒否処分（最判平成16・1・15民集58巻1号226頁）は，違法であるとされたが，上記の理由により過失が否定された。このように，違法であるにもかかわらず，過失が否定され，損害賠償責任を負わないといった結論になることもある。

　上記⑵でみた同じ旧監獄法施行規則について，組織過失が認められた事件（旧監獄法施行規則改廃懈怠事件・東京地判平成5・2・25判時1487号75頁）では，大臣の施行規則の改廃懈怠が争われていたが，先の事件では，法令の適用を行う拘置所長の行為が争われていることに注意が必要である。法規命令の改廃を担当する公務員とそれを適用する公務員とにおいては，両者ともに組織過失を問題にするにしても，その意味は異なり，後者の場合には，過失が否定されやすいと考えられる。

　過失が否定される場合には損害賠償請求は認められず，当該事件において原告は救済されないが，当該事件以降は過失が認められ，違法性是正機能が発揮される。

7 違法性

(1) **行為不法説と結果不法説**　　国家賠償請求訴訟における違法性の考え方には，行為不法説と結果不法説が存在する。行為不法説は，行政活動という侵害行為に注目するものである。これに対し，結果不法説は，行政活動の結果生じた被侵害利益に注目するものである。民法の通説である相関関係説は被侵害利益の種類・性質と侵害行為の態様の相関関係から考えるものであり，侵害行為と被侵害利益の両者に注目するという意味で両者の中間的なものと考えることができる。被害者救済の観点からは結果不法説は重要であるが，行政活動が法に従って行われているか否かに焦点をあてた行為不法説は，行政法の基本原理である法治主義の観点からはより重要であると考えられる。

　もっとも，作用法上の非権力的活動の場合，必ずしも活動の根拠となる法律が存在するとは限らないことにも注意が必要であり，行政活動が不文法に反するという意味で違法であると考えられる場合もある。また，行政行為のように，法律の根拠が存在する場合にも，根拠法に違反するという意味で違法であるだけではなく，要件は一応みたすものの，とられた対応が過大なものである比例原則違反のような裁量濫用の場合にも，違法であると考えることができる。

　国賠法の場合には，民法とは異なり，行為不法説がとられている。行為不法説を前提に，その場合の違法性の理解の仕方には，通説であると考えられる公権力発動要件欠如を違法と考える公権力発動要件欠如説とよばれる考え方と，現在裁判所で有力になっている職務上尽くすべき注意義務を尽くしていないことを違法とする職務行為基準説とよばれる考え方が存在する。

(2) **公権力発動要件欠如説**　　公権力発動要件欠如説は，行政行為のように活動の根拠として法律が存在する場合に，その発動要件が存在しない場合を典型とする考え方である。国家賠償請求訴訟においても，法治主義原理が重視されるべきとすれば，公権力発動要件欠如説は，それに適合的なものである。

　もっとも，国家賠償請求訴訟における「公権力の行使」は，作用法上の非権力的活動も含むため，公権力発動要件といっても，国賠法の対象となる公権力の発動要件となると，必ずしも法律上明示的に規定された発動要件には限定されないことになる。また，上記で述べた比例原則違反のような裁量濫用の場

合，必ずしも要件欠如というイメージにあわないと思われるが，このような場合も，要件欠如に含めて考える。

(3) 公権力発動要件欠如と第三者　公権力発動の相手方ではなく，第三者に権利利益の侵害がある場合，公権力発動要件との関係でどのように評価すべきか。第三者の権利利益が侵害された場合として，パトカーがスピードオーバーの車両を追跡中にパトカーに追跡された車両が第三者の車両に追突し，さらにその車両が他の車両に追突したために傷害を負った者が，パトカーによる追跡が違法であるとして争った富山パトカー追跡事件がある。

最高裁は，「追跡行為が違法であるというためには，右追跡が当該職務目的を遂行する上で不必要であるか，又は逃走車両の逃走の態様及び道路交通状況等から予測される被害発生の具体的危険性の有無及び内容に照らし，追跡の開始・継続若しくは追跡の方法が不相当であることを要する」とし，この追跡行為が違法とはいえないと判断した（最判昭和61・2・27民集40巻1号124頁）。

この場合，追跡相手との関係での違法性と被害を負った第三者との関係での違法性の関係をどのように考えることができるであろうか。追跡を認める公権力発動要件において，第三者の権利利益を侵害することまでを明示的に認める規定は存在せず，第三者の権利利益侵害の受忍を求めることはできないと考えられる。したがって，追跡相手方との関係で公権力発動要件が充足されているとしても，そのことからただちに第三者との関係でも公権力発動要件が充足されているとはいえず，第三者との関係では，追跡相手方とは異なる行為規範が設定されるべきである。そして，第三者との関係では，必要性と相当性といった行為規範が設定されていると考えられる。これを比例原則として整理することも可能である。また，明示的な法律規定が存在しないことから，下級審判決のように，これを違法性の問題ではなく，注意義務といった過失の問題として処理することも不可能ではない。

(4) 2つの職務行為基準説　これに対して，職務行為基準説は，当初使われた状況と現在一般的に使われる状況とを区別したうえで，公権力発動要件説と対比させて考える必要がある。当初職務行為基準説とよばれて議論されたのは，芦別国家賠償請求事件におけるものであり，刑事裁判において無罪が確定した場合に，警察官や検察官の行為が違法といえるかが争点であった。

　行政行為の場合，一般的に，行政庁が行った行政行為を事後に裁判所が違法と判断すれば，行政庁が行った行政行為は違法であったことになる。それと同様に，警察官や検察官の行為の後に，裁判所が無罪判決を出し，確定した場合，警察官や検察官の行為が違法と判断されるのかという問題である。

　この点について，最高裁は，「刑事事件において無罪の判決が確定したというだけで直ちに起訴前の逮捕・勾留，公訴の提起・追行，起訴後の勾留が違法となるということはない。」と結論を述べた。その理由は，逮捕・勾留はその時点において犯罪の成否，刑罰権の存否につき審判を求める意思表示にほかならないのであるから，起訴時あるいは公訴追行時における検察官の心証は，その性質上，判決時における裁判官の心証と異なり，起訴時あるいは公訴追行時における各種の証拠資料を総合勘案して合理的な判断過程により有罪と認められる嫌疑があれば足りるからである（芦別国家賠償請求事件・最判昭和53・10・20民集32巻7号1367頁）。この考え方が，裁判所の無罪判決にかかわりなく，警察官や検察官に対して認められる行為規範を基準として評価すべきとしていることから，職務行為基準説とよばれてきたわけである。

　しかし，ここで注意すべきは，警察官や検察官の行為は，その適法性を充足するために，多様な考慮事項の考慮を要するという意味で，職務上尽くすべき注意義務を尽くすことが求められることになり，起訴などの要件の欠如をもって違法とするのであるから，ここでは，実際には，公権力発動要件欠如を違法としていることになる。すなわち，警察官の逮捕・勾留，検察官の公訴の提起・追行，裁判所の有罪判決の順に，公権力発動要件が厳格になっていくという法構造を有しているために，裁判所が無罪判決を出したからといって，警察官や検察官の行為の違法性はその判断とは連動せずに，独自に判断されることになる。

　次に，これとは異なる職務行為基準説をみる。司法や立法といった特別の行為について用いられてきた職務行為基準説は後回しにして，一般行政分野における職務行為基準説をみることにする。奈良過大更正国家賠償事件において，最高裁は，「税務署長のする所得税の更正は，所得金額を過大に認定していたとしても，そのことから直ちに国家賠償法1条1項にいう違法があったとの評価を受けるものではなく，税務署長が資料を収集し，これに基づき課税要件事

実を認定，判断する上において，職務上尽くすべき注意義務を尽くすことなく漫然と更正をしたと認め得るような事情がある場合に限り，右の評価を受けるものと解するのが相当である。」とし，更正処分という行政処分に対して職務行為基準説を採用する（最判平成5・3・11民集47巻4号2863頁）。ここでは，違法性は，更正処分の税法への適合性ではなく，「職務上尽くすべき注意義務を尽く」したか否かで判断されているので，芦別国家賠償請求事件の場合とは異なり，公権力発動要件欠如を違法とする職務行為基準説とは異なることは明らかである。この事件以後も，最高裁は，住民票続柄記載（住民票続柄記載違憲事件・最判平成11・1・21判時1675号48頁），原爆三法における受給権失権通達の作成・発出（韓国人元徴用工在外被爆者事件・最判平成19・11・1民集61巻8号2733頁）など様々な行政活動に対して，この意味での職務行為基準説を採用してきている。現在，職務行為基準説という場合，このような意味のものをさす。

　(5)　**取消違法と国賠違法**　本節3の箇所でみたように，国家賠償請求訴訟における「公権力の行使」は，行政作用法上の非権力的な活動も含んでいることから，取消訴訟よりも広い範囲の行政活動を対象としているが，行政行為のように取消訴訟の対象となる行政活動の場合には，取消訴訟とともに国家賠償請求訴訟においても争うことが可能である。

　行政行為のように取消訴訟においても国家賠償請求訴訟においても違法性を争うことができる場合，両者の違法性の異同について議論がなされてきた。公権力発動要件欠如説に立てば，両者の違法性を同一のものと考える一元説となる。学説の多くは，行政法においては，法治主義が基本原理として重要な考え方であるので，取消訴訟における違法性と国家賠償請求訴訟における違法性は同一に考えるべきであるとしている。これに対し，両者の違法性は異なると考える相対説＝二元説も存在する。初期の段階では，救済の観点から，国賠違法を取消違法よりも広く認める違法性相対説が存在したが，今日問題になっているのは，上記(4)でみた後者の職務行為基準説である。このような職務行為基準説に立つ場合，一般論として，「職務上尽くすべき注意義務を尽く」したか否かといった，従来であれば，過失要件として判断されてきたような判断基準を加えることによって違法性を判断していることから，取消違法よりも国賠違法を狭く解釈するものとなっている（関連して，**コラム16-7**も参照）。

　相関関係説を支持する立場に立つ学説からは，個室付浴場国家賠償請求事件（最判昭和53・5・26民集32巻3号689頁）における認可の違法性が結果にも注目したものであると理解しつつ，国賠違法にはなるが，仮に取消訴訟が提起された場合に違法として取り消されるかに疑問が提出されており，こういった理解に従えば，国賠違法の方が取消違法よりも広いとも考えられるが，果たしてこのように理解する必要があるのか，したがって，このことを理由に相関関係説が支持されるべきかには疑問がある。

　なお，職務行為基準説においては，違法性判断において過失判断と類似の判断が取り込まれることから，独自の過失判断が十分にはなされないという特徴もある。

　(6)　**職務行為基準説への批判**　　先に挙げた2つの職務行為基準説のうち，前者の職務行為基準説を支持する学説は多いものの，後者の職務行為基準説を，司法や立法という特別の分野はともかく，一般行政分野，とくに行政行為を対象に適用することに対しては，法治主義を重視する者から批判が強い。もっとも，職務行為基準説で「職務上尽くすべき注意義務を尽く」しているとして違法性が否定されるような場合に，公権力発動要件欠如説に立って，取消違法と国賠違法を同一のものとして判断したとしても，違法性と過失が別に判断される場合，違法ではあるが，過失が存在しないといった判断がなされ，やはり損害賠償責任が認められない可能性もある。たとえば，本節6(3)であげた幼児接見不許可事件・最高裁判決（最判平成3・7・9）においては，違法性は肯定されたものの，過失が否定されており，職務行為基準説に基づき違法性を否定して，損害賠償責任を否定する点では，同じ結論になるのではないかという問題である。

　しかし，過失が否定され，損害賠償責任が否定されるような場合であっても，従来であれば，違法と判断されることによって，その後の行政活動については違法性是正機能が発揮されると考えられるが，職務行為基準説に従うと同様の行為が適法と評価されることになるため，国家賠償請求訴訟における違法性是正機能が損なわれることになる。根拠法律が存在しないような，非権力的な行政活動に対してはともかく，行政行為のように，取消訴訟で争うことが可能で，取消訴訟においては違法と評価されるような行為であれば，公権力発動

要件欠如説に立つことが法治主義にとっては重要と考えるわけである。

　最高裁は，公権力発動要件欠如説に立って違法性と過失を二元的に判断するのではなく，徐々に，職務行為基準説の適用範囲を拡大しつつあると考えられる。職務上尽くすべき注意義務を尽くさず，「漫然」と職務を行うときを違法とする場合，「漫然」性に違法性を限定する意味はないとしても，職務行為基準説が用いられる行政領域，対象によって，職務上の注意義務をどの程度変化させることができるかに注意しなければならない。韓国人元徴用工在外被爆者事件において，最高裁は，「相当程度に慎重な検討を行うべき職務上の注意義務が存した」として（最判平成19・11・1民集61巻8号2733頁），注意義務を高度化し，さらに，運用見直しの機会が存在したことから，その注意義務違反も認めている。このように，職務行為基準説を採用した場合にも，注意義務が高度化されて違法性が認められることがある。仮に公権力発動要件欠如説が採用された場合，過失の認定において同様の判断が示され，職務行為基準説と同様に賠償責任が認められると考えることができる（本節6(2)も参照）。

　他方，要保護利益にも関連して注意義務の程度が限定されることもある。京丹後市耐震強度偽装事件において，最高裁は，「建築確認制度の目的には，建築基準関係規定に違反する建築物の出現を未然に防止することを通じて得られる個別の国民の利益の保護が含まれており，建築主の利益の保護もこれに含まれているといえる」とし，「建築主事は，その申請をする建築主との関係でも，違法な建築物の出現を防止すべく一定の職務上の法的義務を負う」としつつ，その「職務上の法的義務の内容」については，「建築物の安全性は，第一次的には建築士の……業務の遂行によって確保されるべき」として，建築主事による建築確認は，「当該計画の内容が建築基準関係規定に明示的に定められた要件に適合しないものであるときに，申請書類の記載事項における誤りが明らかで，当該事項の審査を担当する者として他の記載内容や資料と符合するか否かを当然に照合すべきであったにもかかわらずその照合がなさなかったなど」の例をあげて，国賠法上違法となる場合を限定している（最判平成25・3・26裁時1576号8頁）。

8　規制権限不作為の違法性

(1)　規制権限の不行使と裁量　　行政庁が一定の権限を有している場合に，

その権限を行使しないことによって，国民の権利利益が侵害され，規制権限の不行使を理由に国家賠償請求訴訟が提起されることがある。規制権限不行使の事件としては，第二次世界大戦時の砲弾が存在することを認識しながら適切に対応しなかったために，たき火をしていた者が被害にあった新島砲弾爆発事件（最判昭和59・3・23民集38巻5号475頁）のような二極（二元）構造や，スナックでナイフを持ち出したために警察署に連行されたものの警察官がナイフを一時保管することもなく帰宅させたために，その後に傷害事件を引き起こした大阪淡路銃刀法不作為事件（最判昭和57・1・19民集36巻1号19頁）のような三極（三元）構造で，危険物に対する対応の不備が争われたものがある（第1章第3節4参照）。

　また，より大きな関心をもたれているものが，行政庁が利益行為の取消権限や命令権限を有している場合に，規制の相手方企業に対してその権限を行使しないことによって，その企業の活動により被害を受けている第三者である消費者，利用者や付近住民から，規制権限の不行使を理由に国家賠償請求訴訟が提起される場合である（第1章第3節4参照）。

　法上，規制権限には裁量が認められていることが一般的であることから，裁量をどのように考えるかが問題となる。事案の特定の状況において，裁量が零に収縮して，権限行使を義務付けられると考える裁量（零）収縮論という考え方と，裁量を行使した場合に権限の踰越・濫用によって被害が生じている場合と同様に，裁量権限の不行使によって被害が生じていると考える消極的裁量濫用論という考え方が存在する。

　下級審には前者のような考えをとるものもあるが，最高裁は後者の考え方を採用していると考えられる。最高裁は，規制権限を定めた法の趣旨，目的や，その権限の性質等に照らして著しく合理性を欠くか否かといった一般的な基準によって判断をしているが，最高裁の具体的な判断から考えると，実際には，裁量（零）収縮論と消極的裁量濫用論両者の考慮要素はほぼ共通しており，①被侵害法益，②予見可能性，③結果回避可能性，④期待可能性といったものを考慮要素としている。このように，予見可能性や結果回避可能性が違法性のなかで判断されており，違法性と過失が一元的に判断されている。

　最高裁は，消極的裁量濫用論により，京都宅建業者事件（最判平成元・11・24

民集43巻10号1169頁）やクロロキン薬害事件（最判平成7・6・23民集49巻6号1600頁）においては，賠償責任を否定したが，筑豊じん肺訴訟（最判平成16・4・27民集58巻4号1032頁）や水俣病関西訴訟（最判平成16・10・15民集58巻7号1802頁）において責任を肯定してきた。ただし，後二者のみならず，前二者の場合にも損害賠償責任を認めることができるのではないかという批判も強い。

　規制権限としては，単に行政行為の不作為が争われるばかりではない。筑豊じん肺訴訟においては，法規命令制定の不作為が，法規命令の制定とそれに基づく行政行為の不作為として一体的に判断されて，違法とされている（最判平成16・4・27民集58巻4号1032頁）。法規命令制定の不作為に対しては，立法不作為で問題とされる法律制定の不作為とは異なる審査がなされていることに注意が必要である。また，行政指導の不作為が違法とされることがあるが，行政指導の場合には，一般論としては，それに従うか否かは任意であるために，水俣病東京訴訟において，裁判所は，「行政庁が合理的根拠を示して被害回避のための一定の行政指導をしたならば，関係者においても通常それに従うであろうと推測することができる事情がある」ことを判断している（東京地判平成4・2・7判タ782号65頁）。

　近年，国の規制緩和や自己責任に基づく政策等に影響を受けてか，下級審判決においては，裁量権限を広汎なものと理解しつつ，権限行使を限定的に解釈しているように思われる判決も登場した（大阪高判平成23・8・25判時2135号60頁）。しかし，泉南アスベスト事件・最高裁判決（最判平成26・10・9民集68巻8号799頁）は，国が1958年時点で局所排気装置の設置を義務付けなかったことを違法として，国の責任を認めた。

　さらに，法令上，行政行為の撤回権限が規定されていない場合に，撤回の法的可能性が議論になることもある。クロロキン薬害事件・最高裁判決は，「薬事法の目的並びに医薬品の日本薬局方への収載及び製造の承認に当たっての厚生大臣の安全性に関する審査権限」に照らして，権限を有すると認めているが（前掲・最判平成7・6・23），このような解釈がとれない場合であっても，利用者の生命・健康を保護するために，積極的に活動を期待されていることから，撤回は可能であると考えられる（第8章第9節も参照）。

(2)　規制権限の不行使と反射的利益　　規制権限の不行使に関するもうひと

◆コラム18-2◆ 申請応答の遅延による精神的損害

　　行政の不作為として，申請応答不作為が争われることもある。許可等がなされるべきことを前提とした損害の賠償が争われることは少なくないが（行政指導を理由とする建築確認の遅延による財産的損害を争ったものとして，品川マンション事件・最判昭和60・7・16民集39巻5号989頁），許否を問わず，処分の遅延自体による精神的損害が争われることがあり，この場合，それが保護に値する利益かが問題になる。熊本水俣病認定遅延国賠請求（待たせ賃）事件において，最高裁は，水俣病を「難病といわれ特殊の病像を持つ」とし，また，その気持ちを「他の行政認定申請における申請者の地位にある者にはみられないような異種独特の深刻なもの」と考え，「認定申請者としての，早期の処分により水俣病にかかっている疑いのままの不安定の地位から早期に解放されたいという期待，その期待の背後にある申請者の焦燥，不安の気持ちを抱かされないという利益は，内心の静穏な感情を害されない利益」として，不法行為上の保護の対象になりうるとした（最判平成3・4・26民集45巻4号653頁）。この事件は，水俣病の難病性に注目したものであるが，申請応答の遅延に対して慰謝料が認められるのは，このような特異な被害に限定されず，浦和市情報公開裁決遅延事件（浦和地判平成11・1・25判自189号68頁）においては，情報公開に関する裁決の遅延に関して賠償責任が認められている。なお，申請応答の遅延ではなく，申請をすること自体を妨げる場合にも，もちろん慰謝料は認められる（東京高判平成19・5・31判時1982号48頁）。

　つの大きな問題は，反射的利益の問題である。取消訴訟における原告適格のような訴訟要件の問題ではないが（第16章第5節1(6)参照），国家賠償請求訴訟において，本案の問題として，およそ保護すべき利益と考えられない反射的利益が論じられることがある。注意したいのは，国家賠償請求訴訟の場合には，取消訴訟よりも対象が広く，法律や条例に基づき行われる行為のみを問題にしているわけではなく，法律や条例によって保護されているか否かのみで反射的利益を判断することは不可能であることである。

　また，最高裁は，筑豊じん肺訴訟において，鉱山労働者に対する危害の防止等を目的とする鉱山保安法1条等から鉱山労働者の生命，身体に対する危険を防止し，その健康を確保する権限行使を求め（前掲・最判平成16・4・27），水俣病関西訴訟において，いわゆる水質二法について，当該水域の水質の悪化に関わりのある周辺住民の生命，健康の保護をその主目的のひとつとするとともに，県漁業調整規則について「水産動植物の繁殖保護等を直接の目的とするも

のではあるが，それを摂取する者の健康の保持等をもその究極の目的とする」
といった解釈をしており（前掲・最判平成16・10・15），保護法益が生命・健康・
身体に関わる利益である場合には，それらを反射的利益とすることを極力回避
している（第1章第3節1参照）。生命・健康・身体に関わる利益が侵害されて
いる場合に，原告適格が肯定されやすいが，それと共通した発想がみられない
わけではない。

　他方で，規制権限不行使によって侵害された保護法益が財産権である場合，
そのような利益は反射的利益と考えられることがある（前掲・京都宅建業者事
件・最判平成元・11・24）。もっとも，財産的利益が常に反射的利益になるわけ
ではなく，大和都市管財事件・大阪地裁判決においては，被害が財産的損害に
とどまるのみでも責任を免れないとされている（大阪地判平成19・6・6判時1974
号3頁。その控訴審として，大阪高判平成20・9・26判タ1312号81頁）。また，財産権
を論じる場合，違法な営業活動による被害者として利用者と同業者を同一に扱
うことはできず，後者の場合には，反射的利益として賠償責任を否定されやす
いと考えられる。

　この反射的利益が国賠法1条1項のいずれの要件との関係で議論されている
かは必ずしも明確ではない。規制権限を定める法律との関係として違法性の要
件で対応し難く，因果関係も妥当でないとすると，損害の要件に関するものと
考えられるであろう。

9　司法行為・立法行為と違法性

(1)　司法行為と違法性　　司法行為・立法行為は，一般行政と同列には論じ
られない。まず，司法行為の違法性からみていく。最高裁は，民事裁判におい
て誤った判決によって被害を受けた者が，その違法性を国家賠償請求訴訟で争
うことに関わる民事違法判決国賠請求事件において，裁判官がした争訟の裁判
に上訴等の訴訟法上の救済方法によって是正されるべき瑕疵が存在したとして
も，国の損害賠償責任が肯定されるためには，「裁判官が違法又は不当な目的
をもって裁判をしたなど，裁判官がその付与された権限の趣旨に明らかに背い
てこれを行使したものと認めうるような特別の事情があることを必要とする」
とする（最判昭和57・3・12民集36巻3号329頁）。そして，民事裁判だけではな
く，刑事裁判についても，最高裁は「この理は，刑事事件において，上告審で

確定した有罪判決が再審で取り消され，無罪判決が確定した場合においても異ならない」とする（最判平成2・7・20民集44巻5号938頁）。

　これらの判決は，裁判作用という特別な性質を考慮して，上訴等の訴訟法上の救済方法によって是正されるべき瑕疵が存在しても，また，上告審で確定した有罪判決が再審で取り消され，無罪判決が確定しても，それだけでは違法性を認めない。そして，違法性を「違法・不当な目的をもった裁判」などの「裁判官が付与された権限の趣旨に明らかに背いて行使」するという場合に限定しており，職務行為基準説に立ち，さらに，違法性を「職務上尽くすべき注意義務を尽くしたか否か」以上に，限定しているものである。

　司法行為に対しては，仮に公権力発動要件の欠如をもって違法性を判断するにしても過失要件を限定することが考えられるので，職務行為基準説をとることや違法性を限定すること自体には必ずしも大きな批判はないが，これらの判決が示す「違法・不当な目的をもった裁判」のような限定を採用した場合には，実際には違法性が認められることはほとんどなくなると考えられることから，ここまでの限定には批判がなされている。

　(2)　**立法行為と違法性**　　次に，立法行為（立法不作為を含む）に関しては，国会が在宅投票制度を廃止し復活させないことが違法として争われた在宅投票制度廃止事件において，最高裁は，「国家賠償法1条1項は，国又は公共団体の公権力の行使に当たる公務員が個別に国民に対して負担する職務上の法的義務に違背して当該国民に損害を加えたとき」の賠償責任を規定するものとし，「国会議員の立法行為は，立法の内容が憲法の一義的な文言に違反しているにもかかわらず国会があえて当該立法を行うというごとき，容易に想定し難いような例外的な場合でない限り」，違法の評価を受けないとする（最判昭和60・11・21民集39巻7号1512頁）。

　この判決は，立法作用という特別な性質を考慮して，違憲即国賠違法とせず，立法行為の違法性を「立法の内容が憲法の一義的な文言に違反しているにもかかわらず国会があえて当該立法を行う」場合に限定しており，司法作用と同様に，職務行為基準説に立ちつつ，判決が述べるように「容易に想定し難い」ほど大幅に違法性を限定するものである。そのため，最高裁が例外的に違法性を認める場合を例示として，下級審判決のなかには，「立法不作為に関す

る限り，これが日本国憲法秩序の根幹的価値に関わる基本的人権の侵害をもたらしている場合」，人権侵害の重大性，救済の高度の必要性や合理的期間の経過を考慮しつつ，例外的に国賠違法を認めようとするものもあった（従軍慰安婦事件・山口地下関支判平成10・4・27判時1642号24頁。ハンセン病国家賠償請求事件・熊本地判平成13・5・11判時1748号30頁も参照）。

　そして，最高裁は，在外国民選挙権訴訟（最大判平成17・9・14民集59巻7号2087頁）において，在宅投票制度廃止事件判決と同様に，職務上の法的義務に対する違背を違法と理解しつつ，「立法の内容又は立法不作為が国民に憲法上保障されている権利を違法に侵害するものであることが明白な場合や，国民に憲法上保障されている権利行使の機会を確保するために所要の立法措置を執ることが必要不可欠であり，それが明白であるにもかかわらず，国会が正当な理由なく長期にわたってこれを怠る場合などには，例外的に，国会議員の立法行為又は立法不作為は」，国賠違法の評価を受けるとする。この判決は，職務行為基準説に立ち，在宅投票制度廃止事件・最高裁判決は「以上と異なる趣旨をいうものではない」としつつも，実質的には，その限定を緩和しようとするものであると評価できる。また，この判決でもうひとつ注目すべき点は，在宅投票制度廃止事件判決においては「容易に想定し難い」とされた立法不作為の違法性が，緩和された判断基準に基づき認められていることである。もっとも，緩和の程度を考えると，立法行為の違法性が認められることは容易ではない。

　さらに，再婚禁止期間違憲訴訟において，最高裁は，国賠法上違法となる場合として，「法律の規定が憲法上保障され又は保護されている権利利益を合理的な理由なく制約するものとして憲法の規定に違反するものであることが明白であるにもかかわらず，国会が正当な理由なく長期にわたってその改廃等の立法措置を怠る場合などにおいては，国会議員の立法過程における行動が，上記職務上の法的義務に違反したものとして，例外的に，その立法不作為は，国家賠償法1条1項の規定の適用上違法の評価を受けることがあるというべきである」とし，民法733条1項のうち「100日超過部分が憲法に違反するものとなって」いることを認めつつ，国賠法上違法の評価を受けるものではないとした（最大判平成27・12・16民集69巻8号2427頁）。この判決が示した国賠法上違法となる場合の判断基準を，先の在外邦人選挙権事件最判が示した判断基準とどのよ

うに整理するかが問題となるが，後者が示した判断基準も立法行為または立法不作為が違法となる場合の一部を例示するにとどまるものと考えられる。

第3節　国家賠償法2条

1　公の営造物

　国賠法2条は，「道路，河川その他の公の営造物」に関する賠償責任を規定している。土地の工作物に関する賠償責任を規定している民法717条と同趣旨である。国賠法2条における「公の営造物」は，人的要素と物的要素からなっていた従来の営造物概念とは異なり，そのうちの物的要素をとりだしたものである（学問上の「公物」）。「公の営造物」は，単に不動産に限定されず，自動車，拳銃，電気かんなといった動産や，警察犬といった動物も含む概念となっており，民法717条の「土地の工作物」よりも広い概念となっている。

　また，条文から明らかであるが，道路のように人がつくりあげた人工公物のみならず，河川のように自然公物も含む。さらに，「公の目的に供される」ものと考えられていることから，普通財産の場合，通常はこの要件を満たさないが，普通財産である農業用灌漑用水としての溜池を公の営造物とした下級審判決もある（東京高判昭和53・12・21判時920号126頁）。この要件を満たさない場合にも，民法の適用がありうるのは，国賠法1条の場合と同様である。

2　瑕疵

（1）**瑕疵と過失**　　国賠法は，「設置・管理の瑕疵」を要求しているが，「瑕疵」とは「通常有すべき安全性を欠いていること」を意味し，「過失の存在を必要としない」（高知落石事件・最判昭和45・8・20民集24巻9号1268頁）ことから，「無過失責任」であるとされる。「無過失責任」といっても，被害が生じれば賠償責任が発生するわけではなく，「瑕疵」の存在が必要である。

　「瑕疵」は「当該営造物の構造，用法，場所的環境及び利用状況等諸般の事情を総合考慮して具体的個別的に判断すべきものである」（夢野台高校事件・最判昭和53・7・4民集32巻5号809頁）とされており，諸般の事情が総合考慮されることになる。

　「管理」については，「法律上の管理権」を有さず，「事実上の管理」をして

いる場合も含むとされている（最判昭和59・11・29民集38巻11号1260頁）。ただ
し，現在では，このような法定外公共物は市町村に譲渡され，市町村が条例に
より管理することとなっている。

　(2)　瑕疵と予測可能性・損害回避措置・不可抗力　　**(a)　落石・自然災害**
先にみたように，最高裁は，「瑕疵」について「過失の存在を必要としない」
として，過失と異なることを明示的に判断している（前掲・最判昭和45・8・20民
集24巻9号1268頁）。安全性の欠如が営造物に内在する物的性状瑕疵の場合，そ
のことは明確である。しかし，自然災害や第三者の行為が介在する場合，判例
上，管理者の損害回避措置とその前提となる予測可能性が問われることが少な
くない。

　たとえば，飛騨川バス転落事件において，裁判所は，「危険を通常予測する
ことができる場合」に交通安全の確保措置が欠けて事故が発生したときに，瑕
疵を認める（名古屋高判昭和49・11・20判時761号18頁）。そして，「通常予測し得る」
かの判断は，「自然現象の発生の危険を定量的に表現して，時期・場所・規模
等において具体的に予知・予測することは困難」（「定量的」予測は困難）であっ
ても，「自然現象の発生の危険があるとされる定性的要因が一応判明していて，
右要因を満たしていることおよび諸般の情況から判断して，その発生の危険が
蓋然的に認められる」（「定性的」予測は可能）ことで足りると判断している。

　また，裁判所は，高知落石事件において，「事故が不可抗力ないし回避可能
性のない場合であることを認めることができない旨の原審の判断は，いずれも
正当として是認することができる」とし，飛騨川バス転落事件においても不可
抗力の成立を否定するが，伊勢湾台風事件においては，堤防の決壊は伊勢湾台
風によって生じた異常高潮という「不可抗力に基因し」，これによって生じた
損害も「不可抗力によるものといわざるを得ない」として瑕疵を否定する（名
古屋地判昭和37・10・12判時313号4頁）。

　(b)　障害物と損害回避措置の時間的余裕　　これらの問題は，損害回避措置
をとる時間的余裕としても登場する。たとえば，奈良県赤色灯標柱事件におい
て，最高裁は，「事故発生の直前に先行した他車によって」道路工事現場に設
置された工事標識板，バリケード，赤色灯標柱が倒され，赤色灯が消えていた
ために，「道路の安全性に欠如があった」とするものの，時間的に「遅滞なく

これを現状に復し道路を安全良好な状態に保つことは不可能であった」として瑕疵を否定している（最判昭和50・6・26民集29巻6号851頁）。これに対して，道路中央線付近に故障した大型貨物自動車が放置された故障トラック放置事件においては，「道路の安全性を著しく欠如する状態であった」とし，「道路の安全性を保持するために必要とされる措置を全く講じていなかったことは明らか」として瑕疵を認めるが，これは，87時間にもわたって放置されており，それに対応可能であったからである（最判昭和50・7・25民集29巻6号1136頁）。損害回避措置をとる時間的余裕の有無が結論を分けたと評価できる。

　このように，営造物の物的性状のみから瑕疵が判断されるのではなく，災害発生の予測や通行止めなどの損害回避措置という人的要素を加味して，瑕疵が判断されている。なお，水害訴訟や供用関連瑕疵については，さらに異なる要素もあることから，後に別途扱う。

　(c)　学　説　　瑕疵判断との関係で重要であるのは，このような人的要素をどのように位置づけるかである。ひとつの考え方は，2条の瑕疵判断において，過失と類似の予見可能性・損害回避義務違反が判断されているとして，それを1条の過失の延長線上に連続的に位置づけつつ，過失との対比では義務を積極的に高度化したものとする（義務違反説）。他方，もうひとつの考え方は，物的性状瑕疵のみで瑕疵判断が可能な場合のみならず，人的要素を加味することが必要である場合も，これらの要素を瑕疵判断の考慮事項として用いるにとどめるものである。これは，有すべき安全性の「通常」性の解釈をとおして，また，不可抗力を認めつつ，瑕疵は過失とは異なることにこだわるものであり，通説である（客観説）。しかし，証明責任の点を別とすれば，両者の実際的相違は必ずしも大きくないと考えられる。

　(3)　**国家賠償法1条と2条の関係**　　国賠法は，1条で公務員の過失責任について規定し，2条で営造物の瑕疵責任について規定しており，一見したところかなり異なる内容を規律している。しかし，1条の過失は客観化され，他方で，2条においても人的要素が加味される場合があり，両者の責任はかなり接近し，1条でも2条でも争うことが可能と考えられる状況も存在する。

　たとえば，警察官によって拳銃が悪用される場合，上司の拳銃管理の過失としても，公の営造物が拳銃をも含むことから，拳銃およびその保管箱の設置・

管理の瑕疵としても争うことが可能であると考えられる。また，大阪空港事件においては，1審（大阪地判昭和49・2・27民集35巻10号1621頁）が1条に基づき損害賠償責任を認め，2審（大阪高判昭和50・11・27民集35巻10号1881頁）・最高裁（最大判昭和56・12・16民集35巻10号1369頁）は，2条に基づき損害賠償責任を認めている。さらに，不適切なダム操作のような場合，裁判所は，操作規則・操作細則の合理性は2条のダムの設置・管理の瑕疵の問題として，管理事務所長のダム操作は1条の過失の問題として整理している（最判平成10・3・27判自181号95頁）。

　国賠法1条と2条の責任が重複する場合，一般論としては，1条が故意・過失を要件とするのに対して，2条は瑕疵を要件として，過失を要件としていないと考えると，両者の責任が接近しているとはいえ，2条の方が被害者にとっては有利と考えられる。

　(4)　**施設の用法**　　施設の利用者が施設の本来の用法と異なる利用をした場合，または，危険だと思われる利用をしている場合に，瑕疵が認められるかが，施設の用法との関係で問題となる。最高裁は，校庭開放中の審判台転倒事件において，「本来の用法」に従えば安全である営造物について，これを設置管理者の通常予測しえない異常な方法で使用しないという注意義務は，利用者である一般市民の側が負うとする（最判平成5・3・30民集47巻4号3226頁）。

　しかし，「本来の用法」とは異なる用法が比較的一般的に行われている場合もあり，このような場合にも賠償責任が否定されるのであれば，あまりにも責任が限定されることになる。実際，最高裁は，夢野台高校事件においては，転落事故は，「通常予測することのできない行動に起因」するものであり，「通常の用法」に即しない行動の結果生じた事故につき設置管理者が責任を負うべき理由はないとしており（前掲・最判昭和53・7・4），単に「本来の用法」か否かではなく，「本来の用法」とは異なるとしても，社会通念上予測され得る「通常の用法」か，あるいは，社会通念上予測することができない異常な用法かによって，賠償責任の有無が決定されている。

　(5)　**場所的環境・社会的影響**　　瑕疵の判断にあたっては，施設の場所的環境や社会的影響も重要である。最高裁は，3歳7か月の幼児が金網を乗り越え，児童公園に隣接する小学校敷地内に設けられた学校用プールにおいて溺死

した「プールは魅惑的な存在」事件において，児童公園で遊ぶ幼児にとって本件プールは一個の魅惑的存在であることは容易に看取しうるところであり，予測を超えた行動であったとすることはできないとして，賠償責任を認めた（最判昭和56・7・16判時1016号59頁）。ここでは，児童公園に隣接する小学校敷地内に設けられた学校用プールという場所的環境が賠償責任を認めるひとつの要因となっていると考えられる。

　他方，子どもが外濠で転落し溺死した大阪城外堀転落事件においては，最高裁は，事故が子どもの無軌道な行動に起因すると認めつつ，「外濠及びこれに接する石垣が大阪城公園の一部であるとともに，いわゆる特別史跡に指定されている大阪城跡内にあること等諸般の事情に照ら」し，「石垣からの不用意な転落事故の危険を防止するための設備としては，本件の柵ないしウバメガシの生垣をもつて足りる」とし（最判昭和58・10・18判時1099号48頁），特別史跡に指定された場所であることを重視して，必要となる転落防止設備を決定している。

　また，校庭開放中の審判台転倒事件において，裁判所は，公立学校の校庭が開放されて一般の利用に供されている場合に，設置管理者の責任を余りに強調すると，「かえって校庭は一般市民に対して全く閉ざされ，都会地においては幼児は危険な路上で遊ぶことを余儀なくされる結果ともなろう」としており（前掲・最判平成5・3・30），都会地における学校施設の場所的環境や社会的影響が責任を否定する一因となっていることを示している。

　(6)　**安全施設と利用状況**　　電車駅に点字ブロックが普及していない当時に視力障害者がホームから転落し，点字ブロック未設置の瑕疵があると争われた点字ブロック未設置転落事件において，最高裁は，「安全設備が，視力障害者の事故防止に有効なものとして，その素材，形状及び敷設方法等において相当程度標準化されて全国的ないし当該地域における道路及び駅のホーム等に普及しているかどうか，当該駅のホームにおける構造又は視力障害者の利用度との関係から予測される視力障害者の事故の発生の危険性の程度，右事故を未然に防止するため右安全設備を設置する必要性の程度及び右安全設備の設置の困難性の有無等の諸般の事情を総合考慮することを要する」として，賠償責任を否定した（最判昭和61・3・25民集40巻2号472頁）。

　注意すべきは，単に施設の普及度のみを基準として賠償責任を判断すべきではなく，その必要性を検討する必要があることである。たとえば，高田馬場事件においては，視力障害者のための施設があるため国，私鉄のなかでも視力障害者の駅利用客が多いことを理由として，ホームの瑕疵が認められている（東京地判昭和54・3・27判時919号77頁）。また，日本坂トンネル事件において，裁判所は，防災設備について，「諸般の事情からみて防災目的を達成するために高度に有用であると判断される設備については，速やかにこれを設置して合理的な運用を図る必要があるものというべきである」として，「高度に有用」か否かに注目している（東京高判平成5・6・24判時1462号46頁）。

3　水害訴訟と「瑕疵」

⑴　**大東水害事件──道路と河川**　　水害について，大東水害事件・最高裁判決（最判昭和59・1・26民集38巻2号53頁）までは，道路と変わらない判断基準で審査され，瑕疵が認められることも少なくなかったが，この判決以降，水害における瑕疵については，道路とは異なる特徴的な議論がなされ，瑕疵がほとんど認められない「水害訴訟冬の時代」となっている。

　この最高裁判決は，まず，河川が当初から人工的に安全性を備えた人工公物である道路などとは異なり，もともと洪水等の自然的原因による災害をもたらす危険性を内包している自然公物であり，河川の通常備えるべき安全性の確保は，治水事業を行うことによって達成されていくが，治水事業には，財政上の制約，時間的制約，技術的制約，社会的制約などの諸制約が存在し，「未改修河川又は改修の不十分な河川の安全性」としては，この諸制約の下で一般に施行されてきた治水事業による河川の改修，整備の過程に対応する「過渡的な安全性」をもって足りることを述べる。そして，瑕疵の判断基準として，「同種・同規模の河川の管理の一般水準及び社会通念に照らして是認しうる安全性を備えていると認められるかどうか」を挙げた。

　その後，溢水型であった大東水害事件・最高裁判決に従って，破堤型である加治川事件・最高裁判決（最判昭和60・3・28民集39巻2号333頁）も同様の判断を示した。

　しかし，道路の場合にも危険箇所の修繕は，河川の場合と同様に全体予算との関係で逐次実施されており，また，諸制約についても必ずしも河川に特有の

ものではなく，道路と河川の相違や諸制約が過度に強調されていることが指摘されている。さらに，「同種・同規模の河川の管理の一般水準及び社会通念」といった基準で判断されると，全国的な河川整備の遅れた現状が追認されるだけではなく，実際の適用が困難であるといった批判が出されてきた。

(2)　財政制約論　**(a)**　道路と河川における財政制約論　最高裁は，高知落石事件において，道路における防護柵を設置するとした場合，その費用の額が相当の多額にのぼり，「予算措置に困却するであろうことは推察できるが，それにより直ちに道路の管理の瑕疵によって生じた損害に対する賠償責任を免れうるものと考えることはできない」（高知落石事件・最判昭和45・8・20民集24巻9号1268頁）としていた。これに対し，大東水害事件においては，高知落石事件の判例も「河川管理の瑕疵については当然には妥当しない」として（前掲・最判昭和59・1・26），道路と河川を区別し，水害訴訟については，財政制約論を採用した。

(b)　財政制約論の内容　しかし，財政制約論には，いくつかの意味があると考えられるため，この判決に述べられた財政制約論のレヴェルを明らかにする必要がある。財政制約論は，第1に，賠償金の負担が大きく，支払いが不可能というレヴェルのものが考えられるが，このような意味での財政制約論は認められない。第2に，防止施設の設置にかかる負担が大きいといった財政制約論が存在する。高知落石事件では，道路における防護柵設置の費用が議論されており，このレヴェルのものと思われる。また，大東水害事件・大阪高判は，危険除去に要する費用の金額と被害の程度やその発生の確率との比率を問題としつつ，損害賠償責任を認めた（大阪高判昭和52・12・20民集38巻2号250頁）。第3に，限られた予算をどこに配分するかといったレヴェルでの財政制約論が存在する。

大東水害事件・最高裁判決は，「全国に多数存在する未改修河川および改修の不十分な河川についてこれを実施するには莫大な費用を必要とするものであるから，結局，原則として，議会が国民生活上の他の諸要素との調整を図りつつその配分を決定する予算のもとで，……それぞれの河川についての改修等の必要性・緊急性を比較しつつ，その程度の高いものから逐次これを実施していくほかはない」としており（前掲・最判昭和59・1・26），実際には，高知落石事件とは異なるレヴェルの問題を扱っていると考えられる。そして，このような

レヴェルで財政制約論を用いるとなると，それは河川のみならず，道路を含めた他の営造物についても同様の制約が可能となる。このようなレヴェルで財政制約論が用いられた場合，全国に多数存在する営造物について優先順位の合理性を問うことになり，それは不可能ではないにしてもかなり困難になる。最高裁は，道路へのキツネの侵入によって引き起こされた道路での自動車事故に関して瑕疵を否定する際に，金網の柵を地面との透き間無く設置し，地面にコンクリートを敷くという小動物侵入防止対策を「講ずるためには多額の費用を要することは明らかである」ることを挙げており，対策に多額に費用を要することを瑕疵を否定する方向での事情に挙げていると考えられる（北海道キツネ侵入道路事故事件・最判平成22・3・2判時2076号44頁）。

(3)　多摩川水害事件——改修途上の河川と改修済み河川　　大東水害事件では改修途上の河川が対象であったことから，改修済み河川を扱った多摩川水害事件が注目された。同事件・2審判決は，大東水害事件・最高裁判決に従い，多摩川のような改修済み河川の場合も，「絶対的な安全性が保障されているものとはにわかに考え難」く，理想的な河川管理の状態が実現されるまでにはさらに多くの改修工事を必要とするものであり，現段階においては改修の不十分な河川に該当するとして，「過渡的な安全性」でもって足りることに変わりはないとした（東京高判昭和62・8・31民集44巻9号1415頁）。これに対して，最高裁は，大東水害事件・最高裁判決が指摘する河川の特徴や一般的基準に従いつつも，改修済み河川について，河川の改修，整備の段階に対応する安全性とは，工事実施基本計画に定める規模の洪水における流水の通常の作用から予測される災害の発生を防止するに足りる安全性であり，水害発生の危険の予測が可能となった時点から水害発生時までに，予測しえた危険に対する対策を講じなかったことが河川管理の瑕疵に該当するかを判断すべきとした（最判平成2・12・13民集44巻9号1186頁）。

また，同事件が，許可工作物である堰やその取付部護岸の欠陥が原因となって破堤に至ったものであるため，その審査の仕方に関心が向けられた。最高裁は，許可工作物の存在によって生ずる危険を除去し，減殺するために工作物またはこれと接続する河川管理施設のみを改修し，整備する場合においても財政的，技術的および社会的諸制約があるが，その程度は，広範囲にわたる河川流

域に及ぶ河川管理施設を改修し，整備する場合と比較して，通常は相当に小さいという事情を考慮することを求めた（前掲・最判平成2・12・13）。

多摩川水害事件・最高裁判決は，大東水害事件・最高裁判決の一般的基準に従いつつ，改修済み河川，許可工作物を原因とする水害については，瑕疵を認めやすくする判断基準を示したといえる。

4　供用関連瑕疵

(1)　**供用関連瑕疵と受忍限度**　　営造物自身に物的性状瑕疵がなく，供用目的に沿って利用されており，利用者に対しては損害を与えていないものの，利用者以外の第三者に損害を与える場合，立法政策的には，国家賠償ではなく，損失補償の対象とすることも可能である。しかし，裁判所は，瑕疵の成立可能性を認めており，このような瑕疵は供用関連瑕疵とよばれている。たとえば，飛行場の使用に関して，飛行場利用者ではなく，飛行場周辺の住民に騒音・振動等の被害を生じさせている場合や（大阪空港事件・最大判昭和56・12・16民集35巻10号1369頁），道路に関して，道路利用者ではなく，道路沿線の住民に騒音・排気ガス等による被害を生じさせている場合に（国道43号線公害事件・最判平成7・7・7民集49巻7号1870頁），供用関連瑕疵が認められている。損失補償の利用も考えられる状況であることから，損失補償法と共通する発想も必要となる。

民法においては，709条に基づき争われる類似の状況において受忍限度が争いになる。国賠法においては，2条の供用関連瑕疵が認められるか否かが争われるが，供用関連瑕疵の成否は，民法と同様に，受忍限度にかかっている。大阪空港事件・最高裁判決は，受忍限度について，「侵害行為の態様と侵害の程度，被侵害利益の性質と内容，侵害行為のもつ公共性ないし公益上の必要性の内容と程度等を比較検討するほか，侵害行為の開始とその後の継続の経過及び状況，その間にとられた被害の防止に関する措置の有無及びその内容，効果等の事情をも考慮し，これらを総合的に考察してこれを決すべきものである」とする（前掲・最大判昭和56・12・16）。

(2)　**公共性**　　損失補償においては，公共性が高度のものになれば，むしろその必要性が高まるが，国家賠償において，公共性の程度が高まることによって受忍限度も高まるかが問題となる。自衛隊基地による騒音等の被害者が争った厚木基地第1次訴訟において，東京高裁は，防衛行政に高度の公共性を認

◆コラム18-3◆　空港騒音と将来の損害賠償請求

　　空港騒音訴訟において将来の損害賠償請求が求められることがあるが，本文で紹介した大阪空港事件・最判はこれを否定した。また，横田基地事件において，東京高裁は，口頭弁論終結後から判決の言渡日までに限って将来の損害賠償請求を認めたが（東京高判平成17・11・30判時1938号61頁），最高裁は，大阪空港事件・最判に従い，この程度の請求も認めなかった（最判平成19・5・29判時1978号7頁）。しかし，大阪空港事件・最判の「射程距離は，本件のような将来の損害賠償の期間を短く限定した場合にまで及ぶものではな」く，むしろ大阪空港事件・最判の「趣旨にもかない，かつ救済の方法の余地を残す点でも優っていると考える」とする那須裁判官反対意見，大阪空港事件・最判から「既に25年を経た今日，その間に提起された同種事件の状況や学説の状況を踏まえれば，同判決が定立した継続的不法行為による将来の損害賠償請求権の行使が許容される場合の要件について，その見直しがなされるべき」とする田原裁判官反対意見の方が説得的と思われる。

め，受忍限度を高く設定し，損害賠償責任を否定した（東京高判昭和61・4・9民集47巻2号1231頁）。これに対して最高裁は，騒音等による被害は当然に受忍しなければならないような軽度の被害ではなく，公共性に比しても，損害賠償が必要であると判断し，公共性が考慮されるにしても，それを理由に損害賠償責任が否定されるものではないことを明らかにした（厚木基地第1次訴訟・最判平成5・2・25民集47巻2号643頁）。

　自衛隊基地の公共性そのものが憲法上争いの対象となるが，仮に自衛隊基地が高度の公共性を有するとして，基地周辺に住む特定の者に深刻な被害が生じている一方で，国民全体が利益を得るならば，損失補償と比較しても，損害賠償が認められる必要がある。

第4節　国家賠償法3条から6条

1　国家賠償法3条（賠償責任者）

（1）　権利救済の容易化　　国賠法3条は，公務員の選任・監督者と費用負担者，公の営造物の設置・管理者と費用負担者が異なる場合，いずれの者にも損害賠償責任を負わせるものである。被害者は，公務員の選任・監督者や公の営造物の設置・管理者または費用負担者に賠償請求をすべきか迷う場合に，どち

らに請求することも可能であり，権利利益の救済が容易となる。

　公務員の選任・監督者と費用負担者が異なる例としては，市町村が任免・監督権限を有し，都道府県が費用を負担する県費負担教職員を挙げることができる。また，公の営造物の設置・管理者と費用負担者が異なる例としては，都道府県が管理する国道を挙げることができる。

　費用負担に補助金支出を含むかについて，最高裁は，①営造物の設置費用につき法律上負担義務を負う者と同等もしくはこれに近い設置費用を負担し，②実質的にはこの者と営造物による事業を共同して執行していると認められる者で，③営造物の瑕疵による危険を効果的に防止しうる者を含むとした（鬼ヶ城事件・最判昭和50・11・28民集29巻10号1754頁）。

　その後，吉野熊野国立公園吊り橋転落事故事件において，最高裁は，吊り橋に対する「補助金の額，内容，交付の時期，回数，三重県との負担の割合等」に照らして，国が費用負担者に当たらないとしたが，その理由は，吊り橋の架設については費用を負担しておらず，三重県がした4回の補修工事のうち本件事故の10年以上前に行われた1回の工事についてのみ費用の2分の1を補助金として交付したにすぎず，吊り橋の補修費用負担の割合は三重県の「負担額の四分の一にすぎない」からであった（最判平成元・10・26民集43巻9号999頁）。これは，とりわけ負担割合の少なさを重視して，責任否定をするものと考えられる。

　⑵　**最終的責任者**　　また，国賠法3条2項は，「内部関係でその損害を賠償する責任ある者に対して求償権を有する」ことを規定しているが，最終的責任者は，条文上は明らかではない。通説は，費用負担のなかに賠償金も含まれるとして，最終的責任者を費用負担者としている。

　従来，最終的責任者がいずれかについて訴訟で争われることはなかったが，最近になって，県費負担教職員による行為に対して県が賠償したことから，市に対して費用負担を求める訴訟が提起され，この点に関して最高裁判決が出された。最高裁は，「損害を賠償するための経費をその事務を行うために経費として負担すべきものとされている者」の負担とし，最終的責任者を費用負担者とした。そして，県費負担教職員については，「給料その他の給与（非常勤の講師にあっては，報酬等）は，都道府県の負担とする旨を規定する」が，それ以外

の費用について法は定めておらず，損害賠償の費用は，法令上，中学校を設置する市町村がその全額を負担すべきもの」とした（最判平成21・10・23民集63巻8号1849頁）。

2　国家賠償法4条（民法の適用）

国賠法4条は，国賠法1条から3条までのほか，民法規定の適用を定めている。これにより，まず，国賠法1条や2条の適用がない場合に，たとえば，民法715条や717条の適用によって，損害賠償責任が肯定されることになる。次に，国賠法1条や2条が適用される場合であっても，国賠法はわずか6条の条文しかないので，民法の規定が適用されることになる。また，ここでいう「民法」には民法の特別法も入ると考えられている。

消防職員が消火活動を行った後に，火災が再燃した事件において，最高裁は，失火責任法は，「失火者の責任条件について民法709条の特則を規定したものであるから，国家賠償法4条の『民法』に含まれる」として，失火責任法の適用を認め，公務員である消防職員に重大な過失がある場合に限って責任を肯定する（最判昭和53・7・17民集32巻5号1000頁）。失火責任法が民法の特別法であることは明らかであるが，消火活動後の再燃火災の場合に，消火活動を職務とする消防職員に失火責任法を適用し，責任を限定することには批判も少なくない。

3　国家賠償法5条（他の法律の適用）

国賠法5条は，民法以外の他の法律に別段の規定がある場合に，その規定を適用することを規定している。特別法の内容としては，国賠法の責任要件を過重する場合と軽減する場合が存在するが，責任を軽減する場合には，憲法17条に適合するか問題となる。

郵便法は，書留郵便物について，損害賠償を郵便物の亡失・毀損の場合に限定し，請求人も郵便物の差出人と受取人に限定していたが，最高裁は，「故意又は重大な過失による不法行為についてまで免責又は責任限定を認める点で」違憲無効とし，また，訴訟法上の送達に係る特別送達郵便物について，「軽過失に基づく国の損害賠償責任を免除・制限している同法の規定」は，違憲無効とした（責任限定郵便物違憲事件・最大判平成14・9・11民集56巻7号1439頁）。

4　国家賠償法6条（相互保証主義）

国賠法6条は，外国人の母国において日本人が損害を受けた場合に賠償を受

けることができるときにのみ，外国人に対して国賠法を適用するという相互保証主義を採用している。憲法17条は，「何人」に対しても国・公共団体の損害賠償責任を認めていることから違憲の疑いも出されているが，国賠法がこのような相互保証主義を採用することは，合理的な制限であり，合憲とする下級審判決がある（東京地判平成14・6・28判時1809号46頁）。

　相互保証主義の程度については，国によって補償の範囲や金銭的価値の相違が存在するが，この点を厳格に適用することは適切ではないと考えられる（たとえば，名古屋高判昭和51・9・30判時836号61頁）。

第5節　国家賠償法と訴訟手続

　国賠法に基づく損害賠償請求訴訟は，民法に基づく損害賠償請求訴訟と同様に，民事訴訟である。民事訴訟であるが，行政行為を国家賠償請求訴訟で争う場合，通説・判例は，行政行為の公定力の例外として，あるいは取消訴訟の排他的管轄に服さず，取消訴訟を先行的に提起して行政行為を取り消すことなく，国家賠償請求訴訟において行政行為の違法性を争うことを認めている（最判昭和36・4・21民集15巻4号850頁）。そのことは，金銭を納付させることを直接の目的とする行政行為の効力が争い得なくなった場合でも同様である（名古屋市固定資産税賦課決定国賠請求事件・最判平成22・6・3民集64巻4号1010頁）（第8章第7節1参照）。また，時間の経過により取消訴訟の訴えの利益が消滅する場合，国家賠償請求訴訟に訴えを変更することがごく普通に行われている（第16章第5節2(2)参照）。

第19章

結果責任に基づく国家補償

1 国家補償の谷間と結果責任に基づく国家補償

　損害発生の被害が生じ，権利利益救済の必要性が存在するにもかかわらず，損失補償によっても，国家賠償によっても救済がなされない場合が存在する。これはしばしば「国家補償の谷間」とよばれてきた。

　たとえば，国家賠償における故意・過失と違法性を二元的に考えたときに，公務員の行為が違法ではあるが，故意・過失が認められないといった場合には，国家賠償責任は認められない。また，営造物の設置・管理に瑕疵が存在しない場合も，同様に，国家賠償責任は認められない。他方で，損失補償の場合，伝統的には，適法行為に対するものと考えられてきたために，それに従うならば，違法行為による権利利益の侵害は，やはり救済されないことになる。さらに，直接の加害行為がなく，損害が発生する場合も存在する。

　このような状況に対応するために，結果責任に基づく国家補償の必要性が論じられてきた。もっとも，結果責任に基づく国家補償は，実際には，個別法による対応や，訴訟における柔軟な法解釈によって対応すべき状況が多様で，統一的なものとはなり難い。

2 個別法による対応

　まず，救済のために，個別法による対応が行われていることがある。たとえば，刑事補償法は誤判に基づく刑の執行や未決勾留に対する補償を規定し，警察官の職務に協力援助した者の災害給付に関する法律は公務協力者に対する補償を規定している。また，戦争被害に関連して，最高裁は，平和条約締結による在外資産の喪失について，戦争中から戦後占領時代にかけての非常事態下における国民の多くの犠牲は，戦争犠牲または戦争損害として国民のひとしく受忍しなければならなかったものとして，損失補償を否定するが（最大判昭和43・11・27民集22巻12号2808頁），原爆被害については，最高裁が，社会保障法的

性格をもつとともに，国家補償法的配慮が制度の根底にあるとする（最判昭和53・3・30民集32巻2号435頁）原爆医療法・被爆者特別措置法が制定され，現在，被爆者援護法となっている。

しかし，このような個別法による対応がなされていない場合には，あるいは，個別法による対応がなされている場合であっても，個別法の内容が権利利益の救済に十分ではない場合には，訴訟をとおして権利利益の救済を図る必要があることになる。

3　訴訟における柔軟な法解釈による対応

(1)　**国賠法と損失補償**　　訴訟をとおして権利利益の救済を図るために，国賠法を適用するには，注意義務を厳格化する法解釈などを採用することが考えられる。また，損失補償を利用しようとする場合には，憲法に基づき損失補償を求める法解釈が展開される。もっとも，注意義務を厳格化した場合であっても，必ずしも過失が認定されないとすると，損失補償による救済はその後も必要になり，両者は二者択一のアプローチということにはならない。

(2)　**予防接種事故**　　この両者のアプローチがみられたのが，予防接種による健康被害や死亡事故発生に対する権利救済の議論である。予防接種により，一定の割合で健康被害や死亡事故が発生していたが，予防接種を受けた誰に被害が生じるか事前にはわからず，そのため，「悪魔のくじ」といったよばれ方もされた。そして，予防接種事故に対する金銭補償が必ずしも十分ではないことから，金銭補償を求めた訴訟が全国で提起された。

訴訟には，国賠法に基づくものと，憲法に基づき損失補償を求めるものがあった。国賠法による場合の最大のネックが，予防接種において，医師個人の過失を認めることが容易ではないことであった。これに対応しようとしたのが，損失補償アプローチである。強制的予防接種の場合，社会に病気が蔓延することを防止するという公益目的のために強制的になされ，他方で，特定の者に被害が生じるのであれば，それは「特別の犠牲」として補償に値すると考えるわけである。財産権侵害に対して補償がなされるのであれば，それ以上の価値を有する人の生命・健康が損なわれた場合には，憲法29条3項を類推適用して（東京地判昭和59・5・18判時1118号28頁），または，国民の生命，身体は財産権よりも格段に厚く保護されていることが明らかであるとして，憲法が13条，14

◆コラム19-1◆　訴訟を契機にした救済立法

　国家賠償請求訴訟等が提起される場合，請求認容のときだけでなく，訴訟を契機に被害者救済の法律が制定・改正されることがある。法律の内容によっては訴訟での争いが継続し，内容的妥当性にも目を向ける必要がある。特定障害者に対する特別障害給付金の支給に関する法律，ドミニカ移住者に対する特別一時金の支給等に関する法律，特定フィブリノゲン製剤及び特定血液凝固第Ⅸ因子製剤によるＣ型肝炎感染被害者を救済するための給付金の支給に関する特別措置法，水俣病被害者の救済及び水俣病問題の解決に関する特別措置法の制定や，中国残留邦人等の円滑な帰国の促進及び永住帰国後の自立の支援に関する法律の改正などが近年の立法例である。

条1項，25条1項，29条の各条項を規定する趣旨に照らした29条3項の勿論解釈によって（大阪地判昭和62・9・30判時1255号45頁），損失補償がなされるべきとする下級審判決が存在した。

　他方，財産権であれば収用して金銭補償を行うことが認められるとしても，予防接種事故の場合には，侵害される法益が人の生命・健康であり，それらの侵害が事前に法上意図されているとはいい難いとして損失補償に否定的な考え方もあった。東京予防接種事故事件・東京高裁判決は，生命身体はいかに補償を伴っても公共のために用いることはできないとして，類推解釈や勿論解釈を否定する（東京予防接種事故事件・東京高判平成4・12・18判時1445号3頁）。

　そこで，損害賠償アプローチがとられることになる。その前提として，小樽種痘事故事件・最高裁判決が重要である。最高裁は，予防接種により重篤な後遺障害が発生する原因としては，被接種者が禁忌者に該当したことまたは被接種者が後遺障害を発生しやすい個人的素因を有していたことが考えられ，特段の事情が認められない限り，被接種者が禁忌者に該当すると推定した（最判平成3・4・19民集45巻4号367頁）。先の東京高裁は，こういった考えに立ちつつ，憲法13条，14条，25条の趣旨等にかんがみると，公共目的遂行の過程で生じた人身事故については，何らかの救済をすることが望ましいとし，医師個人ではなく，予防接種事故の発生を未然に防ぐことを怠った厚生大臣の責任を認めた。これは，厚生大臣，したがって厚生省全体の典型的な組織過失を認めるものでもあった（第18章第2節6(2)参照）。

判 例 索 引

■ 判例解説書

　学習の便宜を考慮して，本書で取り上げた重要判例等が定評ある下記の判例解説書に所収されている場合は，その巻数および項目番号を略記にて明示した。

【百選Ⅰ-○○】：斎藤誠・山本隆司編『行政判例百選Ⅰ［第8版］』（有斐閣，2022年）

【百選Ⅱ-○○】：斎藤誠・山本隆司編『行政判例百選Ⅱ［第8版］』（有斐閣，2022年）

【昭和○○重判】：『ジュリスト臨時増刊・昭和○○年度重要判例解説』（有斐閣，○○年）

【平成○○重判】：『ジュリスト臨時増刊・平成○○年度重要判例解説』（有斐閣，○○年）

大審院

最高裁判所

高等裁判所

地方裁判所

事 項 索 引

············▶ 執筆者紹介・執筆担当（執筆順）············

市橋　克哉（いちはし　かつや）　名古屋経済大学法学部特任教授
　　　　　　　　　　　　　　　第 1 章〜第 3 章・第 12 章

榊原　秀訓（さかきばら　ひでのり）　南山大学法学部教授
　　　　　　　　　　　　　　　第 4 章・第 5 章・第 17 章〜第 19 章

本多　滝夫（ほんだ　たきお）　龍谷大学法学部教授
　　　　　　　　　　　　　　　第 6 章〜第 11 章・第 13 章

稲葉　一将（いなば　かずまさ）　名古屋大学大学院法学研究科教授
　　　　　　　　　　　　　　　第 13 章

山田　健吾（やまだ　けんご）　専修大学法学部教授
　　　　　　　　　　　　　　　第 14 章・第 15 章

平田　和一（ひらた　かずいち）　専修大学名誉教授
　　　　　　　　　　　　　　　第 14 章〜第 16 章

Horitsu Bunka Sha

アクチュアル行政法〔第3版補訂版〕

2010年 4 月25日	初　版第 1 刷発行
2015年10月10日	第 2 版第 1 刷発行
2020年 4 月30日	第 3 版第 1 刷発行
2023年 1 月25日	第 3 版補訂版第 1 刷発行

著　者　市橋克哉・榊原秀訓・本多滝夫
　　　　稲葉一将・山田健吾・平田和一

発行者　畑　　光

発行所　株式会社 法律文化社

〒603-8053
京都市北区上賀茂岩ヶ垣内町71
電話 075(791)7131　FAX 075(721)8400
https://www.hou-bun.com/

印刷：中村印刷㈱／製本：㈲坂井製本所
装幀：白沢　正

ISBN 978-4-589-04252-1

©2023 K.Ichihashi, H.Sakakibara, T.Honda, K. Inaba,
K. Yamada, K.Hirata Printed in Japan

須藤陽子著

行 政 法 入 門

A5判・278頁・3190円

行政法を体系的に学ぶ入門書。行政法独自の法体系にかかわる概念などを丁寧に解説。「理解のポイント」で理論の要点をつかみ、重要判例や練習問題などを通じて理解を深める。法制度の制定過程や実態などについて紹介する「行政こぼれ話」も収録。

高橋明男・佐藤英世編

地 方 自 治 法 の 基 本

A5判・312頁・3300円

地方自治の法制度の概要と全体像を学ぶための標準テキスト。歴史的展開や諸外国の概観をふまえ、理念・仕組み・機能など制度の根幹に重点をおいて概説。重要判例は厳選のうえ詳解し、デジタル改革関連法による制度改正もフォロー。

白藤博行・榊原秀訓・徳田博人・本多滝夫編著

地 方 自 治 法 と 住 民
―判例と政策―

A5判・248頁・2750円

地方自治法と地方自治関連法の一般的・抽象的な理論の解説にとどまらず、判例をもとに行政領域ごとの政策課題を提示。学習課題や具体的判例・事例を掲げることで基礎知識の習得とともに、地方自治の政策立案力の涵養をめざす。

深澤龍一郎・大田直史・小谷真理編

公共政策を学ぶための行政法入門

A5判・258頁・2750円

公共政策の策定・実現過程で行政法が果たす役割を解説。入門編では法律による行政や行政裁量など基礎的概念を解説。応用編ではごみ屋敷対策など現場で直面する課題を概説。条文の読み方、専門用語の解説を掲載。

本多滝夫・豊島明子・稲葉一将編

転形期における行政と法の支配の省察
―市橋克哉先生退職記念論文集―

A5判・366頁・9680円

「法の支配」「法治主義」の共時的課題を通時的に省察する18論考。「行政の転形」「行政領域」「地方自治」「外国法から」の4領域から、グローバルな法空間に妥当する法の支配の新たな地平を探究する。

蔡 秀卿編著

東アジアにおける行政法の生成と展開
―基本原則の比較研究及び共通原則試論―

A5判・214頁・5060円

ドイツや米国の理論は法秩序の異なる東アジアで展開可能かという視点を通底に、日本・台湾・韓国・中国の法原則を比較検討する。東アジアにおける国境を越えたグローバルな行政活動の共通原則の構築を試みる。

──────── 法律文化社 ────────

表示価格は消費税10％を含んだ価格です